"十四五"国家重点出版物出版规划项目

民盟历史中的城市记忆 上

中国民主同盟成都市委员会 编

MINMENG LISHI ZHONG DE CHENGSHI JIYI

群言出版社
QUNYAN PRESS
·北京·

图书在版编目（CIP）数据

民盟历史中的城市记忆：上、下册／中国民主同盟成都市委员会编. -- 北京：群言出版社，2024.3
（民盟历史文献）
ISBN 978-7-5193-0922-0

Ⅰ.①民… Ⅱ.①中… Ⅲ.①中国民主同盟－史料－成都 Ⅳ.①D665.2

中国国家版本馆 CIP 数据核字（2024）第 015311 号

责任编辑：孙平平　宋盈锡
封面设计：李士勇

出版发行：群言出版社
地　　址：北京市东城区东厂胡同北巷1号（100006）
网　　址：www.qypublish.com（官网书城）
电子信箱：qunyancbs@126.com
联系电话：010-65267783　65263836
法律顾问：北京法政安邦律师事务所
经　　销：全国新华书店

印　　刷：北京柏力行彩印有限公司
版　　次：2024年3月第1版
印　　次：2024年3月第1次印刷
开　　本：710mm×1000mm　1/16
印　　张：35
字　　数：480千字
书　　号：ISBN 978-7-5193-0922-0
定　　价：180.00元（全2册）

【版权所有，侵权必究】

如有印装质量问题，请与本社发行部联系调换，电话：010-65263836

序

张冠生

1941年，梁漱溟、黄炎培、张君劢和左舜生讨论改组统一建国同志会，民盟秘密成立，后来公开宣布，是在重庆。

梁漱溟受命主持创办民盟机关报《光明报》，是在香港。

张澜撰写政论《中国需要真正民主政治》，"秘密石印成册"，是在成都。

民盟成立首个地方组织，闻一多、费孝通等名教授入盟，李公朴、闻一多为民主捐躯，是在昆明。

民盟接受委托，代为保管宁、沪、渝中共友好代表团遗留的房屋财产，是在南京。

为"国统区全体盟员的安全"，张澜病中签名，独自承担历史责任，宣布民盟总部解散，是在上海。

柳亚子、宋云彬、徐铸成、赵超构等"同舟共车"北上，沈钧儒接洽八方，参与新政协筹备，是在北平。

…………

一座座城市，一行行前辈足迹，串起民盟历史轨迹。

2021年，民盟成立八十周年。民盟成都市委会恰逢其时，承办副省级城市盟务工作会议。在"学盟史，读城市，看未来"主题下，确定有"民盟历史中的城市记忆"等论题。这题目意象温润，蕴含深厚，自带文化风采。对民盟历史来说，这是一种新的打开方式。

它会带来新的阅读视野，新的言说脉络，新的书写场景，新的温习体验。

还有南充、广安、宜宾、绍兴、桂林等城市的参与，更有"经济规模万亿级城市"的加盟，历史现实交汇，文化兼容经济，继往开来，富有想象力。在各地各种各层级的民盟成立八十周年纪念活动中，成都会议及论坛独树一帜。

民盟成立迄今，活动范围一直"以大中城市为主"，留下城市记忆，实属必然。梳理史实，提炼话题，无非是盟史资源的一般性开发。只是初探，未及深挖，老老实实列出来，大家讨论，就生出耳目一新的效果，这对我们该有怎样的启发？还有多少有价值、有意思的话题有待解说？

比如，盟史上的乡村记忆；盟史上的教育记忆；盟史上的学术记忆……比如，日记里的盟史；书信里的盟史；年谱里的盟史……

春秋八十，遗产丰厚，书多多，不难找。其中史实，想看就能看见，关键在走心。郑重，戒轻薄，扎实，戒浮泛，认真，戒敷衍，就能入山得宝。进一步，有所发现，乐于分享，更好。如民盟成都市委会团队，一隅劳作，带来各地同仁开眼界、益心智的盛会。交流了工作经验，提升了认知水平。

只需对民盟历史有基本礼遇，就有如此慷慨的回馈。如果再多点温情与敬意呢？像民盟成都市委会何立新副主委所说，"让民盟精神存乎于心，存乎于行"，相信会有更多惊喜发现和舒心体验。

一次对历史怀有由衷敬意的会议，也成了历史一页。这本书可作证。与会者美好、深刻的记忆，是更好的见证。

2022 年 2 月 23 日晚
于北京博雅西园

前　言

民盟诞生于城市，成长于城市，在城市中参与政治，与城市一起走向成熟。这部《民盟历史中的城市记忆》汇集了全国主要城市民盟组织在各个时代与城市共命运同发展的史实印迹。

文集分为上下两部分，第一部分"城市记忆中的民盟历史"共收录40个城市盟史文章43篇，它们从一个个侧面展示了城市民盟群像，勾勒出民盟在城市中成长、城市与民盟交互影响的漫漫长卷。第二部分"城市发展中的民盟印记"共收录42个城市提交的46篇文章，从参政议政、社会服务等方面，展示各地盟组织参与城市建设发展，与时代共奋进的典型事例。

习近平总书记在庆祝建党百年讲话中提出"以史为鉴、开创未来"，民盟作为同中国共产党通力合作的中国特色社会主义参政党，各城市民盟组织应自觉从中国共产党的百年光辉历程和民盟八十年奋斗史中汲取奋进力量，更好地发挥中国新型政党制度独特优势和民盟自身特长，为新时代城市发展和中华民族伟大复兴的中国梦贡献民盟力量。

CONTENTS 目 录

上 册

城市记忆中的民盟历史

—— 直 辖 市 ——

百年数学院　世代民盟人
——北京大学数学学院百年发展史回顾 …… 民盟北京市委会 // 3

雨过天晴月更明
——张澜先生在迎接上海解放的日子里 …… 民盟上海市委会 // 10

民盟历史中的上海记忆 ……………………… 民盟上海市委会 // 17

只言片语叙流年
——民盟历史中的点滴天津记忆 …………… 民盟天津市委会 // 21

城记盟史一盛会 …………………………… 民盟重庆市委会 // 28

—— 副省级城市 ——

追寻院士足迹　传承民盟精神 ……………… 民盟长春市委会 // 34

起落三几重　正道百十载
　　——成都民盟组织成立与发展历程简描 …… 民盟成都市委会 // 40

十八载不懈建言路　一朝天堑变通途
　　——民盟大连市委会"烟大铁路轮渡"提案全纪实
　　　　　　　　　　　　　　　　　　 民盟大连市委会 // 49

广州民盟成立与广州解放 …………………… 民盟广州市委会 // 54

爱国名医　盟员典范
　　——记民盟哈尔滨市委会第一任主任委员张柏岩先生
　　………………………………………… 民盟哈尔滨市委会 // 60

忆往昔峥嵘岁月稠
　　——杭州民盟的建立和早期重大政治活动
　　……………………………………………… 民盟杭州市委会 // 64

民盟历史中的城市记忆
　　——记民盟济南市第一届主委王统照 ……… 民盟济南市委会 // 70

宁波地区盟员早期活动情况及民盟组织成立
　　始末 ……………………………………… 民盟宁波市委会 // 76

寻金陵故地　忆先贤初心
　　——南京民盟地方组织成立至南京解放前
　　（1946年5月9日—1949年4月）若干
　　　重要历史事件的回顾与研究 …………… 民盟南京市委会 // 88

循民盟历史足迹　忆往昔峥嵘岁月 ………… 民盟青岛市委会 // 94

高崇民与中国民主同盟 ……………………… 民盟沈阳市委会 // 100

辽宁省民盟的先驱陈先舟 …………………… 民盟沈阳市委会 // 106

弘扬民盟精神　践行新时代多党合作初心使命
　　——民盟盟员林良浩与深圳这座城 ……… 民盟深圳市委会 // 111

民盟汉口市支部筹建历史
　　——武汉民盟从这里走来 …………………… 民盟武汉市委会 // 116
风雨同舟　肝胆相照
　　——纪念民盟西北领袖杜斌丞 …………………… 民盟西安市委会 // 123
厦门民盟70周年中的城市记忆 ………………… 民盟厦门市委会 // 129

—— 其他城市 ——

不忘初心方得始终 …………………………………… 民盟长沙市委会 // 136
光辉的历程　时代的印记
　　——佛山民盟70年重大记忆 …………………… 民盟佛山市委会 // 140
难忘岁月
　　——民盟历史中的福州记忆 …………………… 民盟福州市委会 // 147
民盟广安市委会成立始末 ………………………… 民盟广安市委会 // 154
论《民主》星期刊（桂林版） ……………………… 民盟桂林市委会 // 159
和平解放合肥的功臣 ……………………………… 民盟合肥市委会 // 167
西南联大历史遗址里的民盟记忆 ………………… 民盟昆明市委会 // 173
民盟历史中的兰州记忆 …………………………… 民盟兰州市委会 // 181
爱国主义法学家梅汝璈 …………………………… 民盟南昌市委会 // 187
今生无悔为盟员
　　——我与民盟的故事 …………………………… 民盟南昌市委会 // 191
胡愈之对川北民盟组织发展巩固的调查与研究
　　………………………………………………… 民盟南充市委会 // 195
重温光荣历史　再谱合作新篇
　　——中共与民盟在南宁解放前的亲密合作
　　………………………………………………… 民盟南宁市委会 // 198

陪伴是我对民盟最长情的告白
　　——百岁老人张柔武忆南通民盟 ………… 民盟南通市委会 // 203
蔡野与泉州民盟 ………………………………… 民盟泉州市委会 // 207
民盟绍兴市委会成立的前前后后 ……………… 民盟绍兴市委会 // 211
我与民盟的特殊渊源与情愫 ………………… 民盟石家庄市委会 // 218
《光明报》见证苏州城解放　记录苏州新历史的
　第一页 ………………………………………… 民盟苏州市委会 // 224
民盟太原组织成立时期的党盟关系 …………… 民盟太原市委会 // 229
勿忘初心　砥砺前行
　——重温乌鲁木齐市民盟历史有感 …… 民盟乌鲁木齐市委会 // 233
无锡民盟成立前后 ……………………………… 民盟无锡市委会 // 240
宜宾市民盟组织的建立 ………………………… 民盟宜宾市委会 // 246
守正创新担使命　坚定实干显实效
　——民盟珠海市委会发展回顾及小结 ……… 民盟珠海市委会 // 254

city记忆中的
民盟历史

城市记忆中的
民盟历史

直辖市

百年数学院　世代民盟人

——北京大学数学学院百年发展史回顾

民盟北京市委会

民盟先贤华罗庚先生说过，"宇宙之大，粒子之微，火箭之速，化工之巧，地球之变，生物之谜，日用之繁，无处不用数学"。根深叶茂、源远流长，2013年是北京大学数学学科成立100周年。当然，北大数学学科的历史渊源更可追溯至1867年在同文馆内设立的天文算学馆，其时清末著名数学家李善兰获聘首任算学教习；但一般认为，1913年秋，北京大学数学门招收新生，是我国现代第一个大学数学系（门）正式开始教学活动的标志，由此，1913年的这次活动被视为中国现代数学的开端。

2013年10月，由北京大学数学科学学院、北京国际数学研究中心联合主办的"北京大学数学学科创建一百周年庆典"隆重举行。民盟中央原主席丁石孙、民盟中央副主席田刚等出席庆典，来自国内外的北大数学各届校友、28位中国科学院院士、75位海内外大学校长和数学学院院长、全国各地中学校长，以及来自海外的顶尖数学家等2000余人欢聚一堂，为北大数学献上了热烈且诚挚的祝福。2013年12月18日，《光明日报》以整个专版介绍了北京大学数学学科在中国现代数学史上的地位及其为国家做出的重要贡献。

然而，鲜为人注意的是，北大数学百年历史与民盟人的贡献也是密不可分的。1955年，中国科学院首批学部委员中，一共仅9位数学家，其中3人为时任北京大学教授（江泽涵、段学复、许宝騄），而他们都是民盟盟员；另有1人于之前不久调离北大（王湘浩），亦为民盟盟员。本文谨就近百年来民盟成员在北大数学乃至国家建设事业中所做出的贡献作一简介，希望通过追寻他们的志业事迹，纪念奠基之功以励未来之人。

一、数理逻辑专家张申府参与中共和民盟创建

为中国共产党的早期事业做出贡献的北大数学人包括张申府（1893—1986）、张国焘（1897—1979）和俞启威（1912—1958）等。但最早的北大数学民盟人当属张申府（原名张崧年，字申甫）。1918年10月，北大数学门与物理门的学生联合发起组织北京大学数理学会。同年10月27日，蔡元培、冯祖荀、秦汾等人出席北大数理学会的成立大会，蔡元培致贺词说：数理之学，发达最早，应用亦最宏，有以数学讲音乐者，有以物理讲社会学者，故谓数学物理为诸科学之基础。首批数理学会会员中包括张崧年、毛准、吴家象、吴维清、张国焘等。北大数理学会的成立标志着中国数学现代学术共同体的出现，为先驱性的探索，后至1933年北京数学会正式成立，首任理事长是当时的北京大学数学系主任冯祖荀教授。两年后在各地陆续成立的地方数学会的基础上成立了中国数学会。

张申府系统地研究了英国著名哲学家、数学家罗素的多种著作，首次向国人推介了罗素和罗曼·罗兰等，"罗素"的翻译定名就出自其手。1919年1月，《北京大学数理杂志》由数理学会发行出版。该刊的1921年卷详尽地评介了1920—1921年罗素在北大的讲学经过及罗素的著作

《数理哲学导论》。数理逻辑与罗素哲学成为张申府一生的学术主线。

1918年冬，陈独秀、李大钊、张申府联手创办了颇具影响的杂志《每周评论》，由张申府负责编辑。后来，三人又共同建立了中国共产党的第一个基层组织——北京共产主义小组。作为中国共产党的主要创始人之一，张申府相继介绍周恩来、朱德加入中国共产党。20世纪20年代初旅欧期间，张申府在哥廷根结识了大数学家希尔伯特，还曾希望翻译爱因斯坦的《相对论》。1925年1月在上海中共四大上，张申府因与张太雷等人意见不同，后退出中国共产党。

20世纪40年代早期，张申府和沈钧儒代表救国会派，在重庆与张君劢的国家社会党等一共三党三派组建了中国民主政团同盟。因此，张申府是民盟的主要创建人之一，他在早期还担任民盟中央常委和文化工作委员会主任。1946年1月，曾出席在重庆召开的政治协商会议。1948年，因发表《呼吁和平》一文受到批判，1957年被划为右派分子，1960年摘帽。但在"文化大革命"中又受到冲击，直到1979年才获平反，担任第五、第六届全国政协委员。张申府于1986年辞世，享年93岁。张申府的三弟张岱年（字季同，1909—2004）亦为著名哲学家及民盟前辈。

二、三系合一，民盟前辈引领中国数学发展

1931年夏，在美国哈佛大学获得博士学位的江泽涵受聘为北京大学数学系教授，他协助冯祖荀教授在教学、科研方面开展了一系列卓有成效的工作，并于1934年年底任北大数学系主任。江泽涵于1952年加入民盟，曾任第四、第五届民盟中央委员，第二、第四、第五、第六届全国政协委员。

1952年，全国高等学校院系调整是中国高等教育和科学进程中的一件大事。北京大学由沙滩迁至燕园，北京大学数学系与清华大学数学系、燕京大学数学系经调整组建成为新的北京大学数学力学系。当时共

有教员29名,其中正教授10名,他们是来自北京大学的江泽涵(原北大数学系主任)、许宝騄、申又枨、庄圻泰;来自清华大学的段学复(原清华数学系主任)、闵嗣鹤、周培源、程民德;来自燕京大学的徐献瑜(原燕大数学系主任)、戴文赛。新组建的北京大学数学力学系在代数、分析、几何、拓扑、概率统计、力学及天文学等学科领域都有较强的学术带头人。段学复为首任系主任,江泽涵等老一辈学者所倡导的团结合作、亦教亦研等优良学风持续发扬。知名教授们发挥学术带头作用,又激励和培养了一批年轻教员成长为骨干力量,全系欣欣向荣。

1952年,全国高校院系调整使得北京大学的理科及文科深受其益。特别是数学学科,一时人才荟萃,在全国处于明显的领先地位,也承担了更多的责任。江泽涵、段学复、许宝騄于1955年当选为中国科学院首批学部委员。在首批学部委员中,数学家仅有9人,除北京大学的江泽涵、段学复、许宝騄外,还有刚刚从北京大学调到东北人民大学(1958年更名为吉林大学)的王湘浩,以及华罗庚(中科院数学所)、苏步青(复旦大学)、陈建功(复旦大学)、柯召(四川大学)、李国平(武汉大学)5位先生。在这9人中,华罗庚、苏步青、江泽涵、段学复、许宝騄、王湘浩,6人都是民盟盟员。"文化大革命"结束后,程民德先生于1980年当选学部委员,他也是一位盟员。1980年教育部批准北京大学数学研究所作为部属首批数学研究机构成立,首任所长为程民德,他对北大数学学科的重新规划和发展方面发挥了巨大作用。

新北大数学系成立之前的3位系主任中,最年长的是原燕大数学系主任徐献瑜教授。徐献瑜是我国计算数学的开拓者之一,他于1938年获美国华盛顿大学哲学博士学位,1952年加入民盟。徐献瑜1953年任数学力学系高等数学教研室主任,1955年任计算数学教研室主任,1952—1954年担任北京大学校工会临时主席。20世纪50年代曾数度访苏,参加了周恩来总理领导制定的"我国科学发展12年规划"中"计算技术建立"的规划工作,并兼任中国科学院计算技术研究所三室主任、中科院计算中心研究员。数十年中，他为我国计算数学和计算机软件领域培养了包括杨芙青院士在内的一大批杰出人才。2009年7月，在徐老百岁寿辰之际，时任民盟中央常务副主席张宝文曾亲自到燕东园徐家看望，为老前辈送上真诚关怀。

三、丁石孙先生与民盟北大数学小组的有关活动

民盟中央原主席丁石孙先生（1927—2019）曾在20世纪50年代担任过北大数学力学系民盟小组的负责人。当时，丁石孙是一位青年骨干教师，而民盟小组里不乏数学界最著名的教授，像许宝騄、江泽涵、段学复、程民德这些先生。丁石孙先生说："当时我年轻（二十五六岁），跑跑腿。"民盟小组每周开一次会，大家都踊跃参加，无人缺席。讨论大都围绕中心工作，那就是学习苏联，搞好教学科研，出成果、出人才。大家畅所欲言，气氛轻松热烈。徐献瑜教授住燕东园40号，客厅宽敞，大家就在那里开会。加之徐家大师傅菜做得特别出色，众人有时会后美餐一顿，堪称锦上添花！为了更快更好地培养人才，作为盟员的程民德教授和丁石孙先生开创性地提出在本科生中挑选优秀学员，举办讨论班，并身体力行。1955年，在1954级数力系本科生中挑选了一些学生，丁石孙先生举办代数讨论班，成员包括张景中、杨路，程民德教授举办数学分析讨论班，成员包括张恭庆、陈天权。事实证明了当年这样做有着积极成效，一些学生后来成长为中国学术界最杰出的人物，像张恭庆院士曾任中国数学会理事长，并且是最早在世界数学家大会做45分钟报告的中国数学家（之前有华罗庚、吴文俊、陈景润、冯康4人收到邀请但均未能成行）。由于民盟小组工作突出，丁石孙曾被邀请到北京市的民盟会议上介绍经验事迹。

和丁石孙先生同辈的民盟盟员有吴光磊、胡祖炽，稍晚还有章学诚，学生中则有程乾生、张乃孝等。以上先生均曾在北大工作。民盟中央原副主席李重庵则是1962级入学的校友。其中，吴光磊于1953年加

入民盟。在西南联大读书时受业于数学大师陈省身，此后从事整体微分几何领域的研究并取得突出成就。由于教学科研业绩突出，于1963年晋升为教授，是当时北大最年轻的正教授之一。吴光磊曾在北大系统开设了微分流形、李群初步、黎曼几何、微分纤维丛和联络论等当时国内罕有的课程，丁石孙先生认为"他在数学系课讲得好，是数一数二的"。

胡祖炽主要从事计算数学方面的研究，曾兼任计算数学教研室主任、北京市计算数学学会理事长等，他撰写的《计算方法》是我国最早的一本计算方法教材。胡祖炽还十分重视数学在我国经济建设和国防建设中的应用，20世纪50年代他与徐献瑜及冯康先生组织的计算数学讲习班对我国计算数学学科的整体发展和人才培养产生了深远影响。1984年，胡祖炽与褚圣麟先生介绍章立源教授加入民盟，而后章立源在20世纪90年代曾担任民盟北京大学委员会的负责人，而章先生指导毕业的博士王恩哥则于2013年出任北京大学校长。

四、日新月异，年青一代盟员接力长征

2010年，北京国际数学研究中心主任、中科院院士、美国人文与科学院院士田刚教授加入民盟。田刚院士是新时期出国留学人员中的杰出代表，多年来一直关心和支持国家科学事业，有力地推动了北京大学乃至全国数学学科的发展。他曾解决了一系列几何学与数学物理中的重大问题，由于其杰出贡献获得由美国总统颁发的1994年度沃特曼奖和1996年美国数学会韦伯伦奖。在2002年世界数学家大会上，田刚受邀作1小时大会报告，这是国际上最高学术荣誉之一，是自1897年世界数学家大会以来获此殊荣的第一位扎根中国的数学家。2012年受邀担任国际数学界奖金额度最高的权威奖项阿贝尔奖评选委员会委员，也是中国数学家第一次获此认可。田刚于2012年当选民盟中央副主席，2016—2019年担任北京大学副校长，2021年受聘为大湾区大学筹建负责人，目前还兼任中国数学会理事长。

2006年，为了更好地开展工作，民盟北京大学委员会报请上级组织批准将当时组织关系在北大民盟第四支部中的数学学院盟员分出来，成立民盟北京大学委员会第七支部（数学支部），历任主委为冯荣权、牟克典、戴波。数学支部继承北大数学力学系民盟小组的优秀传统，是一个团结向上的集体。截至2020年12月月底，支部共有18位盟员，其中16人为在职教师，均在国内外学术重镇得到博士学位，如今在各自领域卓有建树。除田刚外，宗传明教授是一位正当盛年的学术领军人物。宗传明在球堆积和数的几何领域做出了重要贡献，曾获得茅以升青年科技奖、国家杰出青年基金、中国青年科技奖、教育部自然科学一等奖、国家新世纪百千万人才、陈省身数学奖、von Prechtl 奖章、长江特聘教授、国家自然科学二等奖等一系列荣誉。在北大数学民盟传统的感召下，青年数学家许晨阳曾斩获国际理论物理中心颁发的拉马努金奖、未来科学大奖、科学突破奖之数学新视野奖和美国数学会科尔代数奖，于2013年加入民盟。

在参政议政方面，北大数学支部也取得了丰硕成绩。由程乾生教授倡议发起的北大、清华两校数学支部交流活动已有十余年历史，收效显著。近年来，支部所获得的表彰包括：北京大学党派工作先进基层支部、北京市民盟先进基层组织、民盟北京市委会思想宣传工作先进集体、北京市优秀支部等，部分奖状陈列在北京大学数学学院纪念室中，供各界参观。

百年来，北大数学筚路蓝缕，弦歌不绝，为学术进步和国家发展做出了巨大贡献。在如今的北京大学数学科学学院和北京国际数学研究中心，风清人正，生机勃勃。相信年轻盟员们在前辈精神的激励下，必将传递薪火、接力长征，为民族振兴宏伟蓝图贡献自己的力量，走向更加光辉的未来。

（作者：宋春伟）

雨过天晴月更明

——张澜先生在迎接上海解放的日子里

民盟上海市委会

无论在中共党史上，还是在民盟历史上，上海都是一个极其重要的地标。这里，是中国共产党的诞生地和初心始发地，也是民盟合作初心的孕育地和始发地。在这里，召开了民盟一届二中全会，开启了民盟与中国共产党紧密合作、同向而行的全新历程；在这里，见证了受中共委托代管周公馆、民盟总部被国民党反动当局强行解散、张澜等民盟前辈虎口脱险等民盟重大历史事件；在这里，张澜先生发出了"向共产党学习"的肺腑之言，激励着一代又一代盟员始终跟党走……

在庆祝中国共产党成立100周年、中国民主同盟成立80周年之际，重温张澜先生在上海解放之际发表的声明和演讲，显得格外意义重大。

欢呼解放："上海开始了一页新的历史！"

抗战胜利后，张澜先生于1946年12月底至1949年6月居住在上海，与中共紧密合作，亲自领导民盟与国民党反动派展开坚决斗争。垂死挣扎的国民党当局把张澜等民盟领导人视为眼中钉、肉中刺，1947年11月，民盟总部被迫解散，民盟转入地下斗争。此后，国民党上海警察局局长毛森下令限时摧毁民盟上海地下组织，民盟负责人全部被列入捕杀的黑名单，白色恐怖笼罩在上海上空。悲愤交集中的张澜，健康状况每况愈下。1949年1月23日，张澜住进上海虹桥疗养院治疗，与此前被国民党软禁的罗隆基相邻而居。由于盛传张澜、罗隆基即将北上赴京，处于崩溃前夕的国民党当局派特务轮班看守监视两人行动。不久，解放南京和上海的战役相继打响。1949年5月26日晚上7点，毛森下令将张澜、罗隆基劫持去台湾。令他没想到的是，派去逮捕二人的国民党上海警备司令部第三大队队副阎锦文早已得到中共地下党指示，在国民党大队人马的跟踪下，沉着机智地把两人转移到曾任警备司令的杨虎家中，终使他们转危为安。

1949年5月27日，上海全境解放，600万上海市民载歌载舞，欢庆胜利。28日下午，陈毅市长前往暂住地看望刚刚虎口脱险的张澜。亲历了这一"最光荣最伟大"的历史时刻，看着街道上的欢庆场景，一幕幕与中共同舟共济、并肩战斗的往事又浮现在张澜的脑海中。他难抑激动之情，当日即与在沪的罗隆基、史良、陈铭枢、闵刚侯等各民主党派领导人发表了联合声明。

在这份联合声明中，张澜和各民主党派领导人一起热烈欢呼上海的解放，并向人民解放军和毛泽东主席致敬，"中国历史上最伟大最光荣的人民革命已经取得全国范围的彻底胜利。在横渡长江之后很快进展到了上海。这个远东最大的工商业城市已经解放了。上海开始了一页新的历史。上海六百万人民有了新的光明与新的生命。我们站在各民主党派的立场，谨先向可敬可爱的人民解放军表示热烈的欢迎。同时，我们向领导这个人民革命的中国共产党和中国共产党的领袖毛泽东先生表示热忱的庆贺"。

"上海是全世界工商业重心之一，因此我们相信今天上海的解放必定引起了全世界人士的特殊注意。"声明向全世界各国的政府及人民，阐述了上海解放的伟大意义，"这是中国人民所进行的伟大的新民主主义的革命，这个革命的目标对内是推翻封建独裁，对外反对帝国主义侵略。绝无疑义，这是中国共产党所领导而中国各民主党派所共同参加的人民革命。这是中国全体人民整个民族彻底翻身彻底解放的革命"。"这次革命将迅速建立中国人民的民主政权，要实现以工农为基础的人民民主的联合政府，以争取人民的真自由真平等，以达到中国真民主真和平的目的。这种革命的性质不容误会。这种革命的意义不许曲解。"

为防止国民党反动派残余势力对新生的上海人民政权进行敌对破坏，张澜等人在声明中，"严重警告被蒋介石抛弃在上海及其他地区的残余军人特工人员等等，你们不要执迷不悟，再做个人的奴才走狗，再继续做人民的敌人。你们应立即大觉大悟，弃暗投明，将功赎罪，以避免本身无意义的毁灭"。同时，也进行了民心安抚，呼吁上海市民迅速恢复正常秩序，"人民解放军胜利进入上海，这说明中国人民革命已按预定计划从农村扩展到了中国最大的工商业都市。人民革命的目标，不止不做无意义的破坏，而且要做有步骤有计划地建设。过去反动伪政府所散布的恶意宣传，污蔑人民解放军到处无端没收私产，到处任意破坏生产等等，而今证明了这只是欺骗人民的一个大谎。大家已经看到了人民解放军是爱护人民的。人民革命的目的，是保障并增加人民的利益。人民革命的力量既已到了上海，今后的努力是要把上海从安定中谋建设。我们要把一个帝国主义支配下畸形发展的上海，改造建设成为现代化工商业的民主的都市。我们更要爱惜上海这一点工商业的基础，来建设现代化工业化的中国。因此上海市民应彻底认识我们人人有帮助革命力量来安定与保障上海的责任。在这个革命过程中，上海工商业人民在消极方面，应各守岗位，各安本业，以维持本市的秩序。在积极方面，且应人人尽其才智，竭其真诚，以加速整个上海，整个国家的工商业的建设事业的发展，使中国工商业的现代化得以迅速成功"。

声明对中国革命无可逆转的胜利作了光明展望，"我们坚决相信上海解放的光荣日期，是蒋介石及其反动集团残余力量最后埋葬的时候"。声明历数了国民党反动独裁政权种种倒行逆施的暴行，指出"凡中国历史上黑暗时代专制魔王。无道暴君所用的一切屠宰人民的方法，蒋帮在上海最后挣扎的时期,均已全盘实行了。这种疯狂的倒行逆施,充分证明蒋帮的日暮途穷,这类行为更激起了人民的愤怒,加速了反动者的灭亡"。声明还对盘踞在西南地区企图负隅顽抗、做最后垂死挣扎的国民党残余势力发出了最后通牒,"我们很坦白的劝告中国南部一切尚未解放的各省市的伪政治组织及军事力量应彻底觉悟,今后对人民革命的任何抵抗是毫无效用的。今后任何负隅顽抗只是愚蠢的行为。一切屠杀摧残人民的暴行,这在人民方面来说,是毫无意义的不必要的损害,这在蒋匪仅有的残余力量本身来说,不只是当前的自掘坟墓,并且是千古不赦的罪孽。时局演变到了今天,你们已经民心丧失干净,武力溃败无余,今后任何苟延残喘的阴谋计划,例如所谓东南自保,所谓西南联防,甚至企图以台湾孤岛作为流亡政府的巢窟,都不过是全盘的幻想。人民解放军铁骑所至,你们这些幻想都将迅速陷于破灭。你们应该知道人民的愿望是不可违背的,你们应该知道人民的意志是不可抵抗的,人民革命的成功是绝对无法延缓的。你们应该有勇气承认你们的失败。你们更应该有胆量来向中国人民投降。你们应该争取这个最后的时机,将功赎罪,以共同完成中国历史上最光荣最伟大的人民革命"。

在声明的最后,张澜和各党派领导人再次向国际社会呼吁。"中国人民的革命,乃中国全体人民整个民族的解放与复兴。同时这也是我们为全世界和平民主的努力。中国人民愿与世界任何国家信仰民主拥护和平的人民亲善合作。凡尊重中国主权及人民利益,遵守中国法令的外国人民,在平等互惠之原则上,中国人民必愿与之通商贸易,共图繁荣。若有任何国家的政府或人民,仍然冀图支援中国的残余反动力量,以达其帝国主义者的侵略阴谋,因而损害中国人民之共同利益者,中国人民必视之为公敌。"

联合声明发布后,迅速得到了上海市民的响应,并引发世界范围的广泛关注。1949年5月29日,张澜单独致电毛泽东主席、朱德总司令、周恩来和董必武同志,表示对人民解放军渡江以来所取得的光荣胜利,

"谨为诸公庆贺",并表示愿为新中国的建设出力。同年6月1日,毛泽东等复电张澜,提出今后工作,重心在建设,亟盼各方友好共同努力,并对其赴北平极表欢迎。

赴京前夜:"向共产党学习!"

1949年6月18日,张澜、史良、罗隆基等民盟领导人,启程赴北平参加新政协筹备会。在出发前夜,民盟上海市支部假座清华同学会,由支部主委彭文应主持,举行了隆重简朴的欢送大会,郭则沉、顾执中、孙大雨等支部成员出席,会场内喜气洋洋,在场人员的笑语声中,洋溢着对即将建立的新中国人民政权的美好憧憬。

席间,张澜主席神色庄重地即席发表演讲,扼要分析了中国共产党夺取全国武装斗争胜利后的形势,对今后中国民主同盟的性质、任务和努力方向做了阐述,并号召全体盟员向共产党学习,与中共精诚合作。其言语谆谆,令人动容。

"我到上海四个年头,实际上只有三年,与在座诸位同志见过的有,没有见过的却是很多,甚感歉意!"张澜身着长袍,须髯飘飘,环顾四周,清癯的脸庞掩饰不住内心的欢乐。"今天有这样聚会,我心里非常的高兴,愿和诸位切切实实地谈一下。"

"以前的情势和现在不同。"在简短的开场白后,张澜话锋一转,"以前重要的工作是争取民主、和平、统一、团结,希望国共两党彼此放下武器,团结起来走上和平之路。但是自重庆政协决裂蒋介石撕毁了政协决议案,国民党要一心一意消灭共产党,发动三年多的内战,到现在,蒋介石独裁快要垮台了,整个中国局势已变到由共产党来主持,这是跟从前要国共两党合作的客观情势完全变了"。张澜的语调高亢起来,"在这种新的情势之下,人民革命业已成功,真正的和平统一实现不远!我们民主同盟应在新民主主义的旗帜下努力建设新中国"。

"不能为国家、为民主多努力,不能帮助共产党领导下的新民主主义的建设,这是犯了大错误,我们民主同盟存在的意义将完全失去!"张澜的神色凝重起来,指出"就是因为我们民盟过去是政团的集合,所以第一步应该是如何做到盟内共同性的结合,坦白进行"。他要求大家"扫除派系观念,捐弃小团体利害,而以整个同盟的利害为利害","每个盟员有责任贡献最大的力量来促成这盟的共同性结合"。

对于崭新的人民政权,张澜充满了神往之情。"今天中国共产党领导革命成功,实行的是新民主主义,新民主主义乃是配合了中国社会的这个特殊发展过程的,能够做到了新民主主义,进而走向社会主义,然后再达到共产主义'各尽所能,各取所需'的极境。这一段历史进展所需要的时间,周恩来先生在重庆时候曾这样说:中国实行共产主义,起码须五十年。这是一段长远的路程,须要大家同心合力来推进。"张澜表示,"新民主主义是最适合中国国情的,我们要拥护新民主主义,要密切的和中国共产党配合起来,诚心诚意协助他们,团结民族工商家、教育界、专门技术人才及广大的革命知识分子,共同来建设新民主主义的中国"。

张澜再次忆及在国共重庆谈判期间,与毛泽东等中共领导人的交往。"我在重庆时曾与毛泽东谈过多次,后来在我的日记里,曾记下三句话,作为我的座右铭:(一)自我检讨,(二)接受批评,(三)向人民学习。这些原都是共产党口号,不过我认为值得接受并加以强调,也是今天要对诸位同志贡献的。"

"怎样向共产党学习?"张澜向在场人员提问道,所有人屏住呼吸,会场安静极了。张澜稍做停顿,环顾四周,大手挥向前方,"共产党的谦虚谨慎、勤俭耐劳,与我们多数还停滞在传统知识分子的自私自利作风是隔着很大一段的距离,尤其在上海这样的地方,不能让奢侈来浸透我们"。张澜洪亮的声音回响在会场上空,"我们要向共产党看齐"!

"民盟在民族解放斗争运动中是一个重要的政团。共产党革命卅年来,需要友党,唯民主同盟具备此种资格。"张澜自信地表示。

他再次把期盼的目光投向在座诸位。"然而，还得看以后我们的努力如何？"张澜一字一句、振聋发聩地说道，"希望我们盟内做到团结统一，而真诚地去协助共产党的新民主主义建设，本人愿与诸位同志共勉之"。会场内爆发出热烈的掌声，每个人的心中都涌动着真诚的激情。

第二天清晨，张澜、史良、罗隆基等迎着初露的曙光，踏上了前往北平的专列。21日，他们顺利抵达，周恩来、朱德亲临车站迎接。第二天，毛泽东主席到张澜下榻的北京饭店看望慰问。老朋友久别重逢，双手紧紧握在一起不愿松开……

"顷刻风雷起震惊，雨过天晴月更明。"这是张澜先生在当年7月写下的诗句。对未来新中国的憧憬，此刻正奔腾在他的笔下、他的心中……

（作者：戴立波）

民盟历史中的上海记忆

民盟上海市委会

30年前,我在范朴斋先生1947年写的《张澜为人怎样》中看到表老讲的这样一段话:"我最讨厌党,因为凡是一个党,都有强烈的排他性,现在我却抓了一大把党在手里,真是太奇怪!"

表老讲的"一大把党",即"三党三派"。

"三党"中的"第三党"(农工民主党),以及"三派"中的中华职教社和救国会都是在上海成立的,可以说上海构成了民盟的半壁江山。

若论民主党派的历史,中华职教社成立最早。

1917年5月6日,中华职业教育社在上海成立。1918年,职教社的第一个学校在上海建成并开始招生。1927年,职教社社员由最初的786人增至6582人。在此基础上,黄炎培提出"大职业教育主义",主张"本社以后应加入政治活动"。于是便有了1927年北伐军占领上海后,国民党以"学阀"罪名,通缉黄炎培之举。好在黄炎培有一些游走于政学两界的好友,如蔡元培、王正廷、蒋梦麟等,很快峰回路转。黄炎培信奉的"取象于钱,外圆内方",让他在当时的上海游刃有余。

黄炎培之所以在民盟成立之初被推举为主席,与他"外圆内方"的处世之道是密不可分的。

如今,地处雁荡路那幢建于1930年的职教社大楼面貌依旧,每每经过，我的脑海中总会浮现黄炎培与民盟相关的那些往事……

众所周知，民盟诞生于山城重庆。抗战胜利后，民盟总部自1946年5月起由重庆迁至南京。从此，上海便成为民盟多数领导人的居住之地和开展活动的重要地域。

此时的黄炎培，既是职教社的首领，又是民盟领导人之一，同时还是刚刚创建不久的民建领袖，事务之繁，活动之多，让这位年近七旬的长者忙得不可开交。他参加民盟上海市支部筹委会成立会议，坚拒陈立夫要他脱离民盟单独参加国民大会的请求，出席上海各界追悼李公朴、闻一多大会并代表民盟书写挽联；他参加民盟一届二中全会，为民盟就国共和谈破裂撰写声明，在民盟被宣布"非法团体"的危急关头赴南京与陈立夫交涉……

黄炎培在1946年、1947年的所作所为，让我想起了民盟中央原副主席李重庵为《民盟总部在沪活动纪实》所作序言中的那一段文字：上海的斗争，集中反映了民盟与国民党反动派一步步走向决裂，而与中共合作一步步更加密切的历程。

本文开头讲到的"第三党"，1930年8月9日在上海成立，当时的名称叫作国民党临时行动委员会，领导人就是那个被视为可以和蒋介石掰掰手腕的邓演达。邓演达牺牲后，章伯均成为第三党的领导人。民盟创建时，章伯钧和丘哲代表"第三党"（当时名为中华民族解放行动委员会）参与筹建。

抗战胜利后，章伯钧于1946年5月8日回到上海，住在祥生饭店。经过一番活动，章伯钧一家住进了愚园路联安坊11号（今愚园路1320号5号楼）。1947年1月民盟一届二中全会就是在章伯钧家召开的，农工民主党这个名称也是在这里诞生的。1946年5月至1947年10月，章伯钧亲任民盟上海市支部主任委员。民盟总部被迫解散前夕，准备离沪赴港的章伯钧约见尚丁，把自己戴着的那顶深咖啡色礼帽送给尚丁，意味深长地对他说："更艰苦的斗争要由你们接过去了。"

我第一次看见这段史料是在1986年。25年后的4月27日，蒋树声主席亲临此楼，睹物思情，他说："老建筑是有精神的。"

上海解放前夕，先后有10位民盟盟员牺牲，其中的七位既是盟员也是农工党员。虽然如今中国农工民主党自成一党，但历史上民盟和农工党的关系还是"打断骨头连着筋"呀！

如果救国会不在1949年12月18日宣告解散，今天中国的民主党派可能不只8个。这个自行解散的救国会曾经叱咤风云，用毛泽东的话来讲：中国的抗战是两股力量打出来的，武的就是红军，文的就是救国会。

1936年5月31日、6月1日，全国各界救国联合会在上海博物院路（今虎丘路）131号召开成立大会。同年6月2日，沈钧儒、章乃器将救国会宣言纲领面交时任上海市市长的吴铁城。身为党国要员的吴市长，坚决执行蒋介石"攘外必先安内"的"国策"，于是满脸怒气地对沈钧儒、章乃器说："你们有政治野心，想推翻政府。"要沈、章立刻撰写解散救国会的通告，并用嘲笑的口吻说："你们要做民族英雄吗？那就让你们尝尝民族英雄的滋味吧！"5个月后，沈钧儒、章乃器等7位救国会领袖被捕入狱。在被捕入狱的7人中，沈钧儒、史良后来成为民盟中央主席，李公朴在民盟一大上当选中央委员，沙千里也曾担任民盟中央常委。

作为民盟的"三党三派"之一，上海是救国会的发源地，也是救国会在民盟与国民党斗争中发挥重要作用的见证地。

1991年11月5日，沈钧儒铜像在上海衡山公园落成；2004年3月26日，由费孝通题词的"救国会七君子纪念群像"在上海福寿园落成；2006年6月9日，民盟上海市委会与长宁区政府合作，为沈钧儒、史良旧居举行揭牌仪式；2008年5月4日，民盟上海市委会在安葬李公朴英灵的上海龙华烈士陵园，举行全国民盟第一个传统教育基地揭牌仪式；2017年11月12日，民盟上海市委会在上海律师公会旧址（沈钧儒、史良、沙千里等曾任要职），举行民盟传统教育基地揭牌仪式。

这些活动，让救国会在沪活动成为不可磨灭的历史记忆。如今，这些场所不仅是上海和全国盟员参观活动之地，也成为民盟精神的传承之地。

记忆，是我们走进历史的钥匙。作为民盟盟员，当我们倘徉浦江之畔，信步魔都街头，那些与民盟相关的记忆，会让你嗅到浓浓的盟味。

（作者：王海波）

只言片语叙流年

——民盟历史中的点滴天津记忆

民盟天津市委会

翻开民盟历史，除了一位位先哲、一幕幕往事，其历史背景也离不开一座座城市，诸如先后成为民盟总部所在地的重庆、南京、香港、北京，成立第一个地方组织的昆明……究其缘由，应是由于一直以来民盟的主要成员为中上层知识分子，这些人多居住于城市，盟组织亦基本建立于城市。民盟既发轫于西南，相距数千里的天津，只算是盟史上较晚出现、着笔亦不多的城市。不过，细细钩沉盟史，可以发掘的天津相关内容颇有一些。

一、天津民盟组织建立的相关二三事

1. 1949 年 10 月前的天津地下民盟组织

根据资料记载，民盟天津地方组织正式建立于 1950 年，但其历史，其实可以追溯到 1949 年 10 月前。

1944 年 9 月 19 日，中国民主政团同盟全国代表会议在重庆上清寺"特园"召开。会议决定，取消团体会员制，盟员一律以个人名义加入，并开始在全国各地陆续建立起地方组织。民盟华北总支部就是在这次会议后，于 1945 年的 4 至 5 月间建立的。

1946 年 3 月，在吴炎（又名吴景略，中共地下党员，曾任国民党

起义将领高树勋之机要秘书）的积极运作下，时任民盟华北总支主委张东荪（哲学家、国社党创始人之一）正式派叶笃庄（民盟中央原副主席叶笃义的弟弟、农业经济学家）、吴炎、余明德（开滦矿业中方经理，1949年10月后曾任民盟天津市临工会委员、民盟河北省委会副主委）三人为小组，来津建立民盟组织。

随后，这个三人小组又与刘清扬（中共创党时期女党员、著名妇女活动家，1949年10月后曾任民盟河北省委会主委）接上了头，并把刘清扬请到了与吴炎交好的聂国屏（1949年10月后曾任天津市天主教革新运动促进会主任、河北大学总务长、教授）处，做"文化沙龙"座谈。聂国屏当时为《益世报》的"天主教文化协进会"工作，受吴炎影响，又办了一个进步书店"启运书局"，经营之余作为解放区购货的基地。

在"文化沙龙"座谈中，刘清扬为大家细致地分析了时局，认为中共必定会取得胜利，还谈到了她对周恩来、邓颖超的钦佩，说他们为人诚恳、作风正派，在重庆国共谈判期间，给予民主党派很大支持。她也讲了一些国民党四大家族搜刮民财的丑闻，令大家对国民党更为痛恨。另外，张东荪也来天津做过类似演讲。几次"文化沙龙"座谈后，聂国屏、叶刚侯（叶笃义的长兄，久安信托公司经理，1949年10月后曾任民盟天津市委会秘书长）、初文尚（聂国屏之妻，圣若瑟女中教师）、刘锡九（黄埔六期毕业，时为天津三星贸易公司经理，1949年10月后任河北省政府参事）、宋淑贤（南开大学经济系学生）等人陆续加入了民盟，其中又以叶刚侯、吴炎、刘锡九、聂国屏、宋淑贤为天津民盟五人地下小组最早的盟员，这个五人小组由刘清扬直接领导。叶刚侯、余明德作为工商界人士，为天津民盟活动提供经费。在这前后，张东荪、曾昭抡（化学家、"中研院"院士、北京大学教授）又凭借自己在燕京大学的关系和其他私人关系，发展了王联祖（燕京大学政治系毕业）、张宗颖（张东荪三子、社会学学者）、富志礼（燕京大学经济系毕业)等人入盟。

当时,国内的局势并不乐观。1946年1月,重庆"较场口血案"发生;同年4月,国民党在美军帮助下开始了东北内战;同年7月,民盟李公朴、闻一多先后被暗杀。当时天津的盟员,无疑是冒着很大的风险入盟并开展地下活动的。随着局势的演变,国民党特务也盯上了在天津活动的中共党员、民盟盟员,吴炎等人先后上了通缉名单,被迫离开了天津,天津的民盟小组转入了地下。1947年,随着民盟总部被迫解散,天津的民盟地下小组也停止了活动。

可以看出,天津地下民盟组织的建立,如果没有吴炎这样的中共地下党员、刘清扬这样的与党联系极为密切的统战人士予以大力支持和运作,是难以这样顺畅而迅速的。由于其建立较晚,较少受到过去民盟内部三党三派政见纷争的纠缠,因而也更能在思想上、行动上靠近中共,进而接受中共的领导。

2. 民盟天津地方组织的建立与中共的支持

天津解放后,民盟是第一个在天津建立地方组织的民主党派。经由中共天津市委统战部和民盟总部协商,提出一个七人委员名单:孟秋江、吴廷璆、王振华、辛毓庄、余明德、叶刚侯、关静宜。1950年1月30日,民盟总部正式发文,批准建立民盟天津市支部临时工作委员会,指定上列七人为委员,孟秋江为主任委员。

中共对民盟天津地方组织的建立是十分支持的。民盟临工会刚成立不久,1950年3月9日,中共天津市委就在市委交际处宴请民盟临工会全体委员,由黄敬市长亲自主持,刘秀峰、周叔弢副市长出席。同年3月25日,民盟在三五俱乐部举行答谢宴会,中共天津市委全体委员出席。据徐景星(1949年10月前入盟,后长期专职从事盟务工作,曾任民盟天津市委会专职副主委兼秘书长)回忆,这是很少见的高规格,能切身感受到中共对民盟的支持。

天津民盟的第一任主委孟秋江,是中共党员,时任中共天津市委统战部副部长。临工会七名委员中的辛毓庄也是中共党员，时任中共市委统战部党派处处长。这两位党员以身作则，对民盟事业、民盟盟员非常关心和支持。孟秋江的兼职较多，但仍以大量的时间在民盟工作，他始终保持朴素的作风，开会时与大家一起从楼上往楼下扛沙发椅子，满脸流汗、满身灰土，中午吃一小包自带的饼干，喝一杯白开水，就算午饭，天天如此，从不改样。辛毓庄因为工作繁忙，在办公室搭个床铺临时住着，并时常跟盟员谈心、讲课，态度亲切而诚恳，令人信服。

为了帮助天津民盟体现"文教界中上层"的特点，在孟秋江的指导和支持下，决定开办爱国主义讲座，从1951年到1953年持续两年，累计数十讲。这一系列讲座，邀请到著名专家学者如钱三强、华罗庚、费孝通、沈志远、叶圣陶、翦伯赞、白寿彝、罗隆基等，主要是面对教师，既深入浅出地讲解一些专业知识、学科的新发展，也讲如何贯串爱国主义思想教育问题。每次听讲的有上千人。当时，天津市的各中学各学科大部分教师都听过民盟的爱国主义讲座，或多或少得到了启发和教益。天津文教界对民盟有了初步认识和良好印象，为以后民盟发展组织作了准备工作。孟秋江通过的细致工作，文教界有不少人从此接近了民盟，并主动要求加入民盟。天津盟员人数，1951年发展到194人，1952年为260人，1953年为415人，1956年为711人，其中中学为307人、高校为305人，共612人，占85.9%。20世纪50年代，天津高等院校的系主任60%是盟员。

1951年11月4日，民盟天津市临时工作委员会结束，民盟天津市支部正式成立。胡愈之到会讲话，他说："天津市支部从无到有，从小到大，不到两年工夫，作出这些成绩是难得的。"并说天津市支部是"后来居上"。这些成绩的取得，和中共党组织的大力支持是分不开的，和孟秋江、辛毓庄等党员里的"老统战"他们所做的辛勤工作是分不开的。

二、漫谈民盟先贤与天津

1. 津籍民盟先贤、其他民盟先贤在天津

谈起天津籍贯的民盟先贤，不能不提到两位，就是刘清扬、叶笃义。

刘清扬（1894—1977），出生于天津市红桥区一个回族的平民家庭，中共早期党员，革命团体"觉悟社"重要成员，曾与张申府一道介绍周恩来入党，"大革命"失败后因故脱党，但始终保持对党的信仰，并继续留在党外做统战工作。1944年，经张澜介绍，在重庆加入民盟，并当选民盟中央委员、妇女委员会主任。1949年10月后，曾任民盟河北省委会主委、全国政协常委、河北省政协副主席，全国妇联副主席、中国红十字会副会长等职。1961年重新加入中国共产党，1977年去世。

刘清扬的青少年时光，基本是在天津度过的，五四运动的前后，她逐渐积累着学生运动、妇女运动的经验，初步树立起对共产主义的信仰，在赴法勤工俭学期间，她加入中国共产党，回国后又在天津创办了全国第一份《妇女日报》，担任该报总经理，这份报也成为早期传播马克思主义的重要阵地之一。

叶笃义（1912—2004），出生于天津河北区一个官僚家庭。早年毕业于燕京大学政治系，1944年加入民盟。1949年10月后，曾任全国政协副秘书长、全国人大法制委委员、民盟中央委员、常委兼秘书长、副主席等。

值得一提的是，叶家的十余位兄弟中，有三位先后加入了民盟。除叶笃义外，还有他的大哥叶刚侯（又名叶笃仁，1949年10月后曾任民盟天津市委会秘书长），五弟叶笃庄（1949年10月后曾任中国农科院研究员）。

除了刘清扬、叶笃义外，还有不少其他民盟先贤曾在天津有过活动、与天津发生过联系。如罗隆基，20世纪30年代初曾在《益世报》任职，并担任南开大学教授，由于其抗日主张，还一度险些被特务刺杀；梁思成，其父梁启超的故居就在今天津市河北区民族路，20世纪30年代时梁思成曾为天津市政建设制定过一整套规划方案《天津特别市物质建设方案》，还曾专门赴天津市蓟县探访独乐寺的木质建筑，誉称其楼阁为"罕有之宝物也"；钱伟长，于1938年的5月至12月间曾居住在天津市和平区湖北路，并在天津有名的耀华学校教书，担任初三和高一两个年级的物理老师，同时兼班主任；萨空了，在20世纪20年代至30年代间，曾作天津《北洋画报》的特约通讯员、天津《大公报》艺术周刊主编……这些专家学者、各界名流，都与天津有着深深浅浅的缘分。

2. 天津是包括众多民盟先贤在内的民主人士北上奔赴光明的重要中转站

中华人民共和国成立前夕，包括众多民盟先贤在内的民主人士纷至沓来，前往解放区，天津是他们奔赴光明的重要中转站。1948年下半年，平津等地区的民主人士从这里秘密前往华北解放区；1949年上半年，天津又迎来了从香港北上的多批民主人士。北平的民主人士去华北解放区，天津是必经之地；北方其他地区的民主人士去华北解放区，也要经过天津；上海等江南地区的民主人士去解放区，多经香港北上，但也有先到天津的。

民主人士从天津去解放区，不能"组团"出行，一般采取"零敲碎打"的分散出行方式，一次只接送一位民主人士或一个家庭。楚图南先生从香港到上海后，就联系了在天津的辛毓庄，辛毓庄帮助其顺利抵达天津，随后中共地下党组织又帮助其转移到解放区。吴晗夫妇原在天津隐居于英租界一个朋友家中，苦于无法去解放区，在天津中共地下党组织的帮助下，顺利转移。刘清扬母女也是由天津地下党员护送到解放区的，1948年10月初，地下党员王守惇接受了护送刘清扬母女去解放区的任务，他按照上级指示，搞到几张假身份证和"三青团"团员证，接对暗号后，与刘清扬等装扮成回乡探亲的一家出城。除了民盟的楚图南、吴晗、刘清扬等，还有大量民主人士也从天津中转，前往解放区。

中共地下组织协助民主人士前往华北解放区，基本采取单线联系和单独行动的方式，非常机动灵活。大量的民主人士在可靠的天津地下党组织和交通员的严密护送下，成功躲开各种麻烦，最终一一平安到达解放区。

结　语

天津民盟的历史、民盟先贤在天津的活动，是值得在官方资料和论述外，进一步深入研究的课题。进行这一类研究，不但需要阅读大量的一手资料，去发现历史的细节，还需要跳出盟史看历史的大视野，去体会历史的深沉。回顾这些点点滴滴，我们能更深切地体会到党盟之间风雨同舟、荣辱与共的深厚情谊。知所从来，思所将往，过去这一路上统一战线事业的艰辛和光荣，我们未曾亲历，但理应有所了解，方知今日事业之幸，方晓万事成之维艰。

(作者：欧阳康)

城记盟史一盛会

民盟重庆市委会

重庆是民盟的发祥地，组织在这里诞生和发展，先辈曾在此工作和生活。山水见证，街巷传闻，馆碑留名，少不了民盟印迹，其中尤以总部在渝留影最为显目。然总部在渝四年有余，留下的影像却少而模糊，其中较为清晰的是1945年民盟一大（临时全国代表大会）期间留下的一张"全家福"。以它为线索，可以牵引出那些年那些人那些事。

大家走到一起来

"全家福"一共46人，包括民盟领导人、部分代表和工作人员。新式西装、旧制长衫，耄耋尊者、优雅女士，沉思者、开颜者，端坐者、肃立者……虽然黄炎培等与会人员未在其中，有留影者至今仍不知其姓名，但个人与组织的叠加、历史与现实的比照，依然让不大的空间变得异常丰富。这一群看来差异很大的人，能走到一起来，确也颇费了一番周折。

1945年春夏，世界人民反法西斯战争胜利已成定局，中国抗日战争也转入战略大反攻阶段。在这一重要历史关头，中国共产党和中国国民党先后召开代表大会，就夺取抗战最后胜利和战后中国命运等问题提出主张。与此同时，为完成国内团结民主，建立独立、自由、民主、统一的新中国，民盟也积极筹备大会。6月5日，民盟中执委会在重庆信义街左舜生家里举行，议定于7月1日至5日在重庆举行民盟代表大会。然而，因7月1日至5日左舜生、黄炎培、章伯钧、冷御秋等访问延安，原定在此间召开大会已无可能。7月4日，张澜由蓉抵渝。25日，民盟中执委会在特园召开，做出10月1日在成都召开民盟临时代表大会的决议。后因抗战胜利，国内民主和平的实现日见重要，为了事实上需要和方便起见，特将开会地点改在重庆。

民盟中执委会议定召开代表大会后，各项准备工作加紧推进。民盟在重庆召开各区、各组负责人座谈会，其后各地组织开始推选代表。1945年8月16日，张澜嘱咐范朴斋去成都，为即将召开的代表大会筹款。范朴斋到成都后，先后拜访了刘文辉、邓锡侯、潘文华三人，共筹集200多万元法币，可购黄金30余两。除大会的集中开支，各区、各组代表的往返费用等则由本级组织或代表自行解决。

由于特园住宿有限，外地来的少数代表住特园，其余代表以党派、地域相对集中的方式在信义街、半山新村、马鞍山等地住宿，云南代表10余人则以刘王立明所办的李子坝胜利托儿所为宿舍。

1945年9月月底，曾琦从香港来渝，范朴斋自蓉抵渝……昆明、西南、华北、西北等地代表陆续汇集。本次大会代表共63人，实到48人，代表盟员约3000人。大家忙于准备提案，议定大会盟务及选举办法、开幕致辞等，一次历史性的大会即将拉开帷幕。

大家坐到一起来

民盟一大"全家福"拍摄的地点在特园，具体时间未知，人群背后隐约可见树丛，而会场的庄重、议程的严谨及大会的氛围，则见于当时的报端。

大会借特园鲜宅达观楼底楼客厅举行。会议厅正面墙壁上有八个大字，左边是"民主统一"，右边是"和平建国"，中间是一个以五色花朵拼缀起来的象征胜利的"V"字，中间淡蓝薄绢子做的窗帘上方，是红绸做的会标，写着"中国民主同盟临时全国代表大会"。主席台上安放着七张靠椅，正中三张铺着锦缎的垫子。

大会在下午2时正式开始。左舜生宣布开幕并向会议报告人数后，张澜主席致开幕词。其后，沈钧儒和曾琦先后致辞，范朴斋、潘光旦、章伯钧和黄炎培也作了讲话。致辞和讲话结束后，会议推选张澜、章伯钧、曾琦、罗隆基、沈钧儒、史良、黄炎培七人为主席团成员。

从10月2日起，大会分为政治报告、纲领草案、盟务工作、规章修改、提案审查5组，分别举行3天小组讨论会议。10月5日上午，举行的第一次大会由曾琦主持，左舜生、杨叔明、罗隆基分别报告总部、四川及云南盟务工作。10月6日上午，大会由黄炎培主持，董时进、杨子恒、罗子为分别报告重庆、西北、西南盟务工作，大会还讨论通过若干议案。10月7日是星期天，休会。10月8日至11日，继续举行大会，讨论通过各党派协商案、报告、纲领、规章等。10月12日为大会闭幕日。上午，大会专门讨论了政治协商会议问题。下午，大会根据新改规程选举主席，追认中央委员3名，补选中央委员30名。

10月15日至16日，民盟一中全会在特园举行，张澜主持会议。会议协商选举了18名常委，讨论通过了大会宣言、修正县市组织规程、各中央执委捐募基金等大会交议的各项议案。会议还决议在全国设置西南、西北、东南、南方、东北、华北及海外7个总支部并推举了正副主委，组织编辑委员会，接办《民宪》半月刊，在重庆筹办民盟机关报《民主报》。

大会的会期原定为7天，后来延长了会期。除各项既定的议程外，还举办了一些活动：开幕会结束，赓即举行了烛下记者谈话会，提问的有合众社等中外记者；10月10日晚，为纪念"双十节"，庆祝《双十协定》签订，在鲜宅举行了游艺会，张瑞芳、徐迟及李公朴等作了精彩表演，《新华日报》带来的是秧歌《兄妹开荒》；10月16日，为庆祝大会闭幕，刘王立明举办鸡尾酒会，部分民盟中委、冯玉祥及周恩来等中外来宾参加；10月17日，为慰劳大会会所主人鲜特生暨办事工作人员，范朴斋发起在中法比瑞同学会聚餐。

在民盟一大留下的影像中，还有几张张澜等四位美髯公、张澜与史良等四位女代表及部分中常委的合影。通过这些黑白照片以及当时报刊留下的"砂锅鱼头"等大会谈资，我们至今能感受到书生议政的风气和"民主之家"的温暖。

大家议到一起来

关于大会开幕的报道，《民宪》（东南版）用的标题是《关联着中国未来的命运》。这种对国家命运的关切，也许今天并不能从"全家福"里看得真切，但这正是当时与会代表所想、所议、所盼。

大会围绕建立什么样的国家这一问题展开深入讨论，通过的《政治报告》《临时全国代表大会宣言》《中国民主同盟纲领》三个文件，擘画了当时中国发展的"民盟方案"。比如，关于国家体制，提出了议会制、责任内阁制、司法独立制、地方自治制等主张。又如，关于当前任务，提出召开政治会议、建立联合政府、召集国民大会等主张，这些主张与中共七大提出的建立新民主主义国家的政治路线基本一致。虽然大会提出的一些主张，之前已有表述，大会通过的政治纲领49条也以政团同盟改组会议通过的纲领草案46条为基础，但其系统性和针对性更强，当时被誉为"中国所产生的最明白、最实际的政纲"。大会政治报告站位高远、论述精辟，至今读来仍有动人的力量。比如，关于民主："民主是人类生活的一种方式，是人类做人的一种道理""在一个国家建立一种政治经济制度，绝不能抹杀自己国家过去的历史，更不能忽视自己国家当前的情况""我们对别人已经试验过的制度，都愿平心静气取其所长，弃其所短，以创造一种中国的民主""以民主的政治建设民主的经济，以经济的民主充实政治的民主"等等。又如，关于组织："改组后的中国民主同盟仍不失为一个具有独立性和中立性的民主大集团",所谓"独立性"是说它"有它独立的政纲、有它独立的政策,更有它独立自主的行动","中立性"则表现在"不偏不倚"的立场、"不苟同亦不立异"的态度等。

民盟成立以来,其主张主要有民主、团结、抗战三层,"而其中尤以民主一层为中心的中心"(张澜语),"民主同盟代表一切要求民主的人们的利益"(邓初民文),抗战胜利后其责任就是要"把中国造成一个十足道地的民主国家"。虽然与会代表在一些具体问题上有意见分歧,甚至发生激烈争论(比如冯素陶与董时进关于土地所有制,以及章伯钧、范朴斋等与青年党代表关于加强组织纪律的争论等),但大家"各本团结的衷心、谋国的忠怀,共谋政事",而这些争论正是"为着团结、民主而斗争,为着对国家、民族、人民大众负责、认真、不苟且而斗争"。

从成立时的"民主团结、抗战建国",到民盟一大的"民主统一、和平建国",民盟坚持以国家民族为立场,并在为国家民族争得光明的努力中不断探索自身光明远大的前途。

大家找到一起来

从民盟成立到新中国诞生历时8年,民盟一大召开居于这个时间的中点,且为抗日战争向解放战争的过渡期,而民盟二大的召开在完成社会主义改造后的1956年,因此民盟一大必然具有里程碑的历史意义。

大会结束后,《民主星期刊》赓即发文从四个方面总结大会对于组织的意义:一是通过了修改过的组织规程,强化了纪律;二是确立了民盟的领导中心;三是通过了纲领、政治报告和对当前时局的宣言;四是表现出一种特别风气或风格。另据报载,大会期间,重庆沙坪坝各大学学生课外议论,以国共谈判及同盟大会为主,社会影响可见一斑。

随着时间的推移、环境的变化以及组织的演变,本次大会的意义也不断丰富。比如,从组织规程看,其影响不仅持续到民盟二大,一些组织架构至今仍在延续。民盟总部迁离重庆后，多次迁移而不断、屡遭困厄而不散，组织纪律是为保障。又如，政治纲领是政党的根本和灵魂，民盟一大之后，民盟为实现纲领确定的目标而奋斗，从民盟主张到政协决议、从旧政协到新政协、从新民主主义到社会主义，民盟一大可谓其逻辑起点，而用现实状况比照当时主张，有的行不通，有的不可即，有的业已完成，有的还在路上。此外，关于民盟一大影响的表述，还有"民盟成为现代成熟政党的标志""民盟组织结构合与分的分水岭"等等，而学界多年来关于民盟政治路线的性质、有无"中间路线"等问题的论争也持续不断。

在人类的历史舞台上，精彩辉煌难免曲终人散，要真切体会和深刻理解历史，则有必要回到历史的现场，然而这显然不是一件容易的事。所幸民盟一大召开之时，国际国内民主氛围趋于浓厚，民盟组织也更加健全，关于大会的资料，较之前的几次重要会议已经丰富不少。除了"全家福"等几张难得的照片外，当时有民盟自办的《民宪》《民主星期刊》的生动而深入的"写真"，有中共《新华日报》全程的报道，有黄炎培、范朴斋等与会人员的日记；其后还有写入正史的章节，有比较完整的历史文献，有李文宜、史良等与会代表零散的回忆，有杨复全等工作人员的口述。如果本于职责、情怀或兴趣，把有关联的人和资料找到一起来，再像先辈那样坐到一起来、议到一起来，就可以回溯来时的路、找到发展的根、清楚为什么出发，就可以更加自觉自信，不惑于世、不忧于时、不惧于行。

民盟成立至今已逾80年。70多年前留下的这张"全家福"，早已人去物非，然而在黑白之间，依然看得见"民主之家"草木葱茏，听得见从前先生们留下的画外音：

"大会在团结中闭幕了。你们回去，要去考虑你们自身所负的责任，我们不仅要对盟员负责，更重要的，还要对千千万万的老百姓负责任！"

副省级城市

追寻院士足迹　传承民盟精神

民盟长春市委会

"历史人物的足迹，总会刻下深深印记。"2021年是中国共产党成立100周年，中国民主同盟成立80周年，又是一个有着特殊意义的年份，也是我加入民盟的第24年。作为一名老盟员，我见证了长春市民盟在社会主义建设和多党合作事业中做出的积极贡献，感受到了全市盟员在长春市经济社会发展中发挥的光与热，也用实际行动践行了自己的责任和使命，前行道路上，每个足迹都彰显着民盟人爱国、爱党、爱盟的初心。回忆着人生中一个又一个的遇见，最难以忘记的就是自己入盟时与院士们的"相遇"，他们在我心中刻下了深深的印记，始终激励着我奋力攀登、矢志前行。

我心中的院士们

入盟后，在学习长春市民盟杰出人物史料中，发现了一个又一个我熟悉的名字，中国科学院院士喻德渊、俞建章、董申葆，他们是在地质学上开拓进取、披荆斩棘的先辈，他们在教育工作中的"经春桃李，芳菲天下"，在学术研究中的"造诣深湛，著述甚丰"，对我产生了深远的影响。

喻德渊院士，新中国地质教育事业的主要开拓者之一，领导并建立了加强基础理论，吸收现代先进技术方法，为国民经济服务的教学体制和教学基地，培养了大批优秀人才，为中国地质教育事业做出了杰出的贡献。他追随李四光共同建立东北（长春）地质学院，曾任东北（长春）地质学院院长、中国科学院吉林分院副院长。曾任民盟中央委员，民盟吉林省委会副主委，民盟长春市委会第一至五届主委，吉林省暨长春市民盟组织的早期领导者。

俞建章院士，著名地质学家、古生物学家、地层学家，地质教育家。民盟中央委员，民盟吉林省委会副主委。他一生与中国地质教育事业紧紧相连，他培育了一大批地质古生物人才，遍布于祖国各地。1951年，俞建章在老师李四光的推荐下与喻德渊等人来到长春筹建成立地质院校工作。中华人民共和国成立初期，他参加并负责黑龙江小兴安岭、密山地区及辽宁抚顺等地区矿产普查工作。1952年，又参加中苏合作考察大小兴安岭和黑龙江流域矿产资源工作等，在东北北部几年来的地质综合研究，奠定了中国东北地区地质学基础，同时也为东北地区大规模经济建设做出了重要贡献。

董申葆院士，生于北京，是著名的岩石学家。曾任北京大学地质学系副教授，长春地质学院院长。我国著名的岩石学家，在学术上有重要贡献，在国内外的同行中产生很大的影响。半个多世纪以来，他呕心沥血，为中国的地质事业培养了一大批优秀人才。曾任民盟长春市委会常委兼组织部部长。

正是在他们的带动和影响下，经过几十年的艰苦创业，吉林大学地球和科学学院从无到有，成为国内地质学重要基地之一。他们呕心沥血，为了建设新中国、建设吉林、建设长春，留下了宝贵的精神财富。

我的恩师王东坡

"只向初心,不问西东",这是我心中的恩师王东坡,他始终是我前行的灯塔。王东坡,俄罗斯自然科学院外籍院士。1957年,他硕士毕业后在长春地质学院历任岩石教研室、石油教研室、沉积岩教研室主任。1971年后,任长春地质学院地质博物馆馆长、长春科技大学能源地质研究所所长。1983年,当选吉林省第五至七届政协委员;1992年,任长春市民盟第九届常委,并多年担任民盟基层组织的主委。

在长达60余年的地质生涯中,王老师全身心投入大陆构造沉积学的教学科研领域,提出地球深部层圈结构——盆地构造沉积演化——油气分布规律研究的新方向,创建"大陆构造沉积学"边缘新学科体系而享誉国内外。老师孜孜以求、辛勤耕耘,取得了一系列科研成果,发表学术论文百余篇。培养了大批地学界骨干人才,培养博士后、博士和硕士研究生60余名。他的学生已遍布海内外,并在各自岗位上发挥着重要作用,许多学子已在国内地学界成为栋梁之材。王老师曾获国务院为高等教育事业做出突出贡献的专家;吉林省人民政府吉林英才奖章;1994年业绩载入英国剑桥国际名人传记中心和美国《世界名人传》;2000年被国家人事部《中国人才辞典》收录。

王东坡老师知识渊博,治学严谨,倡导创新,在沉积学领域有较深的造诣和独到的见解,对我的专业学习产生了极大的影响。他淡泊名利的品格、谦虚谨慎的为人、甘为孺子牛的风采时刻激励着我前行。

传承院士精神发挥时代价值

时代在变,奋斗的底色不变,我踏着他们的足迹,在前行中不断汲取院士们的精神力量,努力在本职工作和盟务工作中追求新高度、新境界,用自己的坚实足迹,探索不一样的人生。

昆仑山海拔3000多米的雪线,诗人形容,站在这里伸手就能把天抓到。2001至2005年,我和科研团队在这里开展了"青海—新疆东昆仑成矿带成矿规律和找矿方向综合研究"。东昆仑山是青藏高原的一个北延伸带,这里没有地质调查基础,以前根本没有大比例的区调图,开展地质资源调查难度非常大,而国家又急需摸清类似地区的地质情况,为"十一五"总体规划制定相关的政策。我和团队由此在东昆仑山方圆14公里的世界屋脊上,开展极具有战略意义的地质勘探研究。东昆仑山一年四季,只有冬夏两个季节,即使在夏季昆仑山上也是皑皑白雪,那时青藏铁路还没有通车,为了不错过东昆仑山的短暂一瞬的夏天,我们直接坐火车到西宁,然后坐车到格尔木,再坐汽车到勘测点,中间没有一刻停留,大家在紧张和忙碌中逐渐适应高原气候。一次在找勘测点的过程中,我和团队遇到了风沙,迷路了,直到半夜一点多钟,才找到了一块暂时的栖身之地,像这样的事在野外考察中不知有多少次……经过艰苦的科研探索,我们在东昆仑造山带区域动力学演化和成矿作用等方面取得了创新性成果,包括重新厘定了东昆仑地区地球动力学演化模式;首次提出了东经91度附近的青海、新疆交界处存在有规模较大的近南北向构造带;对东昆仑成矿带进行了划分,划分出铜矿远景区24个,钴矿远景区14个,金矿远景区21个……我们在艰苦的条件下揭开地下宝藏的面纱,迎接着青藏高原上绚丽彩霞。

山东省招远市被誉为中国的"金城天府",黄金储藏量丰富,开采历史悠久。然而,由于开矿之初的地质勘测水平有限,不可能把金矿的全部储量都勘测出来,所以有的金矿开采一段时间就枯竭了,地质专业术语叫"闭坑"。然而,一座矿山往往就是一个小社会,许多人都是两代、三代人在那里生存,矿山枯竭了那些人衣食就没了着落。为此,国家专门成立了全国危机矿山接替资源管理办公室,对"闭坑"矿进行再生处理。山东是我的家乡,从读硕士起一直到博士后,我一直在胶东大地上探寻宝藏,进行地质研究,几乎走遍了家乡的山山水水。看着这些还有开采价值的闭坑矿和那些没有衣食着落的乡亲,我总想运用自己的学识，为国家和百姓做点实事。为了研究闭坑老矿，我和学生经常坐着"贯龙"（用粗绳子绑着大筐，把人顺到矿井里）上下矿井。在金岭金矿470米长坡度30度的斜井中，我们每次在井底工作完，都要背着矿石标本，爬一个小时，才能从井底的作业面到井口。我和学生们先后为多个面临资源危机或已经停采的金矿山找到了新的黄金储量（包括山东招远金岭金矿、北截金矿、平度旧店镇金矿和北京平谷万庄金矿），产生了显著的社会和经济效益。其中，"山东招远金岭金矿埠南矿区、山上原家矿区金矿化富集规律及靶区预测"项目通过科技成果转化产生巨大经济效益，探获黄金矿石储量31.21吨，金属量2138千克，价值2亿多元。该项目还获得中国黄金协会2004年颁发的"科学技术三等奖"。枯竭矿的废石堆里开出了我们用心血和汗水浇灌出来的"金花"。

作为吉林大学地质调查研究院（矿产资源研究院）院长，我深知重任在肩，一方面认真做好科研工作，以负责人身份，主持"矿产勘查"国家级特色专业、"矿床学"国家级精品课程和国家级精品资源共享课程等建设工作，连续主讲本科生主干课程"矿床学"，作为项目负责人主持完成国家或部级科研项目等近50余项；出版专著4部；发表学术论文213篇，其中SCI论文45篇。另一方面，做好学生的"铺路石和领路人"，现已培养博士60名，硕士100名。有幸荣获地质资源地质工程领域专家，吉林大学唐敖庆特聘教授，吉林省教学名师等称号；获得吉林大学"十一五""十二五"科研工作突出贡献奖，国土资源部青藏高原地质理论创新与找矿重大突破先进个人等。

作为全国人大代表、吉林省政协委员和长春市政协副主席、民盟长春市委会主委，我积极履行参政党职能，围绕"四个全面"战略布局，紧扣创新、协调、绿色、开放、共享五大发展理念，结合自身专业提出了"关于设立国家专项开展东北黑土综合调查监测与保护开发利用的建议""关于加快推进松辽盆地油页岩勘探和开发利用的建议""关于进一步提升我国矿产资源保障能力支撑高质量发展的建议"等重要意见建议,就经济社会发展的重大问题、全面深化改革的难点问题、推动创新创造的关键问题深入思考,建言献策,发挥自己的时代价值。2021年,我有幸荣获民盟"杰出盟员"荣誉称号。

时代的灯塔照亮我们前行的道路,我将始终铭记和秉持"院士精神""民盟精神",沿着先辈不朽的足迹,接续奋斗,砥砺前行,为长春全面振兴、全方位振兴贡献自己的一分力量。

起落三几重　正道百十载

——成都民盟组织成立与发展历程简描

民盟成都市委会

成都是民盟的发祥地之一。成都民盟市级组织成立于1945年6月，至今已有76年历史。其实，自1941年民盟成立以后，一直有盟员在成都活动，民盟组织的存在和影响一直不断，1943年，张澜主持成都慈惠堂，通过改革发展使其成为全国最大慈善机构，并依托其进行民主革命活动，被称为成都的"民主之家"。如果把眼光再向前延伸，从1911年的保路运动开始，以张澜先生为代表的民盟先贤就在成都进行革命活动，随后兴教育、办报纸、举慈善，团结转化地方势力、开展民主革命斗争。可以说，民盟人和民盟组织在百余年来成都这座城市的革命、建设和发展中从未缺席。

民盟人和民盟组织在成都的百余年，经历了中国政党政治生成、斗争、建设的全过程，经历了成都几乎所有的重大历史事件，在一些事件上还弄潮于前。特别是成都民盟市级组织成立的76年来，经历了抗战后的和平民主运动、新民主主义革命、社会主义建设和新时代发展各个历史阶段，经历脉络是中国民主同盟的一个具体缩影，起起伏伏，正道沧桑。单就盟员人数规模和活动影响来看，成都民盟组织曾有过三起三落，三段峰值和低谷的走线，在一定程度上显示了成都民盟组织成立与发展的独特路程和风采。

一起一落，大浪淘沙

1945年6月27日，民盟成都市第一届市分部委员会成立，范朴斋任主委。此时，成都盟员已经有约500人。民盟中央主席张澜当时长住成都，对民盟成都市级组织的成立和发展有着直接的影响，在教育、文化、新闻、军政各界上层有影响有代表性的人士中先后发展很多盟员。成都分部成立后，排除青年党的干扰，积极发展组织，除由中、上级军官及公职人员组成的直属区分部外，先后建立了43个区分部，涵盖社会各阶层，包括教员、学生、工商业者、汽车司机、企业职工等各行各业。到1945年10月的民盟临时全国代表大会前后，成都盟员达1000多人，占全国盟员总数的1/3。这是成都民盟成员规模的第一个峰值。这一时期的成都民盟在舆论阵地和社会活动上极为活跃。在成都境内，公开以民盟的名义发行的报纸有《华西晚报》（张澜任董事长）、《民众时报》，是中华人民共和国成立前民盟组织直接主办的重要报刊之一；由盟员创办并领导的报纸有《华西日报》（潘文华任董事长）、《华西日报》《工商导报》《自由画报》《遂蓉导报》《胜利报》《益报》《光明晚报》等；盟员领办期刊有《大学月刊》《大义周刊》《唯民周刊》《科学世纪》《文摘周刊》《华西经济》等。1946年3月10日，张澜发起成立"中国民主宪政促进会"成都分会，此外由民盟盟员参加并发挥领导骨干作用的进步社团还有民协、唯民社、《青年园地》社、文艺研究会、文学笔会、女声社、自由读书会、时事研究社、自然科学研究社、成都"海星合唱团"、科学时代社成都分社、川大教授会、成都市妇女联谊会、和珌社、朝明学术研究社等。

1947年6月，国民党政府针对中共地下人员和民盟人士发动了一次全国性的"六二"大逮捕。在成都的"六二大行动"中，成都民盟领导人范朴斋、田一平、杨伯恺、于渊、孙文石、周列三等68人被逮捕入狱，基层盟组织也有骨干盟员被捕，如邛崃民盟自主委以下班子成员及主要骨干几乎被一网打尽。大逮捕后，白色恐怖，乌云翻滚，一部分盟员离散了，一部分盟员转入地下，民盟组织遭受了重大损失。1947年11月，民盟被宣布为"非法团体"、总部被迫解散的消息传来，成都盟组织全部转入地下活动，盟员大部离散，常与组织联系的仅50余人。成都民盟进入了第一个低谷时期。

这一次挫折同时是一次大浪淘沙，大量成员散落脱离组织，淘选出真正坚定的民盟人。在"六二"大逮捕后，民盟四川省支部和成都市分部成立省市联络工作小组，组织已转入地下斗争的成都和其他县市盟员，通过同乡、同学亲谊关系，运用茶会、聚餐会等多种形式开展革命活动。1948年1月5日，民盟一届三中全会在香港召开，在川中委潘大逵、范朴斋、张志和、罗忠信、曾庶凡、鲜特生等尚在国民党特务的"圈禁"之中，无法参会，成都民盟派出张松涛到香港与总部取得联系，6月将三中全会文件带回成都，按照三中全会精神，由公开的方式转为地下的方式，由和平的手段转为革命的手段。

这一次挫折还是一次火种扩散，大批成都盟员分散到郊区县和川西、川北、川南，在各地生根开花，民盟组织在川康地区形成星火燎原之势。"六二"大逮捕后，成都民盟有计划有步骤地展开地下组织活动，把原有各县组织整理恢复，号召和安排盟员回乡建立新的地方组织，经常派员到各地联络督导。1948年7月，成都民盟将川大毕业的39名盟员学生干部分发到川内各县工作，展开地方盟组织的活动。到中华人民共和国成立前夕，成都盟员活动并建立组织的地方覆盖了四川和西康40余个县。

二起二落，革故鼎新

1948年后，成都民盟地下组织积极开展工作，盟员数量快速地恢复和提升。到1949年年底，成都分部盟员已发展至四五百人，并有外围组织成都市职业青年联谊会、成都市民主妇女联谊会、青年自然科学工作者协会成都分会、青年文艺工作者联合会等；成都郊县中的双流、新津、大邑、邛崃、青神、华阳、新都、金堂、彭县、崇庆、郫县、简阳等也建立了盟组织，如大邑县民盟在中下层知识分子中发展盟员98人，掌握了大邑县自卫总队的大部分武装。截至中华人民共和国成立前夕，成都地区盟员人数再次达到1000人左右。这是成都民盟数量规模的第二个峰值。这一时期的成都民盟在极其秘密的状况下展开地下活动，建组织、搞宣传、隐蔽斗争、壮大力量。在城市，秘密组织游行，反内战、反饥饿、反迫害，先后发起和领导了"四九"学运、罢教与尊师运动、声援南京"四一"惨案、"倒王反蒋"等重要事件。在农村，建立地下武装，与中共游击队并肩战斗，成都民盟建立和掌握的地方武装包括了大邑县自卫总队、川南军区游击队、川康人民革命军第一纵队、崇庆"中国民主联军西南第四路司令部"、岷江支队郫县区队、三台县菊河乡民众自卫队、岳池"西南民主联军川东纵队第四支队"、中江坭金游击队等，守护地方秩序，阻击国民党顽军，与解放军会师于战场。成都民盟的领导人与地方势力首脑人物秘密联系，进行统战工作，争取地方实力派起义。经过张澜、冯克熙、张志和、潘大逵等民盟领导人的多方工作，促成了刘文辉、邓锡侯、潘文华于1949年12月9日在彭县的起义，打破了蒋介石梦想的"川西决战"，国民党在川部队顷刻间土崩瓦解。通过民盟联络，1949年12月26日，冷薰南领衔成都市政府起义，成都和平解放。经刘文辉做工作，川鄂绥靖公署副主任董长安于1949年12月21日在什邡起义、国民党军十六兵团副司令曾元在金堂起义、国民党军十五兵团司令罗广文在彭县起义、361师副师长陈彰文在什邡起义，国民党军二十兵团司令陈克非、杨森部属川陕甘边区副主任喻孟群军长、四川省保安处长刘兆藜等也走上起义的道路，加速终结了蒋介石在大陆的残余统治。

1949年12月27日，成都和平解放。当日下午，民盟四川省支部和成都市分部召开联席会议，发布《庆祝西南解放宣言》，欢迎解放军入城，配合筹备新成都工作。1950年1月7日，民盟总部临时工作委员会派田一平到成都，组建民盟成都市分部临时工作委员会（以下简称临工会），从1月13日起暂不吸收新盟员，着手整理地方盟务，全体盟员都要经过重新审查方能确定盟籍。分部设立盟籍审查委员会，通知盟员来会登记、提交《自传》申请审查，遵照"登记宽、审查严、处理宽"的原则进行登记审查。临工会一共接受了335人的申请，经过严格的审查，1950年10月底，共计通过了257人的盟籍。随后，民盟川西支部和成都市分部合并在一起，于1951年5月15日开始对县级盟务展开了整理工作，各郊区县盟组织人数也大幅"缩水"，共整理盟务668人，准予登记101人、缓登记126人、不登记441人。盟务整理后，成都盟员登记数量大幅下降，这是成都民盟在规模上的第二次回落和低谷。

这一次盟务整理是成都民盟组织的自我净化和革故鼎新。成都解放前后，成都民盟组织虽然数量庞大，但成分非常复杂，长期的地下斗争中，组织领导和管理比较薄弱，如解放前夕新津县民盟有盟员近100人，但却存在3个系统，相互无联系。再加上民盟组织与地方势力联系较深，盟员中渗入大量"不干净"分子，解放后也有很多投机者以盟员身份自诩。如新津县申请盟员227人，经审查准予登记盟员仅17人，缓登记27人（历史复杂、政治面貌不清、材料不足），不登记者达183人，其中包括了参与叛乱被枪决者、贪污犯、反革命、文盲、扒手、娼妓、叛徒、烟贩、恶霸地主、被通缉特务、工作消极包庇地主、群众反映不良者等等。盟务整理让盟员写自传、查盟籍，组织学习提高思想，并结合学习过程加以考察，清除了大量的盟内落后成分，政治面貌焕然一新，实现了民盟组织的净化和革新。

中华人民共和国成立前夕到中华人民共和国成立初期也是成都民盟牺牲最重的时期。成都籍或在成都地区牺牲的盟员烈士共32人（党盟交叉11人），都发生在这一时期。1949年12月7日牺牲在成都十二桥的13位盟员，是民盟历史上仅次于重庆渣滓洞、白公馆盟员烈士（25

人）的第二大烈士群体。成都解放前，1948年3月黄蜀澄牺牲于成都，9月刘鸣皋、徐达人牺牲于大邑；成都解放后，1950年2月土匪叛乱中周洛京等6位盟员牺牲于双流，4月平息反革命暴乱中廖和林等7位盟员牺牲于简阳。成都籍盟员和在成都为革命而牺牲的盟员烈士，排在全国为革命而牺牲的各省市盟员总数前列。

三起三落，松柏之茂

1951年10月，完成盟务整理后，成都民盟开始按民盟中央以"文教为主""中高层为主"的方针谨慎推进组织发展，以发展教授、学者、专家等为主。1953年11月29日，成都民盟举行第一次盟员大会，到会盟员343人。1956年，成都民盟开始在文艺界、中教界放手进行组织发展，在文艺组织和中学建立新的支部和小组，1956年7月，成都市已有盟员495人，其中高校盟员占45%、文教界盟员占76%、中上层知识分子占84%。1957年5月23日，全市盟员已达682人，基层组织35个，但是不久后的1957年下半年，反右扩大化让组织发展再度停顿，1966年上半年，仅发展盟员1人（1963年四川医学院图书馆馆长李永增），"文化大革命"期间组织停止活动。由此，1957上半年的盟员684人，在其后20余年未能突破，成为成都民盟人数的第三个峰值。

这一时期成都民盟的工作主题是学习改造，组织盟员积极参加社会主义改造和建设。民盟成都分部组织开展多种形式学习，提高全体盟员的政治思想水平，号召盟员亲身参加到每一个社会主义实践工作的岗位上去。推动盟员积极投入"镇反""肃反"运动，有234人参加"三反""五反""打虎""退赃""定案"工作，34人参加农村"巩社"工作和成都市对私营工商业社会主义改造工作。组织干部和盟员84人参加土改工作，大部分盟员积极投身到土地改革中去，通过宣传、写信（号召一封信运动）、拜访、说服等种种方式，向自己的亲戚好友们进行工作，争取他们心悦诚服地拥护实行减阻退押和土地改革，很好地配合政府完成了伟大的土地改革运动。盟员积极响应向科学文化进军的号召，在文化艺术上充分发扬民主、发挥创造性，积极进行科学研究、提高教学质量、提高政治思想水平，改变我国科学文化落后状态。据不完全统计，1956年年底，川大、财经学院、医学院、工学院等校盟员在各种报刊上发表的学术论文共50余篇。

1957年6月，"反右"斗争拉开序幕，成都民盟同样深陷其中，1957年9月底，民盟成都市委会划"右派"148人，占盟员总数22.22%，省市民盟领导潘大逵、赵一明、张松涛、韩文畦等被批斗，盟市委机关12个专职部长中有7个"右派"分子。截至1962年6月，成都开除盟员57人、留盟查看77人，当年年底盟员总数降为628人。1966年"文化大革命"的发生，机关被解散，组织活动全部停止，一直延续到1977年。这是成都民盟历史上的第三次低谷，也是最惨痛的一次低落。

1957年起，20余年的一系列政治运动中，成都民盟组织经历重大考验，始终推动盟员不断加强马列主义、毛泽东思想的学习，动员盟员加强自我改造，要求盟员参加技术革命、文化革命、教育革命的群众运动，在思想改造和教育教学、科学技术上做出成绩。即使在最困难时期的严峻考验面前，成都民盟也用事实证明了自己是为社会主义服务的政治力量。在反右派斗争中，多少盟员坚守风骨品格，不发违心之言，不做攀咬之举；盟员认真投入自我改造"大跃进"、参与增产节约运动，三年困难时期从各方面支援农业、积极参加农业劳动。1959年10月1日，全市大专院校盟员以专著、论文、讲义、文学作品等231件向国庆十周年献礼。在"文化大革命"最艰难时间中，盟员和大批被迫害的中共党员一样在坚持做对国家人民有价值的事情。川大教授蒙文通在"牛棚"中用生命的最后五年，写成约十万字的《越史丛考》，用翔实的资料驳倒了国际上一些越史学者歪曲历史、觊觎我国领土的奇谈怪论，有力维护了中华民族的尊严和利益。

1978年4月，民盟成都市委会成立临时领导小组，开始盟务恢复重建工作。此后，成都民盟领导机构、机关到基层组织都逐步地恢复工作，被错划为右派的148名盟员逐一落实政策、全部得到改正。1978年8月，重新登记在册盟员共计621人，共有基层组织35个，其中支部9个、直属联合小组和小组26个。成都民盟恢复活力，从此步入持续的上升曲线。

三起三落贯穿了成都民盟成立以后的前35年，从这一段历史可以看到民盟与中国共产党的风雨同舟、休戚与共，凡是民盟组织遭受损失和严峻考验的时期，也是中国共产党面临困难或事业发展发生波折的时期。每一个时代有每一个时代的使命和要求，民盟正是在每一个时代直面挑战，不断破茧再生、不断自我更新、不断经受锤炼，因而与时俱进，一直站在时代潮头。在这宏大的演进中，民盟也有不变的东西，是务求真理的纯净、家国天下的理想、奔走国是的自觉、淡泊自强的风骨，这是民盟的底色与初衷，从来没有变过，并且随着历史和际遇的磋磨越来越坚定和光亮。

1980年1月，召开的成都民盟六次代表大会至今40年，成都民盟进入持续的良性发展进程，组织规模、规范和作用持续提升，也在成都和国家发展中留下了自己的印记。成立于1984年的民盟社会大学，是成都首个大专学历的民办教育机构，先后举办过13个专业，培养数千毕业生，至今还在办学。2003年，成都民盟组稿的《合理配置教育资源促进义务教育均衡发展》由时任吴正德副主席代表民盟中央在全国政协大会发言，是在国家政治层面首提"义务教育均衡发展"。2008年，"5·12"地震中，全国民盟组织的力量向成都聚集，参与应急救援和灾后重建，民盟援建的卫生院、学校今天仍在良好运行；2011年起的天府新区建设、2017年起的东进战略及设立东部新区，成都这些重大战略实施中都有民盟声音，每年有10件左右的政策建议得到成都市委、市政府主要领导肯定批示。新时代成都的发展，民盟同样从未缺席。

2021年3月19日，民盟成立80周年之际，成都民盟有盟员5207人，是成都市人数最多的民主党派组织，是民盟最大的城市地方组织之一。成都民盟平均年龄58.3岁，承载着她厚重的历史积累。每年加入的新盟员平均年龄37岁，显示着她仍然年轻，百年风华正青春。

十八载不懈建言路　一朝天堑变通途

——民盟大连市委会"烟大铁路轮渡"提案全纪实

民盟大连市委会

在民盟的历史上有两位著名的梁先生：一位是民盟的发起人之一、性悟古今、学贯中西的梁漱溟先生；一位是曾任民盟中央常委、中国近代建筑之父、抱着被拆的北京城墙痛哭的梁思成先生。这两位梁先生，在民盟的历史上和新中国的建设上做出了不可磨灭的贡献。在大连民盟，也有一位梁先生，在大连民盟参政议政的历史上赫赫有名，他是烟大铁路轮渡提案的首倡者、民盟盟员、原铁道部第三勘探设计院高级工程师——梁辅民先生。

2006年11月6日，是一个具有跨时代意义的非凡日子。上午8时整，伴随一声长长的笛鸣，全长182.6米，宽24.8米，单航可承载50节80吨重货运列车、50辆20吨载重汽车、25辆小汽车和480名乘客的烟（台）大（连）铁路轮渡第一艘渡船———"中铁渤海1号"，像一只洁白的天鹅缓缓驶离大连旅顺口区羊头洼港，穿过渤海湾径直开向对岸。这标志着中国第一条、世界第35条运输距离超过100公里的跨海铁路轮渡在国人的高度关注下投入试运营，一条将对我国国民经济发展产生深远影响的东部陆海铁路大通道业已开启。

烟大铁路轮渡项目的成功实施，是大连民盟积极参政议政、推动国家经济发展的一项重大成果。为了这一刻的到来，倾注了大量心血和智慧的盟组织和全体盟员整整期待了18年。让"流动的海上铁路"穿越渤海海峡事情起源于18年前民盟盟员的一个"海上铁路梦"。

长期以来，由于受地理条件限制，东北与山东、华东地区的大量客货交流只能绕道京山、津浦、胶济等铁路长距离运输，比直接跨海运输绕行距离约在600至1000公里左右，既增加了运输费用，延长了运输时间，又加剧了进出山海关铁路以及京沪等铁路干线运输紧张的局面，因而急需打通东部陆海铁路大通道。让铁路"驶"过渤海海峡！年近60岁的梁辅民产生了一个大胆的设想。他从1986年起开始考察调研，精心勾画着让"流动的海上铁路"穿越渤海海峡的蓝图。梁辅民在渤海海峡湛蓝色的地图上用红笔划出了一条前所未有的航线——大连至烟台间铁路公路两用轮渡航线。1988年10月，梁辅民离休回到大连后，在接转盟组织关系的同时，将长达6000多字的《改善环渤海经济圈交通条件的设想》提交给民盟大连市委会，第一次提出了关于建设烟大铁路轮渡的建议。民盟大连市委会认为这个大胆设想如果得以实现，诞生一条贯通东北—华北—华东的南北铁路新干线，不仅是我国交通史上的伟大创举，还将对国民经济发展产生深远的影响。

1989年2月，时任民盟大连市委会副主委傅玉普等盟内的市政协委员，联名提交了《开辟大连至烟台铁路轮渡，完善环渤海经济圈的交通运输，解决大连及东北地区交通运输困难》的提案，将梁辅民的建议提到了大连市政协七届二次全会上。为使建议更为缜密合理，更具说服力和可行性，1989年12月，民盟大连市委会在大连海运学院召开"大连——烟台铁路公路两用轮渡可行性研究评估会"，邀请了30多位专家、学者和市政府、市政协有关领导到会，从铁路、海运、气象、水文、经济地理、港口管理等多方面进行论证。会议纪要由民盟大连市委会呈送铁道部、交通运输部和辽宁省、山东省及大连市、烟台市政府，同时以与会专家的名义联合发出书面倡议，呼吁各有关省、市组织专题论证和可行性研究，并向中央有关部门积极建议。1989年年底，《中共中央关于坚持和完善中国共产党领导的多党合作和政治协商制度的意见》颁布，各民主党派以党派团体的名义建言的渠道更加畅通。于是，民盟大连市委会在1990年大连市政协七届三次全会上，首次提交了《关于建设大连—烟台铁、公路两用轮渡，沟通滨海铁路运输大通道的建议》的党派提案；1992年1月再次以党派的名义提交了《关于加快筹建大连—烟台铁路、公路两用轮渡的建议》的提案；1993年，民盟辽宁省委会以《关于环渤海地区交通网络系统建设的建议》为题作为重点提案郑重提出，并在辽宁省政协七届一次会议上做了大会发言；1996年3月，全国政协八届四次会议在北京召开，11位来自辽宁省的全国政协委员联名提交提案，建议尽快把大连至烟台间铁路轮渡工程列入国家计划，提案得到高度重视，被列为当年全国政协一号提案……政协组织和党派团体关于建设烟大铁路轮渡的调研论证和建言活动，就这样像滚雪球似的愈滚愈大。

"以我一生之力，也许不足以唤起政府如此重视。依靠我国实行的多党合作和政治协商制度，才有了实现这个建议的可能性。"作为烟大铁路轮渡第一建议人，梁辅民曾经在受访时充满感慨地说。

事实的确如此。建设烟大铁路轮渡从一条来自民间的建议，经由党派团体、政协组织以政协提案的形式一经提出，辽宁、山东两地政府迅速做出反应，分别将建设烟大铁路轮渡列入两省的发展战略规划。时任辽宁省省长为此作了5次批示，督促省计委等部门加紧研究，尽快拿出可行性方案。辽宁省计委、交通厅和大连市计委、沈阳铁路局、大连铁路分局等有关方面负责人奔赴山东，就烟大铁路轮渡工程及港址选择等问题进行了认真磋商，两省计委共同签订了《关于积极开展辽鲁海上列车轮渡前期工作的协议》。

1990年年初，山东省政府在收到民盟大连市委会的可行性研究评估会议纪要之后，马上派人进京向国务院有关部委提出此项建议，并正式委托中国交通运输协会发展委员会主持做进一步的可行性研究。此间，从中央有关部委到省市，领导批示不断，专题研究不断。而每次调研活动，都会邀请提出建议的党派成员参与其中，既为其充分行使民主权利提供了机遇，也使建议本身在反复推敲论证中日趋缜赅备。

1993年9月，时任中共中央总书记江泽民视察大连时，听了关于火车轮渡的汇报后说："这很好。开辟新运输航线，可以缓解交通运输的紧张状况，有利于经济发展。"时任国务院副总理朱镕基、邹家华对辽宁省、山东省政府联合向国务院呈递的烟大轮渡立项申请后，相继做出批示，责成铁道部论证和设计。

1993年11月7日，国务院按照朱镕基、邹家华两位副总理的批示，召集铁道部、交通运输部、国家计委，中国国际工程咨询公司，辽宁省、山东省和大连市、烟台市的领导，邀请了各行各业的专家，在山东省牟平市养马岛召开了就铁道部第三勘测设计院编制的"烟台至大连铁路轮渡及后方铁路道路可行性研究报告评议会"，大会主席时任铁道部常务副部长屠由瑞指名梁辅民同志首先发言，接着到会专家热烈赞同，一致认为，海上铁路轮渡在国际上是成熟技术，此项目政治、经济、军事意义重大，会后通过两部两省联合上报国务院申请报告。与会时任国家计委蓝世良司长、中国国际工程咨询公司当场表示，接到申请后，立即组织专家评估立项。山东省、烟台市领导发言，表示对该工程梦寐以求，迫不及待希望早日上马，大连市在会后提出了港址设在羊头洼的意见。由于项目涉及港口统一规划，需与港口运输相衔接。交通运输部随即布置水规院对该项目进行了充分论证。

1994年8月19日时任国务院副总理邹家华主持会议，研究烟大铁路轮渡有关问题。1994年7月4日，时任国务院总理李鹏与当时的德国总理科尔签署谅解备忘录，中德双方对中国交通基础设施进行合作研究，合作内容有东北至长江三角洲地区陆海通道包含烟大铁路轮渡项目。1994年11月19日，铁道部、交通运输部与山东、辽宁省人民政府联合向国家计委报送了《烟台至大连铁路轮渡项目建议书》。1995年2

月，中国国际工程咨询公司受国家计委委托，对项目建议书进行了认真的研究，认为修建该项目是必要的。1996年3月，国家计委和铁道部、交通运输部领导来到全国政协八届四次会议会场，对建设烟大铁路轮渡提案做现场答复。这次现场会后，多家媒体披露：烟大铁路轮渡将作为北起大连南到广州间2200公里的铁路大通道计划的重要组成部分。

经过海上试点和充分论证，2002年1月26日，中铁渤海铁路轮渡有限责任公司成立，标志着烟大轮渡项目正式启动。2003年8月6日经国务院批准可行性研究报告，该项目被纳入国务院批准的《中长期铁路规划》，2003年12月30日经国家发改委批准开工。2004年，被列入国家重点建设项目。

2004年12月30日，2004大连十大经济人物评比揭晓，中铁渤海铁路轮渡有限责任公司总经理迟宝璋当选。梁辅民作为颁奖嘉宾到现场为迟总授奖。

2006年9月20日，全国"各民主党派、工商联、无党派人士为全面建设小康社会作贡献"表彰大会在人民大会堂举行，梁辅民获先进个人光荣称号。

走过18载的不懈建言路，众手托举天堑南北从此变通途，这不仅是象征我国综合国力和科学发展进步的一个伟大的创举，也是共产党领导的多党合作和政治协商制度孕育出的又一丰硕果实。

(作者：邓长辉)

广州民盟成立与广州解放

民盟广州市委会

中国民主同盟在中国抗日战争的烽火中应运而生，广州民盟在解放战争时期为推动华南民主运动发展而诞生。广州民盟成立后，与中国共产党密切合作，反对内战、反对独裁，宣传和平民主，积极组织学生运动，开展策反和护邮运动，在支援解放战争、迎接广州解放的历史洪流中贡献了力量。

一、广州民盟成立的历史背景

抗日战争胜利后，为打开华南民主运动局面，1946年1月1日，民盟南方总支部在香港宣布成立，领导广东、广西、港澳和海外的民盟盟员开展民主运动，为维护国内和平而奔走呼吁。

1946年年初，国民党军委行营主任张发奎接管广州后，一口抹杀中共领导的广东人民抗日游击队东江纵队以及省内其他地区的人民抗日武装部队在十四年抗战中的丰功伟绩，诬之为"土匪部队"，并派出反动武装共4万余人对东江纵队进行疯狂的进攻。为粉碎敌人的围剿，中共香港分局统战部部长连贯召开特别会议，邀请盟员胡一声和陈柏麟列席，要求加速开展广州的民主运动，减轻国民党对东江纵队的压力。为此，民盟南方总支部在香港成立后，随即商定建立广州市民盟组织。1946年1月，成立民盟广州市工作委员会，丘克辉任主委，陈残云、梅日新、李镇静等为委员。

1946年1月下旬，胡一声和陈柏麟从香港回到广州开展盟务活动，2月，成立民盟广东省支部。不久，根据民盟广东省支部的决定，成立民盟广州市分部，陈柏麟任广州市分部主委，梅日新、蓝青、涂先球、易巩、廖钺、杨奎章等为委员。民盟南方总支部和民盟广东省支部都以广州为重点，与民盟广州市分部一同开展反对内战、争取民主的斗争。1946年，中共广州地下市委正式成立，民盟南方总支部迁回广州以及旧政协会议的成功举行，推动了全国民主运动的迅速开展，也为广州民盟的发展和活动创造了有利条件。

二、争取和平民主，反对内战独裁

广州民盟组织成立后，一直与中国共产党地方组织密切合作。1946年1月30日，在中共广州市委地下组织领导和支持下，广州民盟组织发动中山大学和中大附中等院校2000多人举行了一次"要和平、反内战、争民主、反独裁"的游行示威活动，要求国民党履行停战协定、取消一党专政、组织联合政府、停止新闻封锁和把美军赶出中国等，使广州响起了"华南大地的第一声春雷"，为反内战增添了力量。

（一）组织"欢迎孙科，争取民主和平"大请愿游行

1946年2月19日，国民党政府立法院院长孙科来到广州，诡称主张各党派合作，以捞取政治资本。广州民盟与中国共产党利用这个时机，组织了中山大学师生、各大专院校学生以及进步文化界人士3000多人参加的"欢迎孙科，争取民主和平"的大请愿游行，迫使国民政府承认东江纵队是中国共产党领导的革命队伍，对于争取东江纵队顺利北撤起了一定的作用。

此次大请愿游行促进了广州地区宣传争取和平民主言论进一步高涨。一些进步的报纸、杂志，如香港的《华商报》《正报》都在广州设立办事处；民盟南方总支的机关刊物《民主周刊》、民盟广东省支部的

机关刊物《民主与文化》《新音乐》等30多种进步杂志也相继在广州公开出版发行。市盟李哲民联系中大盟员筹办了《生活导报》，专门报道学生运动。

(二) 扩大宣传阵地

中山大学学生盟员发起成立"野草学社""南燕剧社""呐喊学社""新民学社"等20多个社团，通过出版壁报、演剧和歌咏等活动，揭露国民党反动派的独裁统治，使进步力量占领了中山大学学生的文化阵地和舆论阵地。

(三) 开展人权保障活动

1946年3月25日，中山大学民盟组织成立中山大学人权保障委员会，盟员吴守义为主要负责人。"李、闻流血事件"后，民盟南方总支部主委李章达召集成立"广州人权保障大同盟"，发出宣言，通电海外，向全世界揭露事件真相，坚持抗议侵犯人权，反对内战。

(四) 参与组织全市学联，团结进步人士

1946年4月21日，成立广州市学生联合会，盟员学生刘承祖、刘贻虎等任理事，进一步团结广州市内的大专院校和中学学生开展民主运动。

三、组织地下活动，开展反蒋斗争

1946年6月，蒋介石违反"双十协定"，挑起全面内战，对国民党统治区的爱国民主运动和进步人士进行残酷镇压。民盟南方总支部决定：所有已经暴露身份的民盟领导人李章达、李伯球、杨逸棠、郭翘然等人和在文化界有代表性的盟员全部撤到香港，民盟广州市分部工作转入地下。

(一) 组织地下学联

1946年7、8月间，民盟广州市分部先后召开过两次秘密会议，会议决定：实行以组织对组织，以地下学联反对国民党的官办学联；加强中山大学民盟组织的领导，成立以涂先球为组长，以刘承祖、刘贻虎、黄新娥等为组员的7人领导小组，进一步发挥民盟的战斗作用。

（二）支持《每日论坛报》的出版

1946年10月，在民盟广州市分部的支持下，印度归侨、中山大学教授、民盟成员章导筹集华侨资金创办了公开出版发行的进步报纸《每日论坛报》。该报忠实地报道了国内战场敌我力量消长和各地学生运动蓬勃发展的形势，给革命群众很大启发和鼓舞。

（三）参与发动和组织游行示威

1946年12月底发生驻华美军对北平女大学生施暴事件，中山大学民盟组织和中共地下党密切合作，于1947年1月7日组织发动以中山大学和中大附中学生为主的共2000多人参加的反美爱国游行。游行队伍冲进美国领事馆所在地沙面，在领事馆前抗议美军暴行。

（四）参加"反饥饿、反迫害、反内战"运动

1947年5月，全国各大城市反饥饿、反内战、反迫害的民主爱国运动逐步高涨，为了在广州扩大反对国民党反动统治的第二条战线，在中共中山大学总支和民盟中山大学小组发动下，中山大学成立了统一指导中山大学学生运动的学生工作委员会，盟员张承衮任学生工作委员会主席，并担任游行队伍的总指挥，在5月31日组织了3000余人的反饥饿、反内战游行。

"五·三一"大游行后，有更多的盟员上了黑名单，为保存力量，有些盟员转移到香港继续从事民主运动，有些留在城市从事地下工作，有些参加各地中共领导的武装斗争，他们在各自的岗位上开展新的斗争。

四、支援解放战争，迎接广州解放

（一）成立民盟番禺分部，建立地下联络站

1946年9月，省、市民盟地下机关被国民党特务袭击。1946年冬，在中共和民盟广东省支部的领导下，梅日新、刘贻虎、戴慕、李哲民、梁庆邦、廖钺等在广州郊区禺北重新组织队伍，建立民盟番禺分部，兼管广州民盟工作。番禺分部成立后，在禺东、禺北建立民盟基层组织和地下联络站，积极准备开展人民武装斗争。1948年年初，建立农民行动互助团，为在1949年年初组织武工队、游击队，为动员、组织群众支援解放战争打下了坚实的基础。

1948年7月，民盟禺东、禺北地下组织遭到破坏，民盟、农工党成员吴锦华以及中共党员和革命群众等9人被捕，梅日新也被起诉，但未获案。梅日新处理了禺北事件的遗留问题后，秘密转移到香港，参加了李伯球、郭翘然同志组织的干部学习班，学习《中国人民解放军宣言》、毛主席的《目前形势和我们的任务》等重要文件，为再次回到内地打游击做好政治上、思想上的准备。

（二）支援人民武装斗争，开展游击活动

1948年7月，民盟广东省支部任命龙劲风为特派员，负责民盟广州市分部工作。龙劲风上任后，无惧风险，奔走于香港广州之间，及时把被捕同志的情况向民盟、农工上级组织汇报，通过民主党派、民主人士上层的关系进行营救。很多国民党特务认识龙劲风，为使工作免遭破坏，龙劲风在远离广州的宝安沙井和附近地区发展盟员，输送盟员及进步青年参加游击队，在广州筹集大量药品交由盟员陈鞅带进游击区。由于龙劲风远离广州，民盟广东省支部改派潘允中为民盟广州市分部负责人，不久，潘允中又因暴露撤离。

1949年3月，梅日新秘密由香港返回广州东北郊活动，与中共地下组织联系，商讨组织武工队和开展游击活动事宜，选择了帽峰山作为游击根据地，建立情报站和联络站。从3月中旬至8月中旬，组成了包括3个分队的武工队，并筹集了5000多斤粮食给游击区，筹集了10万多斤粮食和大批饲料柴草，迎接解放大军南下。8月下旬由中共番禺县委对武工队小分队长以上的干部进行政治军事训练，成立了广州东北郊人民游击队，梅日新任游击队副队长，并兼任第三区队长。广州解放前一天，游击队与解放大军取得了联系，在协助接管市桥镇时，游击队改编为中国人民解放军粤赣湘纵队番禺独立团第二营。

(三) 策反国民党军警，保护国家财产

1949年3月，民盟广东省支部调派陈宏文到广州负责筹建民盟广州市分部临时工作委员会，迎接广州解放。陈宏文到广州后，组建了民盟广州市分部临时工作委员会，陈宏文任主委，梅日新、龙劲风、戴慕、廖景夏等任委员。民盟广州市分部临时工作委员会广泛宣传解放战争形势和党的政策，策反国民党军警，开展护厂、护校、保护银行、保护电厂、保护国家财产等活动。

1949年6月，莫子静、邓业燊、陈宝贤等新盟员根据当时的形势，促使邮局局长成立"广州邮局职工保邮互助会"，使护邮工作得到了初步胜利。随着解放大军南下，莫子静策反新任局长劳杰明，说服劳杰明密令各部门立即执行保邮互助方案。发动群众日夜巡逻，看守汽油库及消防设备，集中保管公物，将档案资料存入库房，使特务分子的破坏最终失败。1949年10月14日，广州解放，特务分子连夜逃亡，广州邮局得以安然无恙，安全、完整地交由军管会接收，全市邮政工作照常进行。

从抗日战争胜利到广州解放，是广州民盟组织从无到有、逐步发展的起步时期，为中国民主同盟在华南地区增添了一支重要的组织力量。民盟广州市分部临时工作委员会配合中国共产党为解放华南、解放广州进行了大量的工作，为华南民主运动的发展、广州的解放做出了重要贡献。

爱国名医　盟员典范

——记民盟哈尔滨市委会第一任主任委员张柏岩先生

民盟哈尔滨市委会

2021年是中国共产党成立100周年，也是中国民主同盟成立80周年，也是民盟哈尔滨市委员会成立65周年。回顾民盟与党风雨同舟、同心同德、荣辱与共、肝胆相照的光辉历程，在哈尔滨的革命和建设中，老一辈盟员们做出了不可磨灭的贡献。哈尔滨市原副市长、民盟哈尔滨市委会第一任主委、市政协副主席张柏岩先生，就是其中杰出代表人物。

张柏岩，1899年9月7日生于东北法库门，字松山。1915年考入奉天南满医学堂本科，修业6年。1920年毕业后，曾在沈阳、长春、抚顺地区铁路医院任外科医生。1929年1月应哈尔滨医学专门学校教务长李希珍的邀请，来哈任东省特别区市立医院医务长、外科主任，兼哈尔滨医专外科教授。同年9月，任哈尔滨市立医院院长。他在任期间，把一个原由白俄经营的仅有4个科的小医院发展成为哈尔滨最大的综合性医院。

中华人民共和国成立后，张柏岩曾任市人大代表、省政协常委、市政协副主席、省民盟副主委，他是组建民盟哈尔滨市委会的领导人之一、第一任主委。1962年，张柏岩因脑动脉肿瘤破裂，不幸逝世于北京协和医院，终年63岁。

一、救治抗日女英雄赵一曼

1935年冬,抗日英雄赵一曼被日寇送进市立医院监护治疗枪伤,张柏岩担任赵一曼的主治医师。此时的张柏岩,在东北地区已然成名,被医界誉为"张一刀"。关于这段经历,张柏岩在自传中写道:在哈市立医院工作期间,曾为我民族英雄赵一曼同志治疗过外伤,第一次写病志时,她说:"我是中国人,因为打日本鬼子负伤被俘。"这种英雄气概,对自己教育很大,心里想:"中国人""打鬼子"这样的话,她在日本人面前公开这样讲,真是有骨气。出于敬仰,他对赵一曼进行了精心治疗,亲自动手为她打针换药,并要求给她提高饮食质量。他用保守治疗的方法保住了赵一曼的伤腿。当他看到伤势好转的赵一曼又被拷打得遍体鳞伤、不省人事时,异常愤慨,对日本鬼子说:"叫我治就别打,要打就别叫我治,刚治好又打坏了,将来治不好谁负责?"在他的保护下,治疗期间敌人没有再拷打赵一曼,赵一曼的伤势得到了好转。后来,赵一曼试图在护士韩勇义、伪警察董宪勋的协助下逃走,但未获成功。赵一曼被敌人抓回后,不久就英勇就义。得知此事之后,他更加痛恨日本侵略者。激于民族之大义,不愿与日本人共事。后来,断然辞去市立医院职务,自己开办松山外科医院,为老百姓治病。

二、亲赴疫区抗击鼠疫

1946年秋季,位于平房地区的义发源屯、后二道沟屯和东井子屯突然发生了"窝子病"——鼠疫。经检验证明,是侵华日军"731细菌部队"溃逃时,把成千上万只携带鼠疫病菌的老鼠全部放了出来,致使当地鼠疫蔓延。张柏岩身先士卒,迅速组织队伍,紧急开展防鼠疫工作。他不顾个人安危,昼夜坚守在疫区。为了保护他的安全,市长和同志们多次劝他离开疫区,他却坚定地说:"我不仅是医生,还是卫生局局长,80多万人的生命受到威胁,我怎能弃之不管呢?"由于防治措施得力，同年年底疫情得到彻底控制。哈尔滨市人民政府第一任市长刘成栋在《我在哈尔滨工作的前前后后》一文中写道："1946年4月28日，我到市政府上班第一天……当哈市发现鼠疫时，在东北局、民主联军总部和哈尔滨市委、市政府都极为重视。我以市长的名义特聘医学博士闫德润担任市政府顾问，著名外科医生张柏岩任市卫生局局长，他们都在防疫中起了很大作用。"张柏岩还带领防疫人员，深入西满地区的白城子、兆安等地参加扑灭鼠疫工作，在当地城市卫生建设中，为培养卫生防疫队伍做出了突出贡献。1946年10月，道外区又发现鼠疫患者，松哈地区联合防鼠疫委员会于1月8日宣告成立，哈尔滨市第一任市长刘成栋任主任、张柏岩任副主任。

三、走向为人民服务

抗日战争胜利以后，赶走了各机关、学校、医院的日本人，全部由中国人接管。在时任滨江省省长的谢雨琴领导下，由张柏岩和同学石增荣、郑宝琛、曲寿山、贾连元等人组成了民政厅保健科，张柏岩任科长，兼哈尔滨医专（哈尔滨医科大学前身）维持委员会主任，这个职务实际就是哈医大的校长。哈尔滨解放后，张柏岩停办了诊所，参加了革命工作，不久即被任命为哈尔滨解放后第一任市卫生局局长并兼自然科学院医学系教授。他十分珍惜党和人民对他的信任，非常好地完成了党交给他的各项工作任务。辽沈战役时，时任哈尔滨特别市卫生局局长的张柏岩，率领由87名医护人员组成的"战地医疗队"开赴前线救护伤病员，他们在不到2个月的时间里做了2400多例手术。国家卫生部授予《伤员亲人》的巨幅锦旗。

1951年8月，张柏岩经哈尔滨民盟支部负责人徐公振、杜光预介绍，参加了中国民主同盟。哈尔滨第一任市长刘成栋同志回忆："为了贯彻执行党的统一战线政策，团结更多的人同我们一道工作，经陈云同志批准，市政府成立之初，任命了一批民主人士为市政府的局长：著名外科医生张柏岩出任卫生局局长、原哈尔滨银行经理何志安任财政局局长、哈工大教授邓思成任建设局长，等等。其中，张柏岩除在防疫和支前工作中发挥巨大作用外，他还帮助我党团结了一大批知识分子……和我们党的关系一直很好，团结了一大批进步知识分子，许多人还加入了中国民主同盟。"1955年，张柏岩出任哈尔滨市副市长，主管全市医疗卫生事业和教育工作，同年3月，民盟哈尔滨市分部正式成立，5月，民盟市分部更名为民盟哈尔滨市委员会。1956年11月，民盟哈尔滨市第一次代表大会胜利召开，选举产生了第一届委员会，张柏岩担任首届民盟哈尔滨市委会主任委员。当时的哈尔滨市民经常可以看到他奔走于爱国卫生第一线，深入到城乡各地督促检查工作的身影。经过他的努力，哈尔滨多次在东北三省卫生联检中名列前茅。1958年，哈尔滨被中央爱卫会授予"卫生城"的光荣称号，张柏岩以市爱卫会副主任的身份代表吕其恩市长赴京接受周总理的表彰。

四、始终保持清正廉洁

张柏岩膝下有7个子女，老伴没有工作，家庭住房很紧张，生活条件不是很好，但他从不以权谋私，从未向组织提过任何要求。他经常对子女讲："不要以为有个副市长的爸爸就该比别人优越。"亲朋好友求他安排工作，他的原则是"来管吃住，走管路费"，至于找工作，他会幽默地说："没有人丢工作，我怎么找啊？"

一代爱国名医张柏岩先生把他的毕生精力献给了哈尔滨，他也被哈尔滨人民所铭记。先贤已逝，足迹成碑。新时代的民盟盟员必将坚守中国特色社会主义多党合作和政治协商的政治理念，继承和发扬民盟先辈的光荣传统，自强奋进，在开启全面建设社会主义现代化国家新征程中做出应有的贡献。

忆往昔峥嵘岁月稠

——杭州民盟的建立和早期重大政治活动

民盟杭州市委会

2021年是中国共产党成立100周年、中国民主同盟成立80周年，在这个重要的历史时刻，重温民盟与党同心同行、筚路蓝缕的光辉历程，意义尤为深远。

在解放战争时期那段血火交织的岁月里，民盟与中国共产党团结合作，反内战、反独裁，争民主、促和平，一些仁人志士甚至不惜付出鲜血和生命，在中国的民主运动史上写下了不朽的诗篇。作为地方组织，杭州民盟在中国民主同盟的领导下，同样开展了不屈不挠的斗争，为杭州解放做出了自己的贡献。

一、杭州民盟地方组织的建立

抗战胜利后不久，国民党政府就撕毁"双十协定"和以和平民主为目标的政协决议，向解放区发动大规模进攻，把刚从苦难中解脱出来的国家和民族又推向了一场新的内战灾难。

（一）发展筹备

随着胜利复员，从内地迁回浙江的机关、学校中有许多爱国、进步的知识分子，其中有些是民盟盟员。他们在省会杭州利用各自的公开身份，进行反独裁、反内战、争民主、争和平的各种宣传活动，并从中发展进步知识分子入盟。

中国民主同盟第一届全国代表大会以后，民盟地方组织由西南、西北向全国各地发展。1945年10月15日，中国民主同盟第一届中央委员会第一次全体会议决定，建立东北、华北、西北、西南、华南等区盟的总支部，以加强对各省、市民盟工作的领导。

1946年2月，民盟总部组织委员会主任章伯钧派遣1945年在上海入盟的盟员仇岳希来浙江开展盟务活动。1946年秋，辛亥革命先辈、早期加入民盟的查人伟，接受当时民盟中央领导人沈钧儒的委托，在杭州开展盟务活动。1945年入盟的沈肃文也于1947年回到家乡绍兴钱清，创办了浙光中学并开展盟务活动。

(二) 地方组织成立

1947年5月，设在上海的民盟华东区执行部鉴于局势的发展和贯彻"民主统一、和平建国"政治主张的需要，并有少数盟员已分别在浙江各地开展盟务活动的实际情况，委派熟悉和了解盟务，并在杭州具有一定社会活动基础的沈肃文、姜震中、仇岳希、周仰钊、施干卿等5人组成中国民主同盟杭州区分部。沈肃文任主任委员、姜震中任组织委员、仇岳希任联络委员、周仰钊任财务委员、施干卿任宣传委员。这是杭州民盟地方组织的开始。1948年3月，中国民主同盟上海区执行部成立，辛志超代表民盟总部改派查人伟为中国民主同盟杭州区分部主任委员。

1949年1月，仇岳希奉中国民主同盟总部组织委员会主任章伯钧之命，返抵杭州，邀集查人伟和刚被营救出狱的姜震中，商讨筹建中国民主同盟浙江省支部筹委会。在会上，确定查人伟任主任委员、姜震中任组织委员、仇岳希任宣传委员，秘密开展活动。民盟在浙江的一级组织是在杭州民盟的基础上建立起来的。

1949年7月，根据民盟华东执行部指示，将中国民主同盟杭州区分部改名为中国民主同盟杭州市分部临时工作委员会。1949年9月，民盟总部派傅于琛、金若年来杭整顿盟务,改组原中国民主同盟杭州市分部临时工作委员会,指派姜震中、周仰钊、胡铠、丁零、施宏勋、朱坚白、史维岫等7人组成新的中国民主同盟杭州市分部临时工作委员会,姜震中任主任委员,胡铠任宣传和组织委员,丁零任财务委员,史维岫任秘书。

二、开展反独裁、反内战斗争

中国民主同盟第一届中央委员会第二次全体会议(1947年1月6日至10日在上海召开)确定了四项组织原则:一是上层争取公开合法,下层争取秘密活动;二是宣传,争取公开合法,组织,保持秘密方式;三是简化总部,侧重地方,深入群众,扩大政治影响,推进民主运动;四是在国民党严重迫害的情况下,应严密组织,不暴露工作,干部进入职业界,吸收职业界的民主分子入盟。

中国民主同盟杭州区分部成立后,按照四项组织原则开展工作,因此,当时中国民主同盟杭州区分部的活动基本上是秘密的,以个别领导、单线联系为主。

1947年10月,国民党政府宣布民盟为"非法团体"后,杭州民盟组织全面转入地下的反独裁、反内战、争取和平、争取民主的爱国民主运动。当时主要工作是先秘密转入学生团体,配合中共地下党的领导,做专科以上学生团体的工作,促成学联的建立,使各校学生的行动步调一致,尽可能多地吸收学生参加民主斗争。这些文学团体以召开座谈会的名义,请思想进步的教授做民主文学方面的讲座;浙江大学民盟支部负责人黄志坚参加了农学院中共外围组织"叮当歌咏队";徐煌盟员也被聘为浙江大学学生自治会总务部干事。不久这些进步团体的活动被国民党当局所觉察,学联被迫解散。之后,杭州民盟又参与策动学生组织——学生互助会,吸收各中学学生参加,力量更加壮大。

因为学生的反饥饿、反内战运动为当局所仇视,盟组织遭到严重破坏。1948年5月，中国农工民主党党员李寿鹏被中统特务拘捕，农工和民盟在杭州的地下组织遭到破坏，姜震中、胡铠（交叉参加农工）等盟员和农工党员共20余人被捕入狱。后经组织多方营救，于7月先后交保获释。

中国民主同盟杭州市分部临时工作委员会成立后，盟员人数尽管不多，仅32人，但活动能力较强，活动面也较广。当时浙江大学是杭州民主运动的集中点，民盟在浙江大学已设立支部，主要盟员有蒋固节、陈柏心、周子亚、施宏勋等教授。学生盟员有黄志坚、欧阳占乾、徐煌、俞元任、张启瑶、梅已诚等。黄志坚为支部负责人。他们组织的文学团体"创造社"，是民盟进行革命斗争的外围活动组织。

为了中国人民的解放事业，杭州民盟做了大量工作。杭州民盟组织负责人查人伟自行印发了《田赋征实万不可使其再行继续》檄文，为农民在抗战胜利后受到较抗战前田赋增加三至四倍的苛政大声疾呼。他还利用自己的律师职务和社会声誉，营救过中共地下工作者陈馥出狱。查人伟等还出资在杭州青年路、上海爱多亚路（今延安东路）的"懋迁贸易公司"和绍兴的"懋迁粮行"，设立为杭州民盟的三个活动据点，从而也解决了经费来源。中国民主同盟杭州区分部主任委员沈肃文早在1946年在绍兴钱清创办了浙光中学，学校培养了一大批进步学生。在他的教育、鼓励和具体组织下，先后有王钟麓（中华人民共和国成立后担任过浙江省副省长）、王凤贤（20世纪80年代担任过浙江省社会科学院院长）、陈景泰（20世纪80年代担任绍兴市公安局副局长）等6位学生和3名教师去四明山、会稽山游击区投身革命。1948年，上海民盟支部组织委员尚丁曾先后安排三批盟内外革命青年去浙东游击区，也是经中国民主同盟杭州区分部负责人之一周仰钊精心安排送到目的地，其中有一批青年6人——沈光涵、黄绍琪、唐祖珏、唐祖裕、张拓、郑经秀，另外还有汤圣贤，在解放天台时牺牲，被追认为烈士。姜震中利用自己在杭州知识界、学术界的声誉和影响，做了大量上层知识分子的工作，帮助他们认清国民党的反动本质，了解共产党和民盟的革命工作，有不少在杭高校的著名教授如苏步青、谈家桢、谷超豪、吴征铠、王国松、刘开渠等著名教授，在白色恐怖中接触民盟盟员，为他们舍生忘死投入解放事业所感召，对盟组织产生向往之情，在杭州解放初期就加入民盟。姜震中还利用自己去金华英士大学讲学的机会，积极开展盟务活动，为金华民盟的发展打下了很好的基础。

由于当时处于白色恐怖之下，杭州民盟的工作都用函件形式密报香港的周新民、李相符，再由他们转报民盟总部。

三、迎接杭州解放，积极开展工作

当中国人民解放军进军江南，直逼杭州之际，杭州民盟也积极工作，用实际行动配合人民解放军解放杭州。中国民主同盟杭州区分部印发了《告各界同胞书》，拥护中国人民解放军的进军命令，宣传"我们民盟代表民意，为解除江南同胞陷溺之苦，完全同意中国人民解放军委员会主席毛泽东先生（正确应为'中国人民革命军事委员会主席毛泽东先生'）的进军解放江南的命令"。在《告各界同胞书》中，民盟努力宣传"人民解放军行军所至，必不取民间一丝一毫，纪律井然，这可有各地解放了的事实为证，毋待烦言"等内容。民盟号召"各界人士应守自己岗位，安定人心，毋相惊扰"，并号召全市人民保护好公用事业和政府机关财产，维护社会秩序迎接解放，迎接解放军顺利接管杭州市政权。中国民主同盟杭州区分部对杭州市大学、中学、报社、协会、铁路等进行了调查，写出了各单位的简介、负责人简历和政治背景。胡铠盟员还利用他在新闻界的有利条件和影响，对杭州文化界进行调查，并协助中共地下组织，预先印好各项有关政策、约法八章等公告，为中华人民共和国成立后军管会顺利接管杭州创造了有利条件。查人伟则出面劝说浙江省政界耆宿吕公望，金融界金润泉、张忍甫等留杭。当杭州处于真空时，吕公望等出来维持社会秩序，安定人心，迎接解放。

1949年5月3日，人民解放军顺利解放杭州，杭州民盟立即在地下活动据点青年路"懋迁贸易公司"（即"查人伟律师事务所"）门口换上"中国民主同盟浙江省支部"（未经民盟总部批准）和"中国民主同盟杭州区分部"的牌子，开始了公开活动。随即向杭州市民散发了预先油印好的《为杭州解放告全省同胞书》，后又将此文在《浙江日报》上刊登，并在报上刊登了《中国民主同盟浙江省支部、杭州区分部致中国人民解放军指战员的致敬电》。

民盟历史中的城市记忆

——记民盟济南市第一届主委王统照

民盟济南市委会

王统照（1897—1957），字剑三，曾用名息庐、鸿蒙、恂如等，山东诸城人。他是民盟济南市第一、二届委员会主委，现代著名作家、诗人，五四新文化运动的中坚、文学研究会的发起人之一，曾任全国第一、二届人大代表，山东省人民政府委员会委员，全国文联委员，中国作家协会常务理事，民盟中央第二届委员会委员。

一、儿时丧父，少年壮志初露锋芒

1897年，王统照出生于山东省诸城县相州镇一个书香门第的封建地主家庭，7岁那年父亲不幸去世，给孤儿寡母留下了深切的悲伤和痛苦。其母李清是位坚韧刚毅又富有才气的女子，通文墨、喜书画，丈夫去世后她强力支撑着这个家庭，将全部希望和满腔热情都倾注在对孩子的教育培养上。在王统照五六岁时，母亲请了一位学识渊博且精通数理的老先生，为他讲授经、史、唐诗、宋词等。少年王统照对小说、笔记、弹词之类的书籍产生了浓厚的兴趣，早期中国古典文学的熏陶为他日后走向文坛奠定了扎实的根基。

聪慧的王统照12岁便开始接触《新体地理》《历史教科书》《笔算数学》等新课本，13岁从相州私立小学毕业后，考入县城高等小学，期间阅读了很多古籍文学作品。1913年,王统照16岁离开从小居住的相州镇,赴济南考入山东省立第一中学,这在他人生和求学的道路上,是一个重要的新起点,新的学习环境不仅大大开阔了王统照的生活视野,而且丰富了他所学的知识,他开始系统学习中国古典文学,如饥似渴地吸吮着中华传统文化的乳汁。由于文章写得好,他与杨金城、路友于被誉为省立一中的"诸城三杰"。他的文学创作也发轫于此时,后来他走上文学创作的道路,是与这一时期的努力分不开的。

二、青年有为,投身文学革命

少年时对新学问新知识的向往,推动着王统照中学刚毕业即赴北京深造,1919年,王统照报考了孙中山先生创办的中国大学,被该校外国文学系录取。在那里,他广泛地接触了英国和其他国家的一些文学名著,从西方文学里吸收了大量的营养,渐渐滋长了改革中国旧文学的思想萌芽,被推选为学报编辑。从此,王统照迈入了他人生最有生气、最有希望的黄金时代——青年。

(一)参与五四运动

甫入京华,如鱼得水,身为中国大学学生的王统照,较早地走进了北京学生界斗争的行列,震惊中外的五四运动,从最初的酝酿到声势浩大的学生示威游行,王统照都是积极的参加者。他迅速地作为《狂人日记》最早、最热心的读者,置身于时代的大潮之中。他读的是外国文学系,更热衷的却是编刊物(如《中国大学学报》《曙光》《晨光》《自由周刊》《文学旬刊》等),搞创作(有诗,有散文,有杂文,有评论,更多的自然是小说),译介西方哲学艺术,发起组织文学社团(先是"文学研究会"十二位发起人之一,后是"晨光杂志社"编辑部主任)……他以极大的热情投身于五四新文化运动及文学革命运动。

(二)成立文学研究会

1921年1月,他与沈雁冰、郑振铎、叶圣陶等人在北京发起成立了新文化运动史上第一个文学团体——文学研究会，它所倡导的"为人生而艺术"，标志着文学革命在中国的开始。此后，王统照把反帝反封建的政治热情倾泻在作品中，在文学研究会的《小说月报》和《文学旬刊》上，发表过不少短篇小说和新诗，开始进一步走向文学创作的道路。文学研究作为中国历史上最早的新文学团体，对中国现代文学和白话诗歌的发展起到了重要的作用。在一定程度上，文学研究完成了其部分目标。

三、心系祖国，化身文学巨匠

王统照先生一生著作颇丰。他一面教书，一面勤奋写作。打开中国新文学史，在《新青年》《小说月刊》《晨光》等全国重要期刊上，处处有王统照的名字。他以小说、诗歌、戏剧、译著等多种体裁的文学作品，丰富和装点了被开垦的新文学园地。

（一）文学史上占席位

王统照是新文学诗坛上的第一代诗人，他的诗歌集《童心》是五四诗坛上最早的收获之一。在五四文学革命运动中，诗体的解放首当其冲，白话诗成为新文学进军的开路先锋。王统照不仅从理论上阐述了打破格律诗、创造白话诗的必要性，而且写出了大量的新诗。1920年前后是王统照一生中写新诗数量最多的一个时期。他利用通俗晓畅的口语，作为自己抒写情怀的工具。不管是自由诗体还是散文诗体，他都加以运用，形成了一派新生锐进的诗坛态势。

王统照在散文方面贡献也颇大。他的早期散文多见于《晨光》《曙光》《文学旬刊》等由他主编或参与编辑的一些刊物上。结集最早出版的是他的《片云集》（1934年）。这些"随感录"式的散文，大都有较强的针砭时弊的功能，可视为古典散文向新诗散文的过渡阶段的作品。阿英在评价这些散文时说："除鲁迅的杂文外，是没有谁可以和王统照比拟的。"

（二）爱国篇章寄深慨

1931年3月，王统照应好友宋介之邀到吉林省四平街东北第一交通中学任教。时东北正处于九一八事变前夕，他目睹日本帝国主义的侵略，决心以战斗的笔唤起民众，拯救国家。他借机实地考察了城乡各阶层的社会状况，写了报告文学集《北国之春》，描述了东北人民在敌人铁蹄践踏下的痛苦生活。1932年，王统照在青岛完成其代表作《山雨》，生动真实地再现了军阀混乱、兵匪灾荒下的北方农村，风格深厚、沉郁，向人们展示了一幅困苦多难的20世纪30年代初北方农村生活的画卷。在欧洲游历期间，王统照到英国剑桥大学研究文学，写下了《欧游散记》《游痕》等，作品中弥漫着对祖国危难的焦虑，对去国怀乡的无尽哀愁。1935年回国后，王统照在上海任《文学》月刊主编。这时期所写作品收入诗集《这时代》《夜行集》《放歌集》，短篇小说集《号声》《银龙集》，散文集《青纱帐》《去来今》等，深刻地描写了富于地方色彩的北方农村现实生活，笔触朴实深沉，还出版有长篇小说《春花》和散文集《片云集》。尽管王统照的青年生活起伏坎坷，但他用文字抒洒着自己对祖国那深沉的爱以及投身文学革命的满腔热血，直至中年也不曾有丝毫懈怠。

四、热血犹在，不惑而知天命

1941年太平洋战争爆发，上海全部沦陷。他携全家迁往法租界居住，这时他化名王恂如，深居简出，闭门译著。他经常买书典衣，聊以度日。对家人曾说："宁饿死，亦不能屈节事敌。"日军冲进上海租界后，王统照为学生上了最后一课，要求学生"要有志气，要有冲破黑暗的精神"。又一次展现了他坚韧不拔的铮铮铁骨。

1945年日本帝国主义投降后，王统照和广大文艺工作者一样，以兴奋的心情欢庆抗日战争的胜利。但蒋介石集团挑起了内战，烽烟在全国各地再起。李公朴、闻一多惨遭杀害，国民党反动政府的残暴行为激起了全国人民的愤怒抗议。此时的王统照坚信中国人民的胜利是任何力量也不能阻挡的，他自觉加入了人民民主运动的斗争行列。

1946年秋，王统照应聘担任山东大学文史系教授，愉快地重返校园，为人民执教鞭，在加强文史教学、突出文史特长方面，王统照为山东大学做了有益的工作，当时他看到被劫后的学校图书馆已无藏书，便将自己劫后尚存的300多种线装地方志转赠给学校，以解燃眉之急。他追求进步，一边教书，一边撰文，表达对战后时局的不满和对光明未来的热情企盼，大力支持爱国师生的反内战、反饥饿、反迫害斗争。他和一大批曾在山大任教的著名教授，如丁西林、闻一多、老舍、洪深、沈从文等以及其他学者教授一起，使这一齐鲁文化之邦的最高学府更加名扬中外，培养造就了一批又一批优秀的专业人才。

五、党的好朋友，民盟先贤矢志不渝

在长夜漫漫的旧中国，王统照度过了半个世纪的艰难岁月，终于迎来了解放。这样一个新的时代、新的世界，是王统照几十年来矢志不渝地追求和奋斗的理想。他决心永远跟共产党走，用自己的笔描绘出新社会的彩图，讴歌前程似锦的新时代。

中华人民共和国成立后，王统照担任山东省文联主席、省文化局局长。1953年，王统照加入了中国民主同盟，同年11月，在民盟济南市第一次盟员大会上，他被推举为民盟济南市委员会主任委员，负责领导济南市盟务工作。王统照工作作风严谨、平易近人，在文艺界、知识界及民盟盟员中，有很高的声望。对民盟济南市委会的工作，他视为党的统战工作的重要组成部分，积极接受中共省委、市委的领导，充分发扬民盟与中国共产党合作共事的光荣传统。他积极宣传党的方针政策、坚信党的领导。1953年，为配合学习贯彻的各项方针、政策，宣传党的统战工作和民盟的工作，他主持创办了民盟济南市委会机关刊物《济南盟讯》；1954年，市政协统一组织对《中华人民共和国宪法》（草

案)讨论、征求意见时,他又亲自领导和组织盟员认真学习、讨论,提出了65条修改意见;他深入到山东莒县、广饶等地农村第一线进行调查访问,到社员家中访贫问苦,与他们同吃同住,真实体验中华人民共和国成立后农村的巨大变化,也加深了他与农民之间的深厚感情;他先后几次就知识分子的工作、生活等诸多方面的问题组织进行社会调查,以民盟济南市委会的名义写出了万余字的调查报告,为协助党贯彻落实党的知识分子政策做出了贡献。在他的领导下,盟的各级组织成为各级党委和知识分子联系的有力助手。

1957年6月,王统照参加全国人民代表大会第四次会议,在怀仁堂听周恩来总理做《政府工作报告》时心脏病猝发,被送入医院。同年11月29日病逝于济南,享年60岁。"文艺老战士,党的好朋友"是王统照逝世时中共山东省委敬献的一副挽联。这十个字高度概括了王统照与中国共产党的深厚友谊。王统照的一生是在人民涂炭、国家多难、民族危急之秋度过的,他以一身正气,不懈追求光明,崇敬、追随伟大的中国共产党,与劳苦大众休戚与共,为党的文艺事业奉献了毕生的热情与力量。党和人民给予他这样高度的评价和赞扬,他是当之无愧的。

王统照是卓有成就的小说家、散文家和著名诗人,是新文化运动的先驱,他以自己的创作实践和丰硕成果,充实了新文学的宝库,同时也为党和祖国奉献了自己的一生。作为民盟的一员,理应铭记先贤的刻苦精神,谨以此文纪念民盟杰出代表性人物——王统照。

宁波地区盟员早期活动情况及民盟组织成立始末

民盟宁波市委会

宁波是我国著名的港口城市，滨海、揽湖、枕江，地理条件优越，文明发祥、港口开拓的历史悠久，河姆渡文化等遗址昭示宁波文明史可以追溯到7000年以前。宁波也是一座具有光荣革命历史传统的城市，1840年鸦片战争期间，宁波军民团结一心，浴血奋战，坚决抵御自定海入侵的英国殖民军；辛亥革命爆发，同盟会宁波支部迅速发动起义，赶走清政府宁绍道台，成立宁波军政分府；1921年中国共产党成立后，在宁波地区积极传播进步思想，促进工人运动和马列主义结合，最终促成在中国工运史上具有较大影响的"余姚盐场万余盐民大罢工"；抗日战争期间，中国共产党领导的浙东抗日武装，在蒋介石政治集团、江浙财阀、敌伪顽各方势力交叠的宁波地区，长期坚持战斗，直至宁波解放。1949年5月25日，宁波解放后，中共宁波地、市委遵照党中央和省委的部署，积极支持各民主党派在宁波建立地方组织，筹建市和县（市）区政协组织，逐步建立和完善共产党领导的多党合作和政治协商制度。民盟宁波市地方组织亦是在这一时期成立的。

早期盟员发展与活动情况

宁波解放前就已经有个别联系的盟员30余人，这些盟员是詹熊来在宁波秘密联系发展的。

詹熊来，浙江衢州人，1945年11月，在重庆经周新民、马哲民介绍加入中国民主同盟。1948年2月，詹熊来到国民党浙江高等法院鄞县分院担任高级推事、检察官，借掩护到宁波从事地下工作，秘密联络各方爱国民主人士，筑成民主堡垒，树立工作核心的基本条件，秘密宣传中共政策，积极发展民盟成员，将时任国民党浙江高等法院鄞县分院院长的洪锡范等一批人发展为秘密盟员，努力开展革命活动。他一方面在报纸上公开发表文章，"反对美帝扶日清共""唤起人民共鸣"，另一方面"为摧毁反动政府的信心，联合各机关团体进行反饥饿斗争"。同时还秘密开展"反兵役运动和扩展减免苛杂赋税的宣传""发动反地主斗争，组织农民合作社，以合作社名义而进行反地主运动""通过各种方式暴露反动政府的军事、政治、经济种种措施的不当和腐败，致使民众离心，加速它的崩溃"。他还积极"联络《宁波晨报》，建立文化堡垒，鼓动民主"，借助公开身份的便利，"帮助地方人民部队解决经济困难和掩护潜伏工作同志的活动"。

宁波解放前夕，在甬早期盟员在詹熊来等人的安排下，积极联络各方革命力量，配合解放大军行动。早期盟员王兴藻，利用担任国民党鄞县防空团副团长的特殊身份，命令2000余名消防队员分区维持市内治安，积极配合人民解放军解放宁波。盟员严纪民利用国民党鄞县自卫总队总队长身份，策动九个中队起义，向人民解放军"移交轻重机枪70多挺，长短枪700余支，黄色炸药70箱及弹药、服装等全部装备"。同时主动到各机关、学校加强宣传说服工作，"保存了公有财产""协助司法人员抗拒当时反动政府迁移宁海的计划，保留了全部司法案卷及法院全部财产，移交人民政府"，为保管好旧司法部门档案、财产，迎接宁波解放做出贡献。

成立宁波盟员小组

1949年5月24日，宁波解放后，30余名盟员身份从地下转为公开。詹熊来于同年6月间，分别致函中国民主同盟总部组织委员会及时任民盟中央政治局委员的史良、周新民，要求建立民盟宁波地方组织。

民盟总部组织委员会于6月21日回函：

> 迳覆者冬代电悉，宁波尚无组织，请迳函上海执行部申葆文同志（上海武夷路258号）洽取联系，此间已函知申同志矣。此覆
>
> 詹熊来同志
>
> 中国民主同盟总部组织委员会启卅八年六月廿一日

1949年8月16日，申葆文同志复函说明由于工作调整负责宣传工作，已将有关宁波成立组织事宜转交执行部组织委员会核办。1949年8月20日，华东执行部组织委员会发函指示对所有中华人民共和国成立前入盟的在甬盟员填写登记表，并"寄部审查""中华人民共和国成立后接洽入盟者，因本盟在整理期内暂停办理"。周新民于1949年9月10日复函指示："关于宁波盟务如何推展，可与华东执行部（上海南京西路830号）联系请示。"史良也于1949年11月11日复函，指示"至于宁波成立分部问题，已转知华东执行部办理，并请贵同志直接与上海执行部方面接洽一切为要"。

9月21日，詹熊来根据华东执行部指示填报在甬盟员登记表一份，交执行部组委会。9月30日，华东执行部复函指示："关于确在解放前入盟而未办理入盟手续之同志有君若干，予以选择后确认思想前进历史行为纯正者，补办入盟手续，填写登记表及书写详细自传一篇，连同盟员名册寄交本部，再行核定。"同时要求"将中华人民共和国成立前后有关本盟参加当地之具体工作情形，作成书面报告寄交本部，以作设立

宁波本盟组织之参考"。

10月21日，按华东执行部指示，再次对在甬盟员进行整顿和重新办理入盟登记手续19人，并将有关材料上报执行部组委会。1949年12月16日，执行部组委会复函："成立宁波市本盟组织机构事，将按照组织规定先办理盟员登记审查，了解当地工作情况，依据本盟实际工作上之需要而酌设组织机构"，有关登记材料"已在分别审核中"；复函中同时指示："宁波市组织在未正式发表以前，仍应一本过去献身于民主运动之精神，加强组织，加强学习。"学习民盟中央一届四中全会确立的新的革命形势下的新任务以及工作方针，"本次人民政协所通过的具有光荣历史意义的三大文献"，特别是《共同纲领》，要求宁波盟员"在任何岗位上积极为实现新民主主义之建设而努力"。1950年1月16日，再次将补充登记的中华人民共和国成立前入盟的在甬盟员12人的材料报送华东执行部审查。

1949年12月27日，中国民主同盟一届五中全会召开，会议决定成立新的中央领导机构，"中国民主同盟总部临时工作委员会"宣告结束，作为民盟总部临工委的派出机构民盟华东区执行部，也由此在报纸发表声明结束工作，此后未再就成立宁波民盟组织事宜与宁波方面进一步联系指示。詹熊来于1950年4月16日再次致函民盟总部组织委员会请示成立宁波民盟组织事宜，并将此前与华东执行部联系有关情况做了详细汇报。1950年5月17日，民盟总部组织委员会复函指示：

函中组总字第〇一六号一九五〇年五月十七日，熊来同志：四月十六日函悉，关于在宁波建立组织事，本会经研究认该地成立分部条件尚感不足，故决定先编小组进行学习，并派同志为小组负责人，暂归本盟杭州分部领导。所有以上情形，业经本会函知杭州分部就近派员前往会同办理。特此函知查照。

此致敬礼

附：杭州分部通讯处为杭州平海街54号，另寄四中扩大会文件五份。

民盟总部组委会启

接总部函复之后，詹熊来即向民盟杭州分部负责人姜震中同志报送在甬盟员31人的登记材料、《宁波盟务总结及今后工作计划》各1份。在民盟杭州分部的领导下，宁波盟员即编成小组，于同年7月9日正式开展政治训练，时有盟员30人，詹熊来为宁波盟员小组召集人。

民盟组织的整顿、发展和巩固

1950年9月，宁波盟员小组在上级盟组织的领导下，开展整风工作，"于9月17日开始整风，至10月29日提前完成，为期共计6周。所收到的效果为历次工作记录中最值得教训，也最值得重视的一页。我们通过这次整风深刻地体验到要把这一创新工作经常贯彻下去。保持本盟过去光荣历史，继（承）本盟烈士牺牲精神，为完成革命建设而努力，为死难战士而奋斗。整风工作由本组同志组成整风委员会领导进行"，"分作三个阶段：第一阶段，学习整风文件，共计七十小时；第二阶段，检查工作，展开批评；第三阶段，思想总结，工作考验"。虽然在整风的初期阶段"领导上犯了急躁毛病"，"事前准备工作做得不够，缺乏思想酝酿"，结果"引起批评时不能善于掌握，一般的批评方式似乎过于急（激）烈"，"抓住了缺点，忽视了优点"，"影响了团结进步，妨碍了整风工作"。后经及时调整，工作取得顺利进展。

"在会议上，均显得非常紧张严肃。无论专题讲解，或是分组讨论时，每一问题均能发挥高度研究精神，有问有答，不厌求详。尤其希望组织及时对外展开工作，协助政府推动政策，采取主动积极态度，为实践共同纲领而努力奋斗，显得异常肯定。"这次整风也提高了盟员的思想认识和组织纪律性，"发扬真正的民主作风，提高了政治上的觉悟，加强了思想上的警惕，是为历次工作中最宝贵的收获"。

这一时期按照民盟总部清理地方组织的方针,宁波盟员小组对外停止活动,对内加强组织生活,重点突出学习生活。

为巩固新生民主政权贡献力量

1950年6月30日,中央人民政府颁布《土地改革法》,民盟中央于同年7月1日发出《关于发动盟员参加土地改革的通知》,号召"在本年实行土地改革各地区,凡有本盟组织者,应即发动盟员踊跃参加"。宁波盟员小组收到杭州分部于同年8月19日发出的《通告》,要求对民盟中央的有关精神及时传达,并"对你组盟员迅即发动征求,并将愿意参加人员名册于最近期内,造送到部,以凭核办"。即刻请示分部如何开展工作。同月28日,杭州分部将浙江省委统战部所发之"进行土改工作时的八项纪律"转发给宁波盟员小组,作为开展学习的资料和进行有关工作的依据。同月30日,宁波盟员小组上报杭州分部参加土地改革受训人员徐烈、沈人侠、王定纬等3人名单,并告知"余在征求中,当继续报告"。

同年9月2日,詹熊来代表宁波民盟组织出席宁波市各界人民代表会议协商委员会第五次会议,并向大会报告了参加浙江省第一届各界人民代表会议的情况。他向与会代表汇报了浙江省人民政府今后的主要工作"乃在土地改革工作上",也指出在这次会议上全省各地参会代表"本着知无不言、言无不尽的态度,干政府提出了各种中心任务、主要任务以外,充分表现了团结和十足的民主精神;也提出若干关于农林、水利、工商、金融、财政、税收、文教、卫生等等当前应解决的各种国计民生大问题","我们的任务都是特别重大,应如何为之彻底实现而奋斗"。最后他在讲话中表示"愿与大家共同商讨负起这个责任,使新中国和新浙江,早日完成和实现"。

1951年2月,小组盟员参加"慰问志愿军、救济朝鲜难民运动",捐款人民币23万(旧人民币)。5月,向杭州分部报送宁波盟员小组

《关于"镇压反革命运动"的工作布置和"防特争特"的决议》。9月10日，小组盟员响应民盟总部关于捐献"民盟号"飞机一架的号召，捐款134万元（旧人民币）。11月，在宁波市各界人民代表会议第一届协商委员会上，詹熊来、张赓棠任委员。

宁波盟员小组成立初期，由组织安排盟员3人，分别担任宁波市各界人民代表会议代表、宁波市协商委员会委员及宁波市抗美援朝分会委员。盟员在党和人民政府的领导下，除参加抗美援朝、土地改革、镇压反革命三大运动，参加"三反""五反"运动和知识分子思想改造等重大活动外，还积极参与保卫世界和平运动、中苏友好协会活动、《婚姻法》与《农业税征收条例》征求意见座谈会、为政府1951年施政方案建言献策、支援皖北苏北灾民募捐等社会活动。

这一时期，由于小组主要负责人在民盟发展等工作中违反了组织原则，犯了错误，在中共宁波市委及民盟上级组织的领导下，民盟小组开展了整风学习和组织整顿。在组织清理中，詹熊来亦因故于1952年11月被除名，由民盟杭州市分部临工委派员来甬宣布，后报经民盟中央组织委员会下达批文。

在文教建设中发挥作用

1951年4月，杭州分部组委会指示宁波盟员小组在组织发展工作中"首先应争取文教界现职人员及高级知识分子有一定代表性者为主，充实干部，巩固组织"。杭州分部负责人姜震中也来函指示：组织发展工作"通过党的关系来争取较为妥当"。1952年12月，时任宁波市人民政府副市长的翁心惠加入民盟。

同月19日，在民盟杭州市分部李浩川同志的主持下，宁波盟员小组举行会议一致推选翁心惠为小组召集人，并通过了时任宁波中学校长的钱念文、效实中学校长李庆坤、财经学校校长杨学润、宁波女中校长何忠凯、宁波女中教导主任徐季子、宁波中学教导副主任孙瑞等在宁波市文教界有一定影响力的代表人士加入民盟组织。1953年1月，在宁波中学、第四中学、财经学校、效实中学成立了宁波民盟最早的四个基层组织。

1953年又先后发展时任宁波医院院长的陈世炤、华美医院副院长吴元章、护士学校副校长郁文源（孙钿）等加入民盟组织。这一时期民盟宁波小组的组织发展很好地贯彻了民盟中央的组织意图，为之后在文教建设领域发挥积极作用奠定了组织基础。

同年5月，"宁波市人民政府为了贯彻市人民代表会议关于加强学校政治思想工作，克服学校中混乱现象，提高教育质量的决议，及省文教厅会议精神，特配合了有关部门，组成以调查混乱现象为主的调查团，由市府翁心惠副市长率领到市立第四中学作重点调查。本盟除由翁心惠同志参加外，尚有专职干部王关琪与文教界盟员钱念文（宁中主委）、何忠凯（女中主委）一同参加调查，调查团于五月十日到四中，经过全面调查、重点深入、总结等三个步骤后，于五月二十二日结束"。

为了贯彻民盟浙江省支部筹委会关于面向基层、加强对基层组织领导的指示，同年10月下旬，宁波盟员小组选派专职干部王关琪协助宁中互助组开展盟务工作，"主要是在党政统一领导下，围绕学校制订工作计划"，探讨民盟基层组织如何围绕单位工作中心，开展盟务工作，积极参与文教建设事业。

这一时期，宁波民盟组织开始在上级盟组织和中共地方党委的领导下，有计划、有针对性地，以自身优势积极参与地方建设，初步发挥民主党派组织的作用。

筹建民盟宁波市分部

在上级盟组织的领导和中共市委统战部的大力支持和帮助下，宁波盟员小组改组之后，组织发展工作渐趋正常，盟务工作得到加强。为进一步加强宁波民盟组织建设，中共市委统战部和宁波盟员小组分别于1952年12月、1953年1月，向中共省委统战部及民盟省支部筹委会报告，请示成立民盟宁波市分部。中共市委统战部同时上报了一份民盟宁波市分部领导机构协商名单。

1953年1月23日，省委统战部批复：所提民盟宁波市分部的委员和正副主委人选我们均同意，希即积极进行准备工作，争取早日成立。

由于未得到民盟总部批复，1953年1月27日，宁波盟员小组再次向杭州分部报告"党方面亦希望临工会早日成立，以资配合中心工作"。同年4月，民盟中央同意成立民盟浙江省支部筹备工作委员会，宁波盟员小组归省筹工委统一领导，同年9月29日，民盟浙江省支部筹备工作委员会成立大会暨民盟浙江省第一次代表大会在杭举行，会上，翁心惠被选为省筹委会委员。

同年10月，在中共市委统战部指导下，宁波盟员小组向民盟浙江省支部报送民盟宁波市分部筹委会组成人员11人名单。同月8日，制定《民盟宁波市分部筹备委员会成立工作计划》，经第十四次互助组长会议通过。计划规定"具体任务为：1. 做好组织准备工作：①创造互助组成立小组条件；②提出筹委初步人选汇报上级；③准备（有）条件的发展对象，在自愿的原则下，吸取他们参加七中全会传达报告的学习，在提高觉悟的思想（基础）上进行发展；④做好三年来盟务概况总结报告；⑤俟筹委经上级指派后，定期召开筹委会委员座谈会，审查盟务概况总结，并商讨有关筹备委员会成立诸问题。2. 做好思想准备工作：①召开盟员全体会议，并传达省支筹委会成立之主要意义，并动员学好七中全会传达报告和号召盟员用实际行动来庆贺省支筹委会成立和迎接宁波分部筹委会成立；②各互助组贯彻盟员全体会议精神，组织座谈，并定出学习执行计划；③除普遍了解外重点深入一个互助组，了解盟员思想情况下，来发现问题，解决问题"。同年11月10日，民盟浙江省支部筹委会第二次会议同意建立民盟宁波市分部筹委会，并通过翁心惠、贾萌、钱念文、闵文、徐季子、董秋芳、杨学润、何忠凯、陈水亭、孙金铂、孙瑞等11人为委员，翁心惠为主任委员，贾萌、钱念文等为副主任委员。

同年12月6日，民盟宁波市分部筹备委员会成立大会在市工商联大礼堂举行，宣布筹委会正式成立，办公地点在公园路219号。第一次筹委会扩大会议通过了筹委会组织分工名单。同月7日，向浙江省支部筹委会汇报启用"浙江省宁波市分部筹备委员会印"及"浙江省宁波市分部筹备委员会"长签、圆形便章各一枚。

围绕中心任务开展盟务活动

1953年5月，民盟中央七中全会做出"以国家文教建设为中心工作的决定"，在民盟浙江省支部筹委会的统一部署下，宁波盟员小组积极发动各基层组织开展七中全会精神的学习宣传工作。9月27日，浙江省支部筹备委员会副主任委员、杭州分部委员宋云彬来甬传达民盟七中全会（扩大）会议精神，宁波盟员小组同志积极参加学习，还邀请了各学校担任文史教学工作的老师一同就目前各学校文史教学中存在的问题开展研讨。10月14日，发出通知，要求自中旬起，以各基层互助组为单位进行七中全会传达报告的学习，"帮助盟员及盟所联系的群众，积极参加国家文教建设，保证搞好岗位工作，并从实际工作中进行自我教育与自我改造"。

1954年2月21日，民盟宁波市分部筹委会联合教育工会举行学习过渡时期总路线座谈会，全体盟员、基层工会委员等50余人出席会议。此外，进行了"社会主义思想在学校贯彻情况的调查""组织医务人员学习苏联先进医学""以劳动教育为主要内容"布置基层组织生活。这一时期的组织发展工作也得到了稳步推进。截至1954年年底，"有六个基层小组，二个互助组，五十四位盟员；其中文教界三十五人，医务界六人，机关工作者十人，其他二人，是符合以文教界为主，以中上层为主的组织路线，和巩固为主适当发展的组织方针的"。

民盟宁波市分部委员会成立

在中共宁波市委和上级民盟组织的领导下，经过一年多的筹备工作，中国民主同盟宁波市第一次全体盟员会议，于1955年1月19日至21日在宁波市人民大会堂召开，参加大会的盟员47人。中共省委统战部、中共宁波市委的领导应邀出席大会并讲话，市各民主党派、各人民团体代表也应邀出席了大会。大会主席团由翁心惠、贾萌、钱念文、徐季子、陈水亭等同志组成，杨学润、沈人侠分别担任大会秘书处正、副秘书长，钱念文同志兼任提案审查委员会主任，李庆坤、郦肩时、吴元章、王关琪同志任提案审查委员会委员。

大会听取了民盟宁波市分部筹备委员会主委翁心惠同志所做的《中国民主同盟宁波市分部筹备委员会工作报告》，听取了提案审查委员会主任钱念文同志所做的《提案审查报告》，讨论并通过了《向中国民主同盟总部致敬电》《向中国人民解放军致敬电》《向中国共产党中央委员会毛主席致敬电》《向中国共产党宁波市委员会致敬电》。

翁心惠同志在报告中指出，民盟宁波市分部筹委会成立一年多来，在党委政府统一领导下，加强政治思想学习，积极参加各项政治活动，坚决贯彻各项政策，积极参加了普选和人民代表大会的工作，盟员当选为市人民代表兼省人民代表的1人，市人民代表14人，区人民代表3人；坚决拥护政府的各项经济建设政策，积极认购国家经济建设公债3130万元（旧人民币），教育并号召盟员积极投身国家建设事业。重视组织发展工作和基层组织建设，截至1955年1月，已有盟员47人，并按生产单位正式建立了3个直属小组和4个盟内互助组。报告还对自身建设、组织发展等方面存在的问题作了客观深入的分析，对今后的工作做了全面部署。

大会选举产生了11位委员和2位候补委员组成的中国民主同盟宁

波市分部第一届委员会。翁心惠当选主任委员,贾萌、钱念文当选副主任委员,杨学润任秘书处主任,沈人侠任秘书处副主任。

1956年2月,翁心惠随浙江代表团赴北京参加民盟第二次全国代表大会,并在大会上发言。回甬后,翁心惠在宁波召开盟员会议传达大会精神。同年4月,民盟浙江省第一次代表大会第二阶段会议在杭州举行,选举产生民盟浙江省第一届委员会,翁心惠当选为常务委员,钱念文为委员。同月,民盟浙江省支部委员会经上级批准改称为民盟浙江省委员会。同年5月1日起,民盟宁波市分部委员会亦改为民盟宁波市委员会。

(作者:张冬青)

寻金陵故地　忆先贤初心

——南京民盟地方组织成立至南京解放前（1946 年 5 月 9 日—1949 年 4 月）若干重要历史事件的回顾与研究

民盟南京市委会

说起民盟与南京的缘分，玄武湖和梅园新村是两个绕不开的话题。如果说，玄武湖上诞生了南京民盟地方组织，那么，梅园新村则留下了党盟合作的传世佳话。今天，我们泛舟玄武、漫步梅园，想起曾在这里奋斗过的民盟先贤的精神和话语，仍深受感动，激励着我们前进的步伐……

玄武泛舟话先贤

1946 年 5 月 9 日，玄武湖上碧波荡漾。湖心的一叶扁舟上，一袭长衫的陶行知颇为激动地宣布：民盟南京市支部成立了！

在《中国民主同盟南京市支部简史》中，关于民盟南京市支部的成立是这样记载的："一九四六年四月底，本盟中央常务委员会决定，总部由重庆迁南京，成立总部迁京委员会，这个迁京委员会除负责总部迁京工作外，并肩负筹划建立南京市支部的任务。由陶行知、辛志超、叶笃义、罗子为、罗任一组成，以陶行知同志为主委，辛志超具体负责。""五月九日陶行知由沪来宁，召集第一次迁京委员会，因蒋匪帮破坏政协，策动反动内战的行为日益暴露，会议在玄武湖一小舟中举行，除辛、叶、罗三同志出席外，并邀在宁盟员戴旭初等三同志参加。会中决定成立临时筹备会，到会的七同志均参加，扩大调查，加强联系，准备一切。"

就这样，民盟南京地方组织在玄武湖的一条小船上诞生了。当年的情景仿佛历历在目，前辈先贤们的铮铮话语言犹在耳，与会者一往无前的勇气和决心，让略显简陋的成立大会，反而更加庄重肃穆。

当时的民盟已成为中国政治舞台上反内战、争民主的重要力量，因此也成了国民党迫害打击的主要对象。1946年7月11日、15日，民盟中央委员李公朴、闻一多血染昆明。7月18日，玄武湖畔传来了民盟中央秘书长梁漱溟铿锵有力的声音："李、闻两先生都是文人、学者，手无寸铁，除以言论号召外无其他行动，假如这样的人都要赶尽杀绝，请早早收起宪政民主的话，我要连喊一百声'取消特务'，我就要看国民党特务能不能把要求民主的人都杀光，特务们，你们有第三颗子弹吗？我就在这里等待着！"

谁又曾想到，两个多月来作了100多场反内战演讲而长期劳累的陶行知，因悲愤于"李闻血案"，突发脑出血于1946年7月25日在上海去世。他在遗书中号召："为民主死了一个就要加紧感召一万个人来顶补！"周恩来称陶行知先生"一个无保留追随党的党外布尔什维克"。1946年12月1日，陶行知的葬礼在南京晓庄师范学校举行，董必武与各界代表一起参加了葬礼。

1946年8月3日，梁漱溟、周新民受民盟总部委托赴昆明，调查惨案真相，克服了国民党特务给调查工作造成的极大困难，于1946年9月30日发表《李闻案调查报告书》，用铁的事实揭露国民党杀害李、闻的罪行。时任民盟南京市支部组织委员的何济翔得知梁漱溟返回南京，邀请他为南京盟员介绍昆明调查经过。为避开特务跟踪，他们租船一艘，泛舟玄武。何济翔回忆："只见梁先生身穿罩衫，手持白折扇，应邀而来，我们就请他上船，船荡开去，他就在船上和我们七八人从容娓娓而谈，我是第一次见到这位中外闻名的学者与哲人，十分敬仰，而先生外貌，亦使人景慕，一种仙风道貌，好像犹在目前，实为生平难得之遇。"

1947年10月27日，国民党宣布民盟为"非法团体"。当日，民盟在沪中常委紧急集合，公推黄炎培、叶笃义赴南京与国民党当局交涉。10月28日，黄炎培抵达南京，住在四子黄大能家里。在与国民党当局周旋多日后，黄炎培不堪重负。11月4日，也就是离开南京的前一天，黄炎培在黄大能的陪同下去玄武湖散心。在十分伤感的情形下，黄炎培写下了《玄武湖秋感三绝》："黄花心事有谁知，傲尽风霜两鬓丝。争羡湖园秋色好，万千凉叶正辞枝。红黄设色补寒苔，点缀秋光枉费才。毕竟冰霜谁耐得，青松园角后雕才。那有秋纨怨弃遗，金风尽尔鼓寒漪。谁从草际怜生意，百万虫儿绝命时。"黄炎培自比黄花，把玄武湖满园的风光看作是萧瑟的秋色，而最令他悲伤的是谁来可怜这百万"虫儿"，意思是说又将有多少百姓会在内战中无辜死去啊。

11月5日晨，黄炎培、罗隆基、叶笃义由南京返回上海，并由黄报告与国民党政府谈判的经过与结果。11月6日，民盟中央主席张澜发表《中国民主同盟总部解散公告》，宣布民盟自动解散，以保护盟员。但实际上，民盟各地组织和广大盟员在总部组织委员会的指导下先后转入地下，坚持斗争。为了保护地方组织的安全，即将少数重要文件转移保存，大部分盟员名单焚毁。

此后，民盟南京市支部临时委员会改为民盟南京市支部区分部主任紧急应变联席会议，作为应变机构，转入地下秘密活动，黄大能作为召集人，并摊派2名代表去上海，秘密会见民盟中央常务委员罗隆基，声明"南京盟员绝不停止活动"。1948年1月，民盟南京市支部电报民盟总部积极响应民盟一届三中全会"公开拥护中国共产党"的号召，翻印毛泽东《新民主主义论》，抄收解放区电台电讯，组织盟员学习和宣传。1948年10月，黄大能任民盟南京市支部第二届临时工作委员会主任委员；1949年1月，黄大能继续担任第三届主任委员；同年4月，由叶雨苍任第四届主任委员。

据黄大能和民盟中央妇委会副主任李文宜回忆：有一段时间里，南京民盟组织活动都是在玄武湖的小船上秘密进行的。大家可以畅所欲言，绝对不怕隔墙有耳，有时甚至可以大声歌唱，增加了许多情趣。当时盟员共有50多人，分小组学习民盟相关资料，还决定了两件大事。一是成立名为"中国问题研究会"的外围组织，吸收民盟组织所联系的朋友参加。为了避免欲盖弥彰，选择在南京最繁华的新街口的饭店里召开座谈会。这样的座谈会先后组织了两次，参加的盟外友人每次都有一二十位，讨论的主题是当前的形势和怎样制止内战。这样公开的举动，非但没有引起反动派的注意，反而顺利地发展了一些新的盟员。此后，由于战局日趋紧张，活动不得不终止。另一项活动也是在玄武湖夜游中决定的。盟员倪鹤笙、邹若军原是《扫荡报》的记者，大家充分利用各自的社会关系和办报经验，办起了一张名为《立报》的晚报，为民盟做宣传，揭露反动派的反共阴谋和反动内战的企图。

1949年4月23日，南京解放前夜，南京民盟连夜赶印了6万份《欢迎解放军进城——中国民主同盟告南京市同胞书》，于黎明前从夫子庙至下关沿途一路散发；制定《迎接解放工作要点》，团结并组织好群众，保护公共财产及档案资料，防止敌特破坏。这份《告南京市同胞书》作为南京民盟珍贵的1号档案，被南京渡江胜利纪念馆收藏，是民盟与中共风雨同舟，迎接胜利曙光的历史见证。至南京解放前夕，南京民盟共有20多个基层组织，盟员近200人。

玄武湖上的小船承载了南京民盟历史上的一段光辉岁月，看似是历史中的偶然，往往却带着必然性。在这一段艰苦卓绝而值得纪念的时光里，大家在思想上团结一致、排除万难，为了一个共同的事业和目标而不懈奋斗，对民盟的历史有着重要的意义和贡献。

梅园寻踪忆初心

1947年年初，南京和谈失败，中共代表团撤离南京时，登报声明将梅园新村30号和17号的房屋、物资器材及交通工具等财产全部委托民盟代管，民盟总部（南京）为此专门成立"民盟代管中共财产委员会"，于1947年3月迁入梅园新村中共办事处原驻地工作。民盟决定由副秘书长周新民和沈钧儒代表民盟分别代管中共在南京和上海两地的房屋财产。

1947年3月6日，在国民党警察的监视下，周新民、罗隆基、李相符、李文宜、冯素陶等人代表民盟在南京梅园新村30号开始了接收工作。3月7日，中共代表团团长董必武率中共代表团最后一批工作人员离开梅园新村，返回革命圣地延安。董必武身穿夏布大褂，手持文明杖与周新民等人告别，并嘱咐周新民："坚守下去。"周新民答道："一定如此，请董老放心。"中共秘密党员周新民以民盟人士身份代管中共留在南京的房屋财产，实际上是中共的第二道防线。

中共代表团走后，周新民便随民盟总部迁居梅园新村30号办公。国民党特务把监视目标转移到周新民等人身上。为掩人耳目，特务停在巷口、路边的吉普车、摩托车换来换去，焊铁壶的"小贩""补鞋匠"四处张望，查户口的警察每天必来一次。周新民等人早已把生死置之度外。他们在白色恐怖的险恶环境中，联络各方民主人士和爱国学生进行反美反蒋宣传，从事着繁忙的盟务。

民盟总部虽然设在南京，但是民盟的大多数领导人包括张澜、沈钧儒、黄炎培等这时都在上海活动。周新民需要兼顾南京和上海两地的盟务，每月跑上海几趟，每次住上几天，办妥上海的事情又回南京忙碌。他风尘仆仆、来去匆匆，一直持续到1947年10月下旬。10月22日夜起，南京梅园新村30号被国民党特务分子20多人包围，周新民等人外出时也受到国防部保密局的吉普车跟踪。因周新民在民盟秘书长空缺的情况下做了大量工作，被困的几个人中数他的处境最危险。张澜得知此消息，立刻从上海打电话要周新民迅速来上海。于是，大家设计来个"金蝉脱壳"。10月26日清晨，梅园新村30号的大门突然打开，李相符、金若年和周新民等人乘坐中共代表团留下的一辆黑色小轿车冲了出去，大门外的特务慌忙发动吉普车追赶于后。周新民在国府路（今长江路）与成贤街转弯处迅速下车，闪身进了潇湘酒馆，摆脱了特务，顺利脱险去了上海。

民盟总部（南京）的工作坚持到1947年11月20日终止，以一人坐镇南京、代表民盟同各方交涉的罗隆基离开梅园新村30号前往上海为标志，而代管的房屋财产也被国民党南京市政府劫收。而部分书籍和物品则交由民盟总部政治计划委员会委员、南京盟员、金陵大学数学系教授余光烺继续秘密保管，中华人民共和国成立后，这些物资悉数归还中共。后曾在梅园新村纪念馆展出。

从托付，到代管，再到归还，这一系列的高配合行动，实际上是完全的信任交托。直至今日，梅园新村30号、17号等建筑群，已成为中国共产党红色爱国主义教育基地、中国民主同盟传统教育基地，世世代代为人所敬仰，铭记和传扬的就是与中国共产党始终"风雨同舟、肝胆相照"的火热初心。

百年历程，初心可鉴。许多人和事仍然历历在目，许多呐喊和高歌犹在耳旁，先贤们的革命理想和崇高信仰，在今天变成了现实，那就是：全国人民在中国共产党的领导下，无数次地创造了人间奇迹，社会主义没有辜负中国！社会主义不会辜负中国！

2021年是中国共产党成立100周年，也是中国民主同盟成立80周年，更是南京民盟地方组织创始人陶行知先生130周年诞辰。此时此刻，展现在我们眼前的是中国特色社会主义旗帜引领中华民族伟大复兴的光明前景。南京民盟将坚定不移地坚持中国共产党的领导，始终秉承"风雨同舟、肝胆相照"的优良传统，向着共产主义最崇高的伟大理想，努力奋进！

循民盟历史足迹　忆往昔峥嵘岁月

民盟青岛市委会

城市和人一样也有记忆，因为它有完整的生命历史。城市对于人们，不仅是栖身之所，更是传承文化的摇篮。青岛，地处山东半岛南部，是一座历史文化名城，红瓦绿树，碧海蓝天。她是黄海之滨的明珠，万国建筑的经典，啤酒飘香的名城，对外开放的热土。时至今日，中国民主同盟建立已有80载，青岛民盟也走过了74年的漫漫岁月，共有超过3000余位盟员为之奋斗、付出，锻造出了民盟的淑世精神，并在青岛城市发展进程中画上了浓墨重彩的一笔。

一、革命时期，共克时艰——青岛城市解放时的"民盟足迹"

1947年的青岛，春寒料峭，风起云涌。那时的中国，推翻旧政权、建立新中国曙光乍现！中国民主同盟顽强的火种已自南而北燃烧了整整6年，陈仰之等革命先驱于1947年5月密集崂山北九水"观瀑亭"举行会议，成立干部会，青岛民盟地方组织就此成立，此为民盟在山东建立的第一个组织。同年10月，南京国民政府宣布民盟为"非法团体"，11月民盟总部被迫宣布解散，组织活动随即转入地下。青岛民盟组织一方面发展盟员充实力量，另一方面努力与民盟总部取得联系，接受指示，秘密活动，迎接解放。

青岛解放前夕，青岛民盟地方组织积极宣传中共政治主张，帮助群众打消疑虑，协助中共地下组织保护学校和工厂，争取爱国人士和民族资本家。其中，就有冀鲁针织厂的尹致中和中纺公司的范澄川等人。经过民盟组织的思想工作，这些实业家在新旧政权更迭时期能够维护大局，拒绝南迁和毁坏工厂，有效保卫了人民财产，为恢复青岛经济、保持社会稳定做出了积极贡献。1949年6月2日青岛解放时，全市有盟员51人，编为4个小组。同年7月31日，成立民盟青岛支部临时工作委员会。

二、中华人民共和国成立初期，共担风雨——青岛城市发展中的"民盟贡献"

中华人民共和国成立前，青岛民盟投身于新民主主义国家建设，积极参加全国范围的土地改革等运动，在青岛市各项会议和重大事件中发表讲话，为政体的实施做了大量的工作。新中国成立伊始，陈仰之任青岛市人民政府委员，多位盟员在各级人大、政府、政协中担任职务，积极参与国是。一批盟员在学校和文化单位担任领导职务，直接或间接参与了新中国成立以来青岛政府整顿、改造旧文教事业与开拓、发展新文教事业的任务。

1950年10月8日，我国政府发出"抗美援朝，保家卫国"的号召。1951年1月，中国人民抗美援朝总会青岛分会成立，陈仰之任副主席。同年2月，中国人民保卫世界和平反对美国侵略委员会、中国红十字总会发出《关于组织医疗队的通知》，青岛民盟积极号召盟员参加赴朝医疗救护志愿队。时任山大医学院（现青岛大学附属医院）教授兼外科主任冯雁忱和青岛市立医院外科主任王训颖两位盟员，分别担任青岛市第一批赴朝医疗队队长、副队长。在入朝之前，受到了国家领导人宋庆龄、邓颖超等人的热情招待。1951年6月5日，青岛市各民主党派、人民团体发表联合声明，坚决响应中国人民抗美援朝总会发布《关于推行爱国公约捐献飞机大炮和优待军烈属的号召》。青岛民盟成立捐献爱国武器委员会，开展捐献活动，购买飞机等物资支援前线。据统计，盟员捐款捐物共有 4000 余万元（旧币）。

1950 年，经著名生物学家童第周教授提议，中国科学院在青岛设立海洋生物研究室（中科院海洋研究所前身），这是新中国第一个专门从事海洋科学研究的国立机构，是我国海洋科学的发源地，也为青岛海洋生物研究发展奠定了基础。童第周教授的"童鱼"实验，为中国细胞遗传学研究方向打开了新的窗户，他也被誉为中国的"克隆先驱"。1953 年 4 月，青岛民盟召开第一次全市盟员大会，童第周当选主任委员，自此青岛民盟正式纳入地方组织建制。截至 1962 年，全市盟员被授予"先进工作者""红旗手"称号的共有 100 人，占全市盟员的 20.5%。青岛民盟组织建立后，曾直属民盟中央领导，直到 1963 年 4 月，民盟山东省委会成立后，始改属民盟山东省委会领导。

三、改革开放，共襄伟业——青岛城市建设中的"民盟作为"

（一）风雨改革路，开拓谱华章

1978 年，民盟青岛地方组织恢复组织活动后，十分重视基层组织建设，截至 1980 年 11 月，陆续恢复重建了 21 个支部、18 个直属小组，盟员共计 458 人。此后，青岛民盟迎来了飞速发展期，盟员人数不断攀升新高，截至 2016 年 12 月，全市共有盟员 2328 人。

中共十一届三中全会以后，民盟青岛市委会把工作重点转移到为社会主义现代化建设服务上来，广泛兴办科技、文化、教育实体。1983 年，为适应成人补习文化课需要，创办兴华业余学校，累计培训学员 2.9 万余人。1984 年，创办民盟科技学校，开办"工人中级（技术）培训班"，截至 1990 年年底，累计培训技工万余人。1985 年，成立山东师范大学夜大青岛分校，设外语等 6 个专业，1997 年在校生达 1107 人。民盟青岛市委会开展多层次、多学科讲学活动，组织专家赴沂蒙老区等地开展智力扶贫。进入 20 世纪 90 年代，民盟青岛市委会发挥自身优势，广泛开展"三下乡"活动、社区服务、扶贫救灾等活动。

这期间，民盟青岛市委会对在社会主义现代化建设事业中做出突出贡献的盟员曾呈奎、侯国本等人予以表彰。曾担任青岛民盟主委的曾呈奎院士，他不仅被誉为"中国海带之父"，更以战略的思维视角为中国海洋事业的发展建言献策。他曾与一批科学家联名上书国务院建议成立国家海洋局，曾提出中国发展海洋生物技术的设想，向中央提交《增强海洋意识、建设海上强国》报告、"发展海上山东"的建议。他提出的海洋"农牧化""蓝色农业"等思想，更使中国跃居世界海洋水产养殖业的前沿。再者，我国著名港口专家侯国本教授，他为国家海洋工程建设做出了重要贡献。在1978年召开的全国科技工作大会上，他敢"吼天下第一声"，向邓小平等国家领导人直言上书，全面阐述了不应在连云港建设10万吨级深水大港，而应在山东日照石臼建港的可行性、优越性，"日照港可建深水大港"的建议被采纳。1988年，日照撤县建市时，费孝通指着山东省新版地图开玩笑说："侯教授，您了不起，把日照在地图上一个小点变成一个圈。"毫不夸张地说，没有侯国本等专家的努力，就不会有后来日照市的发展规模。

2001年，百年奥运，圆梦北京，青岛成为北京奥运会奥帆赛承办城市。在此之前，青岛盟员曾多次向市委、市政府建议，积极争取由青岛市承办第29届国际奥林匹克运动会的帆船赛事。民盟青岛市委会积极服务奥运，助力奥运，组织各类讲座、文艺汇演等迎奥帆系列活动，盟员窦硕增参加奥运火炬传递。2008年，青岛乘着北京奥运会的东风跃上世界舞台，从此"中国帆船之都"成为青岛新的标志性城市品牌。

青岛，依海而生，青岛民盟成立以来同样回荡着海潮的声响。2009年，胡锦涛同志视察山东时做出"打造山东半岛蓝色经济区"的重要指示。2010年，时任民盟青岛市委会主委王修林积极建言，助力山东半岛蓝色经济区建设，组织撰写《大力发展战略性海洋新兴产业，发挥山东半岛尤其是青岛在国家蓝色经济区战略中示范带头作用》的调研报告。2011年1月，国务院正式批复《山东半岛蓝色经济区发展规划》，民盟青岛市委会在充分调研中形成的真知灼见，被充分吸收到《山东半岛蓝色经济区改革发展试点工作方案》中。除此之外，民盟青岛市委会认真落实民盟中央和民盟省委会提出的打好精准扶贫、精准脱贫攻坚战的要求，助力乡村振兴战略，从2007年起积极承办民盟中央"农村教育烛光行动"，累计培训学员500余人次。2013年8月，全国人大常委会原副委员长、民盟中央主席张宝文亲临培训班给予肯定。

（二）逐梦新时代，启航新征程

进入新时代以来，青岛民盟全面推进"人才强盟"战略，截至2021年5月，全市现有盟员2861人，基层组织67个，设有专门委员会15个，是山东省盟员人数、基层数量最多的市级组织。民盟青岛市委会在各项工作都走在全省前列，先后被中央统战部、民主党派中央、全国工商联授予"为全面建设小康社会作贡献先进集体"，在民盟中央纪念民盟成立七十周年、八十周年中获得"先进集体"荣誉称号，历年获民盟中央"盟务工作先进集体"等表彰12次。成绩面前，民盟青岛市委会没有放慢脚步，带领全市各级组织和盟员与中国共产党通力合作、围绕中心、服务大局，沿着正确的政治方向前进。

青岛民盟现有两位中科院院士，一位是著名海洋物理学家胡敦欣，另一位是青岛海洋科学与技术国家实验室主任、中国海洋大学副校长、民盟青岛市委会主委吴立新，他们都是青岛当代盟员的杰出代表。吴立新院士，一直深耕于海洋领域，为我国海洋科技的创新发展做出了突出贡献。他作为主要负责人承担青岛海洋科学与技术试点国家实验室（简称"海洋试点国家实验室"）的组建、成立和运行，并促使国家深海基地落户青岛。2018年6月，上合组织青岛峰会结束之后，习近平总书记来到海洋试点国家实验室考察，吴立新主委在现场向总书记汇报了实验室试点情况。习近平总书记深情说道，"建设海洋强国，我一直有这样一个信念"，深深感染了在场的每一个人。

2018年7月，民盟青岛市委会承办了民盟中央"第四届民盟经济论坛"，全国人大常委会副委员长、民盟中央主席丁仲礼给予了充分认可。近年来，青岛民盟盟员积极参与政治协商，就经略海洋、科技创新、社会民生等重大课题进行深入调研，在建设上合示范区、发展海洋产业、工业互联网等方面，提出了一系列具备前瞻性和可操作性的提案建议，为青岛建设国际、开放、现代、活力、时尚的国际化大都市做出民盟贡献。在社会服务方面，持续开展贵州安顺对口帮扶，"盟安合作"重点项目——贵州多彩健康城被授予"民盟中央社会服务实践基地"称号。

民盟历史，是民盟世代相传的薪火，是凝聚盟员意志的纽带，是民盟精神的具体承载。八十载盟史，沉淀城市记忆，定格不变初心，一路走来，民盟的"年轮"见证了华夏的沧桑巨变，镌刻着深深的时代印记。不论是早在1930年来青任教的闻一多先生，还是自青岛民盟成立以来，童第周、曾呈奎、朱树屏、侯国本等一大批献身于祖国各项事业的先辈贤达，他们与青岛共发展、共成就、共融合，也为多党合作事业做出了不可磨灭的贡献。

站在"两个一百年"的历史交汇点上，我们回溯青岛民盟74年来的风雨兼程和春华秋实，找寻民盟历史中的城市记忆，不仅是为了张望这曾经的星光璀璨，更是找寻我们的源头和去向。我们将站在中国民主同盟成立80周年的新起点上，继承发扬"奔走国是，关注民生"的光荣传统，着眼于新时代新征程新要求，心怀"国之大者"，深化政治共识，认真履职尽责，以一往无前的奋斗姿态、风雨无阻的精神状态谱写新篇章、做出新贡献！

高崇民与中国民主同盟

民盟沈阳市委会

高崇民（1891—1971），辽宁开原人，中国民主同盟盟员，中国共产党的优秀党员，忠诚的共产主义战士，伟大的爱国主义者，卓越的社会活动家。生前担任中国民主同盟中央委员会副主席，第三届全国人民代表大会常务委员会委员，中国人民政治协商会议第四届全国委员会副主席。

1911年，高崇民加入同盟会，参加辛亥革命。1914年，留学日本，参加反日倒袁斗争。1924年，加入孙中山改组后的国民党，组织"民治俱进会""启明学社"等爱国社团，因反对日本续租旅大，被驱逐出奉天省境。1928年，知遇张学良将军，任他的秘书，成为张学良将军处理外交事务的智囊。

九一八事变后，高崇民决心不做官、不经商，立志从事抗日救亡斗争，被张学良将军聘为十人智囊团之一。他参与组织了"东北民众抗日救国会""复东会"，积极支援东北抗日义勇军，宣传与组织民众抗日。发动组织东北民众赴南京请愿团，要求收复东北。他面对面地与蒋介石斗争，驳得蒋介石哑口无言。因反对蒋介石的不抵抗政策，三次受到通缉，一次被囚禁，一次被软禁。

1935年冬，高崇民赴西安，积极推动张学良将军与杨虎城将军合作，并直接参与了西安事变。他担任政治设计委员会主任委员，为和平解决西安事变做出了贡献。

1941年，高崇民为营救好友杜重远，被国民党软禁在重庆。他身陷虎穴，坚持抗日复土斗争，主持"东北救亡总会"工作，高举《反攻》半月刊的旗帜，顽强战斗。他还秘密组织了"东北民主政治协会""东北青年民主同盟"，为争取民主而斗争。

日本投降后，在党的安排下，高崇民回到东北解放区，担任安东省主席、东北行政委员会副主席、东北人民政府副主席兼司法部部长、最高法院东北分院院长、最高检察署东北分署委员、中苏友协东北分会会长、东北文物管理委员会委员等职，为建设和发展东北进行了不懈的努力。中华人民共和国成立后，历任中央人民政府委员，第一、二届全国人大常委会委员、法案委员会委员，第二、三届全国政协常委，中共对台工作委员会委员等职。

高崇民先后参加了"中国民主同盟"和"中国民主革命同盟"（即"小民革"）以及"三民主义同志联合会"。抗战胜利后，他参与东北的全面解放运动。解放战争后，他筹建和主持了东北民盟，尽心尽力，建设东北。

高崇民与中国民主同盟的缘分源于1940年的秋天。当时，高崇民为救好友杜重远，被骗到重庆遭国民党软禁。国民党原以为可以把他控制在重庆。但是，对于高崇民来说，不仅有"东总"和《反攻》这两个固定的阵地，而且可以同集中在重庆的众多民主人士并肩战斗，他反而如鱼得水。1941年夏，高崇民被邀参加了"中国民主政团同盟"（即中国民主同盟）。这就把一个地方性的救亡团体和全国性的民主运动从组织上联系了起来。1944年，"中国民主政团同盟"改为"中国民主同盟"，阎宝航、陈先舟、陈彦之、杜弘如均参加了该组织，并建立了民盟东北小组，定期在阎宝航家开会。有时，周恩来亲自到会指导。

1944年，全世界反法西斯战争处于大规模战略反攻阶段。中共中央提出了新的战略部署，毛泽东在《学习与时局》的讲演中提出："现在的任务是要准备担负起比较过去更为重大的责任。我们要准备不论在何种情况下把日寇打出中国去……我党的第七次全国代表大会不久就可能开会，这次代表大会将要讨论加强城市工作和争取全国胜利的问题。"这就把城市工作任务和争取全国胜利联系在一起了。同年，周恩来做出指示，"东总"要以新的形式重新组织起来开展工作，以迎接新的形势、迎接抗日战争的胜利。高崇民、阎宝航和陈先舟研究了周恩来的指示之后，采取的第一个措施就是调集干部。新的工作任务很艰巨，而当时的经济情况又极拮据。这种情况就要求干部既须具备一定的革命觉悟和工作能力，又能甘愿忍受艰苦的物质生活。几经研究之后，高崇民从郭沫若那把刘砥方和绿川英子借调到《反攻》杂志社工作。白浩、高凯、孙汉超和聂长林几个东北流亡青年，经过高崇民的耐心谈话、考察之后，也加入了"东总"工作，这使得重建新组织的条件基本具备。

1945年开始，世界反法西斯战争胜利在望。东北在战后将实行"国际共管"的消息也从国际上吹进重庆。这使人不禁担心，东北又将再次沦为国际政治角逐的场地。在如此紧迫的形势下，重新改组"东总"、成立新组织也加紧了筹备的步伐。为此，在高崇民的重庆住所猫儿石酝酿商量了几次，前后参加的有高崇民、阎宝航、陈先舟、刘砥方、陈彦之、金锡如、杜弘如、吴一凡、白浩、孙汉超和聂长林。在讨论起草《章程》的过程中，经过讨论，最后将名称定为"东北民主政治协会"。高崇民还说，将来在各地还可以建一些分会，我们这里就是总会。"东北民主政治协会总会"，简称仍然是"东总"，和东北救亡总会的"东总"前后衔接，"东总"是取消不了的。"东北民主政治协会"的工作对象，主要是流亡在大后方的东北人，尤其流亡东北的青年人。为了便于在青年中进行工作，决定在"东北民主政治协会"领导之下，建立一个青年组织——东北青年民主同盟。对于协会会员的政治条件要求严格，而对于参加青年组织的条件可适当放宽些。"东北民主政治协会"组织活动处于绝对秘密状态，主要目的是为迎接抗战胜利收复东北做准备。

日本投降以后，为了避免内战，争取和平，争取民主，毛泽东主席亲自赴重庆和蒋介石谈判。周恩来安排高崇民去飞机场迎接毛主席。在飞机场，毛主席亲切地与高崇民握手。毛主席到重庆后，大家都担心他的安危，时刻关注国共两党谈判的情况。1945年10月11日，谈判胜利结束，毛主席终于胜利平安地返回延安。

第二天，周恩来就到了高崇民他们那里，一进门就说："我向大家报告一个好消息，毛主席已于昨天下午飞抵延安，压在我心上的这块石头，这回算放下啦！"他坐下来对大家说："现在日本帝国主义投降了，可是今后我们的任务还是很艰巨的，希望大家争取尽快地回到东北去，或到东北解放区，或仍留在东北蒋管区，继续从事反对内战争取和平统一的民主运动。"周恩来高瞻远瞩，对东北的工作作了战略性部署。1945年11月，高崇民艰难地摆脱了国民党的软禁和监视，脱离了羁縻他五年的魔窟，从重庆回到了东北。回到东北后，开始为东北的全面解放而忙碌。

高崇民在东北解放过程中，特别是在解放沈阳的斗争中，有着高度机密的战略布局。他充分利用自己原来在东北党政军中较为广泛的社会关系，派遣很多同志以各种身份打入国民党在东北的各个层面，进行策反、瓦解和收集情报的工作。按照周恩来的指示，在高崇民的具体安排下，1945年，在重庆成立东北民主政治协会的成员以及《反攻》杂志社的工作人员，分别离开重庆，秘密潜往东北，进入东北当局的各个层面，进行隐蔽战线的地下工作。在东北蒋管区开展活动，获取敌人情报。高崇民的策反目标主要是国民党的中将、少将以及在历次战争中被俘虏的原为东北军的国民党军官。在释放之前，高崇民都要找他们个别谈话，要他们回去"掌握部队、伺机起义"，并要求他们向仍在国民党部队的老熟人转达同样的意思。长期跟随高崇民的胡圣一，被安排打入国民党辽宁省田粮处任少将处长。胡圣一利用辽宁省田粮处处长的身份引导东北剿总司令卫立煌发行军粮代金券，扰乱金融秩序，破坏东北经济，从而扰乱蒋介石军队的后勤供给，使沈阳城内风声鹤唳，人心惶惶，为以后策动沈阳国民党军队起义，解放东北全境，起了重要的作用。

1948年11月2日，国民党在东北的最后据点——沈阳——解放了，沈阳回到了人民的手中。东北全境解放之后，高崇民总结道："这次东北解放战争很快胜利，说明人民有强大的力量，但是必须由无产阶级政党——共产党领导。"

解放战争后，民盟中央决定在东北筹建组织，高崇民承担起筹建民盟东北总支部的任务。在筹建工作中，民盟东北总支部的15名委员里，有10名是原"东北救亡总会"的领导人，包括前后两任党组书记刘澜波和于毅夫，党组成员陈先舟和张庆泰。1952年3月19日，民盟东北总支部召开了成立大会，推选高崇民为主任委员。

高崇民特别重视对盟员的思想教育工作。民盟组织经常结合重大政治事件和政治运动举行报告会和座谈会，高崇民每每都出席做报告或讲话，有时也参加盟员的小组会，有针对性地进行思想工作。对于上层有代表性的盟员，他还亲自接触，了解情况，进行谈心。他要求民盟的组织"必须随时随地联系群众、随时随地了解盟员思想情况和工作作风。这就要求民盟组织有计划地发动委员和干部分别联系一定的盟员，经常与这些盟员同志做定期的回访，以谈心方式了解一些情况，然后再进行研究帮助教育"。

高崇民立场坚定，对党忠贞不贰，在任何情况下都能以大局为重，忠于职守，积极工作。对民盟组织也始终满腔热忱，就像张庆泰[①]在回忆文章中说："在我协助崇老做民盟工作的这段时间里，亲眼看到崇老

---

① 张庆泰（1905—1990）曾用名张景云，辽宁沈阳人。1932年毕业于东北大学政治学系。历任中共中央晋察冀分局宣传部长等职。中华人民共和国成立后，历任辽宁省副省长、辽宁省政协党组副书记、辽宁省第四届政协副主席、辽宁省第五届人大常委会副主任。

在盟务工作中不折不扣地贯彻党的统一战线政策，全心全意地为党工作。他亲自起草文件、做报告，经常深入基层，深入实际，满腔热情地帮助盟员和所联系的知识分子不断走向进步，为东北地区民盟组织的创建和盟务工作的开展做出了重要贡献。"

高崇民大半生从事民盟工作，作为民盟卓越的领导人，认真贯彻党的统一战线政策和知识分子政策。他的足迹遍及22个省、市、自治区，并关心在台湾故旧，为国家的建设和统一大业做出了不可磨灭的贡献。他曾先后出访过东欧、印度等十几个国家，为新中国结交了广泛的朋友。

高崇民刚直不阿，光明磊落，无私无畏，他以民主人士身份努力为党工作，几十年如一日。高崇民的一生是不断追求真理、追求革命的一生。他的革命业绩与实践，处处展现了伟大的爱国主义精神和伟大的共产主义思想，毕生奋斗堪为人杰。周恩来总理称他是"东北人的榜样"。

辽宁省民盟的先驱陈先舟

民盟沈阳市委会

陈先舟（1895—1969），原名陈士瀛，字仙洲，男，汉族。1895年6月20日，出生在辽宁省桓仁县拐磨子村的一个农民家庭，后迁居吉林省通化县三棵榆树乡欢喜岭村。历任民盟中央委员会委员、常委，民盟辽宁省委会第一届至第五届委员会主委，第一、二、三届全国人大代表，政协辽宁省第一、二、三届委员会副主席，邮电部东北管理局局长，辽宁省副省长和沈阳市副市长。

1943年，在周恩来倡导下，陈先舟在重庆参与组织东北民主政治建设协会，为五人中心小组成员之一。"九三"抗战胜利后，他离开重庆来到东北解放区，任安东省参议会议长、东北行政委员会委员、交通运输部副部长、交通委员会副主任。1944年9月，中国民主政团改为中国民主同盟。同年11月，陈先舟等人参加民盟，组成民盟东北小组，东北的第一个民盟小组正式宣告诞生。

1945年10月，在周恩来的安排下，陈先舟、高崇民、阎宝航和车向忱等人离开重庆。至此，民盟东北小组结束了在重庆的活动。

1946年4月，陈先舟被选为安东省参议会议长。6月到哈尔滨任东北人民政府委员、东北交通运输部副部长、东北邮电管理总局局长。

1947年，陈先舟创办东北邮电学校（前身为长春邮电学院），为革命根据地输送大批无线电人才。为东北交通、邮电通信事业的建立和发展，为支援解放战争、抗美援朝和东北经济的恢复和发展做出了重要贡献。

1949年，陈先舟作为总指挥组建了北京直通莫斯科的第一条国际通信线路，并负责毛泽东主席和斯大林元帅直接通话及毛泽东主席访苏期间的通信保障。

1950年9月，陈先舟经政务院第四十八次政务会议通过，被任命为中央政府邮电部东北邮电管理局局长。

1951年3月，陈先舟主持召开民盟第三次全体委员（扩大）会议，决定建立沈阳市和筹建旅大市（现大连市）支部等省级组织，并通过委员人选。

1952年8月，民盟东北总支部决定重新组织民盟沈阳市支部临时工作委员会，陈先舟任主任委员。

1952年10月，抗美援朝期间，陈先舟任七分团（东北分团）团长，首赴朝鲜。他们身负人民重托，冒着美机的狂轰滥炸，跋山涉水，深入到前线阵地慰问，鼓舞志愿军指战员的战斗意志。回国后，又分赴各地向数以万计的工人、农民、学生和机关干部作了几十场赴朝慰问传达报告，使广大群众深刻认识中国人民志愿军是中国历史上最光辉的英雄部队，是"最可爱的人"，坚定人民抗美援朝必胜的信心。

1953年12月，陈先舟召开沈阳市全体盟员大会，选举产生中国民主同盟沈阳市支部第一届委员会，陈先舟任主任委员。

1954年8月，中央人民政府委员会第十三次会议通过，任命陈先舟为沈阳市副市长。随着东北大行政区的撤销，民盟东北总支部也宣告撤销。同年9月，民盟辽宁省支部举行第一次全体会议，推选民盟辽宁省支部第一届委员会常务委员会委员11人，陈先舟任主任委员。

1956年4月29日—5月4日，民盟辽宁省第一次代表大会于沈阳市举行。选举产生第二届委员会委员37人。二届一次省全委会选举常务委员17人，陈先舟任主任委员。

在 20 多岁时，陈先舟以优异成绩考入日本仙台高等工业学校电气科。上学期间，他发现东洋是贫富悬殊的资本主义王国。最让他气愤的事是：1923 年 3 月，北平政府照会日本政府，要求如期交还中国领土旅顺、大连。而日本当局复照，无理拒绝。陈先舟深感奇耻大辱，怒发冲冠，毅然率 70 余名留学生回国游行请愿，强烈要求北平政府收回领土。期间，陈先舟的父亲专程赶到沈阳看他，他却为父亲安排了特别节目——请他老人家参加示威游行。1924 年春，陈先舟毕业回国后分配在奉天市政公所。当时，他目睹省城破烂情形，心焦如焚。回想日本东京、大阪等各城市交通电气化的情景，深感"实业救国"任重道远。

随后，他冒着滂沱大雨去见张作霖大帅，提出改造省城交通面貌的设想。张大帅听陈先舟想修"磨电车"的想法后，欣然同意并下令拨款施工。1925 年 10 月，由陈先舟亲自设计指挥的沈阳有轨电车通行，张大帅莅临剪彩，高兴地称赞陈先舟："真有点中国人骨气！"

张学良继承父业以后，任命陈先舟为东北电信管理局总工程师兼东北无线电台台长。他花费了几年工夫，把零乱的东北无线电通信网，建成为一个完整的科技体系，并重新改造沈阳故宫无线电总台。从此，东北通信不但联结国内各大城市，而且能够通达巴黎、柏林、莫斯科以及河内等世界各地。陈先舟为东北电信事业的进步，发挥出他卓绝的才能。

九一八事变第二天，陈先舟会同高崇民、车向忱、阎宝航、杜重远等知名人士，在北平奉天会馆成立东北抗日救国会，领导和支援东北各地抗日义勇军斗争。当时，陈先舟在北平任华北无线电台台长。他直接用无线电发报，声援马占山江桥兵变，领导义勇军抗日。与此同时，陈先舟与中共北平市委建立密切联系，替他们安装电台，修配电报机，改善共产党通信条件。陈先舟以其对共产党无限热爱的赤诚之心，默默为革命奉献力量。

1936 年 12 月，发生了震惊中外的西安事变。当时，陈先舟在西安任东北军少将交通处处长，他紧密配合张学良、杨虎城实行"兵谏"。17日，周恩来到陈先舟住地并会见了他，高度赞扬他在西安事变中做出的特殊贡献。

1937年4月，陈先舟光荣加入中国共产党。他遵照党中央指示，致力于统一战线工作，把党交给自己的任务看作是自己最神圣的职责。为争取国民党抗日，他奔波于西安、武汉、上海、重庆和北平等地，先后创办了《反攻报》；组建"中国建业公司"为中共地下党活动筹集资金；掩护"战地服务团"，团结教育一大批抗日流亡人士，还为延安输送大批革命青年。

1945年8月，毛泽东同志到重庆谈判，这期间，是陈先舟最繁忙劳累的日子。陈先舟按照党中央的部署，专门联络国民党上层人物。他还曾攀登过昆仑山、大兴安岭，他曾踏遍西伯利亚各地，担任北京到莫斯科国际通信线路工程的总指挥，仅用两年时间就完成了全部工程，并圆满完成了毛主席率领中共中央代表团访苏期间的通信保障任务。

中华人民共和国建立后，陈先舟经常深入基层了解情况，检查工作，帮助解决各种实际问题。当绥中、锦州发生重大水灾时，他亲临灾区一线组织抢险救灾工作；三年经济困难时期，他深入农村做群众的思想工作，协助地方政府安排农民生活和恢复生产等事宜。他对科技工作的发展和普及尤为关注：1950年，他参加了中华全国自然科学工作者代表会议；1953年，他当选沈阳市科普筹委会主任后，对科普工作极为热心。他认为社会主义建设单靠职工热情是不够的，必须提高工人的科学技术水平。开展科学技术宣传工作则是丰富工人的科学技术知识、提高他们科学技术水平的重要方法之一，也是培养工人群众的唯物主义世界观，向他们进行共产主义教育的有力手段之一。广大工人有了丰富的经验，掌握了科学技术知识，就会发挥最大的才能。他与靳树良、李正风等一起，团结和发动科技工作者，结合党的中心工作和工农业生产，每年举办几十场科普讲座和科普报告，提倡科技兴国、科技促发展，推动辽宁工业大省工农业发展。

1956年9月13日，陈先舟以辽宁省科普协会主席的身份，在沈阳市第一次职工科学技术普及工作积极分子大会上，做了题为《积极开展科学普及工作，为建设社会主义和向科学进军而奋斗》的报告。动员全市科学工作者积极行动起来，为加速我国的社会主义建设献计献策。同年，他带领辽宁省和沈阳市的代表出席全国职工科普工作积极分子代表大会，受到毛泽东、朱德等党和国家领导人的接见。

在统战工作中，他紧紧依靠党的领导，认真贯彻党的统一战线政策，团结大批的爱国人士和知识分子为社会主义建设献策献力。为帮助盟员积极参加"三反""五反"抗美援朝等运动，他亲自在盟员大会上做报告。经常深入到基层盟支部过组织生活并到一些盟员家走访谈心及时反映盟员的意见和要求，帮助盟员解决困难，从而调动他们为社会主义服务的积极性。他待人诚恳、热情、平易近人，在盟内有很高的威望，盟员都亲切称他为"先老"。

在轰轰烈烈的社会主义改造和社会主义建设事业中，陈先舟在历任的工作岗位上以其对党无限忠诚、对社会主义无限热爱的忠心，甘当人民的公仆，全心全意为人民服务。"文化大革命"期间，陈先舟惨遭林彪、江青反革命集团的残酷迫害。1978年10月11日，中共辽宁省委召开3万人参加的追悼大会，为陈先舟进行平反昭雪，"此身化作干将去，心似洪炉在人间"！

弘扬民盟精神
践行新时代多党合作初心使命

——民盟盟员林良浩与深圳这座城

民盟深圳市委会

"我时常感慨自己是一个幸运儿，生逢其时，赶上了我国'站起来、富起来、强起来'的重要历史时期；又选择扎根改革开放的最前沿——深圳，这一座创造奇迹的城市。"忆往昔，林良浩常常感到自己的命运是同祖国命运紧紧连在一起的。加入民盟大家庭后，参政党成员的责任与担当他扛在肩上，一步一个脚印，以自身实际行动践行新时代特区多党合作事业的初心和使命。

不忘初心扎根特区教育事业数十载

教育的本质在人，百年育人，需要的是成就他人的情怀。成就他人，也就是成就自己。投身教育事业20多年间，林良浩一直在思索，一个教育家倘若没有教育情怀，又能够走多远。他排除各种诱惑，选择教育事业，绵绵用力、久久为功，从一个默默无闻的办学者成长为深圳民办教育中的佼佼者，伴随着"崛起"一起成长。

在20世纪90年代初，深圳经济特区发展方兴未艾，教育资源极度匮乏，公办学校学位紧张，许多来深建设者的子女到入学年龄找不到学校上学。

政府短时间内大规模供应公办学位很难实现，而教育事业是国家大计，万万耽搁不得。在经过一番深思熟虑之后，林良浩打定主意，积极响应政府发展民办教育的政策号召，毅然投身民办教育事业。1995年，22岁的林良浩筹办了他办学生涯中的第一所学校——宝丰小学。

宝丰小学从400名学生和几间铁皮房教室起家，通过林良浩的苦心经营，一步一个脚印，慢慢积累了辖区外来务工人员的良好口碑，口口相传，逐渐发展成为2000多名师生的学校。口碑是一点一滴踏踏实实做出来的，来不得半点虚假。这一点林良浩感触最深。如今，由小小的宝丰小学成长壮大起来的深圳崛起教育集团，已拥有固定资产4.5亿元、10家教育实体、师生超过12000人。2009年，集团辖属翻身实验学校获得教育部和国家人力资源社会保障部共同授予的"全国教育先进集体"的光荣称号，填补了宝安区建区以来在基础教育领域没有获得全国官方大奖的空白。广东省教育厅的领导和专家来校调研后说："翻身实验学校是深圳市乃至广东省民办学校的一面旗帜。"

"我相信，每一个人的生命都是独特的，每一个小生命的诞生，都应得到足够的关注；每一个新生入校，都应该获得最好的教育。"林良浩常常站在崛起教育集团不同校区绿茵茵、宽阔的操场上，看孩子们天真稚气的笑脸，感受那一个个鲜活的生命，体会他们不一样的心灵。"教育是一件关乎千秋万代的伟业，是大事，是'要么功德无量、要么误国误民'的独特的工程。其间，我们每一份微小的努力都会促进孩子的成长；我们每一处微小的疏忽，都可能影响甚至改变一个孩子一生的命运！全身心投入教育，诚信育人，构成教育的一股强力，做出利国利民、造福子孙万代的功业——教育，是最可能创造奇迹的。"

25年来，林良浩坚守教育初心，弘扬"崛起精神"，创建以民办学校为主的多元化、多层次的教育事业。崛起教育旗下有10家实体教育、超过12000名师生，形成学前教育、中小学、高中、国际教育、职业教育、成人培训的现代化、全程化教育生态链，每年为社会提供大量学位，为深圳教育的高质量发展做出了新的贡献！

参政为民建良言献良策参与特区建设

深圳特区毗邻港澳，正值改革开放的最前沿，深圳盟员结构多元、思想活跃，参政议政有热情、有能力。作为特区建设的见证者和参与者，成立于改革开放初期的民盟深圳市委会30多年间，积极践行"立盟为公，参政为民"参政议政宗旨，将触角延伸至民生热点，提交了"促进高等教育发展系列提案"等一批站位高、质量优、接地气且贴民情的精品提案建议，为深圳经济社会发展提供民主党派智力支撑。

"举全盟之力参政议政，助力实现人民对于美好生活的向往，民盟对于我，更像是一位温文尔雅、淡泊名利的导师。"林良浩说，"置身于以'学习、团结、活力、提升'为理念的深圳民盟大家庭里，时刻能感到它的高度与稳定，参政议政起点高、站位高，提交了一系列精品提案；同时，我在这个大家庭中获得了太多支持与帮助，从人才荟萃的民盟盟员们身上体会到不懈追求的活力与'男儿当自强'的担当，这也是我不断努力奋斗的源动力。"

作为民盟深圳市委会副主委、深圳市第六届人大常委会委员，林良浩积极参政议政，建言献策，走访、调研，围绕教育、文化、经济、社会和地方特色等焦点、热点问题认真思考、撰写文字材料。从2003年开始，已提交近100多份提案，所提提案得到相关部门的高度重视，其中《关于建设和改造农贸市场的建议》的提案被评为"优秀提案"。

2015年，民盟深圳市委会建议深圳市人大常委会加快制定《深圳经济特区大数据应用管理条例》。深圳运用特区立法权率先开展地方数据立法，首提"数据权"，被视为地方立法上的一大进步。《深圳经济特区数据暂行条例（草案）》将在粤港澳大湾区甚至全国范围内起到标杆示范作用。作为提案的亲历者，林良浩感慨道："大数据看似是政府和行业的事，却是由每一个人的信息和数据组成的，也和我们每个人息息相关。深圳市作为改革开放排头兵，有必要先行先试，通过地方立法对数据资源采集、共享、利用和保密等相关制度进行积极尝试和有效探索。"

回馈社会助力脱贫攻坚战全面胜利

在脱贫攻坚的征程上，时间记录着沧海桑田、初心不改，书写着岁月豪迈、硕果累累。作为与中国共产党共克时艰、共担风雨的民主党派，民盟高度重视脱贫攻坚工作，不断发扬"奔走国是、关注民生"优良传统，充分发挥优势，开展社会服务工作，为推动经济社会发展和增进人民福祉做好事、做实事。林良浩同志在民盟深圳市委会担任副主委，分管社会服务的工作中，以高度自觉的全局意识、责任意识推进盟市委各项决策部署的全面落实，并以教育者的情怀，以极强的社会责任感，亲力亲为，亲自带队积极开展对口扶贫、教育精准扶贫工作，做好"温暖工程""烛光行动""助力清远"等社会服务工作，并多次自己捐钱捐物，以绵薄之力，崛起教育。

时光回到 2006 年，在贵州省二级贫困村上小河村，一条崭新的、水泥铺就的"民盟爱心路"连通了当地学生的上学路，解决了当地孩子"晴天一身灰、雨天一身泥"的上学难题。"民盟市委会组织的上小河村帮扶活动给予我很大的震撼，不管是精神上的还是身体上的，上小河村当地落后的生活条件和孩子们渴望知识的眼神给我留下了深刻的印象，与深圳孩子在物质上的巨大反差，时刻提醒着我们作为一名参政党成员更要以自己的实际行动，助力中西部贫困地区脱贫致富，过上幸福的日子。"每每回忆起这次贵州行，林良浩依然印象深刻，他开玩笑道，"同时，因为我是广东潮汕人，不习惯贵州当地的饮食，所以在贵州期间，也是对我身体肠胃的'洗礼'。""民盟爱心路"的开通拉开了民盟深圳市委会打造"烛光行动"社会服务品牌，捐资助学，提升贫困地区教育硬件设施的序幕……

2017年8月,在林良浩同志的积极倡导和协调下,由深圳中华职教社、深圳市崛起教育集团、深圳广播电视大学、河源市和平县职业技术学校共同开展的精准扶贫项目——幼师(保育员)培训班——取得圆满成功,30名学员顺利结业。林良浩董事长亲自为学员颁发证书和红包,并安排大巴车,专程到和平迎接这些学员到崛起教育集团旗下的八家幼儿园实习就业。在单位里分配专业的导师,一对一"传帮带"。订单式岗前培训,教练式在职辅导,为贫困户子女打开了人生新门、事业新路。林良浩同志非常关注这些学员在集团的工作生活情况,多次组织座谈会了解学员状态和需求,提供各种成长机会。"崛起新人"培训帮助她们更快融入温暖的崛起大家庭,深圳电大幼师专业课程帮助她们业余学习提升学历和职业技能与资格。"以就业为导向、以技能培训为抓手"的定向精准扶贫,实现"一人就业带动全家脱贫"的目标,更促进了深河两地部门之间的沟通合作,助力精准脱贫工作取得更好的成效。

民盟汉口市支部筹建历史

——武汉民盟从这里走来

民盟武汉市委会

戴今生（1914—1992），民盟汉口支部筹建人（五人小组成员之一），原名戴世明，四川江津人，抗日战争前，在北平上中学，曾参加过著名的"一二·九"学生运动。"七七"事变后，辗转到了云南昆明，就读于西南联大，1942年毕业。1943年加入中国民主同盟，并任民盟云南支部总务组负责人，从事民主运动。1947年年初，因受国民党特务迫害，离开昆明到达武汉，任湖北汉口商业专科学校教务长。1948年到香港民盟总部汇报工作，受周新民委托，回民盟汉口支部参加筹建工作，任汉口支部筹委，并作为汉口支部代表参加了民盟中央第四次全会。

中华人民共和国成立后，担任武汉市政协副秘书长、市监察局副局长、湖北省教育厅副厅长、湖北省人民政府参事、省文史馆副馆长、省参事室副主任等职。

戴今生曾担任民盟武汉市委会副主委、民盟湖北省委会副主委、民盟中央委员、民盟中央参政委员会委员。第一、二届武汉市人大代表，第五届湖北省人大代表，第二、三届武汉市政协委员，第七届市政协常委，第五届省政协委员，第六届省政协常委。

民盟武汉市委会是由中华人民共和国成立前的中国民主同盟汉口市支部发展起来的。正式建立是在1948年。不过，最初五个筹备委员（马哲民、唐午国、李伯刚、吴传启、戴今生）在1945年抗战胜利后，已陆续来到武汉地区各自进行盟的活动。唐午园、吴传启是1946年从重庆来汉口的。马哲民是张笃伦任伪湖北省主席时由重庆到武汉的。我原在民盟云南支部工作，1947年春来汉口的。在汉口商业专科学校、武昌高商、武昌私立中华大学等校教书，并做些民主活动。

我在武汉几个学校教书，一方面与学生接近，借谈时事，宣传民盟的观点，一方面找本地的组织。经介绍我去见了聂国青同志，他是湖北民盟负责人。后来，风闻民盟一些领导人到香港去了。1948年春，我就南下去香港。行前，我去见过聂国青，聂只要我向盟中央领导人代为汇报："湖北的盟务还好。"

我是1948年初到香港的。到香港后才确切地知道民盟总部正式迁到了香港，民盟三中全会已经开过了。在香港的总部由沈钧儒、章伯钧二位任主要领导人，周新民同志任秘书主任。我先去周新民的住宅见了周新民同志（我在昆明时就认识他）。向他汇报了云南省支部的情况以及聂国青叫我代汇报的关于"湖北省民盟情况还好"的一句话。第二天，周就带我去见了沈钧儒和章伯钧两位同志，他们热情地同我谈话，问了云南盟务和湖北盟务的情况。我一一汇报了。沈老并指示："你来迟了一步，二中全会已开过了，否则，你还可见到很多人。三中全会开得很好，不但调整恢复了总部的机构和工作，而且纠正了过去的错误，制定了《紧急声明》《政治报告》《全会宣言》等文件，走坚决联共反蒋的道路。关于大会精神和文件，请新民同志给你讲，今后地方工作如何做，也与新民同志联系。"谈话约两小时，会见后并留我在总部吃饭。

在香港总部时，见面最多的除周外，还有组织委员会的李相符和李文宜两位同志。此外周还介绍我去见了沈志远、干家驹、黎澍、高天、周鲸文、曾昭抡等几位。

一天，周新民同志告诉我："总部已决定筹建汉口市支部，你还是回汉口去。"我记得总部组委会研究这个问题的时候，我去列席过会议。会上我仔细地汇报了汉口地区的形势和有哪些盟员在汉口活动。后来，就确定了以马哲民为首的，唐午园、李伯刚、吴传启和我五人的中国民主同盟汉口市支部筹备委员会名单。这五位筹委的名单，马哲民、吴传启两人是我在汇报汉口地区有哪些盟员活动时提到过的。唐午园、李伯刚两位我那时还不认识，也不知道他们的名字。我在汇报汉口地区盟员活动情况时没有提到。这五个人的筹委名单很顺利地被通过。只有马哲民的名字，李相符曾对马哲民提出过不同意见，但最后还是全部通过了。

五人名单通过以后，章伯钧曾约我到他在九龙的家中吃晚饭，因为他当时分工负责组织工作。当晚饭桌上好像还有李健生（章的爱人）、李伯球（第三党的）在座。章伯钧在席上及饭后都说了不少的话。至今还有印象只有两点：一是说唐午园是第三党的老人，他已正式参加民盟，就是一家人了，要努力合作，不要分彼此；二是要与共产党合作，他还说总部周新民、李相符两人就是不公开的共产党员。他是带着对我很关心和信任的神情说这两点的。其实，周新民是共产党员，我早在昆明时就知道。至于李相符，我是那次到香港才认识的，李是否是共产党员，我当时不知道。有共产党员参加民盟工作，对我早就不是什么新闻。我在昆明就有这样主张，而且实际上与党员共同工作了。据我的经验，没有共产党员参加工作，或不与共产党联合，民盟本身开展工作是很困难的。

由于上述认识，在离港返汉之前我就请求周新民介绍汉口地下党的关系，以有利于民盟的工作。周新民对我的回答，出乎我的意料，他说："用不着。你回到汉口去，自然会有办法。"周新民这话，是话里有话。可惜，我当时听不懂，我一再坚持说："如果不介绍汉口地下党组织，我是不回汉口去的。因为我在湖北人地不熟，人事关系很少，开展工作本来就不容易，何况民盟如没有共产党的关系是根本不能开展工作的。不用说，从政治路线上讲，民盟非跟共产党联合不可。"（当时，盟内只说要与共产党密切合作，还没有提"接受党的领导"的说法）因为我的坚持，事情就弄僵了。后来，周新民只好说："那么，再想办法。"一天，周突然告诉我："有个叫曹孟君的（女，全国政协原副主席土昆仑的爱人），因为要托你回汉口办件事，请你吃晚饭。"我如约去了。我原以为她托我带什么东西给在汉口的朋友，谁知，饭桌上一席无话，饭后吃水果时，才对我说，她在汉口五丰米厂有个朋友叫汪德彰，汪是救国会的老人，救国会也是民盟发起组织之一，民盟有什么事可以找他。他在汉口多年，当地的各种关系他都有，你去找他什么事都会有办法的。我一听就明白了，这就是暗示我，到汉口汪德彰处就可接上地下党的关系。她随即给了我一个她亲笔签名写的小字条。上面写得很简单，大意是，"介绍好友戴某来见，希大力关照。关于我的近况请戴君转告"。在"好友"二字的旁边，好像还打了二个圈。她并嘱我，这个条子千万莫丢了，丢了就无效了。

中华人民共和国成立后好久好久，我才晓得，原来五个筹委中就有两个是共产党员——李伯刚、吴传启。所以，周新民才说："回汉口去，找地下党的关系，自然会有办法。"可惜，当时我脑筋迟钝，听不懂。

关于如何筹建汉口市支部的工作，周新民同志指示较多（不是一次谈话说的），而且比较重要。现我能记忆的主要有下面两条。

一是盟的地方组织不再争取合法公开，应转秘密地下活动，要特别注意严密组织，严防敌人破坏盟组织。过去民盟着重吸收社会上层有影响的知名人士，今后，这方面的工作仍然要做，如在各大学做工作，更要注意吸收知识界广大中下层人士，要把盟建成群众性、革命性的组织。

二是民盟过去在湖北地区的工作基础很薄弱，曾经找过几个人，希望他们在湖北开展盟的工作，但活动不多，特别是他们几位文化界、教育界的社会联系不多，他们在知识界开展盟的工作也有实际困难。所以，总部决定筹建汉口市民盟支部，一则汉口是个特别市，与湖北省行政区域上是平行的；一则也可以作湖北省盟的补充工作。因此，你们的工作范围，可以不限定在汉口市区以内，汉口市区外的工作，只要有利于革命，只要你们能力能达到的地方，都可进行工作。但要注意与湖北省盟团结合工作，互相联系，互相配合，不要闹什么矛盾。

回汉口后，我就先后去找了有关的人。先去找了汪德彰同志，我记得是1948年春天的事（但据说是1948年夏天的事），那时在汉口日租界三元里（中华人民共和国成立后的中山大道下段）国民党军事委员会后勤部所属的一家米厂——五丰米厂当总务科长。见面后，我把曹孟君的便条交给他，他答应改天由他主动来同我联系。

马哲民那时住在汉口伪湖北省新闻处，那是一座楼房，马一家住在一楼。我是一天晚上去见他的。马说，他的家，楼上就是新闻处，有特务经常注意他，叫我白天不要去，最好晚上去。有人问，就说我是马家的亲戚。我告诉他总部要他出来领导筹建民盟汉口市支部，他表示乐意接受这个任务。我很详细地把三中全会精神和我在香港所见所闻告诉了马，并要马给我介绍李伯刚同志。马说，李伯刚由他本人去联系，要我去联系唐午园、吴传启。

吴传启和我是大学同学，我们在昆明时就认识。他回汉口后，在汉口市工业协会做事。我来汉后就和他见过面，但彼此没有暴露民盟的组织关系。我从香港回汉后，才互相介绍盟内同志关系的。

唐午园那时是重庆银行汉口分行经理，家住在汉口汉润里32号。有一天，汪德彰到我教书的地方——汉口商业专科学校来找我，商量进行民盟工作的事。后来，有天夜晚一齐到汉口汉润里32号唐午园家聚会，第一次到会的人有汪、马、唐、吴和我，李伯刚没有到。在唐家吃完饭后，大家就交谈起来，我简单地说了香港民盟总部决定建立民盟汉口特别市支部，并任命我们五人为筹委，希望开展工作。当晚，主要决定了两件事。

一是筹委分工。马负责全面领导的责任并兼任大学方面的工作（马那时在湖北农学院和中华大学教书）；唐负责军政界；李伯刚负责与湖北省盟联系，并兼做地方绅士的工作；吴传启负责工商界、新闻界的工作；我负责教育界和组织发展的工作。

二是强调安全。大家都认为敌人越接近垮台，会越疯狂，要特别注意安全。大家商定了一些措施：①分工后各自负责工作，不宜多开会。碰头地点一般设在唐的家里，以晚间聚会为宜。为了避免惹人注意，应一个一个单身先后到唐家（相距至少在一小时以上）聚会，以看望朋友的形式，到唐家后，以吃饭、打牌等社交形式谈话。②盟员间应采取单线联系，尽量避免发生横的关系，发展盟员要防止坏人混入。

从那次以后，我们就常到唐午园同志家中去聚会，唐午园的爱人李大姐是个好客的主人，她每次都热情地接待了我们。参加我们在唐家聚会的党员，初是汪德彰，后来加了宋洛同志，宋洛又带来了王守一同志。中华人民共和国成立时，宋洛又带来了孙定瑜同志。其中，王守一同志声明过他也是盟员，他那时在搞"民主主义科学工作者协会"。

1948年5月1日，中共中央发布了召开新政协的号召，民盟中央和在港各民主党派通电拥护号召。该年暑期，我从一个广东来汉的朋友处获得这个消息。因此，秋天我又去香港一次。周新民同志听到我口头报告汉口市支部初建的情况，表示满意，并指示说："国内政治形势已进入新的阶段，中共中央发出了'五一'号召，要召开新政协，大家都很兴奋，盟的各级组织，要加强工作，迎接新的政治形势。"

在组织发展方面，我们做过很多努力，有一定收获，也出现了一些偏差，最主要的就是把汉口盟组织弄得很庞大、不纯，以至中华人民共和国成立后登记盟员时人数达到700多人。后盟中央特派员李相符来湖北督促清理整顿组织，经过整顿，人数才最后确定200多人，并正式建立了10个区分部。中华人民共和国成立初，有一个叫刘博的冒用武汉民盟的名义活动，发登记表，收盟费，后由军管会进行了取缔。

（此文根据戴今生同志1981年所作的回忆文章整理）

风雨同舟　肝胆相照

——纪念民盟西北领袖杜斌丞

民盟西安市委会

杜斌丞烈士，原名丕功，陕西省米脂县人，生于1888年5月10日。1917年毕业于北京高等师范学校，历任榆林中学校长、十七路军总指挥杨虎城将军的总参议、甘肃宣慰使署秘书长、陕西省政府秘书长、中国民主同盟中央常委兼民盟西北总支部主任委员。

他在榆林中学十年办学，培养了刘志丹、谢子长、高岗、曹力如、史唯然等大批杰出革命青年，为西北革命根据地的建立和发展做出巨大贡献。

他主政陕甘两省，倡导实践西北大联合。参与西安事变的策划发动及和平解决，为全民抗战做出了巨大贡献。

他创立西北民盟组织，为推动国统区民主运动发展，结束蒋介石的独裁统治，建立新中国做出了巨大贡献。

1947年10月7日，杜斌丞在西安慷慨就义，终年60岁。党和国家领导人对他奋斗一生做了很高的评价，毛泽东主席的挽词："为人民而死，虽死犹生。"周恩来总理称赞他："生的伟大，死的伟大，正气磅礴，足可千秋。"

西安是西北民盟的发祥地，是杜斌丞生活战斗工作18年最终英勇就义地。回顾波澜壮阔的历史进程，给人们留下了许多弥足珍贵的民盟在西安的历史记忆。杜斌丞在西安18年里先后住过的三处寓所，分别成了地下党员的避难所、西安事变前沿哨所、西北民盟筹备场所。

地下党员的避难所

1930年10月，杨虎城将军率十七路军入关，任陕西省政府主席兼潼关行营主任。他以"共建新西北"电邀杜斌丞从北平回陕，任命杜斌丞为陕西省政府参议，后为陕西省清乡局副局长，局长由杨虎城兼任。南门里大湘子庙街18号成为杜在西安的寓所。18号中院有个2米高的二层木阁楼，平时不住人。遇有共产党人和革命青年遇险遇难，这里便成了他们藏身之处。杜斌丞在大湘子庙街居住几年期间，我们党的许多同志如刘志丹、谢子长、高岗、马文瑞等到西安工作，每当在被敌特发现跟踪追捕的危险时候，总是去杜斌丞家里躲避，他总是设法掩护这些同志脱险。同志们都风趣地称杜家为"共产党人的掩蔽部和避难所"。

1930年9月，刘澜涛、张德生在绥德被捕。杜斌丞到西安后，委托即将赴绥德上任的县长高望之，设法释放。刘、张于次年二月出狱。

1931年春，刘志丹在甘肃军阀苏雨生部搞兵运工作，苏借故逮捕了刘志丹，并声言要杀害他。消息传到西安，杜斌丞十分关心。立即叫苏旅驻西安办事处处长谷莲芳去彬县，转达他的话："刘志丹是我的学生，你们能合作就合作，不能合作就各走各的路。扣押他干什么？"接着，他又和南汉宸商议，由省政府发出释放刘志丹的公函。杜斌丞放心不下，同年7月到关押刘志丹的彬县，亲自督促释放了刘志丹。刘志丹出狱后，杜斌丞鼓励、支持他闹革命，并送给手枪、大洋200元。

1932年夏，谢子长与杜斌丞长子杜鸿范领导甘肃靖远兵暴失败后负伤，两人回到西安，藏在大湘子庙街18号，得到了杜斌丞夫人朱佩英和杜斌丞随员杜良明的细心照料。国民党特务时常来家中侦探。朱佩英和杜良明都镇定机智应对，化险为夷，保护了谢子长和杜鸿范的安全，使他们身体得到恢复，重返战场。

马文瑞，20世纪30年代在陕北做兵运工作。因部队调动来到西安，住在一个会馆里。在他外出办事时，敌人来搜查会馆，把他的一支手枪搜出来了。敌人于是要逮捕他，旅馆是回不去了，情急之中，他想起了杜斌丞先生，因此他跑到杜斌丞家避了几天风，受到杜斌丞的掩护。

西安事变前沿哨所

1936年秋至1937年春，西安事变前后杜斌丞居住在西安崇廉路中段45号（即西七路151号），与西安"八办"旧址一墙之隔，正所谓"有堵墙是两家，拆了墙就是一家"。如今旧居包括在了"八办"遗址保护区内，成了北区的五号院落。后来这个院子先后居住过顾汉三先生和杜斌丞表弟高建白先生。

1936年12月12日，震惊中外的西安事变爆发。西安事变后的第二天，杜斌丞出任改组后的陕西省政府秘书长。由于暂时代理省政府主席兼民政厅厅长的王一山迟迟未到任履职，省政府日常工作即由杜斌丞秘书长主持。杜斌丞还参加了张学良、杨虎城决定成立的抗日联军临时西北军事委员会下设的政治设计委员会。在中国共产党代表周恩来于12月17日下午到达西安后，杜斌丞作为第十七路军的代表，参加了由周恩来主持的红军、东北军、第十七路军三方联合办公厅的工作。杜斌丞在西安事变和平解决的过程中，认定"共产党站得高，看得远"，喊出"跟共产党走"的口号，在许多地方人士中起了积极作用。

1937年2月17日，孙蔚如接任陕西省政府主席，杜斌丞继任省政府秘书长。七七事变后，日本侵略军大举进攻华北和上海等地，大片国土沦陷；9月，国共两党实现第二次合作。中国工农红军改编为国民革命军第八路军，在西安设立八路军驻陕办事处。中国共产党将陕甘宁根据地的苏维埃政府改为陕甘宁边区政府，形成国共实现第二次合作，全民族抗战的新局面。

中共代表林伯渠到西安时，杜斌丞还多次到八路军驻陕办事处拜访，两人亲切交谈，共商有关抗日事宜，团结、配合，促进了抗战时期西安有关问题的解决和工作的顺利进行，他们也建立了深厚的友谊。

日本侵占平津后，华北的大批流亡学生来到西安，杜斌丞以陕西省政府的名义，组织接待，安排食宿，资助路费，将千余名流亡学生分别送往延安、汉中、四川、云南、贵州等地学习或到敌后参加抗日救亡运动。平津流亡学生组织的抗日剧团和宣传队到西安，杜斌丞也都予以支持和赞助。

杜斌丞十分关心进步人士和流亡陕西的难民。1938年7月中旬，杜斌丞将国民党反动派准备陷害侯外庐教授的消息，转告八路军办事处，使侯外庐得以及时脱离险境。当华北沦陷后，华北、山东、河南、山西等省的成千上万的老百姓逃亡陕西，生计无着，杜斌丞一方面筹措经费，指派专人，协助救济委员会解决难民食宿衣服等问题，另一方面建议省政府设立垦荒机构，自己兼任副主任，设法扩大黄龙垦区，积极创办千山、黎坪、扶眉等垦区，安置部分难民垦荒生产自救，为抗战救灾、安置难民做出贡献。

杜斌丞作为陕西省政府秘书长与"八办"中共中央代表和处长们保持常来常往，后来他辞去国民党政府职务，面对国民党特务白色恐怖，依然如故。据国民党特务监视材料反映，杜斌丞每次去"八办"他的行踪都被记录在案。即便如此，为了保持与"八办"的经常联系，他派自己身边工作人员、中共地下党员常黎夫、杜良明等人经常往来"八办"，协助开展有关工作。1938年，中文版的《联共（布）党史简明教程》刚出版，林伯渠亲自送他一本，两次约谈心得体会。1940年春，毛泽东秘书张文彬同志由延安赴南方任广东省委书记，后任中共南方工作委员会副书记兼组织部部长。路经西安"八办"，特地把一本还是党内文件的《新民主主义论》讲话稿送杜斌丞阅读，他闭门谢客，精心细读，异常兴奋，到处宣讲中国的革命，从此有了明确的道路和方针，这就是毛先生指出的新民主主义，除此别无道路。1938年，杜斌丞通过"八办"将女儿杜瑞兰和儿媳马康如送往边区参加革命工作。

西北民盟筹备场所

西安事变后，为了便于在国统区开展统一战线工作，杜斌丞搬到距离"八办"1000米距离的北大街王家巷32号居住。在这里他与杨明轩、郭则沉、王菊人、成柏仁等人组织筹建了民盟西北总支部，发展盟员近千人，约占当时全国盟员总数1/3。此地成了西北民盟筹备场所。此处房屋原主人是杜斌丞老友高双成先生（陕西省人大常委会原副主任、省民革原主委高凌云父亲）。

西安事变和平解决后，东北军调离陕西后，高崇民在西安领导"东救会"工作，杜斌丞在各方面给予援助。最困难时，杜安排高搬住在王家巷32号隔壁，相互照应，使高崇民一直坚持工作到1940年。东北军留在陕西的人员和家眷不少，杜斌丞以深厚的感情关心他们的疾苦，帮助他们克服困难。他对省政府的视察员们说，东北军和我们一起发动西安事变，是同我们共同患难的朋友。现在，张学良将军被扣，东北军也已东开，留下的人员和家眷都是背井离乡的人，我们要尽量照顾好他们。高崇民曾讲："我的家眷在西安总是交给性命相托的老友杜斌丞照顾的。"

1942年，杜斌丞加入中国民主同盟。1944年，参与筹建并主持民盟西北总支部，提出"亲苏、友共、努力实现新民主主义"的政治纲领，使西北民主运动配合全国民主运动有计划地广泛展开；并同杨明轩、成柏仁等促成《秦风日报》和《工商日报》出联合版，使之成为西北民盟机关报。1945年2月，中国民主同盟西北总支部正式成立，杜斌丞任主任委员。同年10月，在中国民主同盟第一次全国代表大会上被选为中央委员，并被推选为中央常务委员兼西北总支部主任委员。

1946年1月，他以民盟代表团政治顾问身份赴重庆出席政治协商会议。会后返陕，以民盟中央常委名义向报界发表谈话，揭露国民党反动派坚持一党专政的阴谋，要求当局释放张、杨，实施民主宪政。1947年3月20日，蒋军进犯延安的第二天，杜斌丞在西安被捕。他在法庭上严词驳斥国民党非法迫害及所加罪名，并历数国民党背信弃义，撕毁1945年国共两党签订的双十协定，破坏团结建国，一味摧残民主，实行独裁，发动新的反共内战等种种罪行。在狱中以理感化说服看守人员，与监外取得联系，指导民盟工作。同年秋，杜斌丞获悉人民解放军挺进中原，威逼潼关，激情赋诗庆贺胜利，传信难友坚持斗争迎接未来，料敌必将下毒手，在狱中留下遗言："个人生死已置之度外，彼独裁暴力虽能夺我革命者生命，绝不能阻挠人类历史奔向光明，终必为民主潮流所消灭也。惟望人民共起自救，早获解放自由，则可瞑目矣！"大义凛然，气贯长虹。1947年10月7日，杜斌丞等十二烈士于西安玉祥门外就义。

2021年是中国共产党成立100周年，是民盟成立80周年，通过缅怀杜斌丞等烈士及民盟先贤的丰功伟绩，发挥民盟先烈革命事迹对资政育人的作用，弘扬民盟优良传统，传承民盟先贤精神，自觉坚持中国共产党的领导，坚定不移走中国特色社会主义道路，着眼新时代新征程新要求，坚持以习近平新时代中国特色社会主义思想为指导，认真履职尽责，以实际行动为夺取新时代中国特色社会主义伟大胜利、实现中华民族伟大复兴做出新的更大贡献。

（作者：杜芳滨）

厦门民盟 70 周年中的城市记忆

民盟厦门市委会

厦门民盟于 1950 年 10 月 1 日宣告成立，至今满 70 周年，时有盟员 19 人。70 年来，厦门民盟坚持中国共产党在各个时期的路线、方针和政策，始终围绕中心，服务大局，积极在国家的政治、经济和社会生活中发挥作用。期间，虽然经历了反右派斗争和"文化大革命"的冲击，组织甚至陷于瘫痪状态，但广大盟员仍然经受住了严峻的考验，依然与共产党同呼吸，共命运。中共十一届三中全会以后，随着党和国家工作重点的转移及统战工作的拨乱反正，厦门民盟贯彻落实中国共产党领导的多党合作和政治协商制度，各项工作逐步恢复并走上规范化、制度化轨道，各方面工作取得了可喜的发展。进入 21 世纪以来，厦门民盟认真开展政治交接，树立和践行社会主义核心价值体系及不忘合作初心、继续携手前进学习主题教育活动，以促进发展为履行职能第一要务，以建设适应新世纪要求的高素质中国特色社会主义参政党地方组织为目标，广泛深入开展各项活动，不断开创盟务工作新局面。截至 2021 年 6 月底，经历了 13 届委员会，全市盟员 2308 人，基层组织 75 个，专门委员会 12 个，另设参政党理论研究中心、民盟中央美术院（厦门）分院、企业家联谊会等工作机构。

沐浴改革春风服务特区初创建设

1980 年 10 月，厦门获国家批准，成为我国最早设立的四个经济特区之一。然此时的厦门因长期处于对峙的海防前线，城市面貌仍然封闭落后，各项建设百废待兴。幸习近平同志1985年6月来厦履新，开始了为期三年我国改革开放一线城市的奋斗与历练。作为厦门特区初创时期的领导者、拓荒者、建设者，他开启了一系列先行先试，创新推动改革开放的生动实践，取得了丰硕的成果。迸发于党的正确路线方针政策积极性，浸润于习近平同志等一班市领导的率先创新求变风气，厦门民盟也积极发挥盟员人才智力优势，锐意开展了推动特区建设的履职活动。

我们先后邀请费孝通、钱伟长、千家驹等10余名盟内著名专家学者来厦门讲学和考察，传播现代科学知识，为特区社会发展各项事业出谋献策。组织盟内专家学者就邓小平同志提出的厦门特区实施自由港某些政策问题进行专题研讨，提出建议，2位盟员受聘为特区特邀顾问，1位盟员受邀参加由习近平同志领导的《1985—2000年厦门经济社会发展战略》编撰工作，并共同担任主编。受民盟中央社会服务部委托，举办了共16期华侨（三胞）工作讲习班。创办光明业余学校，培训特区外语、经贸、财会、法律等专业人才。成立光明科技咨询服务部，面向社会开展智力服务活动。与本市最贫困偏僻的同安县莲花西坑小学结成"手拉手"对子，开展持续7年的"兴学助教"活动。成立民盟三胞联络工作委员会，为三胞来厦投资或兴办公益事业、进行文化交流等穿针引线。联合漳州、泉州两地市民盟组织出版《闽南乡土》杂志，介绍闽南地区风土人情和宣传党的改革开放政策，这是福建省第一家面向港澳、台湾、海外的民办刊物。

提案献策成功推动集美大学组建

在厦门，常会听说"一座城市一个人"的故事，这个人就是被毛主席誉为"华侨旗帜，民族光辉"的陈嘉庚先生。嘉庚先生一生创办了包括厦门大学在内的数十所各式各类学校，但创办集美大学始终是他的生前夙愿。20世纪的八九十年代，在中央、省市领导的重视关心和海内外集美校友的奔走呼吁，同时也在厦门民盟组织的推动下，这个夙愿终于得到了实现。

1986年，民盟集美学村联络组多位盟员积极参与了"集美学村高等教育发展战略研究"课题，通过课题研讨、举办学术会议等多种讨论形式创建集美大学构想。1993年3月，时任全国政协委员、民盟厦门市委会主委的洪惠馨教授进京参加全国政协八届一次会议，带去了《关于组建集美大学的建议》提案，并征得了时任全国政协副主席、民盟中央副主席钱伟长先生的同意，作为该提案第一提案人。该提案提出："在集美学村原有五所高校的基础上，联合组建集美大学。"

该提案迅速引起了中央及省、市地方领导的高度重视和关注。当年4月15日，时任福建省委副书记、省长的贾庆林同志来厦门举行省委、省政府现场办公会议，指出："在集美学村创办一所面向海内外侨胞、港澳同胞和台湾同胞的综合性、开放型、国际化的集美大学。"10月15日，省政府发出《关于筹建集美大学的决定》文件。10月21日，应邀前来出席集美学村80周年校庆活动的钱伟长先生向贾庆林同志授予了"集美大学筹建委员会"牌匾。1994年10月20日，集美大学正式挂牌成立，时任中共中央总书记江泽民同志亲自为学校题写校名，时任国务院副总理李岚清同志为学校挂牌。集美大学的成功组建为陈嘉庚先生创办的集美学村教育事业进一步发展插上了腾飞的翅膀，也开启了学校砥砺奋进的新时代，该校目前已发展成为福建省"双一流"建设高校。

前瞻性建言助力"跨岛发展"决策

厦门城市不大，其地域主要由厦门本岛和岛外两大部分构成，而岛外则占据了90%以上的广大面积。到了20世纪新旧交替之际，厦门特区虽然经历了20年的建设发展，本岛发展已经基本饱和，而岛外发展却明显滞后，岛内外经济社会发展水平相差极大，"富岛内""穷岛外"

可看作是当时城市面貌的真实写照。

在城市发展面临重大选择的关键时刻，厦门民盟于2000年年初专门成立课题组，多次深入到当时的岛外同安、集美、杏林三个区开展现场调研，广泛听取社情民意，收集意见建议，并最终完成了《缩小我市岛内外差别，把发展战略向岛外转移的五大对策》课题报告。本课题报告由民盟市委会以专报件呈送市委市政府，时任市长朱亚衍高度重视，在第二天就做出批示，要求市计委（今发改委）在制定我市"十五"计划中吸收民盟的有益建议。紧接着，在2001年2月召开的市政协九届五次全会上，本课题报告以《缩小我市岛内外差别的五大对策》为题被提交大会做口头发言。时任市长朱亚衍、市委2位副书记等9位市领导及政府有关职能部门主要负责同志到会听取发言。据笔者查阅当年这一时段的厦门市主流纸媒，它们均对民盟的大会发言主要内容及各界人士评论进行了详尽的报道，可谓一石激起千层浪，在各级领导、两会代表委员及社会各界中引发了巨大的反响。

这个反响同时也引发了心系厦门、熟悉厦门的时任省委副书记、省长的习近平同志的关注和思考。2002年6月，他在来厦视察调研时提出了"提升本岛、跨岛发展"的战略构想，明确提出提升本岛与拓展海湾、城市转型与经济转型、农村工业化与城市化、凸显城市特色与保护海湾生态"四个结合"的指导原则和重大举措。这一战略构想，像一盏明灯为厦门21世纪新阶段转型发展指明了方向、点亮了前程。后来，中共厦门市委全会把"岛内外一体化"施政建设新理念作为加快"提升本岛，跨岛发展，一体发展"建设、实现城乡统筹发展的战略决策。自此，厦门城市建设迈入了气势如虹的加速跨岛发展进程。

添砖加瓦助力鼓浪屿申遗成功

鼓浪屿是厦门的一张烫金名片，被习近平同志誉为"女王皇冠上的宝石"。21世纪初，由于种种原因，鼓浪屿出现了许多令人担忧的问题，如很多老别墅年久失修，基本人口外迁，外地人把持商业、滋扰旅游，社区生态失衡，等等。2007年年底，厦门民盟就向市委、市政府报送了《关于鼓浪屿的命运走向值得关注》信息，引起了市主要领导的高度重视和采纳。适值市委、市政府正在启动鼓浪屿申遗决策，我们决定利用民盟参政党优势及所联系的社会资源，为决策制定及实施造势鼓劲。

首先，从2008年开始，连续举办了共6次"鼓浪屿文化与发展"论坛系列活动。每一次论坛主题不同，形式各异，均邀请市相关部门领导，行业知名专家学者、人大代表、政协委员以及鼓浪屿原住民，甚至台湾文化界人士到会参加。我市主要的新闻媒体均给予了专题报道，唤起了全市民众的热切关注和参与力度。其次，连续举办了3次鼓浪屿摄影优秀纪实作品征集、展览暨颁奖活动，展现鼓浪屿"海上花园"非凡魅力，为鼓浪屿申遗工作增誉加分。再次，组织盟内各级人大代表、政协委员开展涉遗视察调研活动，建言献策。市政协民盟界别、多个课题组前往鼓浪屿岛上开展实地视察调研活动，听取问题反映，获取第一手资料，并召开专题座谈会交流对策建议。据统计，共计提交了"关于鼓浪屿文化定位与申遗诉求的若干建议"等10余件提案，其中2件分别被评为重点提案和优秀提案。还有，在厦门民盟的基层组织大家庭里，有一个专门以鼓浪屿为名称的民盟鼓浪屿支部。申遗工作开展以来，支部全体盟员上下一心，以申遗为重点，以推动为己任，主动融入申遗参政议政工作，积极参与捡垃圾、劝导游客等公益事业，比以往任何时候更加倾注了对鼓浪屿的关注和投入。

在中央、省、市领导的英明决策与坚强领导下，在包括民盟在内的各方面力量致力推动下，2017年7月8日，鼓浪屿终于正式被联合国教科文组织世界遗产委员会第41届大会获准列入《世界遗产名录》，长达9年的鼓浪屿申遗终于画上了一个圆满的句号。

锦上添花，扮靓城市文明色彩

2017年9月3日至5日，金砖国家领导人第九次会晤在厦门举行，这是迄今为止在厦门举办的最高规格国际盛会。国家主席习近平、俄罗斯总统普京等5个金砖国家元首以及其他一些友好国家政要，来自全球80个国家的3000多名记者，相聚在此，严峻考验着这座城市的应变处置能力。在会晤筹备和实施过程中，厦门民盟的广大盟员同志积极响应市委市政府"当好东道主，喜迎金砖客"倡议，用汗水加智慧、奉献与包容、热情和微笑，齐心协力投身志愿服务，谱写了一曲曲文明赞歌，让厦门这座魅力之城赢得了国内外的广泛赞誉。值得一提的是，李亚华、黄念旭2位盟员承担了中俄两国元首参观非物质文化遗产项目的现场技艺展示和讲解工作，赢得了社会各界的称誉、我市全体盟员的自豪和致敬，其他数十位盟员以献演金砖文艺晚会、创作大写美术作品、设计城市靓丽风景、专供绿色农副产品等不同方式直接参与了服务会晤的保障工作，3位盟员因表现突出荣获省委、省政府颁发的荣誉证书。广大盟员立足岗位做贡献，用实际行动展现了全国文明城市的风采，诠释了习近平总书记会晤期间盛赞的厦门是"高素质的创新创业之城，高颜值的生态花园之城"的核心内涵。

以上五个方面的事例，只是厦门民盟70年历程中参与城市建设的若干缩影，类似的事例还有很多，如持续参与厦门市推动中马"送王船"联合申遗并取得圆满成功，推动通过《厦门市老字号保护发展办法》成为全国首部促进老字号保护与发展的地方性法规，不断推动建立完善厦门市"数字城管"新模式、市容环卫长效管理体制机制建设，直接参与全市招商引资主战场工作等等。2021年是厦门经济特区建立40周年，回首历程，厦门城市先后荣获了联合国人居奖、国际花园城市、全国六连贯文明城市、国家环保模范城市、国家森林城市、国家生态园林城市等众多城市名片,荣誉的背后离不开中央、省、市的坚强有力领导,倾注着全市人民的共同努力,也凝聚着厦门民盟人的执着付出。站在中国共产党成立100周年、民盟成立80周年、厦门经济特区建立40周年新起点上,我们将牢记习近平总书记对厦门的殷殷嘱托,坚持同心同德,弘扬拼搏奋斗,为全方位推动我市高质量发展超越,更高水平建设高素质、高颜值、现代化、国际化城市,奋力谱写全面建设社会主义现代化国家厦门篇章,贡献民盟力量。

(作者:王东良)

其他城市

不忘初心方得始终

民盟长沙市委会

2021年是中国共产党建党百年华诞，也是中国民主同盟成立80周年。作为新中国的同龄人，我曾任民盟湖南省委会常委、长沙市委会副主委和雨花区人民政府副区长，有幸作为新时期统一战线多党合作事业发展的亲历者、见证者和参与者，现在回顾自己入盟近40年的历程，感慨万千。

民盟长沙市委会作为省会地方组织，筹备创建于1948年12月，1949年5月，组建了3个区分部；同年7月下旬，成立了临时工作委员会，盟员有150人左右。1950年6月25日，民盟长沙市第一次盟员大会选举产生了第一届委员会，2021年5月27日，共召开了18次盟员代表大会，选举产生了十七届市委会。截止2020年12月，长沙民盟拥有5个区工委、一个总支和56个支部，盟员总数1970人。

回顾与民盟的渊源，首先要从我到中央社院培训说起。受父亲是民盟省委会委员、湘雅医学院支部负责人的影响，我大学毕业后直接分配到民盟长沙市委会机关工作，当时民盟省市委会合署办公，并于1983年受组织委派，赴中央社会主义学院脱产学习一年。中央社院被业内喻为全国民主党派的"黄埔军校"。在当年社院复院后首期干训班开学典礼上，我们受到时任全国政协主席邓颖超、组织部部长宋任穷、统战部部长乌兰夫等三位政治局委员和时任民盟中央副主席费孝通等党和国家及党派中央领导的接见并合影，此规格之高可说是空前绝后。我又在毕业典礼上，作为全班71名优秀学员代表做了汇报。这次脱产学习，对我一生影响深远，由此奠定了我步入多党合作事业的征途。

常言道："听君一席话，胜读十年书。"最难忘数次面聆中央领导的家国情怀。我是目前长沙盟员中接触到20世纪八九十年代民盟中央领导最多的一位，民盟先贤诲人不倦的教诲更让我受益终生。其中与费老见面就有4次。分别是前面提到的在开业典礼上与费老等中央领导合影，然后1983年和2001年先后两次参加民盟全国基础教育论坛，尤其1983年首次亲耳聆听到德高望重的费老语重心长地教导：日本"二战"后经济发展很快，就是因为他们的基础教育底子好，国民素质才高。民盟要沉下心来潜心研究我国基础教育方面的问题，向党中央提出代表民盟的意见和建议。第四次是1991年在蓉园宾馆，我陪同民盟省市委会主要领导参加座谈。费老的殷殷教导言犹在耳："洞庭湖的治理必须要湖南、湖北共同协调……湖南的橘子不仅要改良品种，外形也要好看，才能卖个好价钱，农民才能增加收入。"从费老身上，我深切感受到民盟领导人平易近人的民主作风，这就是民盟有凝聚力的重要原因，值得民盟后辈继承和发扬。

"奔走国是，关注民生"是民盟参政议政的优良传统，每年的两会和民主协商会是民主党派参政议政的重要平台。1989年2月，我代表长沙市7个民主党派市委会首次在市政协大会上发言，呼吁《发挥民主党派在重大决策中的作用》，从形式上开各民主党派市委会在政协大会上作联合发言之先河。1992年年初，又代表民盟长沙市委会在市政协全会上的大会发言《呼唤建立一个新兴支柱产业——试论开发我市房地产业的必要性及其前景》，引起时任省委常委、市委书记重视。作为以教育界为主界别的民盟，在我从政多年所获得十几项重要荣誉中，我最看重的就是湖南省教育功臣。2002年年初，我在市政协全会上做了《为加快发展基础教育鼓与呼》的大会发言，再次得到了中共市委领导的高度关注和肯定。调任雨花区政府副区长后，2006年，我牵头组织了《农民工子女入学政策影响的分析》调研，获第七届民盟中央基础教育研讨会论文二等奖。在时任副省长郭开朗重视和7个厅局单位支持下，由我提议、策划、起草并推动了《湖南省人民政府关于加强城市义务教育设施配套建设工作的意见》政策出台，惠及了城乡千百万家庭。此外，我在雨花区策划指挥建设砂子塘天华寄宿制学校，并在此基础上创立了全省第一所股份制的砂子塘教育集团，实现优质教育资源的低成本扩张。

"服务社会，造福民生"一直是民盟参政的重要基石，作为一名盟员，我积极发挥余热扶贫济困。2009年，我退休受邀创立雨花区教育基金会并任理事长。从社会捐赠的500万起家，共募集基金1.8亿元，公益事业支出近1.2亿元。每年发放给家庭困难的大学新生和高中生，分别逐步提高到5000元、2500元，惠及上千名学子。基金会每年开展"爱烛行动"，慰问不幸罹患30种重大疾病的雨花区师生，标准从也逐步提高到每人20000元，并覆盖到区教育局所辖临聘老师、农民工及其配偶和未成年子女。还对进行器官移植、骨髓移植的师生，给予最低十万元的医疗帮助。近年与民盟湖南省委会合作，专注湖南"一家一"助学就业·同心温暖工程"民盟·同心班"创建，连续两年安排共60万元专项助学金，资助湖南商务职院在大湘西地区定向招生了100名品学兼优的贫困高中生。此外，我还联合民盟省市委会，累计安排专项资金30余万元，资助遭受重大疾病的盟员教师。新冠疫情暴发时，我向湘雅医院、长沙市第一医院、武汉协和医院、同济医院、中西医结合医院、雨花区疾控中心及社区卫生服务中心等22个单位捐款捐物达242万元，为此收到中共湖南省委、省政府和省慈善总会的感谢信。悠悠七十二年,弹指一挥间。与民盟的情与缘说不完,道不尽。希望我有生之年可以再继续发挥影响力,为推动多党合作事业发展尽最后一点绵薄之力。对在职的盟员而言,首先要立足本职做出贡献,其次就是要珍惜参政党的身份,利用参政议政平台,认真履行参政党基本职能,切实发挥建言资政作用。不忘初心,方得始终。

(作者:吴承志)

光辉的历程 时代的印记

——佛山民盟 70 年重大记忆

民盟佛山市委会

2021 年是中国共产党成立 100 周年、中国民主同盟成立 80 周年、佛山民盟组织建立 70 周年。在这个重要的历史时刻，重温佛山民盟与中国共产党亲密合作、风雨同舟的光荣传统和光辉历程，意义深远。

中华人民共和国成立前夕，助力建国

早在中华人民共和国成立前，佛山已有一批参加到地下斗争活动的盟员，如郑沧徽等同志于 1947 年间在香港与当时省民盟组织取得联系，后在中山石岐发展组织，与中共地下组织领导人罗克诚同志联系、与五桂山区谭桂明同志联系，并在南海一带展开活动。佛山解放前夕，盟组织通过盟员李世浩的关系，策动国民党佛山警察局和联防大队，于解放前夕起义。佛山盟员在"真空"期间，在当地党领导下，积极协助保持城乡治安，一直到接管工作开始。

中华人民共和国成立初期，建立组织

1951 年 4 月 27 日，经民盟中央政治局第 35 次会议决定，批准在南海、佛山之间建立民盟南佛分部筹备委员会，并派梁寄欧、吕任远、郑抒、李亭为筹备委员，其主任委员一职，暂派民盟广东省支部郑沧徽

兼任。

助力建设，群策群力

在抗美援朝捐献飞机大炮运动中，南佛分部筹委会盟员7人及所联系群众，捐献购买"民盟号"飞机款共156万元（旧币）。

1951年11月至1952年间，南佛分部筹委会全体成员，参加"清交个人历史运动"。接着，又参加反对贪污、浪费和官僚主义的"三反"运动。因此，筹委会久未进行发展组织工作。1954年10月，南佛分部并入民盟佛山分部，改南佛小组隶属佛山分部。

1958年9月8日，中共佛山市委统战部集中各民主党派联合举行献计献技的"双献"运动报告会。民盟市委会订出开展"双献"运动计划，时间定一个月。4月4日出版《双献快报》，参加"双献"的盟员40人。"双献"共有139条，人均有3.5条，其中可行的有92条，其增产值50元，节约价值525元；当时依时完成的有28条，未实行的有111条，受奖的1人，受批评的4人。

1959年4月28日，民盟市委会召开有关西藏事件和谴责帝国主义、印度扩张主义分子的座谈会，与会成员一致表示愤慨，对帝国主义、印度扩张主义分子严词谴责。同年6月间，佛山地区出现特大洪峰，民盟市委会响应党委的号召和民盟省委会的指示，组织基层成员，除年老者、生病者外，其余80%以上都投入防洪抢险战斗中，并带学生参加抢险。同年9月26日，民盟市委会全体成员参加佛山市召开各民主党派关于"拥护陈毅外长严正驳斥美国国务卿杜勒斯在联合国大会上诬蔑我国无耻谰言的声明"的座谈会。成员们表示决心以实际行动支持陈毅外长的原则立场。

1963年6月至8月间，民盟市委会推动全体盟员学习增产节约和反对贪污盗窃、投机倒把、铺张浪费、分散主义、官僚主义的"五反运动"。

1964年8月间，根据民盟省委会的指示，集中佛山市民盟全体成员，学习当时国内外形势及社会主义革命运动和有关的报告，号召盟员"防修""反修"。

十年动乱，组织瘫痪

从1966年开始的10年动乱期间，由于林彪、江青反革命集团的破坏，民盟佛山市委会被迫停止了组织活动。所以，根据各个时期形势发展，传达上级组织文件，组织成员学习等活动，盟的组织建设、发展壮大，社会服务、参政议政等没有开展。

劫后新生，恢复活动

1978年11月2日，民盟佛山市委会接到民盟广东省机关工作组的通知："经中共广东省委统战部通知：'你市政府和民主党派恢复活动'。"于是佛山民盟成立临时工作组，由陈历、陈士炯、何国基、袁振远、余和志五人组成，陈历为召集人。

改革开放，拥抱春天

1981年春节期间，民盟佛山市委会征集广州、佛山两地盟员及所联系的文艺界人士的书法和绘画的作品180多幅，在民盟会议厅展出一个月之久。邀请当地党政领导莅临参观。中共佛山地委第一书记杨佳元同志陪同时任全国人大常委会副委员长杨尚昆、中共广东省委书记刘田夫、中共佛山地委组织部、宣传部、统战部等领导先后到会参观。

1982年春节期间，由民盟市委会牵头，联合市内民学、农工党在春节举办"迎春书、画展览会"，展出书画作品191幅，其中，民盟老一辈的书画家胡根夫、商承祚、陈凝丹、林君选、林永孚等人的作品。同时，邀请了广州著名书画家麦华三、秦尊生、阳太阳、陈雨田、陈子毅、关曼青、周炳昌等40多人，到会即席挥毫。广东电视台记者选录了这次盛况。《南方日报》、港澳《华侨日报》分别做了报道。连日来到参观的各界人士4000多人次。

发挥专长，为国培才

20世纪80年代初，由于"文化大革命"，大批在其间毕业的初、高中生，要重新考试，才能认定学历，民盟佛山市委会牵头联合市民学、农工党、民进佛山市内第一间"培才文化补习学校"，为解决当时留落社会未有初、高中学历的中、青年男女，先后办了50多个教学班，培训学员2330人。学校深受学员信赖和社会好评，曾被评为佛山市成人教育先进单位，受到市政府的表彰。

1987年4月，民盟市委会通过与市人事局协商，在该局的支持下，由民盟市委会主办"中山大学中文刊授辅导站"。在中山大学中文系领导和教授们的大力支持，开设了周六、日汉语言文字专业的面授，中文系著名专家教授亲自授课。辅导站为社会培养了大批人才。

在国家"动员社会力量举办各类学校"的号召下，民盟佛山市委会于1985年9月创办了全日制中等职业技术学校——佛山市光明职业技术学校，它成了盟市委开展社会服务的一个重要窗口。学校的创办直接为改革开放和经济建设服务，帮助在职职工和社会青年提高文化水平，掌握专业技术，为升学就业创造条件，并向高等院校输送优秀人才。光明职校历时35年，凝聚了几代盟员的心血，为佛山教育事业发展做出过不可磨灭的贡献，1991年1月，光明职校获得国家教委、国家计委、劳动部、人事部、财政部联合表彰，被授予"全国职业教育先进单位"。2017年6月，根据佛山市教育局要求，光明职校停止办学。市委主委会议经研究，决定将光明职校校区内的土地和房产无偿划转给佛山市政府，用于举办佛山市教师发展中心，并为民盟永久保留面积101平方米的501教室，作为"盟员之家"。

佛山民盟将利用这个场地，建设广东盟史馆佛山分馆，将20世纪八九十年代光明职校的辉煌和广大盟员集资办学的历史故事永远讲下去。

参政议政，踏石有印

全国发明展览会落户佛山是市委会牵线搭桥向中共佛山市委资政建言的其中一项具体成果。2017年3月，在得知中国发明协会正在选择全国发明展举办城市后，市委会立即开展深入研究，赵新文主委直接向中共佛山市委书记鲁毅同志写信，提出承办全国发明展览会并深度开发其价值的建议，得到市委市政府的采纳。时任佛山市市长朱伟邀请赵新文主委参加与中国发明协会的商谈，积极促成了项目落地。同年11月，第二十二届全国发明展览会暨第二届世界发明创新论坛在佛山成功举办。民盟中央作为支持单位也亮相全国发明展，民盟中央徐辉副主席代表民盟中央在开幕式上发表了讲话。展览期间，中国发明协会与佛山市政府签订了战略合作协议，"中国发明成果转化研究院"在佛山挂牌成立。

尝试创办科技论坛，一直是民盟中央积极推动的重点工作。2018年9月，市委会联合民盟中央科技委、民盟中国科学院委员会举办了"2018民盟科技论坛"。来自全国各地的130多位民盟科学家、科技工作者围绕"创新体系：主体功能定位"开展研讨，民盟中央副主席龙庄伟出席开幕式并讲话，大会收到论文88篇，组织了主题演讲和专题研讨，论坛成果丰硕，受到民盟中央科技委的肯定和表扬。

2018年10月，时任顺德区委书记郭文海向赵新文同志提出，希望民盟发挥人才和智力优势，组织力量研究进一步提升广东工业设计城、把顺德打造成为工业设计高地。市委会随即组织专家深入调研，召开了三次论证会，形成了《关于进一步壮大顺德"工业设计之都"的三个建议》，书面报送中共顺德区委提供决策参考。郭文海书记会见了三个项目团队，在北滘镇安排项目落地地块，并高度肯定了民盟的卓见和支持。同年12月，市委会组织了创新发展新动能调研，并向国际二维码标准化组织——统一二维码标识注册管理中心提出三项建议：在佛山召开国际二维码产业峰会、设立国际二维码产业研究院、建设国际二维码产业南方基地，得到了积极的回复。2019年1月7日，市委会以书面形式向中共佛山市委上报了《推动二维码产业发展打造智能标识产业高地的建议》，时任中共佛山市委书记鲁毅、市长朱伟等市领导对民盟的建议案进行批示，认为"建议很有针对性、建设性"。同年8月23日，经市委会牵线搭桥，2019国际二维码产业发展大会在南海千灯湖畔拉开序幕。

2018年10月，赵新文主委邀请中国工业与应用数学学会闫桂英秘书长考察佛山，洽谈学术年会落户佛山事宜。2019年3月，市委会致函禅城区政府建议承办中国工业与应用数学学会第十七届学术年会，得到区政府采纳和支持。2019年9月，由市委会协办的中国工业与应用数学学会第十七届年会（CSIAM2019）在佛山召开，十名院士、千名数学家在佛山共话新时代数学与产业发展。院士们还代表中国工业与应用数学学会向佛山市第三中学等五所学校授予"中国工业与应用数学学会应用数学科普教育基地"的牌匾。

2020年1月6日，经市委会牵线搭桥，北京大学公共卫生学院周晓华教授团队考察美的集团总部，并与南海区政府、佛山市卫健局、佛山科技学院、佛山市中医院等进行了座谈交流。同年5月，民盟中央副主席田刚带领周晓华教授团队再次访问佛山，分别与美的集团中央研究院、佛山市中医院签署了合作协议。

抗击疫情，时代担当

2020年1月，一场罕见的特大疫情席卷全世界，佛山遭受了新冠肺炎疫情的严重冲击。2021年5月，新冠肺炎变种病毒又在广州佛山出现，在这危难的时刻，民盟佛山市委会在民盟中央和广东省委的领导下，遵循中共佛山市委市政府的统一部署，积极投身于这场没有硝烟的疫情阻击战，全力为佛山战胜疫情贡献力量和智慧。盟市委第一时间成立了以赵新文主委为组长的应对疫情防控工作领导小组，动员盟员医卫工作者冲在第一线，并率先在全市建立心理咨询、法律援助爱心团，建立咨询热线，开展社会服务，展现了佛山民盟的责任、担当与奉献。疫情期间，佛山民盟的不少盟员立足本职岗位、主动作为，紧紧围绕防疫防控工作，做出了突出贡献。在佛山市抗疫指挥部工作的盟员王兵被评为佛山市抗疫先进个人。在抗疫最困难的时期，盟员黄凌辉千方百计组织捐赠医用手套和防护服等防疫物资 300 万元，及时供应佛山市、区各大医院，保障了前线抗疫需求。盟员陆海峰向佛山市各大医院捐赠 50 余套价值超过 20 万元的"电梯智能杀菌消毒系统"专利设备。盟员王富涛通过引进创新，开发研制了等离子空气消毒灭菌机项目，获得广东省防控新型冠状病毒感染科技攻关应急专项支持。很多盟员虽不能奔赴第一线，却时刻关注着疫情的发展，积极投身到防疫工作中。佛山文艺界盟员共创作抗疫诗歌 10 余首、歌曲 5 首、书法画作 30 余幅，弘扬爱国、奋斗的正能量。各级盟组织和广大盟员积极行动起来，通过各种渠道累计捐款 595959.28 元，支持前线抗疫工作。

难忘岁月

——民盟历史中的福州记忆

民盟福州市委会

2021年欣逢中国共产党成立100周年,中国民主同盟成立80周年。80年来,民盟与中国共产党风雨同舟,肝胆相照,共筑辉煌。在这一历史进程中,一代又一代民盟盟员,薪火相传,初心不改。80年的历史证明,民盟选择的道路是正确的,民盟的事业是光荣的,民盟是有"作用"的。

我家有缘,两代人与民盟联系在一起。父亲周问苍,时任福建省民盟筹委会委员兼组委会主委;我曾任民盟福州市委会第八、九、十届专职副主委。

少年记忆初识民盟

1946年6月,国民党反动派发动全面内战,次年10月,公然强迫民盟宣布解散,民盟被迫转入地下斗争。福建民盟于1947年3月成立,并一直采取秘密的地下斗争。

1947年前后,父亲常常带我去林植夫、陈矩孙、赵家欣、吴修平等"朋友"家中串门。

林植夫是父亲的老师,原是新四军政治部敌工部部长,皖南事变时,被关押在上饶集中营,抗战胜利后,回福州秘密组建福建民盟。陈矩孙是福建省民盟筹委会成员、中共闽浙赣党委（福建旧省委）社会部部长。赵家欣，时任福建时报（国民党福建省党部机关报）社长，1947年加入民盟。因为他们社会地位特殊，是地下盟的"个别联系"盟员，父亲是他们的联系人。吴修平，福建省民盟组委会委员，公开身份是福建《时报》记者、福建《中央日报》编辑。父亲经常带我去他家，他们"商量"他们的事。我便和吴家几个小朋友一起玩，一起吃饭，因此我便成了吴修平说的"儿童桌的小朋友"。

福州西湖宛在堂，也是我经常去的地方，当时是福州民众教育馆所在地，父亲兼任馆长，在那里安排着好几位民盟同志，宛在堂便成了地下民盟的一个活动据点。

父亲为什么经常带我去"串门"？后来我才知道，父亲由林植夫介绍入盟，担任省民盟筹委会委员兼组委会主委。父亲公开的身份是福建《中央日报》副刊编辑、中华文艺作家协会福建分会理事长（简称"文协"）。他带我们"串门"的目的，我想也许是作为他活动的掩护，或许必要时候让我当个"交通"。不过，我这个"准交通"始终没有用上。

到我家"串门"的"朋友"很多，他们借探视我母亲病情的名义作掩护，在我家碰头开会。因此，我家也就成为地下民盟活动的一个联络点。

父亲和他的朋友们来来往往，我这个只有十一二岁的小学生对此是不可能理解的。不过我能感觉到他们身上有一种神秘感，充满着激情和朝气。

此外，在家里我还经常听到父亲提到一些民盟前辈，如何公敢（福建省最早民盟中央委员）及其儿子何方生（英华中学盟小组负责人），丁日初（省民盟筹委会成员、中共党员）和他的父亲丁超五（省参议长、民盟成员），刘朝缙（民盟中央派来联络人、筹委会成员、中共党员）等等许多从未谋面，然而耳熟能详的"朋友"姓名与事迹。

儿时的许多事情都忘却了，但对民盟的一些事情仍有清晰记忆。如父亲利用他在报社有利条件经常带一些"禁书""禁报"回家，以便在盟内传阅，其中有《新民主主义论》《论联合政府》《在延安文艺座谈会上的讲话》以及《大公报》《华商报》等。

有一次，父亲带我去民盟组织的"明日剧社"看由朱一震（中共党员）导演的话剧《心花朵朵开》。该剧就是李健吾的话剧《无独有偶》，因为在当时是"禁剧"，所以民盟改了剧名叫《心花朵朵开》进行演出。演员罗鲁风（中共党员）在剧中扮演一个跛脚官僚，他把这个角色的贪婪、龌龊、丑陋面目刻画得淋漓尽致。这剧演出后触怒了当局，不久就被禁演了。父亲曾经写过一篇杂文，他说："新的话剧能揭开官员的老皮，叫他们当场出丑，惹他们大大生气，所以被赶出剧院。但青年人不是好欺负的，他们把舞台搬到草场上来，观众仍然满座。台上的演出丝毫不苟，我们竟变成不是看戏剧的戏剧，而是在看和官僚搏斗的戏剧。"民盟剧社之所以称为"明日剧社"，意思是：要为旧社会的黑夜送葬，为新社会的黎明催生，希望在明日！

新闻界的斗争。民盟盟员利用在公开报刊当编辑、记者的优势，公开巧妙地在报刊上进行革命宣传，揭露反动派黑幕。父亲除自己撰写杂文外，还大量发表进步青年反映当时突出社会矛盾和百姓生活困苦状况的文章和版画。我爱这些版画，至今还收藏着一些版画的木刻版（当时制版是木刻的）。

1948年间，民盟为斗争需要，还筹办了《轰报》，盟员出资，省民盟组委会成员参加了撰稿、编辑、校对、发行等办报活动，全体工作人员不给薪水、不发稿酬，"纯义务"工作。父亲负责撰写社论，他在创刊号上的题目是三个"轰"字，社论说《轰报》是向黑暗反动势力开火的誓言。《轰报》发行量骤增，特别是深受到大中专学校学生读者的欢迎。这样的报刊自然受到了反动当局的迫害，发行40期后被迫停刊。但它在民盟的地下斗争史上留下了光辉的革命业绩。

在父亲联系的文艺界青年中，还有一个特殊人物，他笔名叫"一苗"，是国民党宪兵团特务连的一名士兵，湖南人。他爱好文艺，常向父亲主编的副刊投稿，富有正义感。受父亲的影响，他逐渐成为地下盟所联系的群众。地下盟曾通过他获得了不少情报。

1948年春一个夜晚，天气极冷，且风雨交加。在我家，正当大家聚精会神地收听广播时，突然响起了一阵轻微又急促的敲门声。屋里的人骤然紧张起来，马上关闭了收音机。开门进来的是一个身披雨衣，雨衣内套黄色军装的国民党宪兵，大家一眼就认出是"一苗"。他一进来就掩上门，从怀里掏出一册小本子交给父亲后匆匆离去。后来我才知道，他送来的是国民党当局准备逮捕进步人士的名单。当夜父亲和几位盟员同志就分头通知相关人员安全转移或撤离。

1949年4月，父亲为躲避反动派追捕，经省民盟筹委会同意，与其他三位同志一起前往香港，向民盟总部和中共华南局汇报福建民盟工作，并参加了中共华南局组织的"新民主主义建设促进会"工作。

父亲去香港后，我家断了经济来源，生活陷入困境。省民盟组委会成员林金泉同志在回忆我家当时生活状况时，这样说："在我和他（指我父亲）相处的日子里，我才知道他家里很穷。他夫人身患当时被认为不治之症的肺痨病，长期卧床不起，两个孩子还很小，作为一个文化人，以当时的薪金和物价拖着这样一个家庭，其生活的困难是可以想象的，他家经常是吃了早餐还不知道午餐的米在哪……"父亲离家的这段时间里，我家的生活是在盟内的同志和亲戚朋友接济帮助下度过的。

是年7月，父亲接受民盟中央和中共华南局任务，与同去香港的几位同志一道"潜"回福州。他在家住几天后又转移出去，直到福州解放前一天晚上才满怀喜悦地回家。他出去的这些天，原来是和其他同志一起去组织护厂、护校，保护机关档案，发动反对"三征"（征兵、征税、征粮）和策反福州警局保安队（其中有盟员）等工作，维护福州社会治安，迎接福州解放。

"天亮了"，民盟可以公开活动了，我才知道父亲和他的朋友们活动的真相。我敬佩他们，能在反动派实行白色恐怖斗争形势极为复杂、严峻、危险的情况下，不顾个人安危，怀着"苟利国家生死以，岂因祸福避趋之"的大无畏革命精神，投身到中国共产党领导的人民解放事业的火热斗争中去。我就是从那时候开始认识民盟的。

中华人民共和国成立后，父亲历任福建省民盟组织部部长、副主委，福州市政协副主席，福建省政协常委，1980年去世。

传承精神岁月如歌

1982年春的一天，福州市民盟组织约我到机关谈话。机关里只有四位老同志，其中三位是中华人民共和国成立前入盟的，一位是20世纪50年代初入盟，平均年龄67岁，号称"四老"。赵家欣主委介绍说，1979年6月市民盟恢复活动，就是这"四老"根据不完整的盟员名册，走家串户把盟员动员回来。1981年12月，举办盟员为"四化"服务汇报会和成果展览，中共福州市委书记到会祝贺，并给予高度评价。

"四老"的精神令人感动、敬佩！赵老说："现在统战工作形势很好，民盟需要你这样了解民盟历史的干部，希望你能到机关工作。"1982年9月，我调入福州市民盟机关工作。记得第一次到省民盟开会，时任民盟省委会秘书长的吴修平热情地握住我的手说："欢迎你回到家里。""家"，真有回家的感觉。就这样，我在福州民盟工作了20年，直到2001年退休，先后担任宣传部干事、组织部部长、副主委。

20年来，在民盟前辈的引导下，我与机关全体同志共同努力发挥自身特点与优势，开创工作新局面，有几件事历历在目。

组织教育研讨。党的十一届三中全会后，福州民盟大力组织教育调研活动，成立了中小学教育调研组。从20世纪80年代初开始，每年都召开教育研讨会，为此时任福州市教育局党委书记的林天柱同志给予高度评价，他说，民盟把从事教育工作骨干、精英集中起来，集思广益搞教育研究，对于我市开创教育工作新局面有着十分重要的意义。教育研讨会上提出的意见和建议，除选送民盟中央和民盟福建省委会外，有关我市教育发展中的热点、难点问题，都转化为市政协大会发言、提案和市人大议案。教育调研成为盟务工作的"主要节目"和品牌。2001年，福州民盟举办基础教育研讨20年回顾座谈会，多次参加调研活动的市教育局局长陈汉章深情地说："是民盟带动了我们学校开展教育研讨活动的。"

组建创作中心。1993年6月，时任中共福州市委书记习近平接见了盟员作家代表，提出"形成文化集团军，繁荣福州文化事业"的号召。为响应习近平同志号召，繁荣福州文化事业，福州民盟立即召开了文艺界盟员座谈会，决定组建光明影视创作中心。盟员企业家捐资成立基金，中心于1994年4月正式成立。文艺界盟员创作了一批有影响、群众喜闻乐见的影视剧本，如《追杀大总统》《黄雀在后》《法眼》《海军上将陈绍宽》等。

开展"三胞"工作。1994年，福州民盟与省市有关单位联合召开市民盟原主委、福州原副市长、严复先贤第三子严叔夏教授纪念会。习近平同志为纪念会题词："把爱国主义精神发扬光大。"严叔夏长女严倬云、女婿辜振甫等在台亲属因台当局阻挠未能与会，特发贺电表示由衷感谢。

1995年7月，"榕荫"夏令营正式开营。来自美国和中国港澳台地区的16名中小学生和与他们交朋友的10名福州中小学"三好生"，共度8天夏令营生活。夏令营的成功举办，福建日报等多家新闻媒体做了报道，东南电视台以《海峡同乐》栏目向台湾地区和海外传播。20多年过去了，有些已经成年的孩子还与当年夏令营的辅导员、民警叔叔有通讯来往，结成了深厚友谊。

喜迎港澳回归。1996年12月，在市歌舞剧院的支持下，以盟员为主体演员，举办《我的中国心》大型文艺晚会。晚会成功演出，揭开了福州市统战系统喜迎香港回归活动序幕。1999年,澳门回归前夕,市民盟组织书画支部举行笔会,创作"镜海春回,濠江溢彩"大幅国画,并作为福州市统战系统赠画,由澳门三山同乡会转送澳门特首何厚铧。

创作党派历史丛书。盟员薛志华萌发了创作意愿,福州民盟联系民盟中央,并得到中央统战部和各民主党派中央的支持。各党派中央都成立了创作班子,为丛书提供了文字脚本。经过三年努力,1998年,《画说中国民主党派》丛书完成,全套八册,是第一部图文并茂展现中国民主党派历史的通俗读物。福州民盟代为向全国发行,成为党派史的一件盛事。

服务建设新农村。福州民盟先后在闽清三溪乡、长乐南阳村、北峰岭头镇开展扶贫助教活动。1996年至2000年,对闽清三溪乡的支农、助学活动。组织农业专家帮助三溪乡制订农村发展规划,传授科学种植技术,引进新品种、农肥,争取农业发展资金;发动盟员与23位贫困家庭中小学生结对子,帮助他们完成九年义务教育,部分学生上中专、职高继续深造;促进三溪学区基本实现了电化教学的目标;连续四年为三溪中小学生举办夏令营,让三溪中小学生走出了山区,开阔眼界,感受祖国的新发展;多次组织下乡义诊、送画送春联和文艺演出等,活跃农村文化生活。

我们一家两代,追随民盟走过了75个年头。我从认识民盟到工作退休,民盟对我的影响教育很大,一生难忘。在人生漫漫的道路上,我恪守一个信念:跟共产党走,走社会主义道路;传承一个精神:奔走国是,关注民生。

(作者:周运隆)

民盟广安市委会成立始末

民盟广安市委会

1941年3月，在民族危机空前严峻的时刻，中国民主同盟在重庆诞生。广安市与民盟源远流长，中国民主同盟的创始人张澜先生曾在广安从事过新学教育和革命活动。广安民盟组织始建于1946年，有着悠久、光荣的历史。

1946年春，岳池中学的进步教师钟仁祥、蔡月牧（燕乔）到成都加入中国民主同盟，受民盟四川省委会负责人张志和指派，钟仁祥、蔡月牧回到岳池秘密发展盟员，建立基层民盟组织。钟、蔡二人先以岳池私立新三中学为基地，吸收在新三中学任职的先进教师、地下党员蔡依渠、张泽厚、柏被浓等13人加入中国民主同盟。接着在岳池县立中学发展周增辉、徐国极、杨仁政（苇堤）、罗廷贵、夏智明为盟员，再向私立豫楚、岳东、尚用等中学扩展，计三批发展盟员36人。因白色恐怖严重，盟员只能秘密活动。新三中学与岳池中学的盟员在县城活动，而谢桌然、刘杖云、殷正恩、黄季光、唐征久、邓惠中、杨奚勤、丁鹏武、徐也速、肖俊英等加入民盟后，分散在岳东、豫楚、尚用等中学及乡村活动。所有盟员直接与钟仁祥、蔡月牧直接联系。这支民盟组织以新三中学为据点开展秘密会议及活动，所以这个民盟的基层组织被称为民盟岳池新三中学小组。

民盟岳池新三中学小组成立的同时，岳池女中教师郑永发，得到驻重庆中国民主同盟总部负责人之一的章伯钧信函，同意其写信申请入盟与发展组织的要求，并得到负责民盟具体工作的辛志超指令，回到岳池秘密发展盟员百余人。这支民盟组织的主要活动地点在岳池闽馆小学，所以被称之为民盟岳池闽馆小学小组。同年秋，郑永发因故离开岳池去泸州任教，将其负责的民盟工作移交吕荣怀、唐胜负责，直到中华人民共和国成立。1946年5月，中国民主同盟总部迁往南京，辛志超将岳池郑永发所发展的民盟组织，即民盟岳池闽馆小学小组关系，移交民盟四川支部的负责人张志和。后民盟四川支部召集岳池两支民盟基层组织协商合并未果。直到1950年秋至次年8月，岳池民盟组织在民盟川北临时工作委员会的领导下，成立中国民主同盟岳池县临时工作委员会，经过整顿后，岳池的两个民盟小组才组建为民盟岳池分部。

1945年5月，武胜县的胡骞在成都加入中国民主同盟。1945年年底，胡骞将民盟组织关系带回武胜，发展盟员，1946年1月在武胜县城（中心镇）、岩口、真静三处建立民盟小组，3月建立民盟武胜县区分部。胡骞任区分部主委，下设县城、沿口、真静三个民盟小组。1952年，川北区撤销时，民盟川北支部同时撤销，民盟武胜县区分部及仅2名成员的广安民盟组织，于1953年划归民盟岳池县分部领导。

民盟组织建立后，在中共地下党的领导和支持下开展革命斗争，与共产党风雨同舟，并肩战斗，参加上川东地下党发动与领导的华蓥山武装联合大起义，为反对国民党独裁统治、建立中华人民共和国做出了贡献。盟员杨奚勤在岳、武起义中牺牲；盟员邓惠中、张泽浩、张泽厚、丁鹏武、唐征久、徐也速等在重庆渣滓洞"11·27"大屠杀中，5人遇难，1人身中八弹死里逃生。中华人民共和国成立后，遇难盟员均被政府定为烈士。

1954年10月，民盟岳池县委员会成立，直属民盟四川省委会，领导岳池、武胜、广安民盟组织工作。1997年5月，民盟武胜总支委员会升格为民盟武胜县委，隶属民盟四川省委会领导。1999年12月，民盟四川省委会广安直属支部成立，选举产生民盟广安直属支部委员会，杜朝俊当选为支部主任委员，田继万当选为支部副主任委员，蒋祖权当选为支部委员。2002年3月，增补尹庆、向金志为支部委员，设民盟广安区、友谊中学、市级机关三个小组，向金志任广安区小组组长，蒋祖全任友谊中学小组组长，尹庆任市级机关小组组长。

这时，广安民盟组织有民盟岳池县委会、民盟武胜县委会、民盟四川省委会广安直属支部，民盟四川省委会广安直属支部主要由广安市区的盟员构成。作为撤地建市不久的广安，民盟是当时广安市唯一的民主党派，是统一战线不可或缺的一支重要力量，无论是民盟还是中共方面，都感到需要将民盟的力量进行整合，以便更好地发挥民盟作为参政党的作用，于是达成建立民盟广安市委会的共识。民盟岳池县委会、民盟武胜县委会、民盟四川省委会广安直属支部联合拟文向中共广安市委统战部、民盟四川省委会请示，要求建立民盟广安市委会。

为推进此事，当时的广安市政协副主席、民盟四川省委会广安直属支部领导杜朝俊、田继万，中共广安市委统战部领导刘盛玲、何周等曾多次往返成都、北京、广安等地进行汇报。

2003年3月5日，中共四川省委统战部同意建立民盟广安市委员会。同年6月3日，民盟四川省委会同意建立民盟广安市委会筹备组。

为了使民盟广安市委会筹建工作顺利进行，中共广安市委组织部、统战部专门从广安区文化馆借调向金志进行文字材料的准备和协调联络工作，后又从民盟岳池县委会、民盟武胜县委会机关抽了齐新民、张伯钊两位同志。

在民盟广安市委会筹建过程中，民盟广安市委会筹备组曾多次召开会议讨论材料，研究民盟广安市第一届委员会班子建议人选、第一次代表大会名额及产生办法，并向民盟省委会请示。民盟广安市委会筹备工作的文字材料及组织工作基本就绪后，原中共广安市委统战部副部长何周、干部科科长蒲艾军和民盟广安市委会筹备组成员向金志便专程赴成都，向省委统战部与民盟省委会领导做了汇报。

2003年9月18日，中共广安市委统战部以广市统干〔2003〕29号文件向中共广安市委请示民盟广安市第一届委员会主委、副主委、委员的建议人选，得到了市委的批复。民盟广安市第一届委员会委员建议人选是：（按姓氏笔画为序）尹庆、王泽全、田继万、刘文庭、刘文涛（女）、向金志、陈天宁、张伯钊、李学渊、杜朝俊、范家立、侯德礼、袁继林、黄褐、蒋祖权共15位。其中：杜朝俊为主委候选人，田继万、范家立、李学渊为副主委候选人，田继万兼任秘书长。

2003年11月17日，民盟广安市委会筹备组以广盟筹〔2003〕8号文件向民盟四川省委会请示召开民盟广安市第一次代表大会，得到了民盟四川省委会的批复。11月26日，盟市委筹备组又以广盟筹〔2003〕9号文件向中共广安市委请示召开民盟广安市第一次代表大会，得到了市委的批复。时任中共广安市委主要负责人指出："成立民盟广安市委会，这是广安政治生活中的一件大事，要办好。"12月18日，中共广安市委常委会对召开民盟广安市第一次代表大会进行专题研究，同意12月22日至23日在广安召开民盟广安市第一次代表大会，安排分管统战、组织的市委会副书记、组织部部长、统战部部长等相关领导出席民盟广安市第一次代表大会，要求人大、政府、政协、军分区派员出席，指派时任中共广安市委副书记张泽忠代表中共广安市委向大会致贺词，市委副书记李成轩在中共广安市委招待会上向代表致辞。会议决定新成立的民盟广安市委会办公室由市委办调剂，民盟广安市委会机关编制按程序审定。

12月22至23日，民盟广安市第一次代表大会在广安市隆重召开，来自民盟岳池县委会、民盟武胜县委会、民盟四川省委会广安直属支部三地组织的83名代表在广安参加会议。中共四川省委统战部助理巡视员杨建华、党派处处长吴敏，民盟四川省委会副主委张力、龚国政、组织处处长冯建新、副处长陈晓波，以及民盟兄弟市州的领导与代表王明炽、蒋昌志、吴建平等到会祝贺，广安市四大班子在家领导及市直部门、单位负责人，以及各区市县统战部部长应邀出席会议。会议开幕式、闭幕式在市委会报告厅举行，预备会、选举会、分组讨论会等在市人大金安宾馆会议室举行，会议选举产生了民盟广安市第一届委员会。杜朝俊当选为主任委员，田继万、范家立、李学渊当选为副主任委员，田继万兼任秘书长。广安电视台、《广安日报》等媒体在会议前后及期间对会议进行了专题报道，对盟员代表进行了专访并撰写了会议花絮，《广安日报》还发表了《携手并进，共创辉煌》的社论，热烈祝贺中国民主同盟广安市第一次代表大会隆重召开。

民盟广安市委会成立后，向金志借调到盟市委负责处理机关日常事务工作。盟市委建立了政治学习、组织发展、参政议政、社会服务、机关工作等工作制度，机关工作运转有序。

此后，广安民盟组织不断发展壮大，先后成立了民盟广安市委会直属广安区支部委员会、友谊中学支部、机关支部、华蓥市支部、前锋区支部、邻水县支部，实现了民盟组织在县（市、区）全覆盖。后广安区支部、机关支部又先后升格为总支部，广安职业技术学院所有盟员的组织关系也从民盟岳池县委整体转移到民盟广安市委会，更名为中国民主同盟广安职业技术学院委员会。至此，民盟广安市委会已历经五届，下辖岳池、武胜两个县委，广安区、机关两个总支，华蓥市、前锋区、友谊中学、邻水县四个支部，广安职业技术学院一个基层委员会，共有21个基层组织，有盟员806人。

在民盟广安市委会的带领下，广安民盟各级组织和广大盟员自觉接受中国共产党的领导，不断加强自身建设，充分发挥党派特色，围绕地方经济社会发展和民生大事，认真履行参政党职能，积极通过参政议政建诤言、献良策，通过社会服务做好事、办实事，为广安经济建设和社会事业的发展做出了应有贡献，不仅受到了中共广安市委、市政府的充分肯定和高度评价，也获得了民盟中央、民盟四川省委会多次表彰。

（作者：金青禾、向金志）

论《民主》星期刊（桂林版）

民盟桂林市委会

抗战胜利以后，国内政治空气弥漫着不祥的气氛，中国命运面临着一个新的抉择。民盟作为一股重要的政治力量，组织拥护中国共产党的主张，反对国民党的内战政策。民盟广西支部建立后，在桂林创办《民主》星期刊，大力宣传和平、民主，反对内战、独裁，有力地促进了桂林民主革命运动的开展。

一、《民主》星期刊（桂林版）的创办

1945年8月，中国人民经过长达十几年的浴血奋战，终于打败了日本侵略者，取得了抗日战争的伟大胜利。人们沉浸在欢庆胜利的喜悦之中，但是不久，这种气氛就被驱散了，一片不祥的云雾笼罩在中国大地的上空。毛泽东指出："抗日战争的阶段过去了，新的情况和任务是国内斗争。蒋介石说要'建国'，今后就是建什么国的斗争。是建立一个无产阶级领导的人民大众的新民主主义的国家呢，还是建立一个大地主大资产阶级专政的半殖民地半封建的国家？这将是一场很复杂的斗争。目前这个斗争表现为蒋介石要篡夺抗战胜利果实和我们反对他篡夺的斗争。"以蒋介石为首的国民党集团，代表大地主、大资产阶级和官僚资本主义的利益，坚持个人独裁、一党专政，破坏和平民主，不顾重庆谈判达成的双十协定和政治协商会议精神，蓄谋发动反共反人民的

内战。

"山雨欲来风满楼，黑云压城城欲摧。"国际政治风云的变化，国内政治局势的发展，引起全国人民包括民主党派人士、无党派人士、学者文人的焦虑和不安。在抗战烽火中诞生的中国民主同盟，与中国共产党携手合作，并肩战斗，主张爱国、反对卖国；主张民主、反对独裁；主张和平、反对内战。桂林民盟组织积极认真地贯彻这一主张，为此进行一系列的努力，做了大量行之有效的工作。桂林光复以后，分散在各地的桂林民盟组织成员，他们当中的大部分通过各种途径，陆续返回了桂林。他们利用不同的职业身份作掩护，宣传民盟的主张和政策，推动民主运动的发展。蒋介石集团与桂系集团，在反共反人民的立场上，渐趋走向一致。桂系"小诸葛"白崇禧就"整军与反共"问题，向蒋介石建议说："先剿共而后整军。"他提出的理由是："国民党在北伐以后，原可以和平建国，但因召开了一个编遣会议，终于招致了中央与地方之间的连年内战。现在国共谈判正在进行，和平尚未实现，总不能一面打仗，一面裁兵，深望对此慎加考虑。"

为反对蒋桂勾结发动内战，回到桂林民盟的成员开展活动，主动联络。张锡昌传达中共中央和毛泽东关于民盟工作的指示："党的七大后，毛主席曾说，现在国统区的民主运动很重要，应该帮助民盟发展，在蒋管区的共产党员应该加入民盟，与民盟一道推动民主运动发展。"于是，张毕来、周匡人等中共党员加入民盟。1945年11月，中国民主同盟广西支部委员会在桂林秘密成立，组建领导机构，徐寅初为主任委员，张锡昌为秘书长，周匡人（中共党员）为组织部部长，张毕来为宣传部部长，欧阳予倩、林砺儒为文教委员，曹伯韩（中共党员）、莫乃群、杨荣国、李镇（中共党员）等为委员。民盟广西支部委员会分别在桂林市、桂林师范学院、广西大学、桂林师范等建立了民盟基层支部，全市当时有盟员100多人。虽然民盟广西支部从数量、规模上讲，不算太大，但组织的恢复，标志着力量的凝聚，领导成员都是一些有知识、有文化的人，阅历丰富，对时势分析到位，对是非洞察分明，为后来的斗争奠定了扎实的基础。

桂林民盟组织建立以后，开始有领导、有计划地开展和平民主运动。这时的桂林与全国形势一样，民主与独裁、和平与内战，两股力量潜滋暗长、不断交锋。桂林民盟组织领导人认为，桂林的民主空气、文化氛围大不如从前，没有什么进步报刊出版，重庆、上海、香港等地的进步报纸，也不容易得到，《新华日报》也只能在少数上层人士中传阅。为打破这种消息闭塞、万马齐喑的局面，他们认为，宣传民盟的政治主张，介绍国内外的新形势、新变化，让更多的人了解真相、洞悉现实、开阔视野，不能再被蒙在鼓里，最好的办法是发行一份报刊。他们想到，民盟重庆支部办有《民主》星期刊作为机关刊物，民盟广西支部完全也可以这样做，出版桂林版《民主》星期刊。循着这一思路，他们经过认真讨论，决定向民盟重庆支部联系，在得到赞同和支持以后，决定出版《民主》星期刊（桂林版）。但是，按照当时的规定，新闻刊物须接受审查、批准，申请登记后才能创办。民盟广西支部一方面紧锣密鼓地筹备、组稿、印刷，另一面办理申请登记手续。徐寅初、张锡昌、靳为霖等人以民盟广西负责人的身份，先后去找广西省主席黄旭初，希望能"言论自由"，不要限制和阻挠《民主》星期刊的出版。

1946年1月12日，《民主》星期刊（桂林版）作为民盟广西支部委员会机关报，正式创刊，出版第一期。发行人周匡人（从第十三期开始，发行人徐寅初），编辑人靳为霖、徐寅初、张锡昌，发行所为《民主》星期刊社桂林分社，通讯处为桂林信箱第五号，总销售为桂林西路文化供应社。《民主》星期刊（桂林版）刊头"民主"题名，为著名教育家、民盟领导人陶行知先生所写。

二、《民主》星期刊（桂林版）的主要内容

《民主》星期刊（桂林版）创办以后，从一开始就紧密配合当时的政治斗争形势，宣传全国和广西民盟关于时局的主张，在每一期都有"编者"文章，类似于"社论"，充分表达桂林民盟关于国内外形势的看法，介绍最新的政治动态。

（一）宣传重庆政协会议精神

1946年1月10日，政治协商会议在重庆开幕，以周恩来为首的中共代表团出席会议。期间，中共代表团经常同民盟代表、无党派人士加强沟通，在一系列重大问题上事先协商，取得一致，采取共同行动。会议历时22天，在通过《政府组织案》《国民大会案》《和平建国纲领》《军事问题案》《宪法草案》五项协议后，于1月30日闭幕。五项协议尽管同中共的新民主主义政治纲领相距甚远，却接近中共提出的和平建国、成立民主联合政府的主张，是对国民党一党专政独裁统治和反人民内战政策的否定，有利于解放区民主政权的存在和发展。

《民主》星期刊（桂林版）积极宣传政协会议精神，在最初几期，主要刊载政协会议的系列报道，宣传中共、民盟关于会议内容的主张，以及一些领导人的谈话、演讲和答记者问。全文发表《和平建国纲领》以及《周恩来、张澜关于政协的谈话》《周恩来答记者问》《民盟南方总支部主席李章达对政协之谈话》《李济深先生对国是意见》《冯玉祥将军上蒋主席书》《陪都文化界对政治协商会议之意见》，让读者及时了解政协会议实情。同时，以"编者"名义发表大量评论，如《全国人民注视着政治协商会议》《祝政治协商会议成功》《是人民说话和行动的时候了——督促政协会议的成功》《为实现和平建国纲领而奋斗》《政协前后》《政协会议以后》《拿出诚意与决心来》《化党军为国军》《透视政府改组问题》《谈国民大会诸问题》等，这些评论性文章，文风朴实，直抒胸臆，态度明朗，观点尖锐，宣传政协会议精神，代表着反对独裁统治、实行民主政治的民意。

(二) 谴责国民党压制民主言论的行径

但是，国民党政权不顾民心所向，为了狭隘的党派集团利益，不可能真正实行民主改革，抱着"追求统一和民主的中国，意味着他们将丧失一切"的想法，不但不履行政协决议，而且极力压制民主言论。他们派出特务捣毁重庆各界庆祝政协会议胜利闭幕的会场，打伤民主人士多人，制造较场口事件。1946年7月11日和15日，他们制造了暗杀爱国民主人士李公朴、闻一多惨案，这一暴行激起全国人民的极大愤慨。《民主》星期刊（桂林版）刊登系列文章，对国民党制造的"李闻惨案"，表示公开严厉的谴责，如《正告国民政府》《李公朴、闻一多被刺》等，指出这是一种"法西斯暴行""我们已经超越了一切愤怒和悲哀，我们要尽一切最大的勇气和努力来争取民主政治的实现，促使法西斯的灭亡，以救中国，以慰死者！"又刊登"民盟总部梁秘书长发表谈话"——《抗议闻李被暗杀》。为澄清事实，以正视听，编辑部以《关于李闻、暗杀案》为题，回答了一位所谓名叫"李德光"读者的疑问，指出李闻两先生之被刺，完全是一种政治性的暗杀，已毫无疑问。所谓"暴徒企图破坏社会秩序"云云，那是官方诿卸责任及欺骗民众的无耻谰言。李闻两先生为了争取和平民主而为好战的独裁法西斯者所痛恨，因而惨遭暗杀，事实昭彰，怎可说是"真相尚未大白"！这类政治性的暗杀，过去也曾发生过。希望大家能够站在正义的立场上说话，注意此后官方对于李闻案的如何布置，千万不要被歪曲的宣传以及那些一脸横肉满嘴狗血的"特"字号记者的言论所蛊惑！还刊登《"民主"是杀不死的》一文，尖锐指出李闻两先生蒙难，遭遇特务暴徒暗杀事件，这是永远不能忘记的一笔血账，这是灭绝人性的反动派卑鄙无耻的极点。他们要求和平民主有罪吗？他们反对内战有罪吗？倘若他们有罪，那么人民将统统有罪了。法西斯反动派以一切爱好和平民主的人民为敌人。不知道这些法西斯匪徒们是否有一颗人心，他们身上是否还有一滴人血，简直是魔鬼野兽！"斗士的血是不会白流的"。千千万万的民主战士，更被激怒了起来，将要以更英勇的脚步，踏着李闻两先生的血迹，高举独立和平民主的旗帜前进！

（三）反对国民党所谓"国民大会"

1946年11月，蒋介石集团发动全面内战以后，在南京召开所谓"国民大会"，通过了维护其独裁统治的《中华民国宪法》，中国共产党、中国民主同盟拒绝参加这个会议。《民主》星期刊（桂林版）发表"编者"评论，刊登相当数量的文章，反对由国民党一手包办的所谓"国民大会"。先是，刊登《中国民主同盟总部秘书处紧急通告》《中国民主同盟招待新闻记者谈话》等严正声明，民盟拒绝参加"国民大会"，理由很简单，这次召集的"国大"违背了政协决议的精神，破坏了政协决议的程序，并且这次"国大"不是全国团结统一的制宪会议，这是举世公认的事实。其次，在"一周间"栏目上，发表《国大终于开幕了》《国民大会的难关》《再论国民大会》等文章，指出缺少了民主党派参加的国大，所制定出来的宪法，绝不会是符合人民意见的宪法，这样的"国大"必不能促成统一，相反只有招致分裂，破坏和平，民盟坚决的立场是真民主。

（四）揭露因内战而导致人民的灾难

"城门失火，殃及池鱼。"由内战而导致的征兵、征税，导致百姓生活困难，不堪重负，人们起而进行反内战、反饥饿的斗争。《民主》星期刊（桂林版）以各种体裁包括诗歌、散文、剧本、问答的形式，表达了鲜明的立场。《"布利乔夫"读后》（第三十六期）借外讽今，说国内的某些人，硬说内战是内乱；自己不实践诺言，硬说别人不遵守诺言；自己不顾人民死活，反说别人破坏和平统一。《回来吧，孩子！》（第三十六期）劝说被拉壮丁的人们："回来吧，孩子！不要听，好战分子的甜言蜜语，不要用刀枪去屠杀自己的兄弟，白白地去送死，是冤枉的。回来吧，孩子！在家乡，父母妻儿，都要饿死了。"《从战场上回来》（第三十二期）向全国同胞呼吁："要你们的儿子从战场上回来，要你们的丈夫从战场上回来，要你们的亲朋好友从战场上回来。因为内战迫使着千千万万的士兵去充当炮灰，千千万万的同胞变成了奴隶，将祖国推向万劫不复的境地。所以，不愿自己的骨肉充当炮灰的，不愿做奴隶的，携起手来，反对内战，制止内战，叫儿子、丈夫、亲戚、朋友，从战场上回来。"《好战者必自食其果》（第二十二期）警告那些国民党的黩武主义好战者，一味地迷信武力统一，而不听人民的呼唤。不管怎样固执地用种种方法在挣扎，在欺骗人民，将来食其果者必定是他们自己。

三、《民主》星期刊（桂林版）的停刊

如前所述，桂系集团在反共反人民的立场上，与蒋介石国民党是一致的。他们应和国民党的调子，宣扬"我们认为国家的统一必须巩固，绝不容一个国家之内，有两种法令，两个政府，所以，对于一切恶势力反动势力，必须排除消灭之"。广西省主席黄旭初在桂林师范学院附中对师生讲话，鼓吹什么"中国只有两条路：一是赤化，二是防赤化，绝无他途可遁"。关于内战，他的看法是"一定要打下去，否则难以对付中共。虽然打起来有困难，但非打不可"。

正是由于《民主》星期刊（桂林版）坚持民盟的一贯传统，追求民主建国的目标，响应中国共产党的号召，旗帜鲜明地表达了自己的立场，针锋相对，毫不妥协，所以深受广大读者的欢迎。但这与国民党的独裁、内战、一党专政的政策相违背，势必引起他们恐慌和不安。广西省政府在国民党内政部的指使下，对《民主》星期刊（桂林版）进行无理搜查，并严禁书店销售。他们"以未登记之刊物不许出版的理由"，下达了查禁令。

1947年1月11日，《民主》星期刊（桂林版）出版最后一期"休刊号"，发表《休刊辞》，不得不宣布停刊。

从 1946 年 1 月到 1947 年 1 月,《民主》星期刊（桂林版）历时一年，总共发行 36 期。虽然存在时间较短，但大力宣传民主、和平，反对内战、独裁，代表和反映了进步势力的呼声，在促进人们觉醒和抗争意志方面发挥了重要作用。

（作者：周其厚）

和平解放合肥的功臣

民盟合肥市委会

1949年1月21日,合肥和平解放。次日,新华社播发电讯:"合肥国民党军南撤后,城内的国民党县政府和人员遵照人民解放军的命令,各就原职,保护文件、资产,迎接人民解放军和人民政府前往接管。这个榜样,足资各地国民党政府人员效仿。"这则简讯中所称"城内的国民党县政府和人员",正是合肥民盟组织成员。

一、发展爱国民主力量,为解放合肥作舆论准备

合肥是安徽省境内成立民盟基层组织最早的地区之一。1946年8月,南京民盟总部根据形势发展的需要,委派李湘若以"安徽盟务联络员"的身份秘密来到合肥发展盟员,建立民盟组织。李湘若到达合肥不久,先后发展了郭崇毅、童车五、周介如、郑震、龚兆庆、龚衡军、项有群、董光升、殷乘兴、哈庸凡等一批在社会上颇有影响的盟员。因李湘若常住城中周介如家中,周家也就成了合肥民盟组织的秘密联络站和活动中心。秘密联络站初期的主要工作,一是发展盟员,主要是争取合肥地区有影响的重要人物或进步人士加入民盟组织;二是在合肥地区开展地下革命斗争。

1947年,国统区掀起了一场空前的"反饥饿、反内战、反迫害"民主爱国运动。震惊全国的天津五二〇血案发生后,中共中央提出反迫害口号,将运动推向新的阶段。合肥民盟积极响应号召,组织盟员和青年学生在城中张贴标语,散发传单,积极策划发动学生运动。是年仲夏之际,国民党青年军一名士兵无故殴打合肥中学生谢维尧,激起了广大民众的强烈愤慨。合肥民盟组织抓住这一时机,迅疾发动一场全市大规模的"反迫害"运动,组织商界罢市、工人罢工、学生罢课、教员罢教,强烈要求国民党当局严惩凶手。见武力威胁也无法平息游行示威活动,国民党省政府不得不接受民众的要求,惩办了凶手,遣散了青年军,抚恤了死者。反迫害斗争的胜利,极大地推动了合肥地区爱国民主运动蓬勃开展。

此外,合肥民盟积极做好宣传工作,安定民心,为解放合肥做舆论准备。根据中共皖西地委的指示,民盟组织不失时机地向地方名流绅士介绍时局变化和形势的发展,规劝他们顺应潮流,为老百姓多做好事,争取为革命效力,并在国民党军政人员中进行策反工作,收集军事情报。盟员们还秘密收听延安、邯郸等解放区电台广播,将记录下来的新华通讯社和毛主席《目前形势和我们的任务》等文章,以及盟员从皖西、巢南根据地带回来的宣传材料,用油印或石印成传单,散发给进步人士和青年学生。

二、控制地方武装,为解放合肥作军事准备

合肥民盟组织根据民盟总部的指示精神,于1947年冬成功运作盟员郭崇毅出任肥西县雷麻一带大乡乡长。郭崇毅上任后,经常深入农村,走家串户,向广大农户宣讲国内形势,并广泛发动贫困农民,组织建立农民武装"兄弟联谊队",制定了"一人受难,大家互助"公约。后来,随着队伍的不断扩大,改名为"中国民主自卫军第十二支队",积极开展武装反抗国民党统治斗争,公开抗丁、抗粮。

1948年春,根据中共皖西地委的指示,经过民盟组织策划,时任国民党安徽省高等法院合肥分院筹备处主任的盟员龚兆庆出任国民党合

肥县自卫队总队长，盟员龚衡军出任副总队长，从而掌握了合肥城乡十多个连队的地方武装。随后在解放军皖西军区第三军分区的大力支持下，龚兆庆将县自卫队11个中队中的7个中队调驻合肥西乡官亭一带，交给官亭联防区主任龚衡军指挥，积极策划发动武装起义。当时协助发动起义的盟员还有杨亚威、郑震、项有群等。同年底，起义时机成熟，按照解放军皖西军区的指示，在皖西军区第三军分区政委唐晓光和中共肥西工委书记宣育华等人的帮助下，龚衡军指挥县国民自卫总队两个大队和官亭自卫大队以及地方武装等2000余人在江夏乡新圩举行起义大会。起义部队改编为中国人民解放军皖西军区"合肥支队"，龚衡军任支队长，唐晓光兼任支队政委，皖西军区政治部主任马力任副政委，杨亚威任第一大队大队长兼第一中队中队长，项有群任支队参谋兼第二中队中队长。官亭武装起义后，中共领导下的地方武装已经对合肥形成合围之势，为推动合肥和平解放做好了军事准备。合肥民盟也积极配合人民解放军南下，在敌我交界处建立秘密联络站，及时搜集到的合肥城内国民党军事情报和城防情况及时送往解放区，为中共方面人士出入国统区提供便利，为解放军购买大批重要军用物资。

三、竞争合肥县长，为解放合肥做政治准备

1948年冬，淮海战役接近尾声，国民党安徽省政府加速南逃，时任县长朱廷辽借病辞职。国民党省政府拟派桂系军人韩蒙轩出任合肥县长。消息传出，舆论一片哗然。为避免合肥遭受更大的灾难，促使其早日解放，遵照中共皖西区委和解放军皖西军区第三军分区的指示，合肥民盟组织盟员利用社会关系，敦请地方上声望很高的老绅士龚嘘云（辛亥革命时同盟会会员，龚兆庆的族叔）出面，联络保举盟员龚兆庆出任县长。龚兆庆出身合肥地区名门望族，1937年毕业于上海持志法学院，曾先后担任过怀宁县和望江县县长，时任省高级法院驻合肥办事处主任兼县自卫队总队长。因此，龚兆庆也是国民党当局可以接受的人

选。最终，国民党省政府同意委任龚兆庆为县长兼县国民自卫团团长。

龚兆庆上任后不久，通过多种途径将5位盟员安排到县政府核心部门担任要职，其中，殷乘兴任主任秘书，哈庸凡任秘书，董光升任民政科科长，项有群任警卫中队长。至此，国民党合肥县政权就部分掌控在民盟组织的手中。

四、多方应对，为解放合肥作具体准备

在中共地方组织的直接领导下，合肥民盟利用掌握县政权的有利条件，为迎接合肥和平解放做了大量卓有成效的革命工作。在国民党省政府撤逃安庆前夕，及时营救出被省保安司令部关押准备处决的11位中共地下党员，并秘密护送136名进步青年学生到皖西解放区学习和工作。与解放军皖西军区合肥支队和肥西支队联系，伏击抓壮丁的国民党士兵，挫败了国民党军队在合肥地区补充军粮兵源的企图。采取多种措施，严防国民党军队南逃时破坏城市和工厂，保护城内的各种重要战略物资及国民党省、县两级政府档案。当时，为保存国民党留在城内外的各种重要物资，县政府对国民党省政府催促办这、运那的屡次来电，或以各种借口拖延，或干脆置若罔闻不予理睬。后因城里中统和军统人员不断上告，国民党省政府对龚兆庆产生怀疑，便从安庆特派两人携带一部电台来到合肥，表面上说是沟通军情，实际上是对合肥县政府进行监视。龚兆庆巧以应对，以保护为名，将二人软禁在县政府内。

1949年1月，从淮海战场溃逃下来的国民党刘汝明兵团余部数千人涌到合肥。刘部在城内外构筑工事，储备粮草，拉夫派税，准备作困兽斗。在此关头，合肥民盟组织根据中共党组织意见，决定挤走刘汝明。一方面，龚兆庆对刘部采取阳奉阴违的策略，并不断报送"解放军正规大部队即将到来"的假情报给刘汝明，造成大军压境之势，令其惶恐不安；另一方面，由盟员龚蔚卿出面请与刘汝明旧交颇深的省政府顾问朱幼农，同刘汝明进行多次叙谈，晓以利害，力劝其尽快南撤。

其他城市 ◆ 和平解放合肥的功臣

1月20日，国民党刘汝明部队终于撤离合肥。当晚，华东野战军先遣纵队总部和四支队在司令员孙仲德、政委谭启龙的率领下，由定远藕塘进驻合肥东乡梁园镇。先遣纵队政委谭启龙与龚兆庆等人取得联系，龚兆庆将刘部南逃以及城内城防等情况向先遣纵队做了详细汇报，并告知：我们现正在维持城防，保护一切设施，请解放军进城接管。与此同时，龚又立刻派两路人马出城迎接解放军，一路到店埠方向，另一路到撮镇方向，并通知商会准备爆竹，欢迎解放军进城。21日晨3时许，华东野战军先遣队四支队一大队队长李锡凤和政委齐平率两个中队抵达合肥东乡磨店集。21日7时，先遣队侦察部队在合肥东门外飞机场附近与刘汝明后卫部队交火，刘部无心恋战，很快向巢县方向逃窜。21日午后，李锡凤和齐平率一大队来到合肥东门城下，守城的县自卫队得到龚兆庆指示，立即打开城门。当解放军进城时，合肥居民纷纷涌向东大街，夹道欢迎，一时间锣鼓喧天，鞭炮齐鸣，市民奔走相告：天晴了！天晴了！齐平政委率队到达县政府（即今省博物馆所在地）时，龚兆庆及县政府工作人员和部分盟员早已在大门口恭候。当晚9时许，孙仲德、谭启龙等纵队和支队领导率部队进城，合肥和平解放。

解放军进城后，由民盟组织掌控的县政府将库存在合肥仓库内的600多万斤大米、可装备四个连的武器弹药、7部电台、万余件公用家具以及国民党县政府的印鉴、文卷及其他物资，全部完整地移交给了解放军。时任人民解放军先遣纵队四支队政治部秘书，中华人民共和国成立后曾任巢湖行署副专员的郭鉴同志在他的回忆录中曾写道："先纵所以兵不血刃，不费一枪一弹就和平解放合肥，同地方部队、民盟组织的努力是分不开的。他们是有很大功劳的，是值得怀念的。"

如今，合肥民盟为合肥和平解放做出的重大历史贡献已经载入《合肥通史》。当年参加过合肥和平解放的民盟前辈们现大都已经离开人世。回顾合肥民盟组织曾经走过的这段光辉历程，我们不仅对合肥民盟的前辈们表达深切的纪念和缅怀，更重要的是从老一辈盟员身上吸取丰富的精神滋养，永远继承和发扬老一辈盟员与中国共产党亲密合作、风雨同舟的光荣传统，在新时代、新征程中，坚持以习近平新时代中国特色社会主义思想为指引，进一步增强维护中国共产党领导的多党合作和政治协商制度的自觉性，更加坚定走中国特色社会主义政治发展道路的政治信念！

西南联大历史遗址里的民盟记忆

民盟昆明市委会

2020年，习近平总书记考察西南联大旧址时指出："我们要讲好西南联大教育救国的故事，闻一多发表《最后一次演讲》舍生取义的故事……"从习近平总书记的指示里，我们看到了两个关键词："西南联大"和民盟先贤"闻一多"。的确，说到昆明独有的识别性符号——西南联大，无法不谈到民盟及其盟员在其中的记忆；同样地，说起民盟及其盟员抗战期间在昆明的革命斗争，也无法不谈到西南联大的光辉岁月。

西南联大与民盟的深厚渊源

抗战时期，西南联大在昆明办学8年，"以其兼容并包之精神，转移社会一时之风气，内树学术自由之楷模，外来民主堡垒之称号"，培养出3882名学生，包括2位诺贝尔奖获得者，8位"两弹一星"功勋奖章获得者，172位院士，以及上百位的名师巨匠。西南联大诞生并成长在昆明，不仅是昆明重要的识别性符号，也和民盟有深厚的渊源。

1941年民盟成立后，西南联大许多师生先后加入民盟，1943年5月民盟第一个地方组织——昆明支部的成立，西南联大是重要原因。那是1942年冬，民主政团同盟派中央执行委员、宣传部部长罗隆基来昆明建立地方组织。罗隆基到昆明后任西南联大教授，并兼任省主席龙云的政治顾问，以民盟负责人身份和龙云及英美友邦人士常相往来，并与在西南联大担任教授的盟员潘光旦和在云南大学的盟员潘大逵，开展筹备工作。据潘大逵在《风云九十年》中回忆："教课之余，常与罗隆基、周新民等人探讨时政。大家认为筹建民盟云南省支部工作应列为当务之急。罗隆基、潘光旦是西南联大教授，又是'民主政团同盟'领导成员。"1943年，吴晗加入民盟，负责联系西南联大的学生，组成"民主青年同盟"。民主青年同盟是预备盟员性质的组织。此后，西南联大教授曾昭抡、闻一多、王赣愚、闻家驷等人先后加入民盟，形成了民盟同西南联大进步教师的团结融合，为民盟在昆明开展抗日民主运动奠定了基础。正是凭借西南联大爱国师生这股重要力量，借助西南联大校园这块民主阵地，民盟对促使昆明成为抗战大后方著名的"民主堡垒"做出了积极的贡献：如1943年10月，盟员周新民等人成立"西南文化研究会""西南文献研究室"，成为中共在昆明知识界进行抗日民族统一战线工作的核心；1944年2月，由周新民、罗隆基、潘光旦、潘大逵等人出面联合民主人士张奚若等30余人发起组织"昆明学术界宪政研究会"，扩大了宪政运动的影响；1944年9月，中国民主政团同盟在重庆召开全国代表大会，接受昆明支部代表的建议，中国民主政团同盟改为"中国民主同盟"；1944年10月，由民盟云南省支部（10月1日民盟支部召开盟员大会决定改名）与中共云南地下组织共同发起"昆明各界双十节纪念大会"，5000多人参加，罗隆基、李公朴、闻一多担任大会主席，闻一多宣读了与罗隆基共同起草的《昆明各界双节大会宣言》，提出"建立联合政府，保障人民的人身、言论、集会、结社自由"等主张；1944年12月，以宣传民盟的政治纲领和主张的民盟云南省支部机关刊物《民主周刊》出版发行，每期发行数千册，在知识分子、青年学生和中、下层职员中拥有众多读者，成为当时昆明影响较大的进步刊物；1945年，民盟昆明支部配合中共地下组织，在昆明发动了震惊中外的"一二·一"爱国学生运动；1949年，民盟云南临工会成立策反工作小组，促使宣布云南起义，民盟和全省人民一道迎来了云南的和平解放……

据我们目前的统计，至少有92位盟员在西南联大工作、学习过，他们为争取和平民主进行了不屈不挠的斗争，为形成自由研究的学术风气而深入调研、笔耕不辍、著作等身，为促使昆明成为抗战大后方著名的"民主堡垒"和云南和平解放做出了积极贡献……

西南联大遗址中的民盟元素

闻一多先生嫡孙、中国社会科学院研究员闻黎明曾经说过："联大人在一起谈的都是自己的学校和老师同学，它得有个载体，得有一个依托，这个载体和依托最共有、最形象的就是建筑遗址。"根据有关部门的统计，目前全市范围内确认的西南联大相关遗迹24处，21项被申报、公布为各级文保单位。2011年以来，我找到西南联大在昆明的遗存有30多处。这些遗址里，绝大多数都有咱们民盟先贤工作和生活的记忆。2014年，民盟中央批复同意翠湖片区（由李闻殉难处、闻一多塑像和最后一次演讲所在地——至公堂、西南联大旧址和西南联大纪念馆等组成）、呈贡新区组群（由呈贡魁阁和费孝通旧居组成）、龙泉古镇组群（由闻一多朱自清旧居、梁思成林徽因旧居、史语所旧址含冯友兰旧居等组成）三个部分组成全盟的传统教育基地，都是西南联大历史遗址。

目前民盟元素最突出的是闻一多公园，闻一多、朱自清旧居就在公园内，是建设闻一多公园重要的支撑性依据。闻一多、朱自清旧居就是清华大学文科研究所旧址所在地，当年闻一多一家和朱自清、浦江清、何善周教授及王瑶等几位研究生都在此居住（浦江清、何善周、王瑶也都是盟员）。为此，2014年，由省市民盟联合行文，向中共盘龙区委提出将原定为宝云片区中央公园的建设项目命名为闻一多公园的建议，马上被采纳。建设主题鲜明的文化名人主题公园，较之一般的公园乃至文化公园的差别，在于将按照文物保护的要求修建与还原。结合改造规划，从2014年开始，盟中央和省市民盟积极争取在公园内建设云南民盟历史陈列馆，丰富、完善、提升民盟传统教育基地的内涵和平台。经过7年的不懈努力，2021年5月16日，"民盟中央传统教育基地""春融同心·昆明市统战文化基地"揭牌暨云南民盟历史陈列展、闻一多生平展开展仪式在闻一多公园举行，全国人大常委会副委员长、民盟中央主席丁仲礼，再次到闻一多公园调研指导，并为"闻一多先生"雕像揭幕。雕像竖立在展览主题建筑前，由民盟中央常委、中国美术馆馆长、中国美术家协会副会长副主席、著名雕塑家吴为山先生设计完成。龙泉古镇片区民盟传统教育基地和统战文化基地的揭幕，为挖掘昆明历史文化名城资源开拓了新领域，实现了党盟合作共同筑牢思想政治基础的新途径。而以民盟广场、闻一多诗墙、文化长廊、自清池、红烛广场等历史文化元素命名闻一多公园，还在公园的游览地带和绿化地带中建设展示西南联大南迁和办学情况，把公园建设成为集中展示西南联大精神和民主斗士闻一多的窗口，并进一步打造成爱国主义和统战传统教育基地，创造昆明文化旅游景点。闻一多、朱自清旧居不仅修旧如旧，还进行了场景还原，闻先生的后人经常回来，闻黎明先生还在不断地给旧居捐赠图书，市民非常喜欢到公园锻炼，参观展陈，读书，或是观看京韵实验剧《闻一多》，这就不仅留住了联二代、联三代的乡愁，更把闻一多先生舍生取义的故事和精神传给我们，真正讲好了"昆明故事"，充分地体现了让历史沉淀下来的文化资源支撑城市发展的科学理念。

目前西南联大遗址中，还有民盟元素的是大古城魁阁。2013年，民盟昆明市委会曾安排专项资金布展及设置电子展陈，2014年，组织开展"八个一"系列活动，即：开展一系列的传统教育资源调研，编辑一系列统战文化教材，提交一系列统战文化建设的集体提案，开展一次重访前辈足迹活动，发行一本民主人士的邮册，拍摄一部历史题材的微电影，开展一次传统教育主题支部生活，建立一个全盟传统教育基地。重温历史，弘扬传统，牢记责任，充分发挥民盟与西南联大历史文化资源的深厚渊源，大力加强统战文化建设。2017年，在市区政协和统战部门的支持下，在魁阁外面的小广场，那个深受社区居民喜爱的活动场所，做了两个宣传长廊，进门左边展陈为"民盟在云南"，右边为"统一战线在呈贡"，并同时做了一批石桌凳，与魁阁的文化品位相符合，在提升魁阁文化底蕴的同时为社区办实事办好事，使民盟精神发扬光大。

讲好联大故事不忘民盟记忆

昆明是1982年公布的全国首批24个历史文化名城之一。历史文化名城和昆明的经济、生态、文化建设发展，现在已到了一个新的历史阶段。只有通过具有"国家记忆"性质的重大历史文化主题的发挥和应用，使历史文化资源"活"起来，才能为实现昆明的发展目标夯实文化基础，才能增强昆明城市文化的软实力和影响力。前民盟中央副主席李重庵说过："重庆、云南、四川、上海等地可以说是民盟历史上的重镇，也是民盟传统教育资源丰富的基地。"北门出版社、西南联大教师宿舍、第一个地方组织的诞生地——唐家花园等已被毁，昆明潘光旦旧居、史语所旧址（含冯友兰旧居）等摇摇欲坠，抢救现存遗址刻不容缓。结合丰富的不可复制的西南联大历史文化资源，就如何在讲好昆明故事、联大故事的同时，如何讲好统战故事、民盟故事，需要我们更深入地去探讨、去研究，切实做好保护利用的工作。

一、在原有的展示和讲解内容中增加民盟元素

目前三个片区的民盟传统教育基地，包括全国重点文保单位1项：国立西南联合大学旧址；省级文保单位4项：国立西南联合大学纪念碑、梁思成林徽因旧居、大古城魁阁；市级文保单位4项："一二·一"运动烈士殉难处、闻一多殉难处、中央研究院历史语言研究所旧

址（含冯友兰旧居）、北门书屋；县（区）级文保单位3项：李公朴殉难处、中国营造学社旧址、国立西南联合大学纪念亭。其中国立西南联合大学旧址、国立西南联合大学纪念碑、大古城魁阁、"一二·一"运动烈士殉难处、闻一多殉难处、李公朴殉难处、国立西南联合大学纪念亭，都已经对公众展出。特别是国立西南联合大学博物馆于2018年11月1日西南联大在昆明建校80周年之际落成，大古城魁阁于2019年魁阁80周年重新布展并对公众常态化开放，下一步的主要任务是加强对民盟先贤在云南、昆明的史实资料研究，加强和管理单位的联系，在原有的展示和讲解内容中增加民盟元素。

二、继续挖掘梳理并促进保护挂牌为教育基地

对昆明民盟历史资源进行调查和梳理，特别是重要历史人物旧居、寓所以及重要历史事件的发生地。比如目前省市民盟正在继续参照片区的形式，推进西片区包括华罗庚旧居、潘光旦旧居、惠家大院、灵源别墅在内挂牌为民盟传统教育基地，并推进史料的挖掘。如建议属地政府将"华罗庚旧居"更名为"闻一多华罗庚旧居"。因为是闻家先在这里居住，1940年年底华家因为被空袭炸毁，闻家邀请他们来同住。华家搬来后，因楼上房间中间没有墙，只好挂条床单隔开，华罗庚曾写《布东考古布西算》记述当年境况。

比如建言昆明潘光旦旧居的保护。从1940年6月起至1945年年初约五年的时间内，潘家七口人就租住在这里。目前，由于该屋年久失修已破烂不堪，随着周边房地产的开发，该房屋的院内高程已远低于周边，一旦降雨，院内就形成积水，亟待保护。我们正在多方呼吁尽快公布为文物保护单位，纳入文物保护法的保护范畴，并修旧如旧。

再如系统挖掘抗战时期的"云南王"、秘密盟员龙云，对西南联大的支持和让抗战时期昆明成为"民主城堡"所起的积极作用。联大刚到昆明，龙云慷慨地将威远街公馆腾出一部分供联大作为总办公处；

1944年，龙云秘密加入民盟，虽不能公开活动但尽可能支持民主运动，并出资支持《民主周刊》出版，同意《新华日报》在昆明建立分销处，还邀请周围的一些高级官员如缪云台和他的次子龙绳祖等人加入民盟。据楚图南在《民盟工作的片段回忆》中记载：龙绳祖加入民盟履行了宣誓手续，楚图南、闻一多、冯素陶是监誓人，宣誓的地点在龙云的灵源别墅。1944年10月，这个地下党员华岗和中共南方局与延安联系的秘密电台在昆明西郊海源寺建立，这个名为"滇黔绥靖公署无线电总台第三机班"的秘密电台，由龙云出资购买电台设备，中共地下组织出报务员，最初也是建在灵源别墅，为抗战时期中共地下组织在云南的活动发挥了重要作用。灵源别墅现在保存下来的只有主体部分占地1800平方米，呈现较完备的四合五天井大院和旁边的一座碉楼，已被列为市级文保单位，采取领养的方式在逐步修旧如旧。

三、打造昆明"民盟之旅"并大力培训讲解员

将有重要意义的旧址组合起来，打造具有昆明特色的"民盟之旅"，并以推荐、网上报名等形式，培训一批民盟传统教育基地义务讲解员。目前只有民盟云南省委会专门针对闻一多公园培训了一批讲解员，民盟昆明市委会机关有部分工作人员可以讲解魁阁，其他基地的讲解还需要省市的共同努力。每一个遗址都有一段丰富难忘的历史，都承载着民盟的光荣传统，需精心提炼讲解主题，去粗取精，确保民盟大师的精神得以在较短时间内精彩呈现。同时，可以组织盟史专家开展《民盟在云南》《民盟与西南联大》等专题讲座，面对不同类别和层次的民主党派成员，有针对性地开展专题教学、现场教学等。

西南联大精神承载着伟大的爱国精神，反映出中国文化在历史转折进程中的伟大生命力；西南联大在昆明的8年筚路蓝缕的历史，孕育着现代中国的蓬勃未来。我们应该抓住习近平总书记视察云南及关于保护历史文化遗存的一系列重要讲话精神的契机，积极运用西南联大这块

"金字招牌",促进和加强对民盟在昆明的传统教育资源的保护,充分挖掘其所蕴含的价值,彰显民盟在中国革命历史进程中的地位和作用,体现民盟的优良传统和爱国精神。

(作者:徐萍)

民盟历史中的兰州记忆

民盟兰州市委会

在新民主主义革命时期，兰州作为国民党控制甘宁青新四省的咽喉，也是早期西北民盟组织活动和开展工作的中心。20世纪40年代，在中国共产党的统一战线政策以及八路军驻兰州办事处和中共甘肃工委革命活动的推动和影响下，在张澜、沈钧儒、黄炎培等人领导的民主宪政运动的鼓舞和激励下，在兰州由甘肃一部分民主进步人士创建了民盟组织。在民盟中央和民盟西北总支部的领导下，与甘肃的中共党组织和中共党员及其他进步人士等密切合作，风雨同舟，为中国人民特别是甘肃人民的民主、解放事业努力奋斗，做出了一定的贡献。

一、西北民主政团与兰州

甘肃民盟的前身是西北民主政团。它是为反对国民党反动派奉行的消极抗日、积极反共的反动政策，发动和组织甘肃民众坚持长期抗战，由甘肃的一部分民主进步人士在国民党发动的第二次反共高潮中建立起来的。但在其成立之前，甘肃的一大批民主进步人士已进行了大量的民主进步活动，如：奉中共党组织的指示从事统一战线工作、从事民主反蒋及抗日救亡活动、策反兵变及武装起义活动等。兰州作为甘肃省会，一直是进步活动开展的中心。这些革命进步活动，不仅支持了中共党组织的革命斗争，也为甘肃民盟组织在兰州的建立奠定了思想和组织基础。

1941年1月6日，国民党反动派悍然发动了震惊中外的"皖南事变"。为响应中共中央发出的"坚持抗战，反对投降，坚持团结，反对分裂，坚持进步，反对倒退"的号召，加之受在重庆的统一建国同志会领导的民主宪政运动的影响，甘肃民盟早期领导人史鼎新、刘余生、王教五、王新潮、许青琪等人于1941年1月14日在兰州市横巷子二号杨可显家中秘密聚会，成立了西北民主政团。并决定西北民主政团应在政治上紧靠延安、军事上密结四川（地方人物邓锡侯等），与十八集团军（即八路军）驻兰州办事处密切联系，互相配合，一方面反对国民党反动政府的残酷统治，另一方面做好将来进行抗日游击战争之准备。

以进一步开发西北、坚持长期抗战、增进人民福利为宗旨，由王新潮委托继伍修权同志之后负责八路军驻兰州办事处工作的赵芝瑞同志为西北民主政团草拟了十大政治纲领。随后，会议继续于19日至26日对纲领进行了讨论，略事修改后即一致通过。会议确定了西北民主政团的领导成员及其分工，会议期间还确定了西北民主政团近期的工作方针和主要任务是以民主政团为核心，利用民间旧有组织如红帮并创立敬老会、在乡军人联谊会、农民互助会等为外围，积极发动、组织群众，在日寇即将侵入甘肃以前实行武装暴动。西北民主政团由此正式成立。会后，西北民主政团成员分赴各地开展活动。

甘南起义爆发后，兰州市政团组织利用印刷品和标语，鼓舞人心，争取社会同情，揭露蒋介石独裁统治，宣传民主自由，发挥了重要作用。在甘南农民起义失败后，由于一批参与人员被捕杀害，一些盟员被敌特监视，兰州一带西北民主政团组织和成员活动转入低潮，1946年3月，西北民主政团改为中国民主同盟甘肃省支部，并把工作重点由农村、农民转移到城市、学校和知识界，政治态度明确为反对独裁，争取民主，争取自由，得到了中国共产党大力支持。

二、甘南农民起义与兰州

1942年，甘肃省在国民党第八战区司令长官朱绍良和国民党甘肃省政府主席谷正伦的反动统治下，民不聊生，另外日军当时有可能经内蒙古入侵甘肃，西北民主政团决定在甘肃南部地区发动反蒋武装起义。1942年8月，经王新潮同志安排，西北民主政团在兰州市东关邓宝珊将军寓所召开第二次会议，讨论策划起义的有关具体内容。会议期间，王新潮还陪同王仲甲两次前往八路军驻兰州办事处与人办负责人赵芝瑞会晤，介绍起义准备情况及交换意见。会议还决定仍由史鼎新担任西北民主政团主任委员，主持民主政团工作，并在临洮对起义事宜进行全盘筹划，王仲甲负责洮河一带民众组织工作，安华雄负责兰州市阿干镇煤矿及羊寨、马坡和榆中一带民众组织工作，杨景周、张乾一负责宣传工作及筹措经费，提供经济支持，王教五负责组织及秘书工作，王新潮、许青琪负责情报及联络工作。

会后，史鼎新即偕王仲甲、肖焕章等返回临洮，加紧与王仲甲、肖焕章及宁定县回族农民领袖马福善、马继祖父子密商成立"西北各民族抗日义勇军"事宜，并拟定了武装起义的口号，刻制了印鉴。经反复磋商，定于1943年农历正月十五日在甘肃各地同时发动起义。起义发动后，受到贫苦农民群起响应，纷纷加入起义队伍，声势大增，极大地震撼了国民党反动派，对起义军开展围剿。起义军与国民党军队作战70余次，攻占县城4座，毙伤敌千人，最终在国民党军队围剿下，历时一年的起义以失败告终。

1981年10月，中共甘肃省委召开了甘南农民起义座谈会，给这次起义作了结论。其要点是：这次起义虽然不是我党发动和领导的，但和我党的影响是分不开的；这次起义支援了陕甘宁边区的革命斗争，在广大群众中产生了很大的影响，是我省各民族人民团结抗暴斗争的革命行动，是我省近代史上可歌可泣的一件大事。1984年，甘肃省人民政府又拨专款修建了甘南农民起义纪念碑,以褒扬这次起义的历史功绩。

三、兰州地区盟员积极反抗国民党统治

兰州盟员在解放战争时期积极投身反抗国民党的独裁统治,最著名的是参加了反对"三百万银圆建设公债"的活动。1949年年初,国民党甘肃省政府主席郭寄峤等,为继续进行反革命战争,并进一步搜刮民脂民膏,中饱私囊,策划在甘肃发行"三百万银圆建设公债"。在其动议发起之初,担任省参议会参议员的盟员许青琪、祁鼎丞等即坚决反对、抵制,并有意泄露了消息,鼓动各界人士一致进行反对和抵制。3月29日上午,兰州市爆发了反对三百万银圆建设公债的大规模学生示威游行,民盟甘肃省支部委员会宣传部部长、省参议员许青琪和兰州大学教授、盟员周戒沉等人也参加了游行,极大地鼓舞了游行队伍的士气。参加这一游行示威活动的盟员还有郝璘、何步芳等数十人。参与发动、策划这一游行示威活动的有盟员高勉斋、陈伯鸿、高月波、刘承晏、岳跻山、程万里、程景瀛、钱维信、周戒沉等人。经广大学生和各界人士一致反对、抵制,三百万银圆建设公债终至撤销。

四、投身兰州解放事业和民盟甘肃省兰州市分部成立

民盟中央在兰州发展了一批盟员,随着甘肃学院(兰州大学)基层组织的建立和一些盟员的转入,兰州市民盟组织迅速壮大起来,并且中心作用越来越突出。1947年,兰州一大批盟员加入了中国共产党,兰州民盟组织和中共党组织关系更加密切,开始进一步互相支持、互相配合的战斗,进行了一系列迎接兰州解放的活动。兰州盟组织贯彻民盟中央组织发展工作决议,吸收民族工商业者、知识分子,以扩大盟的组织基础,严防反动分子渗入本盟,吸收群众中的优秀分子,为兰州解放事业做了强有力的内应工作。

1949年8月,兰州解放,民盟兰州组织发动支前肃特工作。1950

年，民盟省临工委决定成立民盟兰州市分部，在小北街与民盟甘肃省临工委合署办公。

五、抗美援朝

抗美援朝运动中，兰州民盟组织举行了盟内外的座谈会，发动兰州盟员与盟所联系的群众给志愿军写慰问信，参加了和平签名与反对美帝武装日本投票运动，动员盟员捐献飞机、大炮等爱国武器，广泛地进行爱国主义和国际主义教育，提高盟员及所联系的群众的政治觉悟水平。

六、社会主义革命建设初期兰州民盟的工作

1952 年，兰州盟组织积极参加"三反""五反"运动与思想改造运动。1952 年下半年起，由于组织路线以发展中上层为主，特别注意吸收了有代表性的、有群众影响的、有学术地位的大学教授、讲师、专家、学者入盟。1953 年，兰州民盟的工作相应地转向参加国家建设事业，特别是文教建设工作。暑假期间，兰州市高校盟员 46 人参加了俄文专业专籍速成阅读的学习。9 月至 10 月间，举行了市中、小学盟员、高校盟员文教座谈会，讨论了政治与业务相结合问题，同时在各个岗位上的盟员参加了统一的政治理论、政策的学习，盟员担任学委辅导员及大小组长共 87 人，为三年恢复时期的兰州文教事业做出了贡献。

1957 年 5 月至 1958 年 8 月间，兰州地区民盟组织经历了整风运动的三个阶段。1957 年 5 月 20 日起，盟组织和盟员进入了整风运动的第一阶段。在这一阶段，兰州市和部分基层组织进行了一些"鸣""放"活动。在民盟中央召开常委扩大会议之后，遵照党中央和民盟中央、省盟的统一部署，1957 年 6 月 25 日起，兰州市盟组织和盟员进入了整风运动的第二阶段，即"反右"斗争阶段。在这一阶段市级盟组织有一些领导干部和盟员受到批判。1960 年 7 月起，根据"和风细雨、彻底敞开"和"三自""三不"的方针，召开了一系列"神仙会"，开始为缓和关系、稳定情绪服务。随着各级党组织贯彻政策，调整关系，盟务活动又趋于正常化。

此后，组织和动员盟员学习马克思列宁主义、毛主席著作，鼓励盟员参与争鸣和学术讨论，并组织了一些学术交流活动。1963年起，各级盟组织在对全体盟员大力进行爱国主义、国际主义和社会主义的教育，推动盟员参加反对帝国主义和现代修正主义的斗争及参加"五反"运动和增产节约运动，参加了民盟省委会的六次基层情况报告会，一次兰州地区基层组织盟务工作经验交流会，对兰州大学盟组织的工作状况及盟员思想状况进行了两次重点调查。基层组织的思想建设，组织建设和盟务工作蓬勃开展。

1964年和1965年，全市盟员以极大的热情参加了教育改革的研讨活动，并写出了中等学校和小学教育改革调查报告，1965年6月起，进行了社会主义教育运动宣传活动。

爱国主义法学家梅汝璈

民盟南昌市委会

梅汝璈先生作为中国首席大法官,在举世闻名的1946年5月东京审判上叱咤风云,最终为将东条英机等7名日本甲级战犯送上了绞刑架做出了巨大贡献。作为中华儿女,谁不会对先生的爱国情怀所动容?为此,先生被誉为中国法官的代表和楷模,审判日本法西斯罪犯的民族英雄。

我已经记不清来过多少次江西青云谱区的朱桥梅村了,每每到这,心里有一种难以名状的情愫,或是工作接待或是考察调研或是思维自觉,久而久之,被梅村特有的明清江南民居和人文文化遗存所吸引,尤其是世界国际法学界"巨人"——梅汝璈先生的伟大精神值得敬仰。对于梅先生,这位当代伟大的爱国主义法学家,大家都不会忘记且感谢他在1946年远东国际军事法庭审判中的胆量与智谋,是梅先生用正义和法律、执着与热忱和整整3年的不懈努力,让罪行得以揭露、让正义得以彰显,为中华民族赢得了尊严。

2019年11月7日,这个特殊的日子里,我怀着崇敬的心情,欣然地接受了主办方的邀请,来到江西滨江宾馆参加"纪念梅汝璈先生诞辰115周年座谈会",和与会学者、代表们一起追忆先生的法律精神、追思先生的丰功伟绩、缅怀先生的爱国情怀。那时,我心里十分明白,我之所以被邀出席此次会议,是缘于2015年1月28日在滨江宾馆举行的省政协十一届三次会议联组会议上的一次建言，我建议将梅汝璈先生故里——江西南昌市青云谱区朱桥梅村打造为"中国法官教育培训基地"，此建议得到了最高人民法院、省委、省政府、江西省高级人民法院的高度重视，并于2016年11月15日被最高人民法院正式批复梅汝璈先生故居———青云谱区朱桥梅村为"全国法院法治文化教育基地"。

座谈会上，人们对先生的追思与爱戴也深深地感染了我，把我的记忆还原到5年前省政协十一届三次会议第二组围绕"小康提速"建言献策讨论会上，记忆的阀门一经打开，就像流水一样难以抑住，特别是自己也曾是一名法律工作者，也和先生一样对法律正义充满了无限的敬畏。记得那时，本着对先生的敬慕与感佩，本着一种对法律的敬重与对民族情感的深爱，也是本着对青云谱醇厚历史文化的热爱，我虽是一位来自基层的省政协列席委员，但我还是勇敢地建言："我是来自南昌青云谱区的政协委员郭翀，我今天发言的题目是'关于打造中国法官教育培训中心的建议'。我非常庆幸自己在青云谱区工作，因为青云谱区出了一位了不起的人物———国际大法官梅汝璈。在70年前东京审判的国际舞台上，梅汝璈大法官凭着深厚的法学功底、强烈的爱国情怀，用正义之剑为中国人民赢得了民族自尊和国家主权，是中国法学界和世界国际法的一座丰碑。梅汝璈是青云谱的、是南昌的、还是江西的，更是中国的。在眼下依法治国和纪念抗日战争胜利70周年的大背景下，依托梅汝璈这个法治精神和爱国精神的化身，在他的故乡——南昌青云谱区朱桥梅村建设中国法官教育培训中心具有战略意义和现实意义……"

当时我完全沉浸在对先生的深深敬慕和中国法官教育培训中心的远期构建中，全然忘记会场上有省长、市委书记、省政协副主席和全省各地市的主席们、统战部部长们在，会场如此安静，直到省长示意我坐下并充分肯定我的发言之后，我才发现自己的手心、背心都汗湿了，但直觉告诉我：讲得深情、真诚！是啊，梅先生作为中国首席大法官，在举世闻名的 1946 年 5 月东京审判上叱咤风云，最终为将东条英机等 7 名日本甲级战犯送上绞刑架做出了巨大贡献。作为中华儿女，谁不会对先生的爱国情怀所动容？为此，先生被誉为中国法官的代表和楷模，审判日本法西斯罪犯的民族英雄。

但要把朱桥梅村建设为"中国法官教育培训基地"的工作远没有想象的那么容易，对建议本身，委员中还有些领导中提出异议：有直接否定的，有怀疑的，有质问的，或许是先生人格的魅力感召，或许是人民对和平的苦苦追求，或许也是我们的真诚与追求，终于在一波三折之后，迎来了胜利的曙光，我们一步一步将基地建设推向光明的彼岸。

在出席 2015 年省政协会议之前，我已经做了大量的调查研究与认证，于 2015 年 1 月 20 日向市政协提交了《关于打造中国法官教育基地的建议》的提案，并接受了人民网等主流媒体的专题采访，把梅汝璈故里建成中国法官教育基地的意义重大，既能唤起中国广大法官的爱国主义情操、职业荣誉感和社会责任感，又能永远纪念这位为国家和民族做出不朽业绩的伟大法官。同时，区委、区政府主要领导高度重视，时任区长也同步向省人民代表大会提建议。这个提案得到最高人民法院、江西省高级人民法院呼应，省高院院长来到青云谱区调研，最高人民法院 2015 年 5 月 13 日也到朱桥梅村调研。期间，全国人大代表龙国英也想向全国人大提出相同意见建议，省高院院长、省高院副院长等先后多次视察调研认证，为进一步推进基地的落地和扩大影响，青云谱区于 2015 年 8 月 13 日举行纪念中国人民抗日战争暨世界反法西斯战争胜利 70 周年，为最高人民法院的正式批复提供了实践依据。

为跟进批复的进程，我在 2015 年 10 月 10 日至 15 日休公假期间，还专门去最高人民法院了解情况。最后基于种种情况，区委、区政府决定先解决省级基地建设。2015 年 11 月，青云谱区区长到省高院协调江西法官教育基地事宜，会议同意在梅汝璈故里建设江西法官教育基地。2015 年 12 月 21 日，江西省高级人民法院复函同意在梅汝璈先生故里南昌市青云谱区朱桥梅村打造"江西法官教育基地"。2016年1月13日，江西省法官教育基地在青云谱区朱桥梅村先生故里揭牌，此项课题取得了建设性成果。

2016年7月，我转任南昌市新建区政府副区长，离开了我工作16年、洒满我青春热血的第二故乡青云谱。同年11月，全国综治会议在南昌举行，会议期间，青云谱区主要领导再次托人找到我，要当年的建议材料，我非常欣喜，知道冲刺国家级基地的机会又来了，于是，我积极参与申报材料的准备工作。令人兴奋的是，2016年11月15日正好是我的生日，最高人民法院终于决定将梅汝璈故居命名为"全国法院法治文化教育基地"，这对梅汝璈家乡来说无疑是最好的消息，这是对付出汗水的所有参与者最好的回报，也是江西青云谱区人民的胜利，更是全国法治文化的胜利！此时此刻，我感觉到了一位建言者的幸福与价值。我感谢先生，是他的正义为祖国赢得了尊严，是他的情怀为民族赢得了胜利，是他的胆识为法律维护了正义，向先生致敬！

（作者：郭翀）

今生无悔为盟员

——我与民盟的故事

民盟南昌市委会

2021年3月19日，中国民主同盟迎来80周岁生日。她诞生于血与火的时代，如今已发展成为32万多盟员组成的大家庭。她的成就与荣光，正是来自这32万名各行各业的普通盟员，是那千千万万萤火之光凝聚成了照亮时代的耀目炬火。记录下这段跨越了将近一个世纪的文字，这也是我真正无悔的选择！

初识民盟

1929年的春天，我出生在安仁村，那是千里赣江以西的一个小小村落。1938年，在舅舅的支持下，我在南昌县进入了新式学堂，但当时正值抗日战争的艰难时期，日本侵略者的铁蹄在中华大地上肆意纵横，曾经的家园变得满目疮痍，曾经兴旺的章氏大家族也已经走向了衰败。中学毕业后，在周兰清校长的帮助下，我考入"江西省高级护理学校"，在这里我认识了南丁格尔，认识了这位举世闻名的提灯女神，找到了我人生的方向，这是我梦想起航的地方。

1948年的秋天，我完成了四年半工半读的生活，毕业的第二天就在家人的安排下嫁给了远房的表哥。不同于传统封建家庭的婚姻，我的爱人是一位诚恳、朴实、有文化的青年，婚后他尊重和支持我成为护士的理想。当时国内时局复杂,解放大军挥师南下,上海、南京、湖北、江西等地先后解放,我的三哥是国民党政府的官员,在社会上各种传言四起、人心惶惶的时候决定将章氏家族所有成年子女全部带去香港。临行前,我在卧室的床头看到了那本丈夫最爱的《闻一多全集》,便把书放进了自己的挎包,就在这个时候,国民党稽查队在各家各户检查所有要带走的行李物品,我放进挎包里的《闻一多全集》成了罪状,我被当成了共产党人关进了大牢。其实当时的我并不知闻一多是何许人,何许背景,但是命运却在这时让我和中国民主同盟早期的杰出领导人闻一多产生了交集,为我后来加入民盟埋下了种子。

出狱后我辗转抵达香港,在那段日子里和丈夫一起阅读闻一多的诗集,了解到闻一多先生的生活,伴随着祖国的命运而动荡不安。他爱憎分明,很有骨气,苦苦追求真理,为正义而奋斗不已。抗日战争爆发后,他随清华大学迁至云南,在西南联大任教,参加了中国民主同盟,投身于抗日救亡斗争中。1945年,他因为踊跃参加民盟工作、积极组织社会活动,表现突出,当选为中国民主同盟第一次全国代表大会中央委员,还担任民盟云南省支部宣传部部长兼《民主周刊》社社长。抗日战争胜利后,面对国民党反动派的黑暗统治,他毫不畏惧,走出书斋,英勇地参加反对蒋介石独裁统治、争取民族解放和民主自由的斗争,从一位沉静的学者变成了一位激情喷发的民主斗士。他为推翻旧社会、创建新世界流尽了自己的最后一滴血,用生命实践了自己的诺言,为中国民主运动史写下光辉的一页。在那段逆境里,闻一多先生的经历鼓舞着我,坚持自己的理想,渴望回到故土。

光荣入盟

直到1951年我才从香港回到南昌,这片我生长的土地,我热爱的家乡。那时江西才解放两年,省里缺少护士管理人才,我回来后被省卫生厅领导安排到省附属医院担任普外科代理护士长,这简直是一声春雷、惊天的喜讯。我的童年、少年至青年,走过了一程风雨飘摇且又充满幻想的岁月,现在我终于成为一名护士。从护士学校毕业的那天起,我就在盼望,盼望穿上白色护士服,这是人间最温柔、最美丽的翅膀,这份神圣而庄重的白色,将要为我撑起新的天空。我珍惜这份来之不易的工作,我事事以身作则,从基础护理、治疗到打针、换药、照看病重患者、配合医生查房,并在工作之余将自己在省高级护士学校所学到的护理知识、实践经验传授给其他的护士们。日子如长长的河流,无声无息地往前流淌,在这几年里,我几乎成了工作狂,我的付出陆续得到了患者、同事、领导的肯定,连续多年被评为江西省先进工作者、南昌市劳模。随之我渐渐萌生了加入中国共产党的想法,由于历史原因,我的家庭背景和社会关系成为加入共产党的障碍,这一度让我有些失落,这时我突然想起了那本曾经阅读过的《闻一多全集》。闻一多是中国现代伟大的爱国主义者,坚定的民主战士,中国民主同盟早期领导人,中国共产党最早、最忠诚、最值得信赖的伙伴。中国民主同盟不仅仅意味着"高知",除了学术与华章,更有一腔报国热血。民盟先贤的博学与厚积、朴素与淡泊,像一道靓丽的风景,感召着每一个有良知的中国人。正是这位伟大的先驱引领着我在追寻着中国共产党,我的成长才得到了历练。于是我很快振作起来,在历史的选择下我于1956年正式加入南昌市民盟组织。

民盟组织成就了我

走近民盟后,民盟组织中品格正直、专业精深、多才多艺的民盟人仿佛一股清泉、一丝暖阳,荡涤温暖我的人生;仿佛一块磁石吸引我探寻它"奔走国是,关注民生"的历史,理解它"出主意、想办法、做好事、做实事"的传统。于是,我对民盟的认识慢慢从"远视"变成了"近观",从"宏观"变成了"微视",尘封的历史变成了鲜活的形象,抽象的文字幻化成了生动的现实。有信仰的人是幸福的,有归属的人是踏实的，民盟是我的信仰和归属，护理事业是我一生的追求。我有责任和义务洗礼自身，让自己这一滴水，汇入民盟的大江河，壮其波澜，助其奔腾。

时光飞转、物换星移，1993 年我从南昌市第一医院退休，但是我却不愿退出护理的舞台，社区服务开启了我人生的下一段篇章。2000 年，我做出了人生又一次重大的选择：组建成立江西省红十字志愿护理服务中心。秉承"人道、博爱、奉献"的精神，把人类的健康送进社区，把关爱送给每一位需要帮助的居民。2003 年，在我从事护理工作整整 55 个年头后，我终于触摸到了心中的那盏神灯——国际南丁格尔奖。这是我 16 岁进护士学校就开始有的梦，一个梦竟然不知不觉地追寻了半个多世纪。

2021 年 1 月 22 日，民盟南昌市委会主委、市社会主义学院院长郭翀带领机关干部和盟内文艺爱好者走访慰问我，为我献上了一首歌。在唱歌的时候，我联想到爱心奉献团在社区活动时改编歌曲的做法，建议改编部分歌词，加入民盟元素，果然也很成功。我已满头白发，无悔作为盟员，欣慰南昌民盟事业薪火相传，祝福民盟基业永青！

（作者：章金媛口述、方译整理）

胡愈之对川北民盟组织
发展巩固的调查与研究

民盟南充市委会

川北南充（又称果城）是曾任中央人民政府副主席、民盟中央主席张澜先生的家乡。由于20世纪30年代张澜在南充的革命活动影响了大批进步人士，为地方民盟组织的建立孕育了种子。1945年12月20日，民盟南充县分部在南充县城成立后，在城乡广泛传播民主爱国思想，开展革命活动。1947年10月，国民政府宣布民盟为"非法团体"后，南充民盟组织活动被迫转入地下，不少盟员被迫离开南充。

1949年12月9日南充解放后，南充成为省级行政区川北区行署所在地。川北区辖南充、遂宁、剑阁、达县4个专区35个县（1950年3月，川北区增设南充市，由川北行署直辖）。为了适应当时的行政区划格局，民盟西南总支部报请民盟总部批准，在川西、川南、川北3个行政区分别建立了民盟支部临时工作委员会。1950年2月，民盟川北支部兼南充市分部临时工作委员会成立，实行两块牌子一套班子的领导管理体制，为省一级民盟组织，设秘书处、组织部、宣传部和学习联谊工商妇女四个委员会。创办了内部刊物《川北盟讯》。盟员主要分布在岳池、武胜、南充、西充、南部、阆中、营山、仪陇、遂宁、蓬溪、三台、射洪、中江、安岳、乐至、旺苍、剑阁、巴中18个县、市。其中，有的盟员是临近中华人民共和国成立时发展的，情况比较复杂。是月，民盟四川省支部委派贾子群回到南充，整理川北盟务，进行盟员登记。经过审查清理确认后川北区有盟员261人。

1951年5月至8月，民盟总部组织委员会主委胡愈之率领中央土改第一团来南充搞土改的三个月里调查发现这里民盟组织"与旁的地区不同。其特点为：（1）在群众中在党方面的印象好；（2）过去有斗争历史和基础；（3）党和群众都希望发展；（4）其他民主党派少；（5）经过镇压反革命和土改后很多知识分子的政治态度是比较明确了。这样便具备了发展组织的条件。总部和总支发展组织计划中规定为大中城市才发展组织，这就川北来说，是不大适合的。因为川北就没有一个大中城市，但由于具备了其他条件，也是可以发展组织的。希望重新拟个计划交总支和总部研究执行"。8月27日，在完成土改任务胜利返京之前，胡愈之在民盟川北支部兼南充市分部为他举行的欢送会上如是说。他指出："川北盟的整理工作已经初步结束了。往后的工作是发展和巩固的问题，关于发展，过去由于与总支和总部的联系不够、缺乏具体的指示，就发展计划来说，由于总支和总部是从全面考虑问题，没有照顾到个别地区的特殊情况，这样川北盟的发展工作便略为受到了一些限制""发展组织中最重要的一个问题是领导骨干问题，如果我们新同志多了，没有骨干来领导，那么发展的结果是会出问题的。所谓发展与巩固相结合，必须要有领导骨干才能办到的！因此对骨干的培养是很紧要的。川北可以多派干部去革大学习，并有计划的，主动地争取党团员入盟来做骨干，这样培养骨干问题是可以逐步解决的。"

他还指示："在对外工作方面，川北土改基本完成以后，紧接着的便是文化和经济建设工作，知识分子的任务，便是在这两种工作中力求面向工农，并改造自己。土改后，翻身农民迫切要求文化。因此，小学师资的培养和提高，工农速成学校的普遍开办，是很重要的议题。此外，我们必须负起责任来从团结、教育、改造旧知识分子和地主阶级出身的青年着手，使之转向无条件为工农服务。经济建设方面来说，川北私营工商业的资本很小，对大规模的工业建设，起不了作用，这个任务只有由政府投资兴办才可能。私营工商业的前途，走合作社的道路倒是有希望些，把小量的资本和人力都投入合作社或联营机构中去，这样来加强城乡物资的交流，为广大的农民服务。这不特有经济意义，而且有政治意义，不过目前搞合作社有困难，第一缺乏干部，第二缺乏经验，盟在今天积极地为合作社训练人才，动员工商界为合作社事业服务，这是对广大人民有益的事。"

最后他希望："（1）把盟员过土改关的情况和盟员参加土改工作的情况检查总结一下，及时表扬好的，批评有缺点的，处分坏的，以提高同志的思想；（2）川北支部临工会，应该在今年结束成立正式支部，顶好是假十月份川北各代会时，举行选举。"

后来，在川北区党委书记、川北行署主任胡耀邦的亲切关怀下，川北民盟组织得到较快发展巩固。至1952年9月，川北区盟员由原来的261人发展到434人。民盟川北支部兼南充市分部机关有工作人员12名。

（作者：民盟南充市委会机关干部）

重温光荣历史　再谱合作新篇
——中共与民盟在南宁解放前的亲密合作

民盟南宁市委会

民盟南宁地方组织建立之初，南宁民盟的一切活动都是在中国共产党的领导和支持下开展的，在以后的各种斗争中党盟和衷共济、并肩作战。可以说，民盟在南宁的发展史就是党盟在南宁的合作史。2021年是中国共产党成立100周年、中国民主同盟成立80周年，让我们重温这一党盟合作史，从历史中汲取奋进的智慧和力量。

一、开展"反对更改院名、维护师院光荣历史、反对不合理待遇"护院运动

1947年年初，国立桂林师范学院迁至南宁，随迁的盟员有20余人，民盟广西省支部决定组建民盟南宁支部。学生代表植恒钦（盟员）等同志组建时局研究小组，与民盟广西省支部委员叶生发（中共党员、盟员）、杨荣国（中共党员、盟员）保持密切联系，传达地下党发来的电讯、文件等，使民盟与中共的工作步调保持一致。

1947年5月，国民党当局下令将国立桂林师范学院改名为"国立南宁师范学院"，接着施行《公教人员待遇调整办法》，大幅降低教职员待遇和学生的公费待遇，激起全院师生的愤怒和反抗。师院中共、民盟组织负责人共同协商，决定因势利导，联合进步教师、学生在号称是

"西南民主堡垒"的师院校园里开展以"反对更改院名、维护师院光荣历史、反对不合理待遇"为主要内容的护院运动，并和各地"反饥饿、反内战、反迫害"运动的洪流汇合起来，提出"要吃饭、要和平、要自由"口号，举行罢课、罢教运动。

当时教授会、学治会、班代表大会多由中共党员、民盟盟员负责，中共、民盟组织共同协商，通过这些合法机构，直接组织、领导这一运动。学治会负责人梁成业（中共党员、盟员）组织召开了全体同学大会，通过了罢课、组织护院行动委员会等决议，发出致国民党行政院、教育部、广西省政府、省参议会的通电和告全国同学、同胞书，并在报上发表宣言，散发宣言、传单，张贴标语、墙报等，将运动推向高潮。在举行各界人士和记者招待会中，盟员师生作了慷慨激昂地发言，批驳反动派的诬蔑和攻击。各种宣言、传单、标语、壁报等多由盟员草拟，有一部分盟员被派为代表赴桂林与西大等学校联系，商量配合行动。

斗争持续了一个多月，广西当局被迫接受学生意见，提高教职员工的工资，增加学生伙食费，斗争取得胜利。

二、发起"营救杨荣国、张毕来两教授运动"

1947年7月初，国民党当局发布《勘平共匪叛乱总动员令》，镇压爱国民主运动，出动全副武装镇压赤手空拳的工人、学生和爱国民主人士，训令其各级组织对各民主党派的上层分子"暂时容忍敷衍"，对中、下层分子，只要发现，不问其情由如何，一律逮捕格杀勿论。

广西反动当局也调动大批军警宪特，逮捕了一批民盟盟员。当时张毕来是国文系教授，杨荣国是史地系主任，他们都是地下党员，在社会上的公开身份是民盟广西省支部委员。7月15日，广西反动当局以民盟盟员干系"学潮"的罪名将张、杨逮捕并关进了南宁第一监狱。逮捕是公开的，营救行动也是公开的，广大盟员未被反动派的凶焰吓倒，而是与中共地下党更加紧密合作，坚持秘密斗争。

8月24日，时任民盟中央主席张澜为抗议广西盟员被捕，致函国民党行政院院长张群，指出"政府对本盟盟员，显系有计划、有组织加以压迫和打击"，要求将广西被捕的盟员立即释放，之后又连续两次致函，再三提出书面抗议。民盟的基层组织负责人，绝大多数既是盟员又是中共党员，在地下党的直接领导、布置下开展工作。10月27日，国民党反动政府宣布民盟为非法组织，民盟南宁组织转入秘密活动。广大盟员更进一步团结在党的周围，本着"工作公开，组织秘密"的原则，与地下党密切合作，共同战斗。

为营救被捕师生，中共南宁地下党和民盟南宁支部通过学校学治会、教授会出面，组织成立营救被捕师生委员会，一方面用抗议、谈判、交涉、请愿等方式在社会上大造舆论，发起"营救杨荣国、张毕来两教授运动"，发动全体师生参加营救活动；另一方面通过各种社会关系与南宁绥靖公署上层联系。1948年5月初，经中共南宁地下党和民盟南宁支部的努力及对南宁绥靖公署的策划和推动，省府批准了南宁绥靖公署的"保释"呈文，杨荣国、张毕来等获释出狱。

三、掀起以"反黄"为中心的学生运动

1948年年底，国民党反共政客黄华表接任师院院长，妄图加紧镇压学生民主运动。师院地下党和民盟组织协商，决定掀起以"反黄"为中心的学生运动，刚恢复活动的民盟组织积极参加了这场斗争。

1949年1月9日，黄华表一上任，就命令学生办理壁报登记，不承认民主选举的学治会，封存图书馆进步书刊，不准搞运动，动辄给学生记大过，甚至停发公费，要学生自筹伙食费等。愤怒的同学们集队包围了黄华表的办公室，派代表进行说理斗争，黄华表被迫答应学生的要求，但随即逃出学院，举行招待会，数落学生的"不法"行为，诬蔑盟员教授谭丕谟、王西彦等煽动学潮，甚至勾结伪专员，派特务、打手冲击师院，撤走部务处职员，停发一切经费等。师院教授会、学治会举

行记者招待会,发表声明驳斥黄华表的诬蔑,并将几个冲击宿舍、殴打学生的打手打倒,扭送警局,向社会控诉其暴行,还举行活命大拍卖、活命义演等,控诉黄华表私吞公款、企图饿死师生员工的罪行。

1949年4月,伪省主席黄旭初到南宁,经师院师生与之交涉,表示不再支持黄华表,却诬蔑师院教授煽动学生闹事。师院中共、民盟组织经过研究,为避免反动派下毒手,谭丕谟、谢厚藩、翟凤鸾、杨荣国、张毕来、汪世楷等6位教授决定离开南宁。经离邕的教授同意并与地下党联系,民盟串联进步同学组织了五百多人的送别队伍,在归途举行示威游行,散发黄华表勾结反动派逼走教授、迫害学生的传单,高呼"反对迫害、保障人权""打倒刽子手黄华表"等口号。这次送别游行,将"反黄"运动推向高潮,迫使国民党当局于5月7日撤销黄华表的职务,斗争取得了完全胜利。

四、迎接南宁解放

1949年4月21日,毛泽东主席、朱德总司令发布《向全国进军的命令》。9月,地下党省城工委工作会议提出"迎接解放军解放广西"的号召,此时师范学院的盟员或毕业离开南宁或赴游击区工作,留邕盟员不足10人。他们根据地下党"集中力量,准备迎接最后胜利,秘密组织群众,进行社会调查,开展宣传攻势"的指示,积极搜集情报,调查社会集团和主要机关、企业、学校以及国民党上层人物的情况,此外积极开展策反工作,为南宁的解放、接管做出了贡献。

在师院卫生室工作的盟员黄惠贞利用工作便利,掩护地下党在卫生室开展会议和活动、隐藏进步书刊和革命师生。在《广西日报》做编辑工作的盟员韦士宾收集新闻情报,形成书面材料,送交地下党。"柳州已解放,解放军已越过柳州向南挺进"的情报就是从韦士宾这里送出去的。地下党南宁市工委得到这一重要情报后,即转入紧急应变的准备工作。

根据组织安排，韦士宾调查广西日报社，韦德溥调查南武师范，杨冠群调查南宁高中，蓝表天、严少先调查西江学院、国民中学和科学仪器馆等。他们将这些单位人员的政治面貌、特务组织和物资设备等详细情况整理成书面材料送交党组织，为南宁解放后的接管工作提供了方便。盟员严少先、蓝表天利用社会关系，协助地下党积极开展策反工作，先后动员了3位警察分局局长、南宁电台负责人以及教育厅办公厅主任和省政府30多位科长级人员向地下党投诚。在解放军入城前夕，对维持地方治安、保护地方电台、转交文书档案和资财起了一定的积极作用。

此外，民盟南宁支部还设立解放军接待站，发动盟员同志捐钱献物，尽力支援、帮助地下党解决经费困难，积极支持解放军入城工作。党盟同舟共济，并肩作战，迎来了南宁的解放。

公开、自觉地接受中国共产党的领导，这是民盟仁人志士在伟大实践探索中做出的历史性选择。70余年的风雨同舟、荣辱与共，更加印证了这一选择是无比正确的，也是历史发展的必然结果。

一代人有一代人的长征路，一代人有一代人的担当。我们要牢记多党合作初心，牢记作为中国特色社会主义参政党的使命和担当，按照"多党合作要有新气象，思想共识要有新提高，履职尽责要有新作为，参政党要有新面貌"的指示要求，深化思想引领，强化自身建设，优化履职服务，为多党合作事业薪火绵延、为实现中华民族伟大复兴做出新的更大贡献。

（作者：薛冉）

陪伴是我对民盟最长情的告白

——百岁老人张柔武忆南通民盟

民盟南通市委会

张柔武，1919年5月出生，江苏南通人，系中国近代著名爱国实业家、政治家、教育家张謇嫡孙女，是南通民盟组织创始盟员之一，江苏省七届政协委员。1961年至1985年间任民盟南通市委会委员、副主委。1984年为统战工作需要，跨盟参与组建中国致公党省、市工委会。

初夏的南通草木葱郁，惠风和畅。我在濠河之畔遥想过往岁月，感慨颇多。2021年是中国共产党100周年华诞，也是中国民主同盟成立80周年。作为被习近平总书记点赞的近代爱国实业家"典范"张謇的孙女，一位出生在1919年的百岁老人，我亲眼见证并亲身参与到中国共产党与中国民主同盟等民主党派风雨同行，荣辱与共，最终实现国家富强、民族振兴和人民幸福的光辉历程。而作为南通民盟的创始盟员之一，我更是一路相陪，与其同成长、共青春，风雨兼程、无怨无悔。

相遇初识美好

生命中的相遇总是带着美好的芬芳。中华人民共和国成立初期，我国国民经济好转，南通工业恢复生产，国家形势一片大好。1956年11

月，南通医学院书记曹书田和附院李颢教授找我，他们说南通要成立中国民主同盟地方组织，动员我参加。当时，我刚从上海回到南通，看到家乡天翻地覆的变化，我热血沸腾，特别热切地期盼能为新社会贡献自己的力量，也就特别珍惜在南通师范当音乐老师的工作，当时只想一心扑在教学上，所以就婉拒了他们。南通师范的张梅安校长知道了这件事对我说："民盟是进步组织，党外人士可以协助党去做更多有利于新社会的事！你叔叔张敬礼就加入了民建，你可以问问他。"我找到我叔叔，他立刻说加入民主党派就是给党做工作，是件很好的事情！是啊，回到家乡，为党和新社会做事情不就是我最大的心愿吗？叔叔的话让我醍醐灌顶，也让我对民盟组织有了向往。后来我去请教了兼任统战部部长的王敏之副市长，他给我看了当时市委圈定的民主党派组建人员名单，我立刻感觉责任重大。作为张謇后人，当时社会上对我还带着有色眼光，迫切想要进步的我难免有点缩手缩脚。可是党却如此重视和信任我，让我参与到民主党派的组建中，我暗暗发誓：我不仅要加入民盟，而且一定要干好民盟工作！

相知荣辱与共

支部成立时只有7名委员，我是最年轻的一个。随着工作学习的开展，我不断加深了对民盟的认识，尤其是在史良等女性民盟先贤的感召下，对民盟的感情也越发深厚。民盟那时候的中心工作是相互团结、相互促进，拥护党的领导。每月盟员们要过组织生活一次，我们聚在一起学习盟史和党的多党合作制度及长期共存、互相监督的政策，相互交流，相互探讨，还要开展丰富的盟员活动。

历史的长河奔腾不息，有静水深流，也有惊涛骇浪，但无论何时我都感受到了组织的力量和温暖。1966年，"文化大革命"开始，有很多的民盟成员遭受了冲击和迫害，民盟南通市委会停止活动。那个时候，我也受到了冲击，内心常处于彷徨和不安之中。我听到帮助南通成立民盟组织的盟省委会领导陈敏之同志也受到了许多委屈，但是当时她都咬牙忍着，她这是对组织最赤诚的热爱，对群众最无私的信任啊！这是一种怎样的气度和胸怀。每当想到此，我就觉得只要相信组织，热爱组织，再多的曲折都会过去。除了精神上的慰藉，生活上南通民盟的同志也都对我伸出援手，林弥励同志就一直很关心我，经常给我带苹果、鲫鱼等物品，这些温情的人和事都为那个风雨飘摇岁月涂抹上了鲜艳的色彩。

相守相濡以沫

一直以来，我在民盟主要负责是组织和宣传工作。盟发展对象是大、中学校，文教中、高级知识分子，社会上很多人都对入盟热情很高。我发展的第一个盟员就是画家沈启鹏的父亲沈国治同志，其实他是很有成就的工程师，可能去民建或者九三学社更适合，但是他非常坚定地表示要加入民盟。后来沈启鹏也在他父辈的影响和我的推荐下加入民盟，并在组织的关爱下不断成长，不仅成了享誉全国的美术大师，还是全国人大代表、民盟中央委员、民盟南通主委、南通大学副校长。现在他每年都会带着自己的画作来看我，可以说他们一家都与我产生了深厚的情谊。

1955年到1997年，这42年，我恪守"奔走国是，关注民生"的初心，围绕党和政府中心大局，积极建议。我曾担任过7届政协委员，2届常委，提出了"必须大力改善南通临海傍江、袋形地势的交通""希望扩大大学招生名额，有利于多多益善培养人才"等提案，这些提案后来都得到了满意的答复和落实。

我从2009年起开始担任南通市慈善总会名誉副会长，积极从事慈善事业，倡导开展"日日捐"活动，先后捐款十多万元。2020年年底，我发起了张柔武爱心慈善基金，致力于"情暖江海"春节慰问，为特殊困难家庭送去慈善温暖，活动也得到了盟组织和盟员的大力支持。

相望青山满目

1984年，我响应中共省、市委统战部门安排，跨盟参与组建中国致公党省、市级地方组织。我的工作重心也发生调整，不再在民盟负责具体事务，但我一直密切关注民盟的发展。

20世纪80年代和21世纪初期，时任民盟中央主席费孝通来通考察，我参与陪同，费老和我讲述他名字"孝通"的由来，因当年我祖父聘他父亲来南通师范执教时关怀备至，他出生后，他父亲特以"孝"字与我父亲"孝若"排行，取名"孝通"，令他感念南通，以表示感谢我祖父。我和民盟渊源可见深厚。

退休后，我始终不忘服务社会的初心，热切地想要为南通的经济文化事业做出贡献。我担任了张謇研究中心顾问等职，整理张謇家书家训，回顾历史风云，辑文成册，出版了《状元家训》《往事琐记》《濒濠岁华》等书。我还利用社会影响和海外关系，为南通外向型经济和招商引资出力。

2020年11月，习近平总书记到南通视察，对我祖父张謇实业救国的奋斗史绩给予了高度评价，这让我备受鼓舞，当即就写了一篇《这座城，属于奋斗者》的文章，在国家和省级媒体发表。

65年栉风沐雨，65载岁月轮回，我和南通民盟从相遇到相知，再到相守相望，已经相依相伴了65个春华秋实。我看着南通民盟从青葱幼苗成长为参天大树，从成立之初的寥寥几人到现在的盟员近千人。

莫问华簪发已斑，归心满目是青山。今年我已103岁，我心不老，组织亦壮年，我会以最大的热情关注民盟的事业发展，期待为民盟事业和党的多党合作事业发挥余热。

(作者：张柔武口述，赵明远、刘铃整理)

蔡野与泉州民盟

民盟泉州市委会

泉州是民盟在福建最早开展组织活动的地区之一，民盟泉州市委会几代盟员经受历史考验，薪火相传，铸就了光辉历程。1949年，为配合中国人民解放军解放泉州，在中共中央南方局和民盟南方总支部指示下，成立了民盟泉州小组，在泉州地区开展活动和斗争。1950年年初，成立民盟泉州市分部筹委会；1951年，成立民盟泉州市临时工作委员会；1953年，召开全市第一次盟员大会选举产生了民盟泉州市第一届委员会，至今已经历十五届市委会及五位历任主委。截至2021年5月，泉州共有盟员2221人、下属地方组织2个、区工作委员会2个、总支委员会7个、基层组织90个、专门工作委员会13个。

一百年波澜壮阔，八十载风雨同舟。2021年是中国共产党成立100周年，又恰逢中国民主同盟成立80周年，泉州学盟史，重温民盟与中国共产党风雨同舟、亲密合作的光荣历史，有一个我们不得不提的杰出老盟员——蔡野。

蔡野同志是泉州民盟的创始人，作为离休老干部，我们对他留下了深深的回忆和对他人品的仰慕。蔡老的领导气质和长者风范以及他的社会活动能力和工作作风感动着后人。他为人高风亮节、刚直正派、任劳任怨、甘于奉献；他不以自己是泉州民盟的创始人之一而居，而是淡泊名利、自尊自强。蔡老虽历经坎坷曲折，但始终坚守着心中的理想和信念，不忘做共产党的诤友。

蔡野（又名蔡云生）同志，1926年1月出生于福建泉州市的一个知识分子家庭，2012年4月4日逝世。其父蔡文潮，字蔡浚，是民国时期泉州著名书法家、泉州立成小学校长。位于泉州通淮关岳庙武圣殿山门前的《鼎汉立宋》匾额就是他的亲笔所书。其长兄蔡樵生先生于20世纪40年代初，在条件极其艰难的情况下，呕心沥血，克服种种困难创建了晋江县中（今泉州第一中学）并任校长。蔡老自幼受到家庭中国传统文化的熏陶，中华人民共和国成立前在福建协和大学念书期间又深受当时学校进步思想的影响，爱国、民主、团结、进步、科学的精神打动着每位进步学生的心灵。他在学校地下盟组织的带动和引领下于1948年秋，加入中国民主同盟，并积极参加了地下盟组织开展的"为实现民主、和平、独立的新中国而奋斗"的各项民主、进步活动。

1949年5月，中国共产党领导的解放大军进驻闽北重镇南平直逼福州。为了开展革命活动和斗争，建立新的据点，福建地下民盟组织遵照香港中国共产党南方局和民盟南方总支部的指示，决定在泉州发展盟员筹建组织。1949年6月，蔡老在福建协和大学中文系毕业后，受民盟省级组织的指派到泉州发展、筹建泉州民盟组织。蔡野同志回泉州后与在泉州的另一位地下盟员李际闵同志（当时任泉州中国银行襄理）取得联系，共同负责开展盟务工作，因工作需要，民盟省级组织又派施自祥同志到泉州，协助蔡、李二人开展盟务活动。他们一方面在知识分子中开展民主革命思想的宣传，发展盟员；另一方面蔡野同志通过同学关系和中共地下党闽粤赣边区泉州工作委员会晋江县工委书记龚蚌生及晋江城区党团联合第一支部书记王准取得联系，并在他们的支持下开展革命活动。当时的主要活动有：组织盟员学习革命理论，分析形势，提高认识，增强对敌斗争的信心和决心；开展社会调查，并把搜集到的情报和材料整理送交中共地下组织作为参考；在一些重要单位物色几位可靠的同志，布置他们暗中保护人民财产、监视坏人的活动，在迎接大军南下解放泉州时，免遭敌人的掠夺和破坏。盟组织还通过在报社任编辑的盟员发挥作用，在报刊的头版新闻中特地报道了中共地下游击队战斗的消息，从各个方面配合中共地下党做好迎接泉州解放的准备。

1949年9月，蔡老作为泉州民盟的正式代表到福州参加民盟福建省临时工作委员会的成立大会，被选为候补委员并留在福州工作。1950年10月，经彭冲（全国人大常委会原副委员长）同志介绍任福建省人民广播电台编辑；1951年10月，任福建省民盟组织部专职委员；1952年1月至1955年12月，任泉州市民盟组织部部长；1954年，被推选为泉州市人民代表大会代表；1956年1月，任泉州市科普协会秘书处副主任；1956年11月，任民盟泉州市委员会副主委；1976年9月，办理退休；1979年，转办为离休，享受副处级待遇。蔡老先后担任民盟泉州市临时工作委员会委员，民盟泉州市第一、二届委员会委员，民盟泉州市第三届委员会常委，第七、八届委员会副主委，第九至十四届委员会顾问，曾担任政协泉州市第五届委员会常委。

蔡老为泉州民盟的创建和发展做出了很大的贡献，得到了盟内外的高度评价和赞赏。正如民盟泉州市委会陈建通主委在蔡野同志遗体告别仪式上评价说的，"他具有良好的政治素养，强烈的事业心和责任感，爱岗敬业、忠于职守、勤勤恳恳、任劳任怨"，"深受大家的尊重"。蔡老对盟务工作尽心尽力，一丝不苟。20世纪50年代初期，各方条件非常困难，他为了参加省盟召开的盟务工作会议和联系盟务工作，竟然几次骑自行车上福州。他经常对盟机关的同志说："盟务工作就是服务工作，只有把服务工作做好了，才能团结盟员，凝聚力量，搞好自身建设，更好地发挥作用，为'两个文明'建设献计出力。"蔡老半世风雨，一生无悔。1957年，由于众所周知的原因，他受到了人生中最大的一次打击。"文化大革命"期间他及家人又首当其冲受到冲击，但这一切都改变不了他对真理的追求。因为他对共产党抱有信心，对祖国的前途抱有信心，没有动摇对党对社会主义的信念，坚定做党的同路人，表现出老一代盟员的觉悟和气节。党的十一届三中全会以后，蔡老再次担任盟市委副主委，他把主要精力投入到盟的自身建设和参政议政上。在有关部门召开的各种座谈会上，蔡老真正做到知无不言、言无不尽。他经常就教育、卫生、城市建设等群众关注的民生问题深入调研，提出富有见地的意见和建议，得到有关部门的重视和采纳。蔡老为人率直，光明磊落，襟怀坦荡，有很强的做人原则，一向以集体利益为重，群众利益为重。他经常告诫家人和子女，"为人要诚实正派，工作要热情肯干，有困难不要因为我的关系向盟组织伸手"。蔡老的人格魅力，感动着不少盟内外的同志。由于蔡老的为人和对盟务工作的贡献，原民盟中央副主席、全国政协常委吴修平同志每次到泉州来，都要亲切会见他，和他膝足长谈，共同回忆那段不平凡而有意义的往事。

蔡野作为泉州民盟的创始人，他一生努力践行着立盟为公、正直正派、淡泊名利的精神，他克己奉公、以诚相见、平易近人的操守，是我们学习的榜样。

民盟绍兴市委会成立的前前后后

民盟绍兴市委会

民盟是以文化、教育、科技界中高级知识分子为主的参政党,1941年3月成立于重庆。绍兴市盟员的活动始于解放战争初期,并于建国初期建立组织,1955年3月升格为地方组织。本文讲述绍兴出现盟员活动到民盟绍兴地方组织建立前后的一段历史,从中可以反映出民盟为绍兴的解放、为绍兴的社会主义改造所做出的贡献。

一、民盟在绍兴的最初足迹

在民盟绍兴地方组织建立之前,盟员就以个人身份在绍兴活动。从时间上来看,绍兴也是浙江省最早有盟员开展活动的区域之一。最早来绍兴从事盟务活动的是沈肃文,时间在1946年1月。

沈肃文(1881—1958),绍兴钱清人。1920年加入中华职教社,1945年加入中国民主同盟和中国民主建国会,是民盟浙江省组织的主要创始人之一。先后任浙江省议会秘书长、绍兴省立第五中学校长、浙江大学总务主任、农学院副院长并兼任国民党浙江省临时党部执行委员、民建中央监事、民盟浙江区分部主任委员。中华人民共和国成立后,曾担任国家轻工业部财政司司长、民建中央常务委员。

沈肃文早年加入的中华职教社是黄炎培先生创立的。黄炎培是民盟的创始人之一,曾担任第一任民盟中央主席。对于沈肃文,黄炎培有着很高的评价,他在《追忆沈肃文老同志》(写于 1958 年 10 月 30 日)一文中回忆这段往事说:"职教社有两个人:一个是邹韬奋,办《生活》周刊,代人民说话;一个就是沈肃老。不少人经过肃老有力的桥梁作用,获得新的进步认识……那时候,我曾专程从上海来北京访问李大钊,秘密交换彼此对国家、社会前途的看法和做法,非常融洽,这一举动,是和肃老商定而行的。"由此可见沈肃文在黄炎培心目中的地位之高。由于黄炎培的影响和引荐,沈肃文对民盟组织早生敬意,并于 1945 年经黄炎培介绍加入了中国民主同盟。

沈肃文加入民盟以后,便利用其在教育界的影响,以办学从教为掩护,开展民盟活动。1946 年 1 月,沈肃文抱着造就革命人才的理想,在家乡绍兴钱清创办了浙光中学。这所学校设董事会,董事有张澜、黄炎培、竺可桢、邵力子等,以民族资本家、华丰造纸厂总经理金润羊为董事长,沈肃文为校长。与此同时,他筹备成立了浙江民盟小组,他为主委,周仰钊、姜震中为委员。当南京国民党政府撕毁旧政协协议,悍然发动内战,单独召开"国大"时,黄炎培曾由沪避地来杭,与沈肃文共同商讨形势的发展及民盟的工作。当时他们一致感到民盟须有转入地下活动的准备。1947 年 1 月,沈肃文即由杭州到钱清,租借童宅暂充校舍,设初、高中各一班。在开学前的一天傍晚,浙大校长竺可桢由沈的长子待春陪同来校。据说,浙光中学及沈肃文的活动已引起浙大内的某特务头目所注目,竺此行是特来通知沈,要他加倍警惕,采取必要措施的。沈以其在教育界的崇高威望,回乡办学,是堂堂正正的事业,一身正气,无所畏惧,乃单独去拜访那个头目,陈述办学缘起及赞助人情况,一席话词严义正,使对方无法翻脸,更无任何借口下毒手。

浙光中学的培育目标,是沈肃文亲笔揭示的,要培育学生"做一个有益于人民大众的人"。他提倡"进取、勤奋、诚实"的学风。为此,聘用进步的教师,改革历史、公民两课内容,订购进步书刊,教唱革命歌曲,并根据陶行知的生活教育的思想,把学生分成小组,分工负责生活管理。在当时物价飞涨的情况下，该校在管理上井井有条，伙食也办得不错。

自从1947年秋国民党政府宣布民盟为"非法组织"，强迫解散后，沈肃文立即去沪、杭两地与盟上级组织取得联系，明确了转入地下、继续活动、无可动摇的方针。但回校不久，竟发生校舍一天连遭三次火烧，幸及时扑灭。沈肃文一面加强护校工作，自己也参加值班，一面下决心归还租来的童宅，自造校舍。他征得董事会同意，积极募集资金，于1948年春开工，建成教室楼房九间及厨房饭厅。浙光中学有了自己的新校舍。

1948年春夏之间，在杭州的民盟组织被国民党反动派所破坏，只周仰钊一人脱险。沈肃文得知后，立即去沪、杭设法营救。1948年秋，周仰钊由香港来钱清，沈把周安顿在校内同事陆昭源家中，陆家一时成了民盟地下活动的据点。在当时的白色恐怖之下，浙光中学除了联络盟员、开展盟务之外，还为民主进步人士提供庇护所，除周仰钊外，还有上海学联介绍来的沈光瀚、孟亲远、张希文、梁启东、魏文华等，都先后在浙光中学任教或避难，在他们临走时，还送给路费。

浙光中学还有一个突出的贡献是，沈肃文非常重视为中共领导的四明山、会稽山游击区输送进步青年学生去参加革命，在教师中也有多人去四明山参加革命。沈肃文为此不辞辛劳和险阻，接连往返进行联络工作，鼓励和动员学生到游击区参加革命工作，并介绍和护送几批"浙光"师生到会稽山区和四明山区加入人民革命队伍。1948年寒假期间，沈肃文要求高中部的同学留在学校，一天晚上，沈肃文邀集王凤贤等五六名高中同学到他住处谈解放战争的发展形势。他说："本来我想把大家输送到北方解放区去的，现在形势发展很快，你们如果愿意，我可以设法把你们介绍到会稽山游击区去。"根据沈肃文的安排和指定的路线，王凤贤等人先到杭州南星桥乘轮船到诸暨三江口，再步行到枫桥，参加浙东游击纵队诸暨路东部队。接着又有陈景泰等一些学生去游击区。就这样,浙光的老师和高中同学,大部分都参加了革命队伍。

为了便于民盟组织在绍兴开展活动,沈肃文积极在绍兴物色发展对象。1948年4月,时任绍兴县立中学校长的施伯侯加入了民盟。沈肃文曾担任县立中学前身省立五中的校长,这种关系使他们很快地走到了一起。施伯侯加入民盟以后,以绍兴县立中学的公开身份为掩护,在绍兴西小路开设懋迁粮行,为民盟提供经费和活动据点。

绍兴解放前夕,中共绍南办事处派人与施伯侯接洽,施伯侯按照中共方面的要求,积极收集并提供绍兴城军事、政治情况和城市地图,并把正在被搜捕的中共工作人员陈效秩等掩护在校内。同时,根据浙东人民解放军关于"团结进步力量,分化反动势力"和"保护学校,爱护城市,为和平解放绍兴出力"的意见,施伯侯联系社会上层爱国人士共同开展宣传和策反改造,并建立城市工作组,有效地维护社会秩序。1949年5月7日,施伯侯委派代表与郑士伟、陶茂康去城南坡塘,与游击队领导商谈迎接解放军进城事宜,为和平解放绍兴做出了贡献。

二、从建立小组到市委会成立

1949年5月,绍兴解放,民盟在绍兴的活动进入到一个新的时期。当时绍兴已有盟员7人,建立组织的人数条件已经具备。在绍兴解放不久,根据民盟上级组织的指示,绍兴建立了民盟小组,由施伯侯担任组长。在中华人民共和国成立之前,绍兴民盟小组积极响应民盟中央的号召,坚决拥护中国共产党的领导,密切配合地方党政开展反蒋和支援前线的工作,同时协助做好对工商界的统战工作,争取工商界上层人士融入革命队伍中来。

1949年9月21日至30日,中国人民政治协商会议第一次全体会议在北京隆重召开,10月1日,毛泽东在天安门城楼上庄严宣布:中华人民共和国成立了!同时成立了中央人民政府。民盟中央主席张澜当选为中央人民政府副主席,同时,一大批民盟中央领导在新的国家政权中担任要职,这对于盟的各级组织来说,是一个极大的鼓舞。中华人民共和国成立前后的这几天,绍兴民盟小组的盟员们天天守候在收音机旁,聆听毛主席的声音,了解党中央和中央人民政府的重大决定,对于国家的前景,对于民盟的前途,他们信心百倍。

作为绍兴民盟小组组长的施伯侯,在绍兴解放之前就担任了绍兴县立中学的校长,在绍兴知识界具有较高的威望。但施伯侯还有一段经历给他的政治生涯抹上了一层阴影,他曾经担任国民党绍兴县党部执行委员。然而,中共绍兴党组织以宽阔的胸怀接纳了施伯侯,因为施伯侯在解放绍兴的过程中发挥了积极的作用,同时,他的民盟盟员的身份又让他被认同为革命的同路人。所以,绍兴解放以后,人民政府接管了绍兴县立中学并更名为省立绍兴中学,施伯侯仍然担任该校校长,同时,凭着他在民盟的身份,他又被任命为绍兴市人民政府委员和绍兴市科学普及协会主席。

在经历了战争频仍、民不聊生的前半辈子,施伯侯深深感受到共产党是一心为民的党,在共产党的领导下,可以完善自己的价值,实现自己的理想。于是,施伯侯一边按照中共的治校理念加强对学校的管理,改革课程,肃清国民党在学校中的残余影响,一边认真担负起绍兴民盟负责人的职责,加强对盟员的思想教育,同时积极做好民盟的组织发展工作。

绍兴解放以后,绍兴民盟组织的活动由地下转为公开,曾经作为民盟活动据点的两个地方——浙光中学和懋迁粮行暗中联络盟员的功能已不再存在。沈肃文被召入京,参加筹建中国人民政治协商会议的工作,他在争取董事会的支持以后,把浙光中学的校产无偿赠送给绍兴人民政府。位于绍兴西小路的懋迁粮行的出路也成了几位盟员重点考虑的问题。担任懋迁粮行经理的汪彤如也是盟员,当时他对党的工商业政策还不是很了解,在绍兴解放后就整理好账册,准备好资料,等待新政府的接管。但政府这边却迟迟没有动静。汪彤如沉不住气了,通过施伯侯打探粮行的出路,结果是出乎意料的,人民政府保护中小工商业者的权利，粮行产权不变，可以继续经营。这一消息对于经营工商业的盟员来说，既解下了思想包袱，又增进了对共产党的信任。

1950年年底，绍兴民盟小组实现了数量倍增，从7人发展到14人，盟的组织基础得到了扩大。在随后开展的肃反斗争和抗美援朝宣传中，绍兴民盟小组积极配合中共组织做好工作，发挥了较好的作用。1952年，又发展3人。1952年秋，绍兴市中学教师在华东革命大学浙江分校学习，在分校中共组织的支持关心下，民盟绍兴小组吸收赵宜庭等8人入盟，盟员增加到25人。当时绍兴的盟员绝大多数是中小学教师，他们为培养新中国的人才勤勉工作，尽心尽责，做出了一定的贡献。随着盟员队伍的扩大，民盟绍兴小组根据绍兴形势发展的需要，积极发挥民盟的智力优势，开展社会服务。1952年举办财经学校，开设会计、统计等班，至1953年春，培训教师、财会人员300余名。办学后来一直成为民盟绍兴市委会服务社会的一个重要领域，这与当时民盟绍兴小组打下的基础不无关系。

1953年11月，民盟浙江支部筹委会通知民盟绍兴小组，经民盟中央批准，成立民盟浙江支部绍兴分部筹委会。同年，配专职干部2人。1954年1月，民盟绍兴分部筹委会成立，委员9人，施伯侯任主任委员，王则行任副主任委员。

1955年3月，召开民盟绍兴市分部盟员会议。会议明确指出，在中共统一领导下，切实贯彻中共的方针政策；加强政治学习，开展批评与自我批评；积极参加政治运动和国家教育建设；适当发展成员，充实组织生活内容。会议选举产生民盟绍兴市分部委员会，委员9人，施伯侯任主任委员，陆季桂（中共）任副主任委员，下设组织部、宣传部。

1956年8月，民盟绍兴市分部更名为民盟绍兴市委员会。时有盟员75人，设绍兴一中、二中、绍师、一初、小教、府山区、北海区7个支部。同月，召开盟员大会，选举产生民盟绍兴市委会，委员9人，施伯侯任主任委员。6月，施伯侯被选为民盟浙江省委会常委。这一年，施伯侯还被推举为省、市人民代表、政协委员，担任市人大常委会副秘书长。

随着绍兴民盟市委会的成立，民盟的组织功能日益完善，在绍兴地方政治生活中的作用日益显著。盟市委把政治立场、政治信念放在第一位，一再强调"盟要当好党的助手"，并十分注重盟员的思想教育，经常组织盟员学习重要文件和社论，围绕党的中心工作开展活动。1956年冬，盟市委主委施伯侯被评为全国科普工作积极分子，并赴北京参加表彰大会，受到中央领导的接见。

民盟绍兴地方组织成立以后，盟的组织发展工作得到进一步的推进，发展了一批颇具影响力的学界名流加入民盟。其中就有潘渊和邵鸿书。潘渊是上虞汤浦人，1930年获英国伦敦大学心理学博士学位，并被聘为英国皇家心理学会会员，是学贯中西的著名心理学家，他曾担任湖北教育学院教授及教务长、北京师范大学教授和北京大学教授，在中国心理学界影响卓著。1955年，潘渊因年老多病退休，回绍定居。1956年，潘渊经盟市委主委施伯侯介绍，加入民盟组织，并任市委会宣传部部长，同时被推荐为绍兴市政协常委。潘渊在加入民盟以后，凭着他扎实的学识功底和旺盛的参政热情，多次到家乡上虞汤浦开展调研，听取民众意见，郑重提出提案，希望政府根治小舜江水患，他还从个人经历出发，力陈在中小学推广普通话之必要，多次在各种会议上呼吁加强师资培训，大力推广普通话。邵鸿书是绍兴陶庵人，早年毕业于中山大学，建国以前曾长期担任绍兴稽山中学校长一职。1957年，邵鸿书加入民盟。

从1957年"反右倾"斗争开始到1966年"文化大革命"开始，民盟的各项工作处于徘徊状态，民盟在绍兴的活动完全停止。直到改革开放以后，民盟绍兴地方组织才迎来发展的高峰期。

（作者：杨健）

我与民盟的特殊渊源与情愫

民盟石家庄市委会

我叫李嘉涛,今年88岁了,是民盟石家庄裕华区二支部的一位普通盟员,也是一位与民盟有着特殊渊源与情愫的老知识分子。时逢中国民主同盟成立80周年之际,我作为一位民盟"嫡系",在此将自己与民盟的"故事"记述如下。

我与民盟的"初识":本家姑母,开启先知

我是从姑姑李文宜那里开始感知"民盟"的。

李文宜,罗亦农烈士遗孀,曾任全国政协常委、民盟中央副主席、全国妇联常委、副主席,是我父亲的亲妹妹,因排行第五,故我们侄辈尊称她为五姑。

最初我并不知道她从事革命活动的事,因为在建国以前她从未和我们谈及过此类事情。我们只是知道她曾到苏联留学,并不了解其中的含义。1947年,15岁的我偶然在家里的旧热水瓶中发现一卷印刷品,遂取出一阅,所载内容是闻一多先生在昆明被刺杀时现场情况调查,文中详述了国民党特务行刺的地点、行刺后逃逸的路线以及逃逸最后的藏身之所——昆明警察局。当时我的二姑告诉我这是秘密文件,不能外泄。我遵从将文件放回原处,以后就不知其下落了。还有一件事让我一直铭记于心。那是1948年,姑姑自沪返汉,我亲见她在家中拆开衣夹层取

出秘密文件。从上述两件事我猜到她在从事秘密工作,直到中华人民共和国成立之后才知道她是中国共产党党员和中国民主同盟盟员,也由此开始知道中国民主同盟这一政党组织。

我与五姑的"深交":先烈遗孀,引航人生

深谙五姑李文宜卓越而伟大的一生,是在 2003 年拜读了她亲自撰著的《李文宜回忆录》之后。了解五姑一生的革命轨迹,那份仰止如高山绵亘。

李文宜,1903 年生,湖北武汉市人,原名李哲时,字文宜。1924 年,毕业于湖北省立女子师范学校,在校时受革命思想影响,在董必武同志组织领导下参加了多个进步活动,且是进步学生运动的骨干。1926 年 3 月,加入了中国共产党,自此积极参加革命活动。1927 年,列席了中国共产党第五次全国代表大会,后任中共中央长江局秘书。1928 年 1 月,和中共中央早期领导人罗亦农结婚。1928 年 4 月,由于叛徒出卖,罗亦农同志在上海被捕后遭到暗杀,姑姑便由中共中央派赴莫斯科中山大学学习,同年出席中共第六次全国代表大会。1931 年,姑姑回国,出任中共上海沪东区委委员。后因抵制王明路线受到"开除党籍"迫害,1932 年,考入上海新华艺专,以艺术活动为掩护积极从事各种爱国民主革命活动。抗日战争爆发后,姑姑积极投身于战时妇女工作及上层统一战线工作,并于 1943 年在昆明加入了中国民主同盟,1945 年,在中国民主同盟临时全国代表大会上被选为中央委员兼妇女委员会副主任,积极参加抗日爱国民主活动及反对国民党独裁统治。在此期间与民盟元老张澜、沈钧儒、李公朴、闻一多、史良、吴晗等过从甚多。抗战胜利后,她在国统区坚持从事统一战线工作,在南京、上海、香港等地团结各地妇女反对内战,支持人民解放战争。中共七大以后,王明路线在党内得到肃清,1946 年,经中共中央批准,恢复了姑姑的中国共产党党籍。1948 年,姑姑在香港出席民盟一届三中全会后,以南方

国统区代表身份出席第二届国际妇女代表大会（匈牙利）。1949年，在北京出席全国第一次妇女代表大会并被选为常委，同年9月出席了中国人民政治协商会议第一届全体会议。中华人民共和国成立后历任中央人民政府劳动部办公厅副主任、劳动保护司副司长，第一、三、八届全国政协委员，第五届全国政协常委兼副秘书长，第六、七届全国政协常委，第一、二、三届全国人大代表，先后任民盟中央第一、二、三届常委，第四、五届副主席。1988年后任民盟中央参议委员会副主席。1997年5月在京逝世，享年94岁。

我与民盟的"渊源"：秉承先贤，继往开来

我是1950年参军的，1979年到石家庄工作，其后曾去京拜见家中长辈二姑、三姑、五姑等人，在此五姑告诉我她的故交周季青和先生吴伯敏在石家庄工作，并且是民盟河北省委会的负责人，告我可与他们联系。

一生经历战争与革命洗礼的五姑，虽是我的亲姑姑，但是在工作、学习以及政治素养等方面对我的要求都十分严格。经过长期的思想道德教育和其他方面考察之后，1990年经由周季青、吴伯敏介绍，我也加入了中国民主同盟，今已经30年了，颇感岁月易逝，"人间正道是沧桑"。

加入民盟的30年，我始终将民盟先贤李文宜与五姑李文宜分开对待。对于先贤李文宜，我始终是敬仰和追随。最初加入民盟是受她的影响，因为年少时我从她身上学到的坚强、坚定、坚持的革命意志和勇敢精神，始终是我日后学习和工作的指路明灯。加入民盟于我是一种传承，是我应该肩负的责任。因为只有用行动去传承、去践行才是对五姑等老一辈革命家付诸生命而追求的幸福生活的捍卫。对于五姑李文宜，我始终将她作为家族的一位德高望重的长辈去尊重和敬仰，始终以她的低调和谦恭为"模板"来行事，从不敢张扬和"暴露身份"，因而至今

无人知道我的这些身世。

作为一位与民盟有着特殊渊源的先贤后裔，继承五姑的革命风骨，在每一历经的时代中积极乐观、勇敢向善是我应尽的一份职责。所以入盟30年来，"不忘初心，继往开来"是我心中始终的信念。

我与先贤的"继承"：正道沧桑，终不负人

从我五姑李文宜身上，我领略到民盟优秀传统和民盟精神，让我见识到了民盟前辈在探求民主之路上遇到的艰辛，领略了他们的道德风范和学识风骨，也让我深刻理解了民盟的初心与使命。我加入民盟组织是在20世纪90年代初，在当时作为已有近40年工龄的老知识分子，回望来路，我在很多问题上与民主革命者所遇到的困苦感同身受。悠悠岁月，几度风雨，无论何种历史境遇和艰难岁月，我的心中总有先贤明灯在指引前行，无惧艰险。尤其是闻一多、吴晗、沈钧儒等老一辈先贤的民主革命精神，始终催我奋进，令我无惧前行。

自1978年改革开放40多年以来，我深切感受到国家的发展和变化，很欣喜我是一个参与者和见证者，也很欣慰能为国家繁荣昌盛尽绵薄之力。

自1979年调动工作到石家庄直至退休之前，我都是一家央企的高级工程师，除了在日常工作中能够充分发挥主观能动性，带领团队一次次在工作领域取得成绩外，我还数十年如一日坚持不懈地利用业余时间学习。我所在单位是化工部下属的化工部施工技术研究所，我担任化工规范的编辑制订工作，由于化工规范的英语翻译要求十分高，不仅每一个专业词汇的翻译精准度要求极高，而且还需要有非常扎实的中文功底和过硬的专业知识。在我担任翻译期间，我所翻译的文稿在化工部获准特批为免校稿（稿件要求要有译者和校对者），这种打破规定的做法，整个化工系统也是很少的，这份殊荣对于我而言也是一份高度认可。我想，这应该归功于"家风""家教"的一种传承吧。

20世纪80年代初，我50多岁了，得到一个学习日语的机会。机会难得，便一心投入到日语的紧张学习之中。白天正常工作，业余时间上夜校，学习日语从片假名开始，一字一句、一日一月。一分投入一分收获，终于在期末考试中取得98分的好成绩。这为我退休后被中化集团内蒙古化肥厂项目聘请去搞资料的翻译打下了坚实的基础。

改革40年的时代变迁，无论从历史维度、理论高度还是思想深度对一位知识分子都是全方位的考验。从中华人民共和国成立初期到十年"文化大革命"，从计划经济到市场经济，从通讯时代到电子时代，"全副武装"努力学习与时俱进紧跟时代步伐，是我长期不变的坚定信念。做好自己，继承民盟优秀传统，弘扬民盟精神，坚守盟员风骨，深刻认识盟员内在价值，准确进行角色定位是我始终不变的坚守。

个人认为，新时期的民盟盟员，当以前辈为榜样，不断学习、不断进取，充分认清国家发展大势，时时关注国际变化局势，保持清醒头脑，为国为民多做实质贡献。正所谓：任事者当置身利害之外，建言者当设身利害之中。

我与时代的"共舞"：文化复兴，桑榆献技

我今年八十又八，喜遇盛世新时代，国富民强，感动之余只有将全身心投入到社会服务之中，发挥余热方能彰显安心。

我常常思考，现在为社会还能做些什么呢？在习近平总书记中华民族伟大复兴的感召下，我拿出了"看家本领"尽绵薄之力。我出生在书香之家，自幼习书，先后研习隶书、楷书，并在甲骨文、金文的书写上形成自己的风格，书法造诣通过扎实的国学功底渗透，追求饱满的金石之气，通过字体体现文人风骨。

我想，尽一个盟员的使命，致力于奉献社会，以书法为载体，向社会大众普及书法知识、弘扬传统文化应是我能做的一点小事。经多年积累、多方筹备，2016年4月9日，"桑榆耕墨——李嘉涛首届书法展"

在河北省图书馆隆重开幕，此次书展共展出了我的行、楷、隶、篆、金文等各类佳作60余幅。2019年4月20日，受省会"大者学社"的邀请，"桑榆耕墨——李嘉涛第二届书法作品展"拉开帷幕，我在书展现场将甲骨文的历史、演化、书写创作等课题用浅易通俗的语言向学子们讲解，收到了良好的社会反响。

2019年8月31日，作为中国传统文化的推广者，我应邀出席润江书院的启幕仪式，并现场挥毫书写"润江书苑"四个篆书大字，随后就弘扬中华传统文化进行宣讲，"我认为喜爱中华文化没有职业、学科、身份、年龄的界限，中华传统文化是我们每个中国人骨子里的东西！我学习国学一辈子，愿意为传播优秀传统文化贡献自己的绵薄之力"。一时间，我成了参观交流者崇拜的"良师"，成了新闻媒体争先采访的"名人"，成了妙龄小童感知传统文化的"启蒙爷爷"……我很欣喜，能有这样一个时代，能有这样一批后生，对中国传统文化心怀若谷。以一个民盟人的职责在中华民族伟大复兴之路上做一点力所能及的小事，美美与共，天下大同，吾欣慰之。

2021年是中国民主同盟80华诞，我也迎来90虚龄，在此祝中国民主同盟与中国共产党共襄伟业！

（作者：李嘉涛）

《光明报》见证苏州城解放
记录苏州新历史的第一页

民盟苏州市委会

翻开苏州市档案馆的"红色珍档",有两份发黄的报纸弥足珍贵,它是苏州城解放的见证,亦是苏州人民万众一心、跟随中国共产党迎来光明新生活的见证。

这两份报纸分别为1949年4月27日《光明报》(号外)和1949年4月28日的《光明报》第六期(新一号),由民盟苏州支部编印。这是苏州解放当天和次日出版的唯一的报纸,记录了苏州历史开启光明的新一页。

苏州城解放的历史,也是苏州民盟与中国共产党风雨同舟、和衷共济的历史。

《光明报》与苏州解放日的故事,还要先从苏州民盟成立以及一台红色收音机说起。

石家饭店起风云

1948年的一个秋日,7位读书人模样的客人踏进苏州木渎百年老店——石家饭店的店门,挑了间幽静的包间坐下。当美味的鲃肺汤上来后,他们并不急于品尝。因为今天他们要商量一件事——秘密成立民盟苏州支部。当时的民盟已被反动政府悍然宣布为"非法团体",盟组织的斗争策略也由地上转入地下。

参加民盟苏州支部组建工作的有6位。陆钦墀,化名陆志韦,东吴大学附中教师,盟务骨干,此前曾任民盟候补中央委员、民盟总部秘书兼发言人。金若年,化名金琪,他受民盟上海执行部负责人史良派遣,从沪来苏开展盟务工作,如果他分发名片,上面印的应该是:私立从云小学教务主任。另外四位是:黄肇模,化名杨筑伦,伯乐中学教师;程中青,海归,此前在马来亚参加民盟,也曾加入马来西亚共产党,与苏州中共地下党关系密切;郑子嘉,职业公务员,吴县教育局任科长;许宪民,职务吴县银行董事长、曾是"国大代表",6位中的唯一女性。

以上6人在民盟总部上海执行部委派的叶雨苍同志的指导、监选下,经过协商一致,成功组建了苏州民盟的第一届领导班子:陆钦墀、金若年、黄肇模三人任负责人,陆钦墀被选为主任委员。民盟苏州支部成立后,即与地下中共党员取得密切联系,相互配合开展反对国民党反动派的斗争。当时,民盟成员的处境是很艰苦的,但为了响应民盟总部的号召,他们不顾个人安危,坚守心中的信念,在苏州解放前开展了形式多样、富有成效的活动。

提供物力资源。女盟员许宪民以其"国大代表""县银行董事长"等公开身份,掩护中共党员,为中共江南工委筹得两台收发报机和八九支枪,并秘密送出,直接支援人民解放战争。

构建战略同盟。解放军横渡长江的胜利消息传来后,民盟苏州支部在中共地下党发动的护厂、护校、稳定人心、维持市面、迎接苏州解放的斗争中,积极配合,协同作战,联系和团结知识界和工商界人士做了许多包括宣传在内的具体工作。

发展人力资源。由于程中青有海外背景,他充分利用人脉资源,与中共苏州地下党保持密切关系,介绍一些进步青年去苏北解放区参加革命工作。黄肇模在其创办的私立达才中学内团结教育进步师生,解放初师生中就有十余人参加了人民解放军和地方工作。

收音机里传佳音

在苏州革命博物馆里完好地保存着一台收音机。别看它陈旧，要知道这台能收短波的收音机的主人就是黄肇模。这台收音机是他当年卖掉家中的红木家具，筹得二两黄金，通过熟人买来当局禁购的电子管以及其他配件组装起来的。

利用这台收音机，民盟苏州支部将收听到的解放区电台关于中国共产党各项方针政策的广播和解放战争节节胜利的战况报道加以记录、整理。由金若年担任编辑，利用从云小学油印机印刷成小报，采取邮寄、深夜沿小巷散发、塞入人家门隙等多种灵活的手段，宣传革命形势和中共的方针政策，揭露国民党反动派欺骗和蒙蔽人民的卑劣伎俩，起到了团结人民、打击敌人的作用。为了迷惑反动当局，支部还不断变更油印小报的名称，先后出版《简讯》（四期）、《民工通讯》（四期）和《光明报》（五期）。早期的苏州民盟能够突破国民党的白色恐怖和消息封锁，听到解放区的声音，加强政治学习，进行思想宣传，这台收音机功不可没。

中华人民共和国成立后，这台收音机一直被它的主人珍藏着。在苏州解放60周年前夕，黄肇模的儿子黄仁顺决定将这台老收音机捐赠给苏州市革命博物馆，苏州民盟历史上这件珍贵的革命文物有了更好的归宿。

光明号外迎曙光

1949年4月27日，苏州宣告解放。在此之前，民盟苏州支部就已经从盟友联系的中共地下党那里知道了苏州就要解放的消息，支部决定立即分工，开始写文章、印报纸。4月26日傍晚，盟员陈廉贞和几名同伴一起走进了位于东中市的《苏报》报馆，他们依靠《苏报》馆的职工，连夜印刷出版《光明报》（号外）。当一张张散发着油墨香味的

其他城市 ◆《光明报》见证苏州城解放 记录苏州新历史的第一页

《光明报》（号外）在曙光中面世之时，古城苏州也迎来了光明的历史新一页。

《光明报》（号外）的头条消息由黄肇模撰写，以"苏州新历史的第一页、人民解放军进城"大号铅字标题报道了苏州人民欢迎解放军进城的热烈情况，字里行间透露着迎接新生活的喜悦之情。号外下方约占1/3版面的是民盟苏州支部发出的由陈廉贞执笔的《告苏州同胞书》公开信。文章指出，解放军是人民的队伍，全体人民生命财产、民族工商业、学校、医院、文教机关、体育以及外国人生命财产均受保护，号召苏州同胞"以迎接远归的弟兄一般的心绪来迎接解放军"，为了"建立民主、独立、富强的新中国"而一起奋斗，呼吁人民以检举敌人、保护财产、安守本职的实际行动来迎接苏州解放。这封公开信除在《号外》上刊登外，还加印了2000多份单页。

4月27日当天，苏州群众在开明大戏院举行盛大的庆祝解放的集会。民盟苏州支部的盟员第一次在公开场合光明正大地向喜悦的群众散发《光明报》（号外）与《告苏州同胞书》单页。在此之前，他们一直都是在偷偷摸摸和不断伪装中开展报纸发行工作的：衣着要西装革履、穿着气派，以免引起怀疑；要注意观察，只有四下没人的时候才能将报纸塞进信箱或门缝里；分发人员还要分好区域、分头行动，不定期地交换活动区域。即使这样，也还是难免出现危险。有一次，金若年和该校另一名教师在散发宣传品时被国民党特务盯上。幸亏，中共地下党的同志及时传来消息通知他们赶紧转移，直到躲避一段时间后，才度过这次危机。第二天，即4月28日，苏州民盟出版《光明报》第六期（新一号）。报纸上刊出社论《开始我们的解放生活》，表达了对共产党领导的新时代的向往。同时刊出《中国民主同盟苏州支部通告》，鼓励苏州民盟成员进行组织登记，整合民盟力量为国家建设服务大业做准备。而这一期《光明报》是一份难得的错版：据传，在排版时，大家情不自禁唱起了歌，竟把"中国民主同盟苏州支部"错排成"中国民主同盟

227

州苏支部"。

这张珍贵的《光明报》（号外）是苏州解放当天出版的唯一的报纸。20世纪90年代初，民盟苏州市委会将这两份报纸原件捐赠给苏州博物馆，如今，这两件珍贵的革命文物收藏于苏州市档案馆。

（作者：衡相锦）

民盟太原组织成立时期的党盟关系

民盟太原市委会

民盟太原地方组织自1947年建立，距今已有70多年了。关于太原民盟组织的创建，不同的历史资料相互印证，可以确认这样一些事实：太原民盟组织成立的时间、地点、创始人等都有据可查，基本无异议。以下几个事实也都能得到确认：一是最早与民盟中央取得联系并获准在太原建立民盟组织的是时任山西大学的王文光教授；二是太原民盟组织的创建者是山西大学王文光、杜任之、李毓珍三位教授；三是三位教授当时在盟内的分工依次为秘书（总负责）、组织工作、宣传工作。

但是创建太原民盟组织的历史背景如何？当时的地下党组织发挥了怎样的作用？在太原民盟组织成立还有哪些人起了积极的推动作用？太原民盟成立初期的党盟关系如何？对这样一些问题进行研究和考证后，我们得出以下几个结论：

一、太原民盟创始人中有两位中共党员

在创建太原民盟组织的三位教授中，杜任之、李毓珍都在早期加入了中国共产党。

杜任之，山西万荣人。1927年11月加入中国共产党。1929年赴德国留学，先后在柏林大学、法兰克福大学学习化学、哲学、经济学、社会学等，并参加"反帝同盟"国际组织。1933年春，被上海反帝同盟

总部派往山西开展抗日活动。1936年9月，参与组织成立"牺牲救国同盟会"。同年，组建了200余人的太谷人民抗日自卫队并任政治委员，由秦基伟等担任教官组织开展游击战术训练，吸收了大批进步青年参加抗日队伍。10月，杜任之在太原八路军办事处面见周恩来并报告工作，太谷县被周恩来誉为"动员民众抗日模范县"。其1927年入党、党龄自1927年算起的结论，最终由中共中央组织部予以确认。

李毓珍，笔名余振，山西崞县（今原平）人，俄苏文学翻译家，文学翻译家。1947年加入中国民主同盟。据李毓珍教授的回忆录，他是1926年在崞县（今山西原平市）县立高中读书时加入中国共产党的。后因被捕脱离组织关系，经多次努力恢复组织关系都因客观条件未能实现。"文化大革命"后对他个人的历史问题的复查结论是：1928年被捕后在狱中表现尚好，脱党后有进步表现，未做过有损于党的事情。这一结论也间接承认了他1926年入党的事实。经历了"整风""反右"的各种"交代问题"和批斗、经历撤销行政职务和盟内职务后，李毓珍教授毅然在1985年11月28日提出重新入党的申请，并在1986年10月31日得到批准。先生无比自豪地说："我终于在垂暮之年又回到了母亲——党的怀抱！"

二、中共地下党员徐惠云在民盟太原组织成立过程中发挥了重要作用

在太原民盟和山西民盟的发展历史上，徐惠云的名字经常被提及。

徐惠云，又名徐会云、徐文岐、徐庆符，山西定襄县阎家庄（今阎徐庄）人。山西著名革命烈士。1926年8月考入太原进山中学。1932年7月到北平开展革命工作，1933年加入中国共产党，并担任西河沿党支部书记。曾担任中共河北省委与北平市委联络站负责人和北平临时市委负责人。1946年，他被党组织派回太原，以山西大学讲师的身份，在高级知识分子中开展争取民主自由运动，参与创建民盟山西大学组织和山西地方组织。由于叛徒出卖，1947年11月2日被太原特种警宪指挥处特务诱捕，受尽各种酷刑也没有暴露党的任何秘密。1948年12月被秘密杀害。

杜任之教授在回忆与徐惠云的合作时提道："徐惠云和我多次研究后，决定打破这一潭死水的状态（指学生发动不起来）。但在白色恐怖下，如以共产党的名义出现，是不可能的，只有建立民主党派最为适宜。我便去同法学院教授王义光谈论此事。他同意趁暑假去南京探亲，顺路赴上海去找民盟中央主席张澜、常委罗隆基联系。7月间，王文光与民盟中央周新民等商妥，得到了承认。从此，我和徐惠云、王文光就算正式加入了民盟。不久后，在山大校内外都发展了成员，这样就形成了太原民盟地下组织。"

这说明，太原民盟组织是在党的帮助、指导下建立起来的。徐惠云也是太原民盟组织早期盟员的依据也在于此。徐惠云也是民盟山西省委会网站公布的五位盟员烈士之一。

三、太原民盟组织早期开展了许多追求进步的革命斗争

1947年9月，民盟太原地下组织成立。当年10月，国民党公开宣布民盟为"非法组织"。但民盟太原组织并没有因此而停止发展，相反却在斗争中壮大力量，在斗争中得到锻炼成长。从组织成立到太原解放、到中华人民共和国成立，民盟太原组织开展了追求进步、跟党奋进的革命斗争。

一是以山西大学"教授会"为公开阵地开展了宣传发动"反内战"罢教罢课的斗争。正是在这一时期，多名教授会的委员加入了民盟。

二是迁校闹革命，迎接北平和平解放。1948年7月，在山西大学进步教授和学生（其中相当部分是盟员）的斗争和努力下，山西大学迁至北平。在北平时期，地下盟员黄志伦、巩象巽在北平积极参加与反动当局说理斗争。杜任之教授通过北平地下党组织展开对傅作义将军的

说服工作，促其走向和平解放北平之路。

三是在太原解放前期，太原民盟共有五位盟员牺牲，为太原城的解放和新中国的建立付出了热血和生命。这五位盟员是：山西大学教师徐惠云、山西大学法律系教师张少苍、进山中学的梁维书、省立太原师范学校的李祥瑞、省立国民师范的张国宝。其中前三位都是中共地下党员。

以上事实表明，民盟太原组织成立伊始，就是以中共领导的进步组织的性质出现的，在组织成立早期吸收的新盟员也大多是共产党的拥护者和追随者。只是由于当时反动势力的强大和迫害，中共党组织也处于地下斗争的状态，一些追求进步的教授和学生很难找到加入党组织的渠道。民盟组织半地下半公开的活动，恰恰发挥了团结进步力量跟党革命、开展斗争的积极作用。

栗战书同志在致中国民主同盟第十二次全国代表大会的贺词中讲到：民盟诞生于中华民族生死存亡的关键历史时刻，在争取民族独立和人民解放的斗争中，自觉地同中国共产党共克时艰；在巩固新生人民政权、推进社会主义建设中，坚定地同中国共产党共历风雨；在坚持和发展中国特色社会主义事业中，始终同中国共产党共襄伟业。

太原民盟组织成立时期的这段历史，也从一个侧面反映了党盟合作、共克时艰的历程。回顾这段历史，作为参政党的一员，每一位盟员应当更加自觉地坚持党的领导，更加坚定地坚持以习近平新时代中国特色社会主义思想为指引，增强"四个意识"，坚定"四个自信"，立足自身岗位，积极主动作为，努力做好新时代的见证者、开创者、建设者，不忘合作初心，继续跟党奋进，创造无愧于时代的光荣业绩！

勿忘初心　砥砺前行

——重温乌鲁木齐市民盟历史有感

民盟乌鲁木齐市委会

一、民盟乌鲁木齐市委会组织沿革

中国民主同盟主要由从事文化教育以及科学技术工作的高、中级知识分子组成，是具有政治联盟特点，同中国共产党通力合作，致力于社会主义事业的参政党，于1941年3月19日在重庆成立。

新疆在中华人民共和国以前没有民盟成员，到了20世纪50年代中期，随着援疆干部的到来，新疆才出现了最早的盟员，从最初的五六人，增加到20世纪50年代后期的70多人。民盟成员首先出现在"新疆军区八一农学院"，随着人数的增加，经过与学院党委的协商，于1955年成立了"民盟新疆军区八一农学院小组"，组织关系隶属于民盟甘肃省委会。后来，在自治区党委和民盟中央的关心下，为了使在新疆工作的盟员能够过组织生活和进行学习，于1957年成立了民盟乌鲁木齐支部，仍隶属于民盟甘肃省委会领导，1960年改为民盟中央直接领导。当时民盟乌鲁木齐支部的任务主要是组织盟员内部学习，不对外公开活动，也不发展组织。

党的十一届三中全会以后，统一战线工作有了进一步发展，1980年自治区民盟组织得到了恢复，当时市属盟员仅3人，从1982年到1985年乌鲁木齐市盟员发展到35人。为了适应我市统战工作的发展，在民盟中央、民盟新疆区委会和中共乌鲁木齐市委的领导支持下，民盟乌鲁木齐市筹委会于 1985 年 2 月 28 日正式成立，经过筹委会 3 年多的辛勤工作，1988 年 6 月 5 日，民盟乌鲁木齐市第一次代表大会胜利召开，选举产生了民盟乌鲁木齐市第一届委员会。此后，民盟乌鲁木齐市委员会进入正常的换届选举。从 1992 年至 2016 年，先后召开了 8 次代表大会，选举产生第二至第七届民盟乌鲁木齐市委员会，2021 年是市委会换届年，届时将产生第八届委员会。民盟市委会现有盟员 300 多人，成立以来获得民盟中央、自治区民盟和市委统战部的各种奖励达 20 余次。

二、前进中的民盟乌鲁木齐市委会

自成立以来，民盟乌鲁木齐市委会在扎实做好自身建设的基础上，认真履行了参政党的政治职能。民盟乌鲁木齐市委会与中国共产党风雨同舟、肝胆相照，与各兄弟民主党派戮力同心，积极建言献策，参政议政，政绩卓著；努力拓宽民主监督渠道，充分发挥了民主党派在民主监督中不可替代的独特作用；深入开展社会服务工作，扶贫支教、送医下乡，广受赞誉；对外交往日益广泛，与疆内外各兄弟城市盟组织的盟务工作经验和盟讯交流从未间断。今天，民盟乌鲁木齐市委会的政治和社会知名度、影响力已经提升到一个全新的高度。

（一）理论学习方面

民盟市委会始终按照建设政治上坚定，履职上坚实，组织上坚强的参政党的要求，坚持把强化学习放在首位，以增强政治认同、增进政治共识、不忘合作初心为重点，强化夯实多党合作的思想政治基础。

一是理论学习不断深入。通过组织实时收看、召开座谈会、集中讨论学习等各种形式，深入学习贯彻习近平新时代中国特色社会主义思想，学习党中央历次全会精神，深入学习贯彻中央新疆工作座谈会精神，学习两会精神，把加强思想政治引领、广泛凝聚共识融入民盟履职工作之中，引导广大盟员提高政治站位，不断增强"四个意识"，坚定"四个自信"，做到"两个维护"，进一步夯实新时代团结奋斗的共同思想政治基础。

二是持续开展"不忘合作初心，继续携手前进"主题教育活动。将"学盟章忆盟史，追寻先贤足迹赓续优良传统"活动贯穿主题教育活动之中，组织各基层支部专委会参观红色教育基地，继承发扬先辈精神；讲民盟历史、讲先贤事迹、学习盟章盟史，开展盟务知识竞赛，认真梳理盟章盟史知识，激发全体盟员爱盟之情。利用盟内资源优势，组织盟员拍摄了"我和我的祖国"微视频，被民盟新疆和民盟中央微信公众平台采用。

三是开展庆祝中国共产党成立100周年和中国民主同盟成立80周年活动。制定《开展中共党史学习教育方案》，各支部专委会开展了形式多样的"学党史、学盟史"活动。为庆祝民盟成立80周年，大力弘扬民盟优良传统，展现盟员风采，讲好民盟故事，拍摄了"我自豪，我是民盟盟员"微视频，被民盟中央和民盟新疆区委会公众号刊登宣传。

四是注重理论研究，撰写理论文章。民盟市委会不断加强参政党理论研究队伍建设，持续将理论建设引向深入，向市委统战部、市政协及参加盟务工作交流提交理论文章50余篇，理论研究水平不断提升。

(二) 参政议政工作

民盟市委会始终将参政议政作为履行民盟参政党职能的主要工作，加强领导，组织动员全市盟员广泛参与，不断加强参政议政工作的规范化和制度化建设。1997年制定《民盟乌鲁木齐市委会各专门委员会工作规则》，明确规定各专委会是民盟市委会的参政议政工作机构，全面加强了参政议政工作。30多年来共有180人次盟员担任自治区政协，以及乌鲁木齐市人大、政协的代表和委员，通过多种形式和渠道积极参与了参政议政工作。

一是参加民主协商。民盟市委会出席中共乌鲁木齐市委、市委统战部召开的民主协商会议和市政府召开的征求意见会议120余次,提出建议意见150余条,多数被采纳。积极参与我市发展战略、方针政策等重大问题的协商,提出了积极的建议,为乌鲁木齐经济发展和社会进步"出主意、想办法、做实事、做好事",较好地履行了参政党的职责从而实现作为参政党的政党作用和自身价值。

二是参与政治协商。在每届市政协中都有十几名盟员担任市政协委员。他们积极反映社情民意,建言献策,为中共市委和市政府科学决策提供参考。所提交的提案数量、质量逐年提高,立案率和答复率为100%,多名政协委员被市政协授予优秀政协委员的光荣称号,所提交的提案获个人优秀奖。《关于加强零售药店执业药师配备工作的建议》《关于加快乌鲁木齐城镇住房保障体系建设的建议》《关于加快制订新疆维吾尔药材标准的建议》《关于打击我市高价回收药刷医保卡换现金行为的建议》《关于完善住房保障机制,推进和谐首府建设的建议》《关于免费开放我市体育设施的建议》《关于加大首府地沟油治理力度的建议》《关于大力实施创新驱动发展战略加快构建现代创新创业体系的建议》《关于乌鲁木齐市旅游民宿发展的建议》等提案引起市委、市政府主要领导高度重视,亲自签批督办,在社会产生了积极的影响。其中,提案《关于各民族群众共享古尔邦节、肉孜节完整假期的建议》得到了自治区政府的高度重视和落实,自治区政府召开主席会议研究通过了该项提案的建议并正式发布174号政府令,从2012年1月1日起古尔邦节、肉孜节各族人民享受相同假期,建议得到了落实。

(三)民主监督

民盟市委会积极推举政治素质好、参政议政水平高且具有相关专业知识的盟员担任自治区厅局、乌鲁木齐市纠风办、市属委办局特邀监察员、人民监察通讯员、义务监督员。被聘任的"特邀监察员"和"监督员""评议员"直接参与接待群众上访、党风廉政建设、效能建设、纠风工作、行政执法等方面明察暗访和民主评议政风行风活动，为自治区和我市政风行风的好转做出了突出贡献，发挥了民主党派民主监督的作用。

(四) 社会服务工作

民盟乌鲁木齐市成立以来，积极响应中共中央关于实施科教兴国战略，发挥人才智力和联系广泛的优势，积极开展了军民共建、科技支农、咨询服务、义诊、扶贫解困、社会办学和公益事业等各项工作。

一是深入开展"民族团结一家亲"活动。积极结对认亲，常来常往，共话家常，互赠礼物，加深了感情，增进了友谊。组织开展民族团结一家亲联谊会活动。每年开展民族团结一家亲迎"三八"妇女节联谊会活动，通过合唱、诗歌朗诵、器乐联奏、秦腔、京剧等形式多样的节目，使盟员和亲戚们欢聚一堂，增进了各民族群众团结、和谐相处的浓厚氛围；自治区民族团结教育月期间，组织盟内文艺界专业演员到社区与"访惠聚"工作队及居民一起文艺联欢；开展"爱心圆梦·捐资助学"活动，为社区低保户和低收入家庭中大学生捐赠助学资金；为南疆皮山县巴什铁热克村贫困居民捐赠暖风机170台，帮助贫困村的居民度过寒冷的冬天。

二是组织开展各类医疗义诊活动。每年积极组织盟内医疗专家参加"医疗义诊、送医送药"活动，为社区各族百姓免费送去药品，使社区居民在家门口享受专家义诊服务。

三是带领全市盟员做好疫情防控工作。新冠肺炎疫情暴发以来，盟员中医务工作人员履职尽责，积极投身疫情防控工作，在自治区访惠聚工作队的10余名盟员，贴近群众、服务群众，为群众做防疫知识的宣传和人员车辆的消毒等工作，受到群众称赞。市委会开展了"特殊盟费助力抗击新冠肺炎"活动，收到盟员缴纳的特殊盟费65600元，捐赠到乌鲁木齐市红十字会，定向为一线医护人员购买医疗物资，全市共有160余名盟员参与特殊盟费的捐赠活动，通过各种渠道累计捐款捐物达

20余万元。

四是开展法律宣讲进社区活动。深入贫困户开展"去极端化"宣讲慰问；每年组织盟内律师专家开展"法律宣讲进社区进校园活动"。

（五）组织建设工作

认真贯彻落实《中共中央关于加强中国特色社会主义参政党建设的意见》《民主党派代表人士队伍建设规划（2018—2027年)》《各民主党派中央关于新时代组织发展工作座谈会纪要》三个文件精神，坚持"三个为主"（以大中城市为主、以高中级知识分子为主、以从事文化教育工作的知识分子为主）基本方针，坚持质量优先，体现界别特色。

一是做好换届工作。根据《中国民主同盟章程》有关规定，按照民盟新疆区委会和市委会统战部换届文件精神，做好市委会换届工作，同时做好基层支部换届工作，把政治素质好、甘于奉献、作风民主、热心盟务工作、组织协调能力强的骨干盟员充实到基层组织的领导班子中去。

二是每年组织召开年度工作总结表彰大会。总结工作中的先进经验，找出工作中的不足，更好地推进盟务工作。同时，对本年度盟务工作中表现突出的先进基层支部专委会、优秀盟员和参政议政先进个人进行表彰。

三是做好新盟员发展工作。严把准入关，把政治立场坚定、品德作风优良、在本领域本行业成绩突出、影响力大、层次较高的优秀代表性人士吸纳进来，切实把好"入口关"。组织新盟员参加自治区统战部举办的民主党派新成员和骨干成员培训班，加强理论和素养培训。

四是基层组织更加完善。借鉴先进工作经验，充分调动新盟员和青年盟员积极性、主动性和创造性，不断提高参政议政的质量和水平，成立了青年工作委员会和薪火支部。至此，民盟乌鲁木齐市委会有基层支部12个，专委会9个，组织结构更加完善。

五是做好"盟员之家"建设工作。按照民盟中央和民盟新疆区委会的工作安排，完成"盟员之家"的文化墙的设计制作及上墙工作，并由民盟新疆区委会进行"盟员之家"授牌仪式。"盟员之家"是盟员们学习的园地，交流的场所，议政的平台，是"温馨之家"、是施展才华的"有为之家"、是相互学习的"成长之家"。

六是注重加强盟务交流。积极参加内地民盟举办的各类研讨会、论坛、培训班，学习内地民盟先进经验，积极提交理论研讨文章，并做交流发言。为进一步传承和弘扬丝路精神，提升海陆丝绸之路代表城市间的文化交流与合作，加强民盟市级组织自身建设，提升履职能力，加强盟务交流，更好地发挥民盟的参政党作用，民盟市委会与民盟南京市委会举行共建会议，并签署共建协议。

今后是实施"十四五"规划和开启全面建设社会主义现代化国家新征程的重要时期，任务艰巨，使命光荣。民盟乌鲁木齐市委会将继续带领全市盟员增强"四个意识"、坚定"四个自信"、做到"两个维护"，充分发扬民盟的优良传统，积极履行参政党职能，切实加强自身建设，拓展社会服务，提高工作实效，积极借鉴学习内地民盟先进经验，为首府社会稳定和经济发展贡献智慧和力量。

无锡民盟成立前后

民盟无锡市委会

中国民主同盟无锡市组织成立于中华人民共和国成立初期，是无锡市民主党派创建市级组织最早的一个党派组织。在此之前，民盟无锡市组织发起人冯晓钟、叶雨苍、孙晓楼等与民盟早期领导人沈钧儒、章乃器、史良、柳亚子等早有接触，受到爱国、民主思想的影响和启蒙教育，为以后入盟、组盟创造了契机。

1926年夏，浙江秀水（今嘉兴）褚辅仁在上海与章太炎、王宠惠、蔡元培、于右任等发起创办上海法科大学（后改名上海法学院），翌年，褚辅仁被推选担任董事长兼校长，聘请同乡沈钧儒为教务长、邹韬奋、史良等为教授。这时，无锡冯晓钟、叶雨苍等人进入上海法学院，成为褚、沈等人的学生，从此，春风化雨，接受民主、法制思想熏陶。

1928年，江阴、无锡士绅冯晓钟、孙辰初、胡正霞、郑志先、朱馨山等发起并经省厅批准，正式筹组锡澄长途汽车公司。8月25日，冯晓钟与孙辰初等人集资10万元创建锡澄长途汽车股份有限公司，冯晓钟任董事长，首创无锡至江阴的公路客运。锡澄长途汽车公司在梨花庄举行通车典礼。当时有客车5辆、小汽车35辆。

其中冯晓钟年龄较大，他早年毕业于无锡师专，在锡任小教多年，后到上海的华商纱布交易所任职，在青年会的夜校进修英语等，他在"五卅运动"中结识了庄正等同乡青年并在他们的影响与鼓励下，1925

年报考进入了上海法科大学。他边工作边学习，得到华商纱布交易所理事长穆藕初先生的支持，他工作时可不影响学习。他的年龄比庄正、张文伯、孙晓楼等要大六七岁，比李耀春等要长10岁，虽然庄正是法学院的老师，由于冯晓钟年长有社会经验，为人诚恳又好学，大家都尊他为老大哥。

九一八事变后，无锡冯晓钟、叶雨苍、孙晓楼、李耀春、胡正霞等以教育界名义邀请沈钧儒先生到江苏省第三师范（今无锡师范）做爱国主义演讲，听众500多人，反映强烈。

1936年7月，全国各界救国联合会（以下简称救国会）执行委员章伯钧（后为民盟领导人之一）到无锡做关于"团结一致，抗日救国"的动员报告，激励大家同仇敌忾，团结抗日。

1936年11月23日，南京国民政府在上海逮捕救国会常务委员和执行委员沈钧儒、王造时、李公朴、沙千里、章乃器、邹韬奋、史良等"七君子"，激起人民公愤，经多方营救，于1937年7月31日获释。"七君子"那种为了救亡图存、敢于斗争的凛然正气，给无锡的门生们以极大鼓舞。

1937年1月，冯晓钟与庄正等代表"锡钟社"同仁，冒着风险到吴县监狱去探望他们。沈钧儒等勉励学生要坚持斗争，捍卫真理，并应请赠诗一首，诗云：

> 买醉村场半夜归，西山月落照柴扉。
> 刘琨死后无奇士，独听荒鸡泪满衣。
> 百战元和取蔡州，如今胡马饮淮流。
> 和亲自古非长策，谁与朝家共此忧。

下面署"晓钟同学索诗，二十六年一月钧儒"，给冯晓钟深刻的教育。

1938年，冯晓钟携眷避难至汉口，遇到老师沈钧儒，沈勉励他要为抗日救国出力，并介绍他到安徽六合章乃器（后为民盟负责人之一）处，章当时担任安徽省财政厅长，随即任命冯晓钟为第一科长，主管地方财政及行政诉讼，兼管总务。在此期间，他们朝夕共事，曾因同情新四军照发军薪饷而同受"黄牌"警告处分。

1948年6月，民盟响应中国共产党"五一"号召，反对独裁统治，建立独立民主的新中国，参加新政协。

1946至1947年间，民盟骨干柳亚子两度来锡，无锡冯晓钟等接待他泛游太湖，在游艇（画舫）上纵论古今，针砭时弊，谈及民盟光荣斗争历史以及盟员李公朴、闻一多惨案，大家义愤填膺。柳即席赋诗，有"娇小麻姑裙带沾，蒋家天下蒋家船"之句（因所乘游艇为蒋姓经营）。临行时，冯晓钟等到新生路招待所去送别，柳亚子把在船上所赋诗写成条幅送给冯（该条幅作为文物，由冯转赠无锡市博物馆收藏）。柳冯晤谈时，柳再三叮咛冯要关心民主运动，并"好自为之"，使冯等对民盟组织在认识上，感情上又靠拢一步。

1948年是不平凡的一年，这一年，解放军在东北战场上接连大捷，并挥师南下，直趋南京。人们奔走相告：天快亮了！1948年9月，无锡冯晓钟、叶雨苍、李耀春等3人冒着白色恐怖到上海中国民主同盟华东执行部，经史良和民盟组织委员林亨元介绍，秘密参加中国民主同盟。

1949年年初，盟员郭蔚然、钱沅调职来无锡，分别担任无锡地方法院院长和首席检察官，与盟员冯晓钟、叶雨苍、李耀春等取得联系。郭、钱以司法工作为掩护，冯以无锡律师公会理事长、无锡县参议员、锡澄汽车公司董事长等身份，分别秘密宣传中国共产党的方针政策，抵制国民党"戡乱"条例，暗中布置护厂、护校工作，为迎接解放做好各项准备工作。使得旧法院的大批档案材料和枪支得以完好保存，锡澄长途汽车公司的60多辆客车、卡车得到安全转移，无锡一解放即投入运行，迅速恢复交通秩序。

1949年4月23日清晨，冯晓钟会同钱孙卿等社会耆老，到锡澄路迎接解放大军进城。从此，无锡解放，人民获得新生。

同日，钱孙卿、薛明剑、李惕平、冯晓钟等以公私社团联合会召集人的名义，拟定各项临时警戒办法，命令工商自卫团立即出动，维护城区治安。

民盟盟员也得以公开身份参加社会活动。5月15日，郭蔚然、冯晓钟、钱沆、叶雨苍、黄载贻、李耀春等6位盟员在无锡市大娄巷12号原锡钟社旧址召开会议，筹备建立民盟苏南分部，推选郭蔚然、钱沆、叶雨苍、黄载贻、冯晓钟等5人为筹备委员，郭蔚然为主任委员，李耀春为秘书。6月7日，冯晓钟、庄孟浩、黄载贻、钱沆、郭蔚然、叶雨苍、李耀春7人在大娄巷12号召开会议，决定：民盟苏南分部筹备委员会改名为民盟苏南支部筹备委员会，增补李耀春、庄孟浩为筹备委员，郭蔚然仍为主任委员。民盟无锡市组织开始萌芽。民盟苏南支部筹备委员会成立后，曾发展盟员，连同中华人民共和国成立前仅有的6位盟员，中华人民共和国成立初因工作由沪调锡的盟员12人，共计盟员达43人，其中20人上报民盟华东执行部。后因民盟华东执行部撤销，筹备委员会遵照民盟总部通令停止活动。

经过一年多的组织整顿，1950年6月，驻在无锡市的中共苏南区党委统战部原则同意成立民盟无锡市分部筹备委员会，分别向中共华东统战部和民盟总部报批。7月14日，民盟总部中常委第八次会议决定同意筹备民盟无锡市分部筹备委员会。因负责筹建无锡民盟的郭蔚然调职北京，总部就从民盟江西分部调派盟员唐敬斋来锡参加筹备工作。7月23日，民盟无锡市分部筹备委员会第一次预备会议在无锡市锡澄汽车公司董事长室召开。会议决定，正式成立筹备委员会，刻印公章，暂借大娄巷12号为会址，公推冯晓钟、唐敬斋两人向中共无锡市委、市政府呈报无锡民盟分部筹备经过，申请成立筹委会，并向民盟总部呈报经登记审查合格盟员13人名单。此事得到市委、市政府的积极支持，无锡市市长兼苏南统战部部长顾风同志亲切会见民盟代表，经过协商，暂定8月初成立民盟无锡市分部筹委会。

1950年8月1日，中共华东局统战部复电苏南区党委统战部，同意成立民盟无锡市分部筹备委员会及委员名单。即日起，民盟无锡市筹备机构正式成立，冯晓钟为主任委员。同时租借无锡市大娄巷12号房舍为筹委会办事处，即日公开办公，当时有盟员13人。8月13日，筹委会第二次会议在大娄巷12号召开，会议决定：向民盟总部呈报1950年8月1日为民盟无锡市分部筹备委员会正式成立日期，通知苏南区党委统战部备查。8月底筹委会在《苏南日报》发表公告，宣布民盟无锡市分部筹备委员会成立。

1950年8月中旬，冯晓钟趁赴北京参加全国税务工作会议之机，到民盟总部谒晤史良，汇报民盟无锡分部筹备情况，正式与民盟中央直接联系。9月，民盟总部派组织委员会李相符副主任专程来锡，传达民盟发展组织方针和盟员标准："以文教界中上层知识分子为主，巩固与发展相结合，注重质量。"嗣后，民盟中央领导黄炎培、史良等先后来锡视察和指导盟务。

1950年11月5日，筹委会第八次会议发表《抗美援朝时局声明》，拥护党中央抗美援朝、保家卫国的正义行动；发动盟员和群众捐款捐物、写慰问信，40多位盟员捐款60多万元旧币。12月31日，筹委会召开抗美援朝动员大会，研究当前的行动纲领为：加强时事、盟务学习，支援志愿军和朝鲜人民军，协助政府加强冬防工作，发展盟员、扩大组织。是年盟员共捐寒衣33套送市劝募委员会。1951年，93位盟员响应民盟总部认捐"民盟号"战斗机号召，捐款2640万元（旧币）和金戒指、银圆等，并鼓励子女参军参干。盟员童润之参加赴朝慰问团到朝鲜慰问志愿军。盟员童润之任苏南抗美援朝分会副主席，刘雪庵任分会宣传委员会副主任，筹委冯晓钟、刘雪庵任无锡市抗美援朝分会副主席，筹委唐敬斋任副秘书长，筹委钱沆、徐传夔任委员，盟员郑乃森任无锡市优抚委员会委员。

1951年11月，民盟无锡市分部筹委会作为一级组织参加市各界人民代表会议协商委员会，无锡民盟先后有30余人次担任苏南和无锡市各界人民代表会议代表，有12位盟员先后任协商委员会委员，钱钟夏、冯晓钟先后任协商委员会副主席。

筹委会1950年11月开始整风学习，至1952年3月结束，7月至12月筹委会组织盟员结合民主改革学习盟的性质、任务。因院系调整和江苏建省，无锡民盟筹委会筹委、盟员和盟的基层组织有较大的调整，至1953年10月有盟员98人，基层组织15个，盟的组织得到发展和巩固。

1953年10月11日，无锡市民盟举行第一次盟员大会，成立民盟无锡市分部第一届委员会，冯晓钟、钱钟夏分别当选正、副主任委员。民盟无锡市组织正式诞生。

宜宾市民盟组织的建立

民盟宜宾市委会

一、盟员重新登记与审查

1947年10月,国民党政府内政部称:"查民主同盟勾结共匪,参加叛乱……兹政府已将该'民主同盟'宣布为非法团体,今后各地治安机关,对于该盟及其分子一切活动,自应依据妨害国家总动员惩罚暂行条例及'后方共产党处置办法'严加取缔。"此后,身处国统区的宜宾民盟盟员们转入地下分散活动。

民盟在地下时期曾受国民党反动统治集团暴力压迫。有的同志被逮捕、被残杀,没有遭受迫害的,亦多不能与组织取得联系,在长期的封闭当中,他们对于民盟新的政治纲领,缺乏认识和了解,在思想和作风上,亦难免有些不适合新社会的要求。根据上级盟组织的指示,需要对盟员加以重新审查,以保持组织的纯洁性。

中华人民共和国成立后民盟由地下转为公开,上级民盟通知原有盟员要重新办理登记,回到组织里来,同时必须给予思想和政治教育。

宜宾和平解放后,民盟川南支部临时工委(设在泸州)根据上级民盟指示精神,决定清理、整顿民盟组织。民盟川南支部临时工委负责人刘以汶、赵蕴书、屈尚先等与有关方面研究后,决定派李筱文来宜宾整理盟务。当时上级民盟确定的原则是"反对宗派主义,加强盟内团结""在整理中进行教育,整理与教育相结合""反对标准太严,大量清洗"。上级民盟组织要求清理整顿工作在民盟川南支部临时工委直接领导下进行，必须接受当地中共党委的领导，与中共宜宾地委、市委统战部取得密切联系，依靠党的领导与支持做好这一工作。

1951年年初，宜宾地委接中共川南区党委（中华人民共和国成立初，四川分为4个区：以重庆为中心的川东区，以泸州为中心的川南区，以南充为中心的川北区和以成都为中心的川西区，1953年以后4个区合并为四川省）指示：根据革命形势发展需要，中国民主同盟要在宜宾建立和发展组织，应予以大力支持。当时，张守愚（1939年在宜宾参加地下党，后去延安，中华人民共和国成立后第一批回宜宾的中共本地党政干部之一，先任军管会文教接管处处长，后曾任中共宜宾县委书记、地委宣传部部长）先后两次通知邵允文和陈子轩等到都长街永生宫（原法国传教士所建教堂）地委宿舍谈话，了解宜宾知识分子和中共地下党员以及民盟地下盟员的情况。

李筱文来宜宾以后，立即与中共宜宾地委、市委统战部取得联系，拜会了当时中共宜宾地委统战部部长赵富言，统战部干部韩紫剑等，还拜访了宜宾文化教育界一些知名人士。李筱文向中共宜宾地委、市委统战部汇报了民盟川南支部临时工委关于整顿和建立组织的决定，并请示了如何开展这一工作。还就民盟川南支部临时工委如何贯彻上级清理整顿组织的原则与要求，多次交换了意见。

清理工作从1951年上半年开始，到年底结束。经过审查，中华人民共和国成立前参加民盟，中华人民共和国成立后被正式确认盟籍的共5人：何平，男，1948年10月入盟；周抚群，男，1948年3月入盟；王守文，男，1945年9月入盟；周子富，男，1949年6月入盟；苏心端，男，1945年5月入盟。中华人民共和国成立前入盟的宜宾其余盟员有的去了外地，也有个别未登记者。

盟员何平回忆，中华人民共和国成立后民盟清理、整顿组织的情况：1950年1月中旬，他到成都向盟组织汇报有关情况，其时民盟川西临工委已经成立，经张松涛等证明，他个人的盟籍得到承认，但川南民盟组织正在等待清理、整顿中，他的关系迟迟未被转到川南临工委，加上他在老家资阳发展的民盟组织亟待清理、整顿，于是回资阳向中共资阳县委左咏书记汇报，等待上级盟组织的指示。2月下旬，民盟中央委员，川南区行署文教厅厅长曾庶凡（宜宾南溪人）从成都返回泸州路过资阳，与何平交谈中隐略提到川盟整顿、清洗中出现的令人担忧的问题。

1950年7月上旬，张松涛写了一封介绍信，推荐何平到民盟川南支部临时工委工作。但资阳的同事执意留其共事，何平一面向民盟川南支部临时工委汇报情况，保持联系，一面暂留资阳，积极争取资阳的民盟组织早日得到承认。1951年3月，民盟川南支部临时工委发去急件并附中共川南行署党委统战部介绍信，要求对资阳盟组织进行整理。中共资阳县委随即派统战部一名干部协助何平等人进行切实整理，资阳的民盟组织终于被认定。

1951年9月初，民盟川南支部临时工委调何平去西南革命大学民主党派干部培训班学习，何平在西南革命大学半年学习结束后，1952年2月到泸州向川南支部临时工委报到，设在泸州的川南支部临时工委经过研究，决定介绍何平到宜宾民盟工作。

二、发展新盟员

1951年上半年，民盟川南支部临时工作委员会（设在泸州）的李筱文根据上级盟组织和中共川南区党委的指示，来宜宾了解宜宾人民签订"爱国公约"和为抗美援朝捐献武器运动的有关情况之机，筹划在宜宾建立民盟组织，并得到中共宜宾地委、市委统战部的积极支持。

下面是保存在宜宾市档案馆的一份原件——

宜宾地委统战部：

　　为了很好的帮助各民主党派进行工作和发展，党委已决定我部和青年团川南区工委研究，需在各地市抽调青年团员前来学习。你处应抽调团员川南工委已有明文通知你处团委，在研究具体的人时，希你与你处团委研究，必须把握：1. 政治水平较高、立场较明确；2. 作风较正派且有些社会经验。至于团员来泸路费由你们负担，学习时间约十天，学后仍回原岗位。

此致敬礼

中共川南区党委统战部（盖章）

1951年10月9日

李筱文在中共宜宾地委统战部干部韩紫剑的陪同下，于1949年6月在成都秘密加入民盟，中华人民共和国成立后与已回宜宾的南溪李庄人周子富取得联系，传达了上级民盟组织及中共宜宾地委支持在宜宾建立民盟组织的相关事宜。

李筱文传达了上级民盟关于组织发展的指示精神：盟员发展要"巩固与发展相结合""质与量并重""发展对象以文教界为主""以发展中上层为主"，特别应多吸收有代表性的、有群众影响的、有学术地位的专家、学者入盟，可以继续吸收中小学教师和机关干部入盟，但不作为发展的重点。根据这些原则，周子富在中共宜宾地、市委统战部的领导下，积极开展有关联络工作。

宜宾民盟组织的发展工作坚持依靠中共宜宾地、市委统战部以及有关基层党组织的支持和帮助。

由于民盟宜宾市分部临工委成立前盟员人数少，因而民盟在当时宜宾市文教界的影响也不大。鉴于此，中共宜宾地、市委统战部和中共有关组织出面，大力协助民盟做好组织发展工作。

下面是存宜宾市档案馆的另一份原件。

地委组织部：

关于前次地委会议决定宜宾市幼稚园主任张静如同志

（共产党员）参加宜宾中国民主同盟的组织，她亦去受过民盟培训回来了。先将她本人所有材料转来，请你们作出决定，通知张静如她组织和支部，并函复我们为荷。

此致敬礼

中共宜宾地委统战部
1951年12月4日

李筱文到宜宾师范学校发展盟员，统战部和中共宜宾师范基层组织曾联合召开了一次座谈会，邀请参加的人士主要是经各有关方面协商后拟发展入盟的对象，事实上是一次"入盟动员会"。中共宜宾市委统战部的领导主持座谈会，师范党支部负责人讲了话。李筱文在部分教师座谈会上，宣传党的统一战线政策和民盟的简史、性质、任务、与中共的亲密关系及入盟条件等，动员师范教师加入民盟。会上，围绕对民盟的认识与看法，邵允文、陈子轩等相继发言，统战部领导做了总结讲话。

中华人民共和国成立后，宜宾民盟发展首批新盟员坚持按民盟总部规定的入盟手续办事，当时主要手续有以下几个方面：

一是对准备发展的对象必须进行考察了解。二是申请入盟人必须详填入盟申请表。三是严格逐层审批手续。当时，民盟总部规定对新盟员盟籍的核定（即审核批准）统一由省级盟组织进行，省以下市、县组织无核定权。四是举行入盟宣誓。这是当时入盟的最后一道手续，在民盟总部同意备案后分批举行，并由上级民盟派员监督。

1952年1月9日，经民盟川南支部临时工作委员会批准，王耀南、陈子轩、薛毅、薛仿、张静如、高步天、邵允文、张景瑞、周照椿、倪树凡、彭厚筠等人加入民盟。至1952年底，加上中华人民共和国成立前参加民盟和中华人民共和国成立后取得正式盟籍的同志以及外地转回宜宾的盟员，宜宾已有盟员19人。

宜宾解放后首次发展新盟员，还要求申请入盟者写出自传。邵允文是1927年经尹伯民、郑则龙介绍加入中国共产党的老地下党员，因战乱流落云南，1951年回宜宾后申请恢复党籍暂时未能落实，统战部门便推荐他参加民盟。邵允文向民盟送交的《自传》材料多达2万字，将自己的"家庭环境与社会关系""青少年时代与思想转变过程""加入共产主义青年团、共产党及参加群众斗争活动""被捕、出狱和恢复党籍""疏散异地失去联系脱离党组织"等情况，向盟组织做了详尽的叙述。用他自己的话来说，就是"敢于坦白暴露自己的历史，正视自己的缺点"。那时入盟者对组织是襟怀坦白、忠诚老实、敢讲真话、勇于剖析自己的。

三、民盟组织的建立

1952年1月18日，设在泸州的民盟川南支部临时工作委员会以组字第189号公函指示宜宾市建立民盟组织。

1952年2月3日，中国民主同盟川南支部宜宾市分部临时工作委员会召开成立大会，会议在宜宾市青年街幼儿园举行，1949年之前加入民盟的12位盟员（其中有5位同志为中共地下党员与盟员交叉者）出席大会。中共宜宾地委统战部干部韩紫剑、市委统战部舒厚忠等相关领导到场祝贺，民盟川南支部派刘以汶、赵蕴书、屈尚先3位同志参加了成立大会，会议审议通过了临时工作委员会筹备经过报告，选举王耀南任主任委员、陈子轩任驻会委员兼组织部部长、薛毅任委员兼宣传部部长、张静如、高步天任委员，委员会由上述5人组成。当时盟组织全称是"中国民主同盟川南区支部宜宾市分部临时工作委员会"。出席这次成立大会的有12位盟员。

王耀南：中国人民解放军南下进军西南部队营职转业干部。

陈子轩：1939年3月参加中共地下党，1943年重庆国立女子师范学院肄业，中华人民共和国成立前在合川、宜宾、成都等地教中学，1948年在成都与盟员大学生并肩战斗。1950年2月至1951年1月任川南宜宾师范学校（地点李庄，后为宜宾师专，现宜宾学院）教导主任，代理校长，1952年2月至1953年3月任宜宾市民盟驻会委员兼组织部部长，代表民盟对上对外出席各种会议和活动。1958年5月任宜宾专署文教科副科长。1953年3月至1957年任宜宾市二初中校长，1957年被打成右派。1983年恢复党籍，入党时间从1939年3月起。享受副厅级离休干部生活待遇。

薛毅：1946年6月四川大学历史系毕业，中华人民共和国成立前在宜宾从事中学教育工作，1950年任宜宾县男中教导主任，1951年2月任宜宾地区教育工会主席，1951年9月任宜宾农校校长，1955年调任宜宾师范学校校长。

薛仿：1938年在川南师范加入抗日民族先锋队，1939年转为中共党员，中华人民共和国成立前积极参加抗日救亡运动和反对国民党独裁的斗争，蹲过国民党的监狱，担任过川南师范民众夜校校长，中华人民共和国成立后曾任宜宾市一初中副校长（主持工作）。1957年后任民盟宜宾市委会办公室主任。享受正县级离休干部生活待遇。

张静如：中共地下党员，中华人民共和国成立前曾任喜捷小学校长，时任青年街幼儿园园长。

高步天：1934年毕业于四川大学中文系，中华人民共和国成立前在成都、宜宾等地的中学担任过教师、教导主任、校长等职。1950年8月至1953年4月任宜宾县男中校长（今宜宾市三中），1953年至1955年任宜宾县观音中学校长，1955年至1958年任宜宾县白花中学校长。

邵允文：1927年加入中国共产党，抗战期间，负责宜宾抗战剧团的宣传工作，蹲过国民党的监狱。1941年，国民党制造皖南事变，掀起第二次反共高潮，邵允文向上级请示宜宾地下党的疏散事宜，没能接上关系，去云南教书。中华人民共和国成立后任《宜宾农民报》主编，1952年至1955年任宜宾师范校长，1955年3月至1967年1月任宜宾市副市长。

张景瑞：河南人，中国人民解放军二野军大学生，共青团员，1950

年1月转业到宜宾专署担任秘书工作，1952年4月任宜宾专署教育科人事干部。

周照椿：中华人民共和国成立前曾任宜宾县外江中学（今宜宾县二中）训育主任、宜宾女中校长，大学文化，以优秀教师代表身份加入民盟。

倪树凡：宜宾市一中体育教师、大学文化，以体育教师代表身份加入民盟。

彭厚筠：中共地下党员、国立江安剧专第五期高才生，抗战时得到国立剧专的余上沅、杨村彬等言传身教。1950年5月任宜宾市文化馆第一任馆长。1952年出任宜宾市文联主席，组建市曲艺团。

周子富：1949年6月在成都加入民盟，曾往返于成都、宜宾之间做国民党军队起义策反秘密联络工作，中华人民共和国成立后根据上级民盟组织指示，等待安排。1951年下半年，在中共宜宾地委和市委统战部的安排下，参加了筹建宜宾民盟的工作，1952年2月至1962年8月担任宜宾民盟专职干部。

大会要求盟员进一步加强团结，向人民民主统一战线的领导党——中国共产党学习，学习马列主义、毛泽东思想，注意联系群众，掌握批评与自我批评的方法。

大会进行了宣誓仪式，刘以汶等带领大家举起右手齐声喊出"为民主而奋斗！为建设新中国而奋斗！"的誓词。

宜宾民盟刚成立时机关专职干部是李文俊、周子富，其中脱产工作人员周子富主要负责机关日常工作，办公地址在宜宾市涌泉街李竹君住宅内。同年由宜宾市人民政府调拨粮房街23号作为办公用房，1952年4月5日迁入办公，邵允文主动将家中长条案桌和凳子捐出供大家开会使用。由于盟员分散，宜宾民盟最初成立时只有机关和学校两个小组。

1952年2月3日，这一天是宜宾民盟的成立纪念日。

守正创新担使命 坚定实干显实效

——民盟珠海市委会发展回顾及小结

民盟珠海市委会

2021年是"两个一百年"的历史交汇点,"十四五"规划已然开启。珠海民盟的发展和民盟人的成长,都与珠海经济社会发展紧密联系的。我们深刻认识到中国共产党的领导是改革开放取得成功的根本保证,深刻理解抓好"新发展阶段、新发展理念、新发展格局"要求的重大历史意义,深刻总结城市发展的宝贵经验和深刻启示,不断增强推动珠海建设新时代中国特色社会主义现代化国际化经济特区的信心和定力。

从1986年仅有10多人的民盟珠海小组,到于1989年成立的民盟珠海市委会,再到今天有超过800位盟员,珠海民盟无时无刻不处于改革开放的历史洪流中。如今,一大批盟员担任各级人大代表、政协委员,全市担任区县级以上人大代表、政协委员的盟员共41人,人数为历史最高,特约监督员10人,盟省委专委会副主任5人、盟省委专委会委员19人,盟省委第十五届委员会特邀信息员5人,盟员担任我市特约人员的10人,任珠海新阶联第一届常务理事和会员的19人,大家在各行各业贡献着自己的力量。

民盟珠海市委会深刻认识到在推动珠海经济社会持续健康发展中的历史担当,切实履行中国特色社会主义参政党职能。近些年来,在组织建设、参政议政、社会服务、自身建设、民主协商等方面做了一些工作，主要有以下几个方面的做法。

一是凝心聚力抓好组织建设。民盟珠海市第六届委员会于2016年完成换届，更新充实了盟市委领导班子力量。成立了青年联合工作委员会、参政议政委员会、理论研究委员会、文艺委员会、社会与法治委员会、企业联合委员会、医药与健康委员会等专委会，建设了6个"盟员之家"，特别是与市税务局合作共建创新打造的"盟员之家"，超过10个功能室，占地超过1000平方米，得到民盟中央丁仲礼主席和陈晓光常务副主席的肯定批示，有效加强与政府部门对口联系，推进建言献策、民主监督，更加深入、更加有效。通过开展系列专题讲座、组织读书会、选送盟务骨干参加各级培训等，巩固盟员思想共识，形成组织合力，锻炼优秀后备人才，引导盟员围绕全市重点工作发挥智力优势，为营造共建共治共享社会格局贡献民盟力量。

二是发挥优势做好参政议政。珠海民盟紧紧围绕珠海市委市政府的中心工作，针对珠海经济总量、区域发展水平、实体经济发展等现状，找准参政议政切入点，组建团队深入调查研究，先后提出了"降低实体经济企业综合成本的策略研究""建设大湾区医疗高地助力解决澳门医疗短板""加快横琴建设高水平对外开放门户枢纽研究""港珠澳大桥通车下、深化珠港澳合作研究""加快珠海打造国际化便利化营商环境研究""培育扶持隐形冠军企业""推动二次创业、完善工业区的配套"等提案和课题，参政议政亮点纷呈，在探索改革路、实现中国梦的伟大实践舞台中发挥了应有的作用。

三是整合资源做好社会服务。珠海民盟充分发挥在教育、文化方面的资源优势，着重打好"家庭教育公益活动"和"农村教育烛光行动"两个品牌，已举办各种家庭教育讲座200余场。联合珠海市慈善总会，设立首期60万元的慈善基金，成为第一个在市慈善总会设立冠名基金的民主党派。响应民盟中央"天使系列工程"号召，主动对接西门子医疗系统有限公司、珠海市人民医院，推动民盟介入医学继续教育基地在珠海市人民医院建成，依托珠海市人民医院先进的诊疗技术，帮助西部地区医疗机构突破介入手术人才短缺的瓶颈。和盟省委会共同助力云南省怒江州教育事业发展，共投入490余万元开展专项烛光行动。这一系列的社会服务，不断扩大了珠海民盟的政治影响，树立了社会形象，增强了组织凝聚力。

四是勇当先锋力争双岗建功。大批珠海民盟盟员在市委市政府重要岗位上，教育界别、文化界别、科技界别及经济界别的盟员也积极在各自岗位上尽职尽责。珠海民盟现有编制仅4人，为更好地发挥基层青年盟员的作用，通过健全青年联合工作委员会的工作机制，创造更多机会和平台，让青年盟员参与到履职实践中。青年联合委员会近几年涌现出了一大批优秀年轻骨干。如，高教一支部韩笑创作主演的小品在广东省纪委监察委廉政小品曲艺创作大赛上以最高分获得大赛金奖，并由广东省委会常委、广东省纪委书记施克辉亲自颁奖；珠海市纪委监察委廉政教育月文化演出的压轴节目《木棉花开》由珠海民盟盟员担任男主角。在几次台风中，广大年轻盟员不仅坚守本职岗位，而且组织企业力量成立救援车队，全力投入到各项急救灾工作中，活跃在珠海市街头巷尾的民盟车队成为一道靓丽的风景线。

五是协商民主推动解决问题。民盟珠海市委会与市教育局、市审计局、市政务局等对口联系单位沟通顺畅紧密，多次参加市审计局审计整改监督检查及廉政回访评审工作，与市教育局就教育规划、学前教育、民办教育、家庭教育等方面问题开展深入交流座谈，参与数字珠海推动建设工作等。几年来，珠海民盟先后组织考察调研活动和督导工作150多次，提交提案300多件，围绕珠海市十大民生工程展开视察调研，取得了较好效果，得到普遍认同。如，珠海市民营经济普遍关注的民营经济的优惠政策是否落实到位，珠海市群众普遍关注的城市交通整治及道路美化绿化景观提升、改扩建学校缓解入学难问题、医院卫生建设相对落后问题、文化、就业、住房和社会保障体系建设等热难点问题，通过协商民主和提案落实取得了颇多成果，受到普遍赞誉。

六是履职担当投身疫情防控。民盟珠海市委会以企联会为抓手，开展多场助力企业复工复产调研活动，为疫情防控和经济社会发展贡献企业力量；积极发动教育界、科技界盟员投身科研和物资生产工作，创新网络教学模式、提供网课后台支撑、研发高科技消毒产品和疫情防控相关设备；鼓励文艺界盟员积极投身抗击疫情主题文艺创作，创作出一批强信心、暖人心、聚民心的优秀作品，营造了万众一心、众志成城的浓厚氛围。疫情防控期间共有319名盟员踊跃捐款捐物，捐款总额达144.9万元；捐赠口罩83400个、医用防护鞋套5850个、药品20箱、蛋卷840罐以及酒精、消毒液等物资价值90.4万元。全市盟员用自己的力量在各行各业筑牢"责任防线"，以实际行动奋力实现疫情防控和经济社会发展双胜利。民盟珠海市委会获"中国民主同盟抗击新冠肺炎疫情先进集体"荣誉称号。

虽然我们取得了一定的成绩，但距离新时期新形势下习近平总书记对民主党派工作"四个建设、五种能力"要求，还有一定差距。接下来我们要更加紧密团结在以习近平同志为核心的中共中央周围，认真学习习近平总书记视察广东重要讲话的丰富内涵和精神实质，带领广大盟员以更加坚定的信念、更加奋发的姿态投身新时代、新征程。深入学习贯彻习近平总书记关于党史学习教育的一系列重要讲话和重要指示精神，引导盟员全面系统学习党的百年奋斗史，深刻领悟习近平总书记思想的真理伟力，真正做到学党史悟思想。学习贯彻习近平总书记在党外人士座谈会上的重要讲话精神，持之以恒加强自身建设，不断提高政治把握能力、调查研究能力、联系群众能力、合作共事能力，发挥好全市800名盟员的"乘数效应"，推动珠海建设新时代中国特色社会主义现代化国际化经济特区、助力横琴粤澳深度合作区建设，落实"新发展阶段、新发展理念、新发展格局"，建设区域重要门户枢纽、新发展格局重要节点城市、创新发展先行区、生态文明新典范、民生幸福样板城市，续写更多新时代"春天的故事"。

"十四五"国家重点出版物出版规划项目

民盟历史中的城市记忆 下

MINMENG LISHI ZHONG DE CHENGSHI JIYI

中国民主同盟成都市委员会 编

群言出版社
QUNYAN PRESS
·北京·

CONTENTS 目 录

下 册

城市发展中的民盟印记

—— 直 辖 市 ——

民盟与北京中轴线的保护和利用 ……………… 民盟北京市委会 // 261

逐梦同行
　　——改革大道上的"美美与共" ………… 民盟上海市委会 // 269

天津城市发展中的民盟印记 ……………… 民盟天津市委会 // 277

十年治理　砥砺前行
　　——重庆民盟与桃花溪治理 ……………… 民盟重庆市委会 // 283

—— 副省级城市 ——

聚焦养老问题　助推养老服务事业健康发展
　　………………………………………………… 民盟长春市委会 // 288

让千年芙蓉重放光华
　　——成都民盟持续深耕蓉城文化标识的建设和
　　传播纪实 ……………………………… 民盟成都市委会 // 294

从最近九年成果看大连民盟的参政议政
　　及建议 …………………………………… 民盟大连市委会 // 302

建言献策助发展　服务奔走为民生 …………… 民盟广州市委会 // 312

探索实践"45721"专题智库模式　促进参政
　　议政水平螺旋式上升 ……………………… 民盟哈尔滨市委会 // 318

不忘初心　坚守信念　让公益组织镌刻上浓重的
　　民盟印记 …………………………………… 民盟杭州市委会 // 324

始终与城市发展同行
　　——泉城济南城市发展中的民盟印记 ……… 民盟济南市委会 // 330

久久为功持续建言　提案建议展现实效
　　——民盟建议极大促进宁波游艇产业发展的
　　实例 ………………………………………… 民盟宁波市委会 // 336

牢记使命责任　助推文教领域改革发展
　　——全国政协委员、民盟宁波市委会原主委
　　成岳冲履职琐记 …………………………… 民盟宁波市委会 // 342

促成独生子女父母奖励金政策的落实 ………… 民盟南京市委会 // 348

聚焦社区治理　加强资源整合　不断提升社会
　　服务工作实效 ……………………………… 民盟青岛市委会 // 353

大力发展机器人产业　推动制造业转型升级
　　……………………………………………… 民盟沈阳市委会 // 358

同心同行三十载　咨政建言再出发
　　——深圳发展中的民盟印记 ………………… 民盟深圳市委会 // 363

一份提案引发的一场钢铁保卫战 ……………… 民盟武汉市委会 // 370

凝心聚力推动西安"博物馆之城"建设 ……… 民盟西安市委会 // 375

文化塑盟　一路向海
——厦门民盟助推中马"送王船"联合申遗的
　　回顾与总结 …………………………… 民盟厦门市委会 // 381

——其他城市——

情系民生事　提办两担当
——集体提案助推民生事业发展实例 ……… 民盟长沙市委会 // 387
提高参政议政前瞻性战略性的佛山案例 ……… 民盟佛山市委会 // 391
助力国家级科技资源落户佛山　新时代参政议政
　　出新出彩 ……………………………… 民盟佛山市委会 // 396
"三坊七巷"保护修复中的民盟印记 ………… 民盟福州市委会 // 402
突出地方特色文化　增加城市文化魅力 ……… 民盟广安市委会 // 408
加快农村学校教育信息化建设　努力打造贵阳市
　　教育发展升级版 ……………………… 民盟贵阳市委会 // 415
引进优质教育资源　促进贵阳市教育高质量发展
　　………………………………………… 民盟贵阳市委会 // 430
打造"天使"品牌　守护百姓健康 …………… 民盟桂林市委会 // 438
全面精准长效　合肥民盟"黄丝带帮教行动"
　　显成效 ………………………………… 民盟合肥市委会 // 443
秉承绿色发展理念　持续关注生态安全
——民盟人的绿色家国情怀 …………… 民盟呼和浩特市委会 // 448
积极探索脱贫攻坚民主监督新路子 ………… 民盟昆明市委会 // 453
烛光生辉初心不改　教育扶贫聚力同行
——民盟昆明市委会"烛光行动"助力教育精准扶贫
　　成绩斐然 ……………………………… 民盟昆明市委会 // 458

· 3 ·

兰州城市发展中的民盟记忆 ………………… 民盟兰州市委会 // 464

为南昌轨道交通鼓与呼 …………………… 民盟南昌市委会 // 470

积极建言助推"大学城"建设 ……………… 民盟南充市委会 // 474

为南宁城市治理建言献策 ………………… 民盟南宁市委会 // 479

脉脉水情绕通城　拳拳盟心献良策

　　——南通民盟助力水美南通建设纪实 ……… 民盟南通市委会 // 485

关于做好泉州市小学和幼儿园课后延时服务工作的

　　几点建议及采纳情况 ………………… 民盟泉州市委会 // 492

一件提案唤起越窑重生 …………………… 民盟绍兴市委会 // 499

为了同一片蓝天 …………………………… 民盟石家庄市委会 // 504

建言献策为城市增添一抹绿色 …………… 民盟苏州市委会 // 511

唱念做打尽显平日功夫　舞台上下弘扬传统文化

　　——太原民盟三代盟员艺术家的晋剧艺术传承

　　………………………………………… 民盟太原市委会 // 516

关于各民族群众共享古尔邦节、肉孜节完整假期的

　　建议 ………………………………… 民盟乌鲁木齐市委会 // 522

不信清泉唤不回

　　——民盟无锡市委会助推水体治理系列履职活动

　　　纪实 ……………………………… 民盟无锡市委会 // 525

发挥民盟智力优势助推宜宾大学城发展 …… 民盟宜宾市委会 // 529

爱的力量　盟的感召

　　——民盟珠海市委会社会服务工作掠影 …… 民盟珠海市委会 // 536

后记 …………………………………………………………………… 543

城市发展中的民盟印记

直辖市

民盟与北京中轴线的保护和利用

民盟北京市委会

北京中轴线，是自元大都、明清以来北京城市东西对称布局建筑物的对称轴。北京市诸多重要建筑物均位于此条轴线上，是国人心目中的北京"脊梁"。目前，北京中轴线申遗已确定天安门、永定门、先农坛、天坛等14处遗产点，申遗面积大约涵盖北京老城面积的65%。多年来，民盟北京市委会始终对北京市旧城保护和利用给予高度关注，连续多年组织专家学者围绕北京中轴线保护与利用及申遗工作进行广泛深入调研并取得高质量调研成果，许多建议被相关部门采纳，成为民盟北京市委会在城市文明开发传承领域发挥中国新型政党制度优势的生动实践。

北京是世界著名的历史文化名城。在这古老而又充满现代气息的城市里，至今仍保存着一条绵延近8公里的中轴线。北京中轴线源于元代，经明、清、民国，至今700余载，一脉相承，拥有天坛、故宫、大运河三处世界文化遗产，数十处全国重点文物保护单位以及多片历史文化保护区，是中国优秀传统文化的重要载体，世界建筑文明的精美华章。

2014年2月25日，习近平总书记视察位于中轴线上的南锣鼓巷地区，并作出重要指示："北京是世界著名古都，丰富的历史文化遗产是一张金名片，传承保护好这份宝贵的历史文化遗产是首都的职责。"总书记的上述指示是我们做好中轴线地区工作的根本遵循。2017年9月，中共中央、国务院批复了《北京城市总体规划（2016年—2035年）》（以下简称《总体规划》），在《总体规划》老城部分，中轴线保护与修复工作被提到首位。2021年正值建党百年，明北京城开城601周年，我们要围绕中心、服务大局、抓住机遇、扎实工作，做好中轴线保护与修复工作，为中轴线申遗做出历史性的贡献。

2021年也是北京市民盟组织成立75周年。在中共中央和中共北京市委的领导下，北京市民盟组织开展对北京古都风貌保护工作已有70余年的历史：包括在解放战争期间的平津战役中，北平市民盟组织为保护古都风貌、促成北平和平解放所做出的历史性贡献；新中国成立前后，民盟先贤、建筑大师梁思成先生为保护北京古城所做出的卓越贡献。20世纪80年代，中国当代著名建筑学家、盟员吴良镛先生探索了北京传统街区"渐进更新"理论及主持了菊儿胡同试点工程。1999年夏，时任民盟中央主席费孝通先生亲临什刹海地区考察，并对该地区古都风貌保护工作做出重要指示。21世纪初，中共北京市委委托民盟北京市委会，开展"人文奥运"重点课题调研，民盟北京市委会对人文奥运理念做出深刻阐述，一系列高质量建言获得中共北京市委、市政府采纳。2008年以来，民盟北京市委会持续开展对中轴线历史文化保护区保护利用和改善民生方面的专题调研。

2017年起，民盟北京市委会在程红主委的领导下，联合民盟东、西城区委及北建大支部成立北京中轴线课题调研组，连续三年提交北京中轴线三个调研报告（依次为北段、南段、中段），报告多次荣获市、区民主党派参政议政优秀调研成果一等奖,转化成果一项得到中共北京市委主要领导批示,一项为市政协党派提案。2018年和2020年,民盟北京市委会联合市文史馆、市文物局举办两届北京中轴线论坛,取得了良好的社会反响。

以下是课题组2020年所做的北京中轴线保护与利用调研报告(正阳门至景山地区)成果综述。

一、现状调查

1. 正阳门至天安门

前门火车站:即京奉铁路正阳门东车站,该站始建于1903年,位于北京市东城区前门大街东侧,现为中国铁道博物馆。

正阳门:又称前门,位于前门大街北端,始建于明代,主要由城楼、箭楼、瓮城组成,历史上素有"四门三桥五牌楼"之说,现瓮城与正阳桥无存(具体情况见下表)。

天安门及天安门广场:天安门位于北京市中心,南临天安门广场,北靠故宫博物院,始建于明朝永乐十五年(1417),时称承天门,是明清两代北京皇城的正门(同上,后相同)。

2. 天安门至午门

太庙:(现改名为"北京市劳动人民文化宫")位于长安街天安门东侧,是明代帝王祀拜先祖的宗庙。始建于明初永乐十八年(1420),嘉靖年间重建,后经清代增修。

社稷坛:位于长安街天安门西侧,是祭祀土地神和五谷神的坛庙,明初所建,现为中山公园。

3. 午门至景山

故宫:又称紫禁城,是明清两朝的皇宫,明永乐四年(1406)始建,仿明南京宫殿规制,后有部分建筑重建、增建,总体上仍保持明代布局。整个故宫分中、东、西三路布局,中轴线上的重要建筑有"前三殿"与"后三宫",此轴线与城市的中轴线重合,堪称中国古代大型建筑群的典范。

景山:元时称为"青山",明代因其位置恰好在全城的中轴线上,又为皇宫北侧屏障,故有"镇山"之名;清代更名为景山,于山南、北两侧修建了绮望楼、寿皇殿等建筑,突出了中轴线对称、严谨的特点。

京师大学堂:旧址现位于北京市东城区沙滩后街55号。初期校舍包括教室、宿舍、图书馆、办公管理及附属用房数百间。1902年8月,清廷颁布《钦定学堂章程》,为中国近代史上首次以政府名义规定的学制系统。

陟山门街:位于西城区,东起景山西街,西至北海陟山门,是连接景山西门与北海东门的通道。元代时,该地区为宫殿区,明代,变更为衙署厂库,清代以后,逐步演变为平房居住区。

南、北长街和南、北池子:南、北长街位于北京市西城区东南部,故宫以西。清时,这里曾汇集了会计司、煤炭库、章仪司等朝廷部门,并于北长街两侧分别修建福佑寺和昭显庙,将原明代兵仗局佛堂改为万寿兴隆寺;民国初年,政府开辟新街,并于街口修建一高大的拱门,上题"南长街"三字,该拱门保存至今。

二、思路与对策

指导思想:坚持以习近平新时代中国特色社会主义思想为统领,以《北京城市总体规划(2016年—2035年)》为纲要,依据国家、市、区相关法规政策和《保护世界文化和自然遗产公约》,坚持"疏解、整治、提升、保护、传承、利用"的方针,按照"保护为主,有机更新,科学利用,统筹兼顾"的原则,推动北京中轴线及老城的保护与复兴工作,使北京中轴线地区展现古都风貌,融入时代发展,弘扬中华文化,为建设北京全国文化中心、北京老城复兴、成功申报世界文化遗产打下坚实的基础。

具体对策：

1. 正阳门至天安门地区

地区	自然环境	定性分类	利用可能	具有优势	存在问题	保护对策	利用建议
正阳门至天安门地区	以天安门广场为主的城市建成区，属平原地区，有金水河	以天安门广场为主体的全国政治中心和对外交往中心	以为中央政务服务为主，兼有国博和革命文化教育功能	该地区整体环境良好	①正阳门素有"四门三桥五牌楼"之说，现瓮城与正阳桥无存，缺少相应的标识	现正阳门保存完好	可考虑在合适的地点设置标识，展示正阳门完整的历史风貌
					②2007年，政府曾在北京天安门广场及周边实施环境整治工程，取得了良好的效果。天安门广场位于北京的"两轴"（中轴线及其延长线、长安街及其延长线）交汇处，根据新总规的要求，下一步要在营造一流的政务环境，做好空间、景观、绿化工作，加强交通管控，控制旅游规模，提升公共安全水平等方面进一步提升，以彰显天安门广场的庄严、雄伟和美丽，突显中央政务、国际交往、国事活动核心承载地的地位		
					③存在停车不规范和局部绿化问题	加强停车管理，做好局部绿化	继续推动博物馆的展示、宣传、教育工作

2. 天安门至午门地区

地区	自然环境	定性分类	利用可能	具有优势	存在问题	保护对策	利用建议
天安门至午门地区	城市建成区，属平原地区	以太庙、社稷坛为主体的文化性用地	太庙—社稷坛皇家文化旅游地	文物保护单位等级高，可利用的皇家文化资源丰富	①太庙大殿西侧存在文物占用现象	研究对西侧文物占用予以腾退的方案	修缮文物供太庙使用
					②社稷坛退整治方案尚待落实	完成文物修复，研究部分文物的腾退方案	修缮文物供社稷坛使用

3. 午门至景山地区

地区	自然环境	定性分类	利用可能	具有优势	存在问题	保护对策	利用建议
午门至景山地区	以故宫、景山为主的城市建成区，属平原、山丘地区，故宫周围有筒子河环绕	以故宫为主的文化性用地	公共文化设施为主，如博物馆等，可适度开展文旅和教育活动	文物保护单位密集，且级别高，整体保存状况较好	①近年来，故宫年均游客数目呈增长态势	现故宫地区建筑文物保存完好	建议做好控制游客流量的工作，降低故宫周边旅游强度
					②加强景山山体的维护，考虑寿皇殿利用工作的落实	景山寿皇殿主体部分修复工作已完成，并对外开放，其西侧部分场地仍在修复	按政府及文物部门相关要求予以合理利用，加强对景山山体进行整体保护
					③京师大学堂较为陈旧，学堂内的部分建筑被居民使用，存在着文保、消防、安全等问题	研究文物腾退工作，妥善疏解人口，保护与修复文物主体	做好党性教育基地和爱国主义教育基地工作，可考虑建立中国高校博物馆
					④陟山门街区品质进一步提升工作，特别是对极个别影响景观的多层建筑，远期应予以降层或拆除。其中，雪池胡同仍存在着文保不利、建筑超高、消防隐患等问题，后续需要进一步整治	治理背街小巷，提升街区品质，配合"三年行动计划"，做好疏解整治促提升工作，保护好景山至北海的城市景观视廊	考虑景山西门与北海东门的衔接关系，优化视廊景观，妥善做好外迁住户安置工作
					⑤南池子皇史宬的东门及墙体较为陈旧	远期可考虑恢复皇城历史景观，保持皇城传统特色，整体保护皇城格局。同时，对南池子皇史宬沿街立面进行修缮	南、北长街地区，继续做好营建一流政务环境工作；南、北池子地区，在条件成熟时，开放已腾退的部分文物

三、建议

1. 服务中央，优化环境

要突出中轴线中段在全国政治中心中的地位。应以天安门广场为核心，整体提升周边空间形象与景观品质，优化交通环境，提升公共安全，彰显天安门广场的庄严、雄伟和美丽，突显中央政务、国际交往、国事活动核心承载地的地位。要以更高水平、更大力度做好政治中心的服务保障工作，全力为中央党政军领导机关营造安全优良的政务环境，建设政务环境优良、文化魅力彰显、人居环境一流的示范区。

2. 因地制宜，分类指导

应根据具体情况采用相应策略：正阳门至天安门段，营造一流的政务环境，优化交通管控，提升空间形象；天安门至午门段，完成太庙、社稷坛文物腾退及修缮，研究部分文物利用的可行性；午门至景山段，降低故宫周边游客总量，提升陟山门街区风貌，推动京师大学堂文物腾退工作，优化南、北长街与南、北池子的街道景观，加强该地段的生态保护工作，做到"山青、水碧、天蓝、地绿"。

3. 中轴立法，保护皇城

应尽快出台与中轴线相关的法规：申遗前可重点在文物腾退、街区整理、轴线景观等方面立法；成功申遗后可重点在遗产利用、运营管理、保护机制等方面立法。另一方面，建议制定《皇城保护规划》，规划包括目标、定位、功能、方法、保障等方面内容，应恢复皇城完整的空间格局，做好保护历史景观、传统风貌、建筑特色等工作，皇城地处全国政治中心和全国文化中心，应协调好两者的关系。

4. 文物腾退，"活化"利用

一是对未腾退的文物（如单位占用的文物），应利用市属单位搬迁通州所留下的房屋，用空间置换的方式加快文物腾退；二是对于正在腾退的公产文物，应尽快出台老城文物征收法规，对极少数的"钉子户"（如在中轴线缓冲区的粤东新馆）要有相应的措施；三是对于已腾退的文物，应充分发挥文物的效益，让文化遗产真正"活"起来。

5. 共管共享，改善民生

做好中轴线相关工作，需要"政府主导，社会参与"。应建立"共管，共生，共享"的城市管理机制，充分发挥社区、居民的积极性，总结"街乡吹哨，部门报到""居民议事厅""共生院"等经验，探索首都功能核心区城市管理的新途径。另一方面，要准确掌握情况，做到"民有所呼，我有所应"，街道与社区应在改善人居环境、增加便民设施、"养老、托幼、助贫"等方面开展工作，提高人民群众的获得感、幸福感、安全感。

6. 配套政策，落实总规

要根据中轴线（正阳门至景山地区）的情况配套相关政策。近期，应在土地调整、功能优化、人口疏解、文物腾退、导则协调、建筑登录、中轴立法、文化传承、文旅安排、民生改善、社会参与、治安管理、资金配套、山体维护、河湖管理、生态保护等方面做好有关工作，下一步还要根据形势的变化动态调整，使相关工作规范、有序、持久，"以线带面"，全面落实北京"新总规"对中轴申遗和老城保护与复兴的要求。

"十四五"期间，民盟北京市委会将继续坚持首善标准，深化理论武装，提高政治站位，主动担当作为，团结带领全市各级民盟组织和广大盟员，为高质量建设国际一流和谐宜居之都、实现中华民族伟大复兴的中国梦做出应有贡献。

逐梦同行

——改革大道上的"美美与共"

民盟上海市委会

冰河解冻，万物复苏。以党的十一届三中全会为标志，中国开启了改革开放的历史新征程。作为中国共产党的亲密友党，40多年来，民盟始终秉持"奔走国是，关注民生"的优良传统，紧随改革开放的时代步伐昂首前进，用自己的智慧和汗水，在国家大发展、上海大变化的壮丽史诗中，为祖国和人民书写了一页页辉煌。

呼唤教育的春天

1977年8月，邓小平主持召开科学和教育工作座谈会。时任民盟中央副主席、民盟上海市委会副主委、复旦大学校长苏步青参加了这次会议，并首先发言。他以复旦大学数学研究所在"文化大革命"期间被解散的情况为例，着重谈了科技队伍的建设问题。他说，现在形势越来越好，有党中央的正确领导，要把科技搞上去，大家充满了信心。现在一个突出问题，是缺少25～35岁的人，搞基础理论要靠青年人。为了解决科研人员的来源，苏步青认为，只要选拔优秀的青年，采取得力措施培养，有三四年工夫就上去了。在苏步青发言时，其他人也纷纷插话，反映有不少科技人员学非所用，散在各处，应当采取措施，经过调查做必要的调整，做到人尽其才。

几天的座谈会集中讨论教育工作中亟待解决的若干问题。就是在这次会议上，邓小平当场决断：改变现行招生办法！经过一段时间的准备之后，这一年的 11 月 28 日至 12 月 25 日，各省、市、自治区相继举行高考，中断多年的高考制度得以恢复。1977 年冬和 1978 年夏的中国，迎来了世界历史上规模最大的高考，报考总人数达到 1160 万人。这一历史性改变，不仅改变了青年人的命运，也改变了整个中国的命运，为社会发展和经济腾飞培养了国家人才，开启了中国科学教育的第二个春天。

力推高教改革

民盟素来有"大学校长联盟"的美誉，仅在上海，就有包括陈望道、苏步青、钱伟长、李国豪、熊佛西、江景波、陈群等 30 多位盟员担任过大学校长，他们作为教育领域中的一方掌舵者，在高教改革的航程中做出了杰出贡献。

1983 年，曾创办中国第一个力学系的中国科学院资深院士、已过古稀之年的钱伟长突然接到一纸调令，被任命为上海工业大学校长。钱伟长上任后，大刀阔斧地进行教学科研的改革，提出要拆除学校和社会之间、师生之间、科系之间、教学和科研之间的"四堵墙"。1992 年钱伟长推行短学期制、学分制和选课制，精简教学大纲，并从上海社会经济发展的实际需要出发，增设许多新的科系。当时，学分制在全国没有先例，推行之初困难重重，后来在几年内竟风靡全国。

钱伟长多次呼吁上海的地方大学联合办学，创造条件，建设一所理工结合、文理渗透的综合性大学。1994 年，新的上海大学由上海工业大学、上海科学技术大学、上海科技高等专科学校和原上海大学合并组建。年逾八旬的钱伟长担任合并后的上海大学校长，他说，要把上海大学办成世界一流的研究型大学，当好校长不仅是他的责任，更是他的义务。

建上海的"曼哈顿"

1990年4月18日，中共中央、国务院宣布同意浦东开发开放的伟大战略决策。30多年来，浦东新区已成为中国改革开放的时代象征。

2008年，上海市政协以纪念改革开放30周年为契机，对市政协从1979年至2008年的2.6万余件提案进行了"地毯式"扫描，最终评出4份上海市政协优秀提案荣誉奖。其中，上海海运学院教授陆子芬等1981年递交的提案《请积极准备建立浦东新区，建设成为新型国际城市楷模》提案名列其榜。这份沉甸甸的提案，前瞻性地提出了要设立浦东新区，并提出建设延安东路隧道、浦江大桥等12项具体建议。

1984年10月16日，上海铁道学院教授杨贤智撰写《上海的曼哈顿区在哪里——结合城市改造，在外滩建设新的金融贸易中心》一文，提出与南京东路外滩隔江相望的一片约5平方公里的浦东土地，是改造成为上海的曼哈顿区最为理想的地点。他建议在这片土地上建造高层建筑供金融、贸易、科技、信息等多种功能的城市发展之用，形成与现在外滩相呼应的新外滩。他的建议如今已成现实，高楼林立、灯火璀璨的陆家嘴已成为浦东崛起的新地标。

一桥飞架黄浦江

开发浦东要跨越黄浦江，跨江大桥提上了议事日程。当时，日本传来消息，他们愿意提供技术支持、提供贷款，但条件是必须由日本人施工。时任上海市政协主席、著名桥梁学家，盟员李国豪提出反对意见。当时，李国豪向时任上海市委书记江泽民写了那封著名的信："中国人有实力建设自己的大桥。"力陈中国人自己设计、建造南浦大桥的理由，后来江泽民同志到同济大学考察后，于1987年9月在信中批示："我看主意应该定了，就以中国人为主设计、集思广益。"

在中国科研工作者的争取下，1988年，上海决定自主建设南浦大桥。最终，中国人以不足日本概算一半的造价，建成了南浦大桥，成为中国桥梁在 20 世纪 90 年代迅速崛起的开创性事件。日本桥梁设计专家伊藤学教授在参观南浦大桥后感慨地说："我们原本以为中国工程师不敢自主建设这一工程，但是你们完成了，而且做得很好，按照你们的造价，我们做不下来。"从此，开创了中国人自主建设大跨度桥梁的新时代。南浦大桥的成功兴建，极大鼓舞了全国桥梁工程界的信心，形成了中国自主建设大桥的高潮。由此赢得了中国桥梁赶超世界先进水平的机会。今天，南浦大桥宛如一条昂首盘旋的巨龙横卧在黄浦江上，圆了上海"一桥飞架黄浦江"的梦想，也成为中国科研人员独立自主、敢于创新的精神象征。

浦发银行的设立

浦东开发伊始，面临巨大的资金缺口。有一个"老银行"出现了，他叫周芝石。说起他，有这么一条花絮：1986 年 11 月 14 日，邓小平同志会见以美国纽约证券交易所董事长约翰·范尔霖为团长的美国纽约证券交易所代表团，在互送礼物时，邓小平将一张上海飞乐音响的股票回赠客人。这张股票户名署名就是周芝石——时任中国人民银行上海分行副行长。如今这张划时代意义的新中国第一张股票，仍作为纪念品陈列在美国纽交所内。

新中国第一家证券交易所——上海证券交易所 1990 年 11 月成立时，周芝石被任命为首任监事长，他还担任民盟上海市委会经济委员会主任。民盟上海市委会在市政协全会上相继提出《开发浦东，发展金融市场》和《开发浦东必须多渠道筹集资金的几点建议》等几件提案，就是他带领经济委员会同仁们的心血之作，尤其是关于设立浦东发展银行的提案，更得到市政府的高度重视，在国务院和中国人民银行的关心下，"浦发银行"在 1993 年 1 月应运而生，有力地缓解了浦东开发开放的融资难题。

建设洋山深水港

在长江入海口外,中国海岸线的中心,有一个包括大、小洋山在内的崎岖列岛。如今,大、小洋山已从东海波涛滚滚中几个默默无闻的小渔村,发展成世界一流的大港口。习近平总书记在2018年新年贺词中提及洋山四期自动化码头,"为中国人民迸发出来的创造伟力喝彩"。创造这个中国奇迹,始终都有上海民盟的全力参与。

从1992年起,民盟南汇县委就开始关注芦潮港的开发,也引起了盟内专家对海港开发的关注。1995年,上海将深水港列为重大课题进行研究,以突破长江、黄浦江水深不够、淤泥过多带来的海运瓶颈。

时任民盟上海市委会主委的张圣坤作为知名船舶学者,受邀多次参加国内外相关会议,他带领盟内学者,三次前往南汇芦潮港及大小洋山进行调研。经过多年的调查论证后,张圣坤在1998年上海市政协第九届一次会议上,正式提出了《加快芦洋深水港的定位与建设,促进上海国际航运中心早日形成》的建议。1999年,他又向全国政协提交了有关提案。

设想虽好,但好事多磨,上海当时已面临严峻的竞争势态。釜山、神户、高雄三个港口都处于比上海形成国际航运中心更为有利的竞争地位,一批新的集装箱泊位建设都已启动或建成。上海若还没有深水港,大量集装箱货源就会汇聚到釜山或高雄等港口中转,那么上海港将只能成为其支线港、喂给港,处于从属地位,我国经济的国际竞争力将会被削弱,经济发展将受制于人。

由于大、小洋山地处浙江地域,如何推动难度不小。为此,李国豪亲自出马,多次发表举足轻重的意见,并给中央领导直接写信,表达了他对建设大小洋山深水港的恳切意见。他的信得到了中央领导高度重视和重要批示。

2002年,洋山深水港作为国家战略项目正式开工,打下了东海跨海大桥的第一根桩。茫茫东海上，一个世界级大港横空出世，傲然屹立。它的集装箱年吞吐量如今已稳居世界第一，它的奇迹印证了多年前精准高远的战略眼光。

建言大虹桥建设

"浦东有上海新国际博览中心，可是浦西却没有一个大型展馆。"虹桥国家会展中心最初的概念，正是源自民盟上海市委会的"聚焦"。2010年上海市两会期间，民盟中央副主席、民盟上海市委会主委郑惠强代表民盟上海市委会建议结合虹桥商务区规划，在大虹桥建造单体规模为30万平方米左右的大型展馆，与浦东新国际博览中心遥相呼应。市委、市政府相关领导予以回应："这个建议很好。"当年9月，展馆项目启动。2011年商务部和上海市政府正式签订合作协议，该项目上升为国家会展项目。2014年10月，世界上面积最大的建筑单体和会展综合体——国家会展中心（上海）迎来运营首展。一大批规模大、质量高、成效好、影响广、辐射强的国内外展会，在此相继落地生根；一大批与新型展会融合的现代服务业在此集聚，一个全新的商业娱乐休闲中心在此崛起。它，无疑成了上海国际贸易中心建设的加速器。

随后几年，民盟上海市委会密切关注大虹桥的发展。2015年上海两会期间，郑惠强递交《建议在虹桥商务区先行复制推广自贸区效应》的两会专报，提出虹桥商务区应该率先复制推广自贸区制度改革成果。在2015年的全国两会上，郑惠强又一次将目光投向了大虹桥，希望以此为中心，构建长三角自由贸易网络。真正发挥上海服务长三角、带动长江流域经济支撑带的龙头作用。

国家战略背景下的大虹桥正以卓越的姿态挺进世界格局，大虹桥已成为服务于长三角城市圈的一个重要枢纽。

助力长三角一体化发展

今天的长三角在世界经济的版图上，已跻身国际公认的六大世界级城市群。它是我国经济最具活力、开放程度最高、创新能力最强的区域之一，经济总量占全国的近1/4。最早提出长三角一体化的是谁？我们想起了一位令人尊敬的耄耋老人，1990年不顾自己80高龄来沪调研，对长江三角洲和上海如何发展向中共中央提出了具体建议。他就是时任民盟中央主席的费孝通。他提出，如果以上海为龙头，以苏、浙两省为两翼，以长江流域为脊梁，就能带动全局的腾飞。他担心地方观念会影响这个战略，表示要和上海、江苏、浙江的领导分别交换意见。当年正值全国两会召开，费孝通和钱伟长多次拜访上海、江苏、浙江代表团，同代表团领导和代表委员们商讨开发长江三角洲的设想。

费老认为，从全国经济格局上看，应该从更高的区域经济发展的层次上来考虑上海，把上海建成一个长江流域的贸易、金融、信息、科技、运输中心，使上海成为长江三角洲和沿江地区工农业商品的总调度室或总服务站，成为一个具有广阔腹地的"大陆香港"。同年4月9日，民盟中央向中共中央报送了《关于建立长江三角洲经济开发区的初步设想》。上报次日，时任中共中央总书记的江泽民约见费老，倾听建议，并称赞这个设想是个好主意。

1992年4月，费老又专程来沪考察。随后，他以民盟主席的名义向中共中央提出了《关于振兴上海经济的设想和建议》。他认为，中国经济发展的重点应该是长江流域——中国经济发展的脊梁。长江是一条可以带动整个中国经济起飞的巨龙，而龙头就是上海。要使上海成为面向世界、商贾云集、四通八达的东方大港，带动中国经济腾飞的龙头。龙头一动，整条巨龙才能起舞。这就是上海在未来中国经济发展中的战略地位。费老以其敏锐的洞察力、杰出的专业素养，秉持情系祖国、志在富民的拳拳赤子之心，出主意、想办法，为推动上海和长江三角洲地区的发展起了积极作用。

费老提出的"上海龙头说"和"长江三角洲开发"等构想，受到中共中央的高度重视。

1992年10月，中共十四大明确提出："以浦东开发开放为龙头，带动长江三角洲和整个长江地区的新飞跃"，"尽快把上海建成国际经济、金融、贸易中心之一。"进入新时代以来，长三角开发迎来了前所未有的历史机遇。习近平总书记从战略和全局高度，提出了"促进长三角地区率先发展、一体化发展"的要求。

2018年4月8日至11日，全国人大常委会副委员长、民盟中央主席丁仲礼率民盟中央调研组，就"深化长三角一体化合作，促进区域经济协调发展"来沪专题调研。调研组抵沪当天，中共中央政治局委员、上海市委书记李强同丁仲礼一行举行座谈。丁仲礼说，重点考察调研是中共中央委托各民主党派中央，就国家经济社会发展全局性、战略性、前瞻性重大问题开展调查研究、建言献策的重要活动。

肝胆相照商国是，风雨同舟写春秋。身处"两个一百年"奋斗目标的历史交汇点，回顾历史，成绩催人奋进；展望未来，前景更加美好。上海民盟将继续在中国共产党的领导下，与人民同呼吸、与时代共进步，建睿智之言，献务实之策，积极参政议政，推进社会发展，为把上海建设成卓越的全球城市，为实现伟大的"中国梦"而努力奋斗。

天津城市发展中的民盟印记

民盟天津市委会

人因城聚，城以才兴，一座城市的发展，离不开人才这个根本驱动力。民盟作为主要由从事文化教育以及科学技术工作的高、中级知识分子组成的中国特色社会主义参政党，其成员大多数集中在大、中城市，他们通过盟务活动、本职工作，对所在城市的发展做出了重要的贡献。作为直辖市的天津，在其发展历史上，在如今向"一基地三区"定位奋进的征程中，也饱含着各级盟组织和广大盟员日积月累的点滴付出。涓涓细流，汇积成河，谨撰此文，既是梳理民盟与天津发展的相关历史，亦以此庆祝中国共产党成立100周年、民盟成立80周年，以史铭志、以励后人。

一、民盟中央、民盟天津市委会为天津城市定位开展的工作

民盟中央为助推天津发展，开展了多次实地调研，做了大量工作。民盟中央原主席费孝通，早在20世纪80年代初，就开始关注京津冀这一区域中的天津发展问题。80年代，费老密集地访问天津（据笔者粗略统计，至少达7次），这固然有地理上的便利条件，但更重要的因素恐怕还是他在谋划全国发展格局时对天津的看重。1989年7月，费老在《四年思路回顾》一文中提出了"全国一盘棋"的概念，在这盘棋的北部片区，天津是个举足轻重的棋子，他希望这枚棋子能走活局，顺

畅全局，进而带动整个环渤海地区的发展，起到更大的辐射和带动作用。

1995年6月中旬，费老再次到天津考察，并发表了题为"天津献策"的讲话。当时，他刚从贵州毕节的村寨调研回来，东西部的巨大差距，引发了他的思考。关于经济区域和经济中心，费老分析，"一个经济区的形成，是要具备一定的条件和经济实力。它要有一个中心，一个具备吞吐能力的港口，还要有广大坚实的腹地，也就是它所笼罩的消费市场和生产基地……这个区域里，要有丰富的资源、高度的生产能力、畅达和快速的流通，以及繁荣发达的市场……经济区域是依照经济规律形成的，并不是由行政划定的"。费老还提出了当时几乎不为人所注意的"南北差距"问题，"东西差距问题已经引起人们的普遍关注，然而南北差距问题人们还提得不多。为消灭和缩小南北差距，我逐渐认识到我国的北部也应该有一个总的发展战略方针"，他还一针见血地指出："成为一个经济区，必须要有一个中心，天津是华北经济区最好的候选对象。为什么说是'候选对象'呢？那是因为目前天津的实力还不够，但是天津具备许多优势，可以成为经济实力发展的生长点……"费老分析了天津的优势条件，"天津地理位置优越，资源丰富，交通、通信发达，有港口，有较强的工业基础，成为华北经济区的龙头是具备良好条件的。而且应该特别指出的是，天津作为我国北方高等院校和科研单位最集中的城市之一，有丰富的智力资源，特点比较突出"。进而，他极有先见地提出了"加强京津冀二市一省的经济协作，在条件成熟时成立一个经济协作机构"的谋划。

一语激起千层浪。这时，民盟天津市委会和广大盟员正积极行动起来，努力寻找促进天津经济发展的对策。经过多次研讨，选定了"中国北方的经济发展和天津的定位"的调研课题。这一课题立即得到中共天津市委统战部等部门的大力支持。当时，天津民盟陶建华、徐润达、彭天宇、张贤谟等领导、专家历经数月，多次调研论证，最终形成了一份沉甸甸的调研报告。在费孝通主席和民盟中央有关部门的直接指导和帮助下，1996年全国政协八届四次会议上，陶建华做了题为"促进京津冀经济区域形成，建立中国北方经济中心"的大会口头发言，引起了强烈反响。会后，时任全国政协主席李瑞环在主席台上找到陶建华，激动地对她说："陶委员，你讲得好，讲得太好了！"天津的城市定位得到了党和国家领导人的高度重视。

1996年10月21日，"天津迈向21世纪发展战略研讨会"召开，费孝通主席、冯之浚副主席和多位民盟中央特邀学者前来参会并发言。在这次会上，费老为天津的发展，正式提出了"联合京冀，强化腹地，利用良港，创建北方经济中心"的20字建议。同年，时任国务院总理李鹏正式宣布："国务院经过认真研究提出……天津是环渤海地区的经济中心，要努力建成现代化港口城市和中国北方重要经济中心。"

如今，20多年过去了，京津冀协同发展，已从当年的一纸设想、民主党派的建议，演变为重大国家战略。天津的定位，也在新的格局中有了新的体现。民盟先辈的远见卓识，为谋划天津发展付出的努力，值得我们永远珍惜、长久回味。

二、盟员在盟务活动、本职工作中为天津城市发展做出的贡献

在天津城市发展的进程中，活跃在各条战线、各行各业的盟员做出了丰富多彩的贡献。他们或聚集在民盟的旗帜下，以参政议政、社会服务等盟务活动，为天津发展献计献策；或在各自的本职岗位上，以自己的专业特长，为天津发展贡献力量。在此，笔者仅以几个事例、一些人物为例，描述他们为天津发展做出的不同层面的努力。

天津港的建设，是天津市发展的一个重要工程。中华人民共和国成立前，天津港的淤积问题比较严重，一度几乎成为"死港"。1951年8月，中央人民政府政务院发布修建塘沽新港的命令，成立塘沽建港委员会，直属交通运输部领导，由交通运输部部长、农工党中央主席、民盟中央副主席章伯钧任主任。1952年10月17日,塘沽新港举行开港典礼,天津港成为中华人民共和国成立后第一个自行改建完成的深水港口,初步完成了由河港向海港的转化。但港口的淤积问题仍没有得到更好的解决,50年代,塘沽新港的淤积问题又逐渐显现出来。著名港口和海岸工程专家、曾任民盟天津市委会主委的赵今声教授为解决这一问题,进行了大量工作。赵今声早在1949年前就研究过天津新港回淤问题,1949年,被塘沽新港工程局等单位聘为顾问,1958年,新港回淤研究工作组正式成立,赵今声被推选为副组长。他充分结合在天津大学创建的海岸工程研究室,针对水流、波浪对泥沙运动的作用,研究分析港口回淤问题。1963年,在赵今声等专家的不懈努力下,提出了减轻新港回淤第一期工程措施方案,随着措施的落实,港口淤积情况得到了有效改善。

天津的海洋生态环境,连绵153公里的海岸线,是天津发展海洋经济所必须仰仗的资源。曾任民盟天津市委会副主委、天津大学水利环境科学与工程研究院院长的陶建华教授,在民盟中央、市海洋局、民盟天津市委会等单位的帮助下,历经多次考察调研,结合自己长期从事近岸海洋生态环境的经验和对天津海岸和海洋经济发展的研究,归纳整理了一份材料提交给民盟中央。陶教授分析,天津海域岸线短,管辖海域面积小;渤海湾是半封闭浅水泥质海湾,生态环境脆弱;天津海岸线单位长度产值高,已属于高强度、密集型开发。有鉴于此,她提出:要寻求海洋经济发展方式转变的新思路、新方法;要探索在海洋资源短缺、生态环境脆弱条件下,海洋经济和生态环境协调发展的创新模式。2011年8月30日至9月1日,"民盟沿海省市发展海洋经济(天津)研讨会"在津隆重召开。陶建华向大会做了题为《渤海湾海洋经济与生态环境协调发展的问题和对策研究》的主旨发言,详细地分析了近岸海域生态环境状况,并提出了科学的保护对策。会后,民盟中央、民盟市委会联合调研组撰写了调研成果《关于将天津市列入全国海洋经济发展试点城市的建议》一文。民盟中央以蒋树声主席、张梅颖副主席的名义,向中共中央、国务院呈报了《关于将天津列为全国海洋经济发展试点,推进海洋经济科学发展》的建议信。两个多月后,建议信得到了胡锦涛总书记、温家宝总理、李克强副总理的重要批示,其中温家宝总理批示 2 次。2013 年,国务院正式批准天津成为继山东、浙江、广东、福建之后的第五个全国海洋经济发展试点。

淡水是一个城市的命脉。相较于天津的人口规模、经济总量,天津的淡水资源比较缺乏、质量也有限。在南水北调工程完成以前,引滦入津工程一度是天津地区淡水的主要来源之一。但是,随着上游的开发,引滦入津工程的水源水质问题逐渐严重起来。2008 年,在时任民盟天津市委会主委俞海潮,天津市委会副主委邢克智,民盟水务支部主委、天津市水利科学研究院副院长李振等领导和专家的带领下,"天津市引滦入津工程水质安全影响调查及对策"调研组正式成立。他们通过到引滦入津工程沿线地区调研和实地考察,分析了影响水质的因素,主要包括富营养化、隧洞安全、尾矿砂污染、有毒化学品、多头管理等等,提出了建立跨省市协商机制、制定《引滦水源保护条例》、建立保障机制等建议。建议得到了有关各方的高度重视,国家和地方政府分别投入大量资金对工程水质建设进行了保障,引滦水源治理和保护取得了一定的成绩。

在天津城市的建设和发展中取得突出成绩的盟员还有很多,比如著名水利专家、市政建设局副局长王华棠,在 20 世纪五六十年代亲自筹划和指挥海河治理工程、多次防汛工作;著名建筑师、市建筑设计院副院长袁家菽,是 80 年代天津食品街、旅馆街、服装街等大型工程的设计者;市委会原委员、建筑师胡习华,是 80 年代中环线中山门立交桥"蝶桥"的设计者,曾在他设计的立交桥上得到邓小平同志的接见;文化领域专家陈曼娜教授,近年来多次建言运河文化经济带建设、长城文化带建设,留住城市的记忆……

结 语

  囿于视野所限、篇幅所限，诸多人物和故事难免有所遗漏。但笔者想表达的是：天津的城市发展史上，实实在在地留下了民盟各级组织和广大盟员浓墨重彩的一笔。历史上这一笔，也期待着我们作为后人去续写。民盟组织和广大盟员要如何更好地服务天津发展，更好地协助市委、市政府完成党中央对天津的定位，更好地实现老百姓对于天津发展的期待？这个问题值得我们深思。而它的答案，应该和历史不无关联，我想，这也正是我们今天回顾历史的意义之一。

（作者：欧阳康）

十年治理　砥砺前行

——重庆民盟与桃花溪治理

民盟重庆市委会

导　言

桃花溪位于重庆西部城区，是我市主城最大的次级河流。主河道长16公里，流域面积31平方公里，流经沙坪坝、高新区、九龙坡汇入长江。20世纪70年代前，曾以清澈的溪水和两岸盛开的桃花闻名巴渝土地。

但随着城市化进程加快，大量工业废水、废弃物和生活废水、垃圾排入河道，使这条溪河的生态环境遭到极大的破坏，水质恶化，垃圾遍地，河道堵塞，洪水成灾，严重影响了流域中数十万居民的身体健康和生命财产安全，同时污染长江，危及三峡库区生态环境。

1987年10月，市政府决定治理桃花溪，截至1998年，历时10年，成效甚微，桃花溪生态环境日益恶化。

参政议政为民"鼓呼"

桃花溪日益恶化的生态环境，引起市民和新闻媒体的强烈反应。1998年12月，《重庆商报》开辟了"走进桃花溪系列报道"栏目，登载了"桃花溪还要臭多久"等系列报道。1999年2月，在市人大一届三次会议，盟员张婉领衔36位人大代表提出了"尽快根治桃花溪减少环境污染"的议案；与此同时，在市政协一届三次会议，市政协委员陈万志领衔提出了"桃花溪治理刻不容缓"的提案；紧接着同年3月九龙坡区政协与民盟九龙坡区委会联合调研，完成了"关于桃花溪治理问题的调查与建议"的调研课题送市、区领导决策参考。

民众的呼唤，媒体的关注，人大代表与政协委员的鼓与呼，引起了市政府的高度重视。1999年4月12日，时任市长蒲海清、副市长甘宇平专程到桃花溪，召开现场办公会，决定成立市桃花溪治理领导小组，由甘宇平副市长任组长；成立九龙坡区桃花溪治理领导小组，由九龙坡区区长伍程敬任组长；同时组建桃花溪治理工程业主单位——重庆桃花溪市政建设公司，由笔者任总经理。从而拉开了新世纪桃花溪治理工程的序幕。

建言献策砥砺前行

遵照重庆市政府专题会议纪要，重庆桃花溪市政建设公司于1999年8月成立，随着治理工作的开展，民盟组织和广大盟员积极建言献策，合作共进，砥砺前行。

2000年1月，在九龙坡区政协六届三次会议上，盟员方晓先委员领衔提出"立即关闭桃花溪流域非正规渣场的建议"，引起广泛关注，随后，市、区政协50余名委员进行了实地视察，形成市政协〔2000〕4号文《关于加快桃花溪流域综合治理视察情况及建议》向市政府致函，有力地推动了渣场地关闭和治理工作的进程。

2001年1月，在市人大一届五次会议上，盟员张婉领衔21位代表提出"尽快拟定桃花溪综合治理项目的拨款计划确保工程的顺利实施"建议，推动了治理资金的落实和到位。

2001年2月，在九龙坡区政协六届四次会议上，民盟九龙坡区委会提出"由区政协牵头，就桃花溪治理按市场化运作软课题研究的建议"，得到区政协的采纳，同年10月由区政协经济委员会与民盟九龙坡区委会联合调研完成了《关于桃花溪综合治理按市场化运作的调研和建议》，并以九区政协办〔2001〕59号文送市、区领导决策参考。

2001年12月31日，桃花溪治理工程举行开工典礼，时任市长包叙定、副市长黄奇帆和市人大、市政协领导出席开幕仪式。

2002年1月19日，重庆电视台记者盟员张小奇精心组织策划在重庆有线电视台直播室推出桃花溪治理专题栏目。同年10月，民盟九龙坡区委会完成了《精心打造桃花溪品牌 推动地域经济社会发展》的调研课题，提出了以项目建设推动地域经济社会发展的思路。

2003年5月28日，民盟重庆市委会与桃花溪市政建设公司签订《盟桃合作协议》，利用民盟人才荟萃，知识密集的优势，强强联合，携手共进。

2004年1月，民盟四川美院支部盟员承接了桃花溪动物园段景观设计，把桃花文化、民间传说与雕塑的艺术形式巧妙地结合起来，受到市民和业主的好评。

2007年1月，民盟重庆市委会在市政协二届五次全会中提出的103号提案"关于率先在桃花溪流域实施三级管网建设示范工程的建议"得到采纳，为桃花溪流域三级管网的配套建设争取到资金。同年12月，由民盟重庆市委会主委陈万志牵线搭桥，从深圳引进的人工快渗法技术在彩云湖污水处理厂落地并投入使用。

2008年7月25日，民盟重庆市委会主委陈万志到桃花溪专题调研，并于9月26日以市政协三届一次会议闭会第1829号提案"关于在桃花溪上游彩云湖建设国家湿地公园的建议"，得到市林业局的采纳并上报国家林业局审批。

2009年3月，民盟重庆市委会经济委员会到桃花溪调研并完成了"重庆桃花溪治理及城市次级河流污染治理研究"的课题，供市、区有关部门参考。

2009年6月20日，民盟重庆市委会与桃花溪市政建设公司在杨家坪步行街举行"庆祝建国60周年暨盟桃合作十周年文艺演出",会场展示了数十块桃花溪治理成果展板,双方共享成果、共庆佳节。这是对十年来盟桃合作携手共进最好的诠释。

十年治理成效卓著

十年来桃花溪治理,成效卓著,硕果累累:

1. 桃花溪的污染源——兴隆垃圾场被关闭,600多万吨垃圾被清除和填埋;

2. 桃花溪沿岸4万余平方米的违章建筑被拆除,新建河道两岸20米生态屏障,新增绿化面积20多万平方米;

3. 新建桃花溪两岸及彩云湖环湖排污管网,实现了全流域污水截流;

4. 新建彩云湖蓄洪水库,疏浚和拓宽河道8公里,使桃花溪水患得到了根治;

5. 新建彩云湖、扬升桥污水处理厂,使彩云湖和桃花溪水质得到保证;

6. 新建彩云湖国家湿地公园,为流域新增1400多亩人工湿地和景区;

7. 新建和改造桥梁12座,新建公路3条,共计面积18万平方米;

8. 拆除冶金二村洪涝区危房3.8万平方米,新建商住楼17万平方米,让近千家饱受洪涝之苦的危房户搬进了新居;

9. 通过土地置换为流域沿线数十家特困企业提供了结构重组和产品升级的改造资金;

10. 流域生态环境的改善,让房地产商纷至沓来,目前已有金科、协信、保利、恒大、万科等数十个房地产商入驻,总计1000多万平方米商场楼盘在彩云湖周边及桃花溪沿岸鳞次栉比地排列开来,一座以桃花溪流域为依托的西部区域性城市中心已经展现在人们面前。

有人算了一笔账，桃花溪治理十年间总投入也就7亿—8亿元，但整治后仅房地产税就达数10亿元，如加上地价增值，至少也是数百亿元。治理一条河流，改善了一方生态环境，促进了一方经济社会发展，影响了一方百姓的环保观念，它所产生的政治、经济、社会和生态环境效益是重大和深远的。

结　　语

2017年10月，桃花溪流域整治项目荣获国家建设部颁发的"中国人居环境范例奖"，这是实至名归。是十余年来，重庆民盟组织与广大盟员参政议政，为民"鼓呼"，建言献策，身体力行，高度政治责任感和满腔热血的社会责任心的结晶，也是市、区政府及相关部门立党为公、执政为民，真抓实干全力推动工程建设的真实记录。一呼一应，肝胆相照，十年治理，砥砺前行，共同谱写了一篇在社会主义新时期，不忘合作初心，党盟携手共进的壮丽诗篇。

（作者：方晓先）

副省级城市

聚焦养老问题 助推养老服务事业健康发展

民盟长春市委会

2016—2018 年,面对人口老龄化的不断发展,长春市民盟从市情出发,持续对养老情况进行了调研,陆续形成并提交了多份市政协集体提案,旨在通过深入调查研究得出的意见建议推动长春市养老服务事业健康发展。民盟长春市委会报送的长春市政协第十三届一次会议 2017 年 028 号、第十三届二次会议 2018 年 065 号《关于进一步完善长春市医养结合、居家养老服务政策体系》的系列提案,荣获长春市政协成立 70 年来有影响力重要提案。

一、提案建议履行职能

在《关于健全长春市社区居家养老服务地方法规的建议》中,民盟长春市委会提出了四点建议。一是更新立法理念,重视养老服务的地方法规立法工作,尽快出台与政策配套的地方法规,使社区居家养老服务规范化、制度化;二是尽快出台《长春市老年人权益保障条例实施细则》,构筑一个有机的、完整的、连贯的长春市养老服务地方性法规体系,将社区居家养老服务纳入法制轨道上健康发展;三是继续完善社区居家养老服务相关地方法规体系，对有关内容进行细化、修改和补充；四是根据居家养老服务的需要和实际情况，适当修改、明晰、细化居家养老服务相关地方行政规章，切实加强社区居家养老服务各项工作规范化管理，建立健全的长春市社区居家养老服务新体系。

在《关于完善我市养老服务机构投融资政策的建议》中，民盟长春市委会提出了四点建议。一是建立健全的分类管理制度，养老机构发展既要增总量，也要调结构。政府补贴应当重点投向中小养老机构，充分利用周边已有的公共服务设施，加快对养老、医疗、教育、残疾人服务等公共服务资源的整合。建立统一的老年人入住养老机构评估标准，界定政府购买服务的对象，以及公办养老机构和民办养老机构的不同功能定位和服务对象；二是鼓励金融机构通过放宽信贷条件、给予利率优惠等多种方式支持社会力量兴办的养老机构发展。允许养老机构利用有偿取得的土地使用权、产权明晰的房产等固定资产办理抵押贷款，国土资源、房产管理部门应予办理抵押登记手续；三是建立养老服务业专项引导基金，创新投融资模式。设立政策性担保基金，为公益性养老机构贷款提供政策性担保，对老年产业领域进行税收优惠、税额抵免、加速折旧和摊销等有针对性的扶持；四是促进金融机构转型创新，形成持续支持机制。鼓励金融机构的养老金融业务转型，加速银行组织、产品和布局的创新，重点用于支持小微养老服务机构发展。

在《关于进一步完善长春市社区居家养老服务政策体系的建议》中，民盟长春市委会主要提出了四点建议。一是提升政策的精准性，内容应系统、全面，具有全局性和前瞻性；二是建立政策基本框架，填补政策空白，形成政策合力，继续加大有关政策的扶持力度；三是解决好部门间政策矛盾问题，修补政策结构断层问题，完善政策和法律、法规配套问题；四是建立一支政策理论研究的专业队伍，加强政策的研究。

在《关于进一步完善我市医养结合养老服务体系的建议》中，民盟长春市委会的建议主要有：一是尽快出台配套法律、法规和实施细则。加大医疗机构养老服务所享受的补贴力度,规范为居家老年人提供的医疗和护理服务项目,将符合规定的医疗费用纳入医保支付范围;二是尽快成立医养服务专门主管机构,建立由民政、卫计、人社、财政等部门组成的联席会议制度,加强各部门间的信息沟通和横向协作,统筹规划医养结合养老机构建设;三是加强养老机构医疗资源的合理统筹配置。全面梳理整合我市现有资源,积极在有条件的养老机构中设立医疗机构,加强养老机构与就近医疗机构的交流合作;四是积极拓宽资金来源,建立、健全多元化投资机制,逐步建立健全以政府财政投入为主,民营资本及国际资本投入为辅的多元化资金投入机制;五是进一步深化网络服务信息共享机制的建设。以数字化健康管理为核心,发挥科技优势,健全三级服务信息管理网络,推进医养结合信息化进程,构建全面的信息化管理平台。

二、提案建议获得重视

随着我市快速步入老龄化社会,养老问题已经成为当前社会关注的热点。民盟长春市委会提交的多件关于养老方面的建议,涉及养老机构建设、社区居家养老、健康养老、医养结合等诸多方面,建议中肯且有建设性、针对性,对进一步加强我市养老建设工作具有积极的指导意义。

根据建议,下一步我市居家养老服务将以问题为导向,重点完成以下几项工作:

(一)关于社区和居家养老服务的问题

一是调整政府购买养老服务政策。扩大政府购买服务补贴发放范围,提高补贴标准。对经评估符合条件的特困供养人员老人,计划生育特殊家庭老人,城市低保家庭中的重度残疾老人,重点优抚对象老人,城乡低保家庭、城市低保边缘家庭中的空巢老人,曾获市级以上劳动模范荣誉称号的空巢老人,重度失能、失智老人,80周岁以上高龄空巢老人,按照200元/人/月标准发放养老服务券(或卡),用于政府购买居家养老服务。同时制定《长春市社区居家养老服务标准》,对居家养老服务进行规范。出台加快居家养老服务业发展的相关政策。明确社区居家养老服务中心和城市托老中心建设标准、运营模式、建设及运营补贴、资金解决渠道、税收减免、适老化项目改造以及信息平台建设等具体的任务、目标和相关扶持政策。

二是继续推进居家养老基础设施建设。推动PPP①养老综合项目,完成一期2个托老中心建设,投入运营,并启动二期托老中心选址建设。确保20个居家养老服务中心投入运营,启动二期居家养老服务中心选址建设。加快推进居家和社区养老服务基础设施建设,力争利用2—3年时间,打造10—15分钟养老服务圈。对全市符合购买服务条件的居家老年人情况进行信息采集,建立居家养老服务信息平台,为开展政府购买服务提供基础数据和决定依据。

三是鼓励社会组织参与居家服务。引导社会组织参与养老机构建设、养老产品开发、提供养老服务,使社会组织成为发展养老服务业的重要力量。积极扶持发展各类为老服务志愿组织,开展志愿服务活动。探索建立为老志愿服务登记、服务储蓄制度。成立基层老年协会促进居家养老服务快速发展,发挥社会组织在推进社区居家养老服务发展中凝智聚力的平台作用,为国家相关政策落地实施提供创新实践经验,切实提升社区居家养老服务的管理水平。

四是完善居家养老服务标准。对原有标准进行调整,进一步明确居家养老服务的工作原则、职责分工、服务对象、服务实体、人员素质、服务内容、申请评估及提供服务程序和检查考核等内容。建立一套适合我市实际的居家养老服务标准、质量监管和评估标准等绩效评估体系,

---

① PPP即Public-Private Partnership,又称PPP模式,即政府和社会资本合作,是公共基础设施中的一种项目运作模式。

为社会养老服务机构的服务设施和运行情况进行评估，对服务从业人员的服务情况、服务质量进行监管，并作为承接购买服务项目、补贴扶持等方面的重要依据。

（二）关于健康养老、医养融合问题

一是制定推行失能人员医疗照护保险制度。为解决失能人员的日常照料和医疗护理难题，2015年，市政府高位统筹，协调有关部门创新出台了《关于建立失能人员医疗照护保险制度的意见》，规定对入住定点的养老或护理医疗照护机构接受长期日常照料和医疗护理的参保人，发生的符合规定的床位费、护工劳务费用、护理设备使用费、护理日用品、舒缓治疗费用等纳入医疗照护保险资金支付范围，并不设起付线，参加职工医保的补偿90%，参加居民医保的补偿80%。该意见将从2015年5月1日起试行。经测算，全市每年用于医疗照护保险的资金将在2亿元左右，由市医保局统筹。失能人员照护险制度实施后，将极大减轻失能老人特别是困难老人的经济负担。

二是完善养老机构医疗康复服务体系。对规模较小、无法申请定点医疗照护机构的养老机构，按照《长春市养老机构志愿医疗服务工作方案》要求，与所在区属综合医院、中医院、社区卫生服务中心等建立医疗协助关系。市卫健委和市民政局将进一步推动养老机构和社区居家养老服务中心开展签约医疗服务工作，实现全市一、二级医疗机构、社区卫生服务中心和乡镇卫生院与区域内养老机构和社区居家养老服务中心实现签约服务全覆盖，开展巡诊、健康指导、技术培训、心理咨询等活动，同时开设绿色通道、优先接收养老机构和居家养老服务中心的患病老人。

三是制定出台医养结合方面的意见。按照国家《关于推进医疗卫生与养老服务相结合的指导意见》的有关要求，2016年底，我市出台了《长春市人民政府办公厅关于推进医疗卫生与养老服务融合发展的实施意见》，为推动医养结合发展提供制度保障。同时，通过2—3年的时间，出台医疗卫生和养老服务建设、服务相关标准，并分别打造若干个医疗卫生机构与养老机构开展合作、养老机构内设医疗机构、基层医疗卫生机构与社区养老服务机构无缝对接、社会力量兴办医养结合机构及医疗卫生机构开设养老护理床位等多种类型的医养结合典型。

养老是每个社会成员都要面对的现实问题，是政府必须认真解决的民生问题。民盟长春市委会对养老方面提出的建议和意见，选题精准、站位高远，抓住了我市民生保障工作的重点，对解决我市人口老龄化问题，促进社会和谐稳定具有重要意义。我们将会把民盟长春市委会的建议变成进一步完善养老服务政策、规范养老服务管理、提升养老服务质量的具体措施。感谢对我市养老服务工作的关心和支持，希望继续关注和支持我市的社会福利事业，并对我们工作给予监督，共同推动幸福长春建设和全市养老服务业又好又快的发展。

让千年芙蓉重放光华

——成都民盟持续深耕蓉城文化标识的建设和传播纪实

民盟成都市委会

成都别名蓉城，自古因芙蓉得名。芙蓉作为成都不可多得的文化遗产，拥有蓉城标识的唯一性，具有历史文化的传承性，契合成都的城市性格特质，连接着成都形象的历史、现在和未来，千年以来都是成都鲜活的城市形象符号。但在过往的城市形象宣传中，成都一直以熊猫、太阳神鸟为城市形象名片，并未将芙蓉作为这座城市的形象名片加以应用和推广，蓉城与芙蓉的历史关联所蕴含的文化内涵没有得到好的延续和推广，历史给予成都如此厚遇却没有转化为文化产业链产生效益。

2017年起至今，民盟成都市委会结合成都建设美丽中国典范城市和创建西部文创中心城市的目标，进而建设全面体现新发展理念的国家中心城市的宏伟蓝图，主动担责、统筹谋划、持续使力，确立和实施"三年行动计划"，围绕市花芙蓉做文章，持续深耕"蓉城"文化标识的建设和传播，加强城市形象创建和运营的顶层设计，重新挖掘蓉城芙蓉的内涵，让芙蓉文化成为彰显成都魅力的重要标志，以"芙蓉"为标识打造成都的城市形象，并带动了相关产业发展。

2017年"固城市之根"

这一年，民盟成都市委会建言献策推动政策出台，促成成都启动芙蓉景观恢复和蓉城品牌文化打造，营造芙蓉景观，建设科研平台，推动围绕芙蓉的一、二、三产业融合发展。

2016年，成都GDP总值跃上1.2万亿的新台阶，三次产业结构显示，成都正在由工业主导型向服务业主导型城市转变，现代服务业发展即将迎来一个黄金时期。在这样的背景下，打造城市名片体系非常必要，一是可以帮助成都建立识别系统，二是提供打造新产业的契机，为城市发展增添文化魅力和经济活力。2016年9月，成都市出台了《花重锦官城——成都市增花添彩总体规划（2016—2022）》，强调了各种花卉林木的种植和区域建设的规划发展，但没有强调突出对市花芙蓉产业的规划和扶持政策，芙蓉文化和其产业前景尚未得到充分认识，芙蓉在城市名片方面的功能还需要得到认可和肯定。

2017年1月，民盟成都市委会在成都市政协十四届五次会议上，做了《以芙蓉为城市形象标识打造国家文创中心城市》的大会发言，并提出了《挖掘芙蓉文化内涵打造我市城市形象标识的建议》的集体提案。民盟成都市委会建议，进行顶层规划，统筹推进芙蓉一、二、三产业互动发展。围绕芙蓉打造全球唯一实体景观体系，如建立专门的芙蓉园区，在重点区域形成相对集中种植区，在全市各类绿化中普遍种植芙蓉花，同时加强芙蓉品种选育、种植加工、园林设计的研发工作等；围绕芙蓉打造全球影响文化产业体系，如以芙蓉为主题开发文化艺术产品，编创有地域特色的芙蓉艺术表演节目，进行芙蓉花绘画艺术的创作、推广和交流，打造富有独特历史文化和地域特色的芙蓉花餐饮，研究、设计、推广芙蓉花艺术衍生品和实用工艺品等；围绕芙蓉开展全球视野城市形象系统设计，如"芙蓉"的理念设计，"芙蓉"的视觉设计，"芙蓉"的行为设计，成立芙蓉文化研究中心，汇集专业和创意人才，进行城市名片的系列设计；抓住每年10月芙蓉正盛期间，举行"中国（成都）国际芙蓉花文化旅游节"，形成秋季的城市热点，扩大城市和芙蓉产业影响，同时将芙蓉城市名片与成都对外开放结合起来，在"一带一路"建设、友城往来等方面发挥芙蓉的文化沟通功能。

民盟成都市委会的大会发言和提案建议,得到社会各界和市文广新局、市林业园林局等承办单位高度肯定,认为具有很强的可行性、针对性、指导性和可操作性,对成都市下一步出台芙蓉文化产业规划和实体景观打造具有重要的参考价值,并表示将充分吸纳民盟成都市委会建议意见,积极推动市委、市政府相关工作方案出台,将市花芙蓉打造成为"国际知名、国内一流、成都特色"的城市生态文化名片。民盟成都市委会的呼吁也受到四川日报的高度关注,被2017年《川报调查》内参第3期大幅引用,受到中共四川省委主要领导批示。2017年4月14日,中共成都市委常委主持召开了《"擦亮蓉城名片,打造芙蓉文化产业"的建设思路》专题会议,会后出台了芙蓉文化产业发展相关规划。市林业园林局和市文广新局牵头,会同市级相关部门、单位和相关区(市)县,吸纳了民盟成都市委会的相关建议,编制了《关于落实"擦亮蓉城名片,打造芙蓉文化产业"的工作推进方案》。在《花重锦官城——成都市增花添彩总体规划(2016—2022)》的框架下,编制《市花芙蓉发展规划》及导则,针对重要景点芙蓉文化植入、芙蓉观赏园旅游推广、芙蓉特色小镇及乡镇旅游推广编制旅游推广方案,引导市花芙蓉增量提质。2017年,成都市林业和园林管理局宣布,成都市将还原一座"花"的城市,推进一个"花"的产业,全域栽植11万株市花芙蓉,用3年时间初现、6年重现"花重锦官城"的盛景。

为促进芙蓉发展规划的政策落地,民盟成都市委会采取了系列举措,助力政策实施。通过积极开展芙蓉发展专题协商、界别视察,围绕景观打造、品种培育、文创建设、产业发展、宣传推广等提出建议;组织课题组赴洛阳调研考察了解牡丹文化的城市形象打造与文化产业开发的情况调研,学习了解"千年帝都,牡丹花城"的城市定位,牡丹产业发展规划,城市旅游开发管理,牡丹文化研究运用等经验做法;打造《成都民盟芙蓉文创基地》,民盟成都市委会文化工委和四川师范大学美术学院联合打造《成都民盟芙蓉文创基地》，共同致力于芙蓉文创产品的研发；支持建设全市最大芙蓉园区，按照成都市在金堂、新都、武侯三地建设芙蓉文化产业园区的规划，以金堂鲜花山谷为载体，支持建成全市最大的欣赏芙蓉的窗口和展示芙蓉的名片；发挥盟员芙蓉画家的独特作用，支持有成都芙蓉画家第一人之称的盟员画家杨学宁，致力于芙蓉文化艺术的创作、研究、传播与推广，为扩大成都对外开放和加强沟通交流做贡献。成都民盟深度推动芙蓉文化产业发展的系列举措，受到社会各界好评。

2018年"扬城市之韵"

这一年，民盟成都市委会策划举办一系列芙蓉文化主题公开活动，推动芙蓉文化进一步外显，在本市及全国范围内扩大知晓度和影响力，把"蓉城"品牌进一步打响做亮。

在民盟中央和中共成都市委、市政府大力支持下，2018年10月18日—19日成功举办民盟西部城市盟务工作会，举办"新时代城市文化形象建设"论坛。参会覆盖4个直辖市、15个副省级城市、18个省会城市以及苏州、洛阳等文化特色城市。这次会议从内容安排到VI视觉体现，都嵌入和突出芙蓉文化元素，给参会的38个城市代表带来鲜明印象和突出感受。西部城市盟务工作会上，38个城市的来宾集中了解和体验了成都深厚文化底蕴和鲜明城市性格，感受强烈、印象深刻，有力地传播成都的城市文化和城市品牌。民盟中央副主席徐辉高度肯定民盟成都市委会关注城市文化发展的选题，指出这是贯彻落实中共十九大精神、彰显民盟文化传统优势、助推新时代文化发展的有益创新。嘉宾论坛上，曾任中国戏剧家协会副主席、著名剧作家魏明伦做了"芙蓉花蕊—漫话成都"，市委宣传部巡视员叶浪做了"成都建设世界文化名城的思考与实践"，民盟画家杨学宁做了"品芙蓉·懂成都"主题演讲。子论坛上，21个城市代表围绕"城市传统文化与国际化发展""城市文化标识的打造和传播""新经济时代的城市文化产业发展"等主题,以沙龙形式就各自城市文化传承和形象建设等做了交流发言。我们将38个城市50余篇论坛文稿编印成《论文集》,以《新时代城市文化形象建设·蓉城共识》为题向全国城市盟组织发布。

西部城市盟务工作会上,举办"城市芳华"全国城市市花(市树)主题画展。这是全国首次以城市市花为主题的大型画展,通过全国38个城市盟组织征集到以当地市花(或市树)为主题的绘画作品111件,汇集40余位民盟知名书画家作品,在天府芙蓉花节和民盟西部城市工作会上公开展出,上万名市民群众和书画界人士参观。

西部城市盟务工作会上,举办"盛世芙蓉"成都传统文艺展演。通过发挥民盟成都市委会界别优势,由成都盟员艺术家策划、组织和演出,梅花奖、金钟奖、文华奖、梨园奖等国家最高艺术奖获得者济济一堂。节目内容突出芙蓉、熊猫等成都文化标识,形式包括传统曲艺、川剧、歌舞、杂技、太极等,展现了四川和成都传统文化及当今城市文化产业发展成果。民盟中央副主席徐辉及38个城市参会代表,200余位市级相关部门领导、文化专家、高校学者及各界市民观看了演出。

2018年9月28日—10月28日,民盟成都市委会与市林业园林局、武侯区共同举办首届天府芙蓉花节,历时一个月,包括5个会场19项芙蓉文化主题活动,涵盖芙蓉花树园艺、芙蓉演艺美食、芙蓉书画摄影、芙蓉文创大赛、芙蓉研讨论坛、芙蓉休闲娱乐,让更多人以"芙蓉"为媒,了解成都、感受成都、爱上成都。首届天府芙蓉花节期间,约30万成都市民和国内外游客参加了"以花为媒,芙蓉搭台,文化唱戏"的主题活动,人民网、新华网、腾讯、凤凰通讯社等50家主流媒体全方位报道,相关百度搜索量达到400万余次,这不仅是一次观赏芙蓉的盛宴,更是一次宣传成都和天府文化的成功盛会。自此以后,成都市每年在10月举办"天府芙蓉花节",作为城市文化和品牌宣传的重大节会固定下来,民盟成都市委会也一直作为主办方之一参与至今。

中共成都市委主要领导对《民盟成都市委员会关于首届天府芙蓉花节和民盟西部城市盟务工作会有关情况的报告》做出肯定性批示，中共成都市委常委、统战部部长批示全市民主党派和统战部门借鉴学习，中共市委统战部《成都统战信息》全文印发全市统战系统。

2019年"立城市之品"

这一年，民盟成都市委创办芙蓉主题文创产品设计大赛，并以赛事为中心开展了一系列主题鲜明的"蓉城"品牌文创产业推动工作，加速芙蓉文创产业落地成型，助推建设现代文创产业体系。

首届"金芙蓉杯"文创产品设计大赛，是国内首次以城市文化标识——市花为主题的文创产品设计大赛，也是首次由民主党派地方组织创办的文创赛事，取得了较为突出的产业效益和社会影响。2018年，在天府芙蓉花节和西部城市盟务工作开幕式上，民盟成都市委会发布了以"生态芙蓉·文化芙蓉"主题的"金芙蓉杯"奖项，面向全国文创企业、园区和孵化器、文创设计机构、设计从业者与爱好者以及学校师生，广泛征集芙蓉主题创意产品。经过联系争取，大赛得到四川省文化产业商会、四川省室内装饰协会、成都工艺美术行业协会、成都工业文化发展促进会、天府新区商会、成都市自媒体协会的积极响应和参与。大赛信息发布到全国所有一、二线城市和部分国家，共收国内外参赛实物产品和创意设计作品共计556件（套），初评入围作品243件（套）。经过权威专家组评审，组长是刚刚评出来的自中华人民共和国成立以来中国设计70人之一，评出金芙蓉奖2件、银芙蓉奖4件、玉芙蓉奖10件等共7个等次获奖作品92件，总奖金额超过12万元。

从大赛方案发布到作品征集、网络投票、路演发布、颁奖典礼、展览展销的全过程，都得到社会媒体的广泛关注和报道，传播了城市文化影响。2019年6月12日—30日，举办网络发布和投票，243件入围作品全部上传网络展示并公开投票，在18天的网络发布投票中，浏览量超过400万次，总投票量达126万余票。8月8日，举行盛大的颁奖典礼，市政府相关部门、获奖作者和指导教师、国内文化界人士、文创企业家及新闻媒体400余人到会。现场举办芙蓉主题文创产品展览、芙蓉主题精品书画展、"欣欣向'蓉'"文艺节目演出等，芙蓉主题的文创作品及消费品、芙蓉书画、芙蓉美食、芙蓉演艺、芙蓉原创歌曲等全方位亮相，被参会者和媒体赞为芙蓉文化及产业一次前所未有的盛会。特别是颁奖典礼，新华社、光明日报、中国新闻网、四川日报等多家媒体从多方面进行了文字和视频报道，有力地扩大了成都芙蓉文化的传播影响。许多参赛的高校学生因为参赛受到成都这座城市的吸引，多名外地籍获奖学生在颁奖典礼上发表感言时表示"我爱成都，我要留在成都"。

芙蓉文创大赛聚集城市文创资源，拉动城市文化产业，成都及省内外数十家文创文旅企业及机构深度介入芙蓉文创产业。成立了"金芙蓉"文化产业联盟，首批成员有文创机构、工艺品企业、餐饮企业、消费平台企业等20余家。2019年7月16日，举办大赛优秀作品路演发布会暨金芙蓉文化产业创新论坛，成都及四川数十家文创文旅企业及投资机构参加。展出优秀作品50余件，7个设计作品登台路演，受到投资机构和企业关注。9月28日—10月28日，参与主办第二届天府芙蓉花节，组织推出上百种芙蓉主题文创产品在会场上销售，包括工艺品、伴手礼、日用消费品等，受到市民和游客的青睐和热捧。"金芙蓉杯"大赛的三首原创芙蓉主题歌曲《花开芙蓉城》《锦城芙蓉吟》《蓉城双娇我爱你》举办发布会、公开演出亮相，并在网易云音乐、QQ音乐等平台发布。有国内外近30家企业和设计机构参赛，其中不乏一批有实力的企业，直接催生了30余件（套）上市销售的芙蓉文创产品，为各类芙蓉主题文创产品提升了市场知晓度和影响力。许多还是手工孤品或打样作品的展出作品也获得了公众热捧，不少消费者表达了强烈的购买意愿，并持续催生孵化了一些芙蓉文创产品。芙蓉膏、芙蓉精油等30

多种产品已初步量产上市销售。

2019年3月以来，在推进文创大赛的同时，着力谋划和推动芙蓉文创产业平台项目落地。通过民盟文化界和企业界人脉渠道资源，先后联系策划"芙蓉小镇"、"芙蓉里"特色街区、芙蓉公园、芙蓉社区等产业载体平台。随后两年来，民盟成都市委会持续关注推动芙蓉文化产业载体平台的打造。

民盟成都市委会文创大赛专项工作汇报得到民盟四川省委会主委、中共成都市委、市政府主要领导批示给予高度肯定。成都市公园城市建设管理局全程合作，成都市委宣传部、文广旅局等密切支持，对大赛及产业推动工作取得的成果高度评价。

4年多来，民盟成都市委会持续深耕"蓉城"文化标识的建设和传播效果初显，芙蓉园林景观遍布蓉城，芙蓉文化知名度日益增大，芙蓉文化产品逐步呈现。以天府芙蓉园、"鲜花山谷"、植物园等为代表的大规模观花基地视觉震撼；以河岸、湖畔、池边等城市水系芙蓉带多彩呈现；以交通要道、城市进出口通道、街头、游园、广场、居住区、城市公园等点状芙蓉随处可见。芙蓉作为展示成都美丽宜居公园城市形象的窗口和亮点，已经成为成都除大熊猫、太阳神鸟外的一张新名片。

从最近九年成果看大连民盟的参政议政及建议

民盟大连市委会

参政议政是各民主党派作为参政党所具有的一项基本职能，是各民主党派、无党派民主人士和其他爱国人士参与国家政治生活最重要的工作之一。

大连市民盟在大连的经济、社会发展中发挥着重要的作用。现在以民盟大连市委会编辑的内部资料——《大连民盟参政议政文集》（2011—2016）（2017—2018.3）（2018.4—2019.3）来分析大连市民盟在促进大连市经济社会发展上所起的作用。

在《大连民盟参政议政文集》（以下简称《文集》）中，全书分为三大版块，分别为"统战篇""政协人大篇"和"民盟篇"。"统战篇"中又细分为"民主党派专题调研""民主党派专报""统战信息"三部分；"政协人大篇"中分为"政协党派提案""政协调研报告""政协大会发言""政协委员提案""人大代表建议"五部分；"民盟篇"内分为"副省级城市联席会议""盟内立项课题"两部分。尽管存在立项单位、提交单位或存在性质上的不同，为便于行文，鉴于这些都是应用公务文，故一律称之为文档。

一、2011—2019年3月大连地区民盟参政议政成果特点分析

(一) 议题绝大部分以大连市区为中心，大连市其他行政区域的极度缺少

经统计，2011—2019年3月大连地区民盟共有各种类型参政议政成果258件。在这其中，议题覆盖空间范围只有3件围绕庄河，1件明确谈到以旅顺太阳沟历史文化街区为研究对象，2件谈到加强金普新区的制度创新和对外开放，总计共6件，占总数的2.3%，这反映了我们大连地区的民盟参政议政的眼光较多地集中在城市，较为忽略城市之外广阔的农村。

(二) 2011—2019年3月大连地区民盟参政议政成果的作者呈现倒金字塔形

基于表一的统计结果显示，共有121人单独或共同研究、撰写了258件参政议政成果。

我们根据作者撰写或参与撰写数量，将其分为四个等级（参见表一）。等级四是撰写或参与撰写1件者，占总数的60.3%；等级三是撰写或参与撰写2件者，占总数的18.2%；等级二是撰写或参与撰写3—7件者，占总数的13.2%；等级一是撰写或参与撰写8件及以上者，占总数的8.3%。

从上述分析来看，撰写或参与撰写1项参政议政成果的盟员占参与盟员的半数以上，显示这部分盟员在参政议政上不太活跃。他们或者主动申请，或者被动参与。他们没有继续坚持，表明没有感受到参与参政议政带给自己良好体验。

撰写或参与撰写2件参政议政成果的盟员，显示他们对理念的坚持，也表明他们找到研究或撰写参政议政办法的办法，享受到了一定乐趣，使得他们能够坚持下去。

而撰写或参与撰写 3 件以上参政议政成果的盟员，他们是 2011—2019 年度参政议政成果的主力军。根据统计，这部分盟员为 26 人，占总人数的 21.5%，获得参政议政成果为 172 件，占总数的 66.7%，显示他们是民盟这 9 年参政议政的主力军。

表一　参政议政者撰写文档数

等级	件数与人数	作　者
一	1 (73)	朱国强 1、陈旋 1、董立群 1、周芳旭 1、王久国 1、蒲红宇 1、祝宏 1、金钧 1、余报楚 1、张宏岳 1、张玉波 1、刘挪 1、刘斌 1、唐加福 1、秦学志 1、吕晨 1、李琳 1、王金荣 1、吕宪君 1、刘彧菲 1、邹淑红 1、刘学武 1、宁传峰 1、王晓慧 1、张丽 1、李明昌 1、张子林 1、李奇遥 1、刁广杰 1、顾同春 1、姚丽 1、王丽华 1、雷振军 1、孙文选 1、刘爽 1、马兴吾 1、郗洪涛 1、冀学宁 1、方红 1、郑时雨 1、郑志伟 1、张晨曦 1、孙福君 1、刘凤芹 1、陈英俊 1、管红丽 1、李占兰 1、程楠 1、邱晓岩 1、陶滨滨 1、都赫 1、杨敏 1、田原 1、卢宏 1、王世春 1、张军 1、吴中洋 1、孙宗光 1、王连生 1、经纬 1、陈希有 1、张忠鲁 1、丁堃 1、李丕 1、肖晶 1、于利军 1、周洋 1、彭孝军 1、姜颖 1、金瑞星 1、战威 1、姜东光 1、余虹 1
二	2 (22)	吴镇 2、周兰 2、张文亮 2、盛宁宁 2、冯惠 2、鞠茂伟 2、聂开林 2、曲永军 2、焦小松 2、任延波 2、范超 2、隋鸿锦 2、林芝 2、赵欣宇 2、李玲 2、徐云鹏 2、曲鹏 2、梁辅民 2、陈泓 2、王昶 2、张杰 2、梁爽 2
三	3—7 (16)	潘麟 3、冷绣锦 3、田树军 3、黄绍禹 3、雷磊 3、杨家轩 3、张国琛 4、佟倩 4、徐新 4、刘长发 4、邵秘华 4、杜两省 4、易接文 5、邓长辉 5、王中卫 6、李岩霞 6
四	8—14 (10)	刘中民 8、赵玉宝 8、吴京堂 8、王翰鼎 9、郑雪梅 10、贺蕊莉 12、秦岭 13、鲁岩 13、郭连喜 13、刘述惕 14

（三）参政议政单位形成大学、科研院所、民盟市委会、企业四驾马车并驾齐行的态势，其中大学和科研院所越来越占有主导地位

下面拟从参政议政作者所在单位性质进行分析。我们将其划分为五大类：一是大学，二是科研院所，三是民盟市委会，四是企业，五

是其他（包括律师事务所，和其他公职人员，以及一些单位暂时不明的盟员）。

大连这座城市有30多所大学、科研院所，如中国科学院大连化学物理研究所这样的高水平科研机构，有大连理工大学、大连海事大学为代表的理工类大学，有东北财经大学为代表的财经类大学，有大连医科大学为代表的医科类大学，有大连外国语大学为代表的外语专科大学，有辽宁师范大学为代表的师范类综合大学，有大连民族大学为代表的民族类综合大学。总体来说，大连这座城市拥有如此之多、如此之强的大学和科研院所，实在是大连之幸。

经过统计，有撰写参政议政成果的大学共9所。根据其获得研究成果的数量，将这9所学校分为三个层次。一等的是东北财经大学和大连海洋大学；二等的是辽宁师范大学、大连理工大学、大连海事大学和大连医科大学及其附属医院；三等的是大连大学、大连外国语大学和大连交通大学。

值得注意的是位于一等行列的东北财经大学和大连海洋大学。东北财经大学参政议政成果突出，是与贺蕊莉和杜两省两位资深盟员的努力分不开的；而大连海洋大学则比较平均，数据显示海洋大学盟员参政议政气氛较浓，积极性较高，在其主委带领下，参政议政取得了很好的效果。辽宁师范大学虽然稍显逊色，取得的成果较为分散，但人员年龄较为年轻，如果加以引导，会有较好的发展。

除大学外，大连科研院所的民盟盟员参政议政成果较突出，共7人参与55项（次）成果，效率很高。

民盟大连市委会除了完成各种行政事务外，还先后取得了46项（次）的成果，这表明民盟大连市委参政议政积极性高。

需要注意的是，作为以高等教育和文化为主要界别的民主党派来说，企业盟员的参政议政取得了不亚于民盟市委会的参政议政成果（如果加上各律师事务所的成果，则超过民盟市委会），这显示企业界的民盟盟员参政议政积极性很高。

在大连民盟参政议政群体中，律师群体可谓异军突起。以5人之力，取得了20项（次）的成果，且其中包括了多项高质量成果，这显然与律师从事的职业特性分不开的（参见表二）。

表二　参政议政作者单位列表

单位性质	单位名称	作者及成果数量
大学（77）	东北财经大学（21）	贺蕊莉12、杜两省4、范超2、唐加福1、王丽华1、刘凤芹1
	大连海洋大学（17）	张国琛4、刘长发4、邵秘华4、盛宁宁2、蒲红宇1、祝宏1、余报楚1
	辽宁师范大学（11）	雷磊3、张文亮2、赵欣宇2、王金荣1、吕宪君1、王晓慧1、张丽1
	大连医科大学及附属医院（8）	任延波2、隋鸿锦2、曲鹏2、郑志伟1、肖晶1
	大连海事大学（7）	杨家轩3、冯惠2、姚丽1、孙宗光1
	大连理工大学（7）	秦学志1、刘学武1、陈希有1、丁堃1、彭孝军1、姜颖1、金瑞星1
	大连大学（3）	冀学宁1、张晨曦1、王国忠1
	大连外国语大学（2）	宁传峰1、孙文选1
	大连交通大学（1）	金钧1
科研院所（55）	中科院大连化物所（10）	刘中民8、徐云鹏2、
	国家海洋环境监测中心（16）	刘述锡14、鞠茂伟2、
	大连市委党校（10）	郑雪梅10
	大连市政府发展研究中心（13）	鲁岩13
	大连市环境监测中心（6）	王中卫6
	民盟大连市委会（46）	郭连喜13、刘中民8、赵玉宝8、邓长辉5、田树军3、黄绍禹3、陈泓2、吕晨1、程楠1、陶滨滨1、周洋1、

续表

单位性质	单位名称	作者及成果数量
企业（41）		易接文 5、徐新 4、潘麟 3、吴镇 2、周兰 2、聂开林 2、李玲 2、王昶 2、张杰 2、朱国强 1、张宏岳 1、李琳 1、李奇遥 1、刁广杰 1、雷振军 1、刘爽 1、马兴吾 1、郝洪涛 1、方红 1、郑时雨 1、孙福君 1、李占兰 1、田原 1、经纬 1、李丕 1、战威 1
其他（78）	律师事务所（20）	王翰鼎 9、吴京堂 8、刘挪 1、刘斌 1、李明昌 1
	大连艺术学校（13）	秦岭 13
	其他（45）	李岩霞 6、佟倩 4、冷绣锦 3、曲永军 2、焦小松 2、林芝 2 梁辅民 2、梁爽 2、陈旋 1、董立群 1、周芳旭 1、王久国 1、张玉波 1、刘彧菲 1、邹淑红 1、张子林 1、陈英俊 1、管红丽 1、邱晓岩 1、都赫 1、杨敏 1、卢宏 1、王世春 1、张军 1、吴中洋 1、王连生 1、张忠鲁 1、于利军 1、姜东光 1、余虹 1

（四）参政议政议题范围广泛，焦点问题突出

据统计，2011—2019 年 3 月大连民盟参政议政成果，针对议题的主要方向，将其分为环境、民政、文化、行政管理、交通、经济产业、教育、科技、信息产业与数字经济、法律、医疗卫生、海洋经济、能源与石化产业、旅游、经济与社会转型、财政、多党合作等共计 17 个议题。这里要说明的是，分类不是严格按照某一标准进行的，而是根据研究领域，从习惯做法上进行的。另外一点需要补充的是，统计参政议政成果涉及的议题时，有的成果兼及 2 个或以上的议题，就分别进行了统计，因此，所有议题的数值总和会大于 258 这个成果总数。

从统计结果来看，对同一议题进行研究的项目数达到 20 件以上的有环境、民政、文化、行政管理、交通和经济产业，其中以环境为最，

显示大连人对环境的重视（其中也包含有多位环境专业研究者的长期关注）。对文化的关注，说明大连经济社会发展到一定程度，人们迫切需要来自精神、文化上的支持，研究者为此苦苦思索与追寻。交通问题，既包括微观层面道路拥堵、道路系统管理，更多的是关于大连如何建设成航空、航运中心的探索。至于民政和行政管理、经济产业，自然是参政议政的主流，自不必多说。

教育、法律和医疗卫生，涉及广大民生，得到包括参政议政人员的高度关注，亦属自然。

关于科技政策、科技管理方面的成果也比较多。大连要实现经济、社会转型，创新是关键，而科学技术上的创新是其中重要的一环，故得到政府、学界和社会人士的广泛关注。

大连软件业发达，是中国最大的软件外包出口基地，在大连经济中占有很大的比重，但大连在数字经济、信息技术产业、智慧城市等方面并未走到前列，故引起大连政、商、学界的较大重视。

大连化学化工研究力量强大，有中科院化物所和大连理工大学的精细化工两艘科研航母，石油化工产业较为发达，故能源、化工产业及其引起的一些问题能得到关注。大连是因海而兴的城市，海洋经济在全市经济中的比重越来越大，但尚有很大的空间需要进一步提升。大连是国内外著名的旅游城市，近年来，旅游业遭遇到产业发展上的困难，引起相关业界的反思。

总体来看，大连市广大盟员在参政议政议题选择上，能够看到大连市近来发展中遇到的种种问题，结合各自研究所长，进行调查研究，号准脉搏，献计献策，取得了很大的成就（参见表三）。

表三 参政议政议题分类

数值范围	议题范围	数值
20件以上	环境	36
	民政、民生	27
	文化	26
	行政管理	25
	交通	23
	经济产业	23
10—19件	教育	17
	科技政策、管理	14
	信息产业、数字经济	14
	法律	11
	医疗卫生	10
9件以下	海洋经济	9
	能源、石化产业	8
	旅游	7
	经济、社会转型	7
	财政	4
	多党合作	4

二、2011—2019年3月参政议政成果表现出来的不足

上文通过对2011—2019年3月参政议政作者、作者单位、选择议题的分析，以及对相关成果的阅读，可以发现大连地区民盟在参政议政上也存在着一些不足，在此提出作者的观察，谨请批评指正。

（一）参政议政的参与者、成果出现较为集中的现象

根据前面表二的分析，占总人数的21.5%的26位盟员，获得参政议政成果为172件，占总数的66.7%，即是此种现象的最好说明。

在不同单位、同一单位不同个人间也存在发展不平衡现象。有些单位出现的优秀分子是现象级的，如果出现工作调动等事情，存在人走政

息的可能；在大连众多大学里，表现较为突出的仅是几所高校，即使在这些表现突出的高校中，也仅仅是一二位研究者顶起大梁来。

（二）存在选择议题跟风、追求时髦的现象

在这些选题中，大多数是关涉大连发展的根本性、全局性的问题，有些是具有前瞻性的问题，也有一些是不被重视的问题，这些都是好的、值得研究的问题。但也存在一些追求时髦的现象，比如提出"引进湖南卫视丰富市民文化生活"的提案，相当肤浅。

（三）不仅一些议题缺少理论调查和实践调查，提供的问题解决方案有些不可行

一方面，由于对问题没有真正的了解，缺少国内外视野，不能对曾发生的类似现象、问题进行比较研究，往往根据一些自己所知、所见的理论，采取要素列举法的形式提出，权来充数，往往陷入缺少逻辑性、系统性的问题。

另一方面，即使按照某些理论或观念，由于对该理论（体系）的来龙去脉、特点、局限性把握不深刻，以此为指导来解决大连问题，又缺少对大连经济、社会的调查研究，所提解决方案很多缺少实践操作性。

（四）存在牵涉某利益团体的动议，缺少客观性和公正性

参政议政是代表人民、为了解决人民群众普遍关心的问题，而不是为了解决某利益部门的问题。比如有在保险公司任职的盟员，提出在大连市推行某某险种，而此险种恰是其所在公司能受益的，显然所提建议即是为利益集团充当游说。在一些企业提案中，多有此类问题。建议今后当注意此类问题。

三、建议

（一）做好档案管理工作，为高质量的参政议政搭好文献基础

参政议政是一项科学工作，需要事实依据和科学依据，它具有创新

性，当然也有知识产权。它的创新，是在前人研究基础上不断前进的。

在民盟和其他民主党派长期参政议政基础上，产生了很多成果。这些成果因为种种原因，缺少整理和公开，不能为后来的研究者提供参考和帮助。

建议在民盟内部对本盟的参政议政成果进行整理、存档并予以数码化，本盟内成员可以随时查阅，实现参政议政成果文档化、数码化，供社会成员使用，尽可能发生更大的社会效用。

（二）在文档整理基础上，梳理大连市民盟成员参政议政的特点，针对大连存在的问题，结合自己的长处，就重大问题组织力量进行盟内、盟外协同攻关，向党和政府提供高质量、解决问题的参政议政成果

欲做到这些，就需要了解大连市民盟内的研究力量，选择专业素质高、事业心强、有高度责任感的专家学者组织团队；需要了解大连市经济、社会、文化发展面临的根本性、全局性的问题；需要了解盟内专家学者曾成功研究、或正在研究的问题。

在深入调查研究基础上，立足长远，具有前瞻性眼光，编制研究规划，组织民盟相关优势力量，领导主抓，统筹协调，协同攻关，为振兴大连和东北，发挥出我们的力量来。

（二）高举没有调查就没有发言权的旗帜，大兴调查之风

虽然大连经济、社会、文化等各方面会不时出现各种问题，虽然国内外学术界有新的思潮、研究成果出现，虽然党和政府有新的政策、指示和精神发布，但一定要解放思想、实事求是的精神，本着具体问题具体分析的态度，大力进行调查工作，了解大连这座城市的历史、现实、经济、社会、文化的根本面貌，才能做出适合大连城市发展的决策来。

（作者：张德良）

建言献策助发展　服务奔走为民生

民盟广州市委会

各民主党派是同中国共产党通力合作的中国特色社会主义参政党。作为参政党，要自觉做中国共产党的好参谋、好帮手、好同事，做中国特色社会主义事业的亲历者、实践者、维护者、捍卫者。要协助党和政府做好凝聚共识、化解矛盾、反映意见、维护稳定等工作，更好为新时代坚持和发展中国特色社会主义凝心聚力。近年来，民盟广州市委会认真履行政治协商职能，切实提高政治站位，增强责任担当，把服务实现"两个一百年"奋斗目标作为履职尽责工作主线，始终同中共市委想在一起、站在一起、干在一起，积极建言献策，为市委科学决策、民主决策提供参考，努力为推动广州经济社会科学发展贡献智慧力量。

一、聚智汇识，认真履行参政党职能

努力提高政治协商能力，积极参加涉及广州经济和社会发展重大事项的政党协商活动，先后参加市委、市人大、市政府、市政协举办的政治协商活动50余次，对有关市委党代会报告和市委全会工作报告、政府工作报告、市委政治协商规程、市委市政府加强城市规划建设管理意见、广州市国土空间总体规划、广州"十四五"规划建议等重要政策文件提出意见建议，并有多条意见建议被党政部门采纳。

积极参加民主党派联合调研活动，完成1个总课题和5个子课题调研报告。在市委市政府主要领导参加的座谈会上作加强金融支持广州乡村振兴、建设（南沙）粤港澳全面合作示范区、进一步优化广州市数字营商环境3个专题发言；参加市人大有关非机动车和摩托车管理规定、依法行政条例、停车场条例、湿地保护规定、生活垃圾分类管理条例、文明行为促进条例、房屋租赁管理规定等立法协商；在市政协民主协商座谈会作正视城市更新问题、保障适龄残疾儿童平等享受义务教育等9个专题发言。在市政协经济、民生两个专题协商座谈会上，民盟广州市委会先后对《推进国企产业联盟与资本对接，为传统制造业转型升级提供解决方案》《正视城市更新中的存在问题，推进广州经济高质量发展》《加快推进村级工业园升级改造》《打造空港会展中心，培育广州经济新增长点》《保障适龄残疾儿童平等享受义务教育》《以"微改造"为抓手，提升广州城市建设管理精细化、品质化水平》等9个专题提出意见、建议。举办"破解儿童就医难"民生论坛，以"直通车"方式向市委、市政府报送《关于改善广州市儿童就医难问题的建议》专题报告。

二、献计谋策，广泛发动盟员力量

民盟广州市委会每年组织开展"我为广州发展献一策"、反映社情民意信息、基层建议等活动，社会发展的台前幕后，活跃着广州民盟盟员的身影，小到群众实事，大到民生安康，他们建言献策、奔走不息。全市盟员全方位、多视角对广州教育、文化、科技、养老、医疗、城建、环保、交通等方面问题提出许多意见、建议，共撰写"我为广州发展献一策"论文289篇，选送市委统战部157篇，获奖43篇。其中特等奖论文《关于引导广州"双创"平台有序发展和科学布局的建议》被市委研究室编入《广州研究》，并被市社科院选入《广州创新型城市发展报告（2018）》。连续五年被市委统战部评为"我为广州发展献一策"活动优秀组织奖。盟员提交基层建议552件，其中152件被省市人大代表、政协委员采用转化为人大建议、政协提案。完善社情民意信息采、编、报机制，向民盟广东省委会、市政协、市委统战部报送社情民意信息617条，被采用162条。向民盟中央举办的教育论坛以及民盟广东省委会举办的"四个走在全国前列"等论坛、专题研讨会报送各类论文81篇，并有多篇获优秀奖，展现了全市盟员参政议政热情和建言献策能力。

五年来，围绕产学研协同创新体系建设、完善反家暴庇护中心建设、理顺校园产权问题、打造智慧教育创新产业高地、加快推进人才保障住房建设、打造"珠江十里"文化长廊、推进全域土地综合整治、加快推动P3/P4实验室建设等经济社会发展和民生福祉问题，向市政协提交《关于引导广州"双创"平台科学布局和有序发展的建议》等提案30件，其中做大会发言8件，界别座谈会发言5件，获优秀提案5件，多件提案引起人民网、广州电视台、广州日报等媒体关注。广州电视台连续三年拍摄专题片，对民盟市委会《破解广州教育发展瓶颈，理顺中小学用地产权》《关于后疫情期建立智慧教育云平台，共享优质教育资源的建议》《关于加快推动P3/P4实验室建设构筑广州生物安全防线的建议》等3个提案进行全程报道。

积极参与提案办理工作，推动提案意见建议取得实效。其中，市领导重点督办《关于后疫情期建立智慧教育云平台，共享优质教育资源的建议》，得到政府部门高度重视，市政府投入4300多万元建设广州市基础教育阶段小学、初中、高中三个学段共12个年级所有学科的课程高清视频及配套资源包，包含6300个课程视频及8800个课程视频的配套资源包，让全市中小学共享优质教育资源。在完善政府相关政策、推动实际问题解决、改进部门工作作风方面取得良好成效。加强与政府对口联系部门沟通，积极参加市政府及政府部门对口联系工作以及有关调研活动，对广州法制建设、教育均衡发展、完善养老服务等问题提出意见建议。

担任省市人大代表、市政协委员的盟员积极履职尽责，听民声，察民情，解民忧，共提交省市人大建议172件、省市政协提案185件。其中18件被评为优秀建议、优秀提案，7名市人大代表被评为履职积极代表，多名市政协委员履职评分名列前茅，多名人大代表、政协委员应邀接受多个新闻媒体访谈，产生了广泛的社会影响力。

三、立盟为公，抗击疫情屡立"战功"

2020年新冠疫情发生后不久，广州医科大学盟员赵金存临危受命，出任广州呼吸健康研究院新冠病毒肺炎基础研究攻关组组长，负责研发抗病毒疫苗，为这场无声的"战争"提供强力后援。2月5日，在钟南山院士指导下，赵金存教授团队在与广州海关技术中心共建的生物安全三级（P3）实验室中成功分离第一株在广州本地被感染病例的新型冠状病毒毒株。这项发现受到世界卫生组织和国家卫健委的高度重视，为接下来疫情防控策略的制定提供了重要参考。同月，该团队又分别发现患者粪便和尿液存在感染性活毒，提示病毒存在粪传播、呼吸传播的可能性。

赵金存是民盟广州市委会投身抗疫的缩影。此外，广州市第一人民医院盟员王轶担任广州市卫健委疫情防控工作专家组专家；多名盟员在政府部门、学校、企业、街道、社区直接参加群防群控工作；全市盟员以各种方式捐款捐物价值150万元……

在疫情防控工作中，盟员撰写《关于解决儿童口罩问题建议》等疫情防控社情民意信息90余篇，被民盟中央、民盟省委会、市委统战部等选用50余篇；民盟广州市委会开展专题调研，完成《关于广州科技研发为疫情防控及社会经济发展保驾护航的建议》等调研报告22篇，对"医疗器械行业国产化能力不强"等问题建言献策。

四、立足岗位，彰显盟员责任担当

全市盟员继承和发扬民盟"奔走国是，关注民生"的光荣传统，立足本职，爱岗敬业，充分发挥各自所长，各尽所能地为广州经济社会各项事业发展贡献智慧和力量，涌现出一批优秀的"明星盟员"。

郑子殷，担任第十三届广州市政协委员期间，递交了14份社情民意和16份政协提案。其中《关于建立我市性侵害违法犯罪人员从业限制制度》《关于加快落实我市侵害未成年人案件强制报告制度》的建议和提案引起广泛关注，广州市检察院等多个部门联合出台了《关于涉性侵害、虐待、拐卖、暴力伤害等违法犯罪人员从业限制制度的实施办法（试行）》《校园落实侵害未成年人案件强制报告实施细则（试行）》。郑子殷曾获司法部授予"全国公共法律服务工作先进个人"，广东省精神文明办授予"广东好人"，中共广州市委、市政府授予"广州市最美志愿者"等等。同时，他还担任中央广播电视总台《华夏公益》的客座主持人，担任广东省电视台《珠江时评》《社会纵横》等多档节目的评论员，在《南方日报》《羊城晚报》等多个报纸媒体上发声……

谭国戳，担任十三届广州市政协委员期间，提交了40份政协提案和57份社情民意，履职排名长期名列前茅。2021年5月，广州新冠疫情发生反扑后，谭国戳盟员快速响应、积极建言献策，部分建议被新华网、广州日报、羊城晚报、南方都市报、新快报及今日头条等媒体刊登，其提交的《关于优化隔离酒店设置与管控的建议》于2021年5月27日获市委主要领导批示，交市商务局主办。热衷关注民生实事、积极参与"有事好商量"，还担任广东南方软实力研究院副院长、华南师范大学律师学院兼职教授、中国广州仲裁委员会仲裁员、中国海事仲裁委员会调解员等，频频受邀开展专业培训。为广东省申请律师执业学员开展培训，为多个党政机关、企业、教育机构、群众普法，举办多场《民法典》主题宣讲培训，几度受邀为2021年广州市村（社区）"两委"年轻干部开展培训，等等。

2021年是实施"十四五"规划、开启全面建设社会主义现代化国家新征程的第一年，我们要深刻领会中共中央对多党合作事业的新部署新要求，提高政治站位、理论站位、时代站位，提高工作本领，勇于担当作为，不断加强自身建设，提高履职能力，增强履职实效，更好为新时代坚持和发展中国特色社会主义凝心聚力。

探索实践"45721"专题智库模式
促进参政议政水平螺旋式上升

民盟哈尔滨市委会

智库在推动政府决策科学化、提高国家治理能力等方面的研究,已经成为中国学术界关注的热点之一。党的十九大报告明确提出:加快构建中国特色哲学社会科学,加强中国特色新型智库建设。近年来,民盟哈尔滨市委会紧扣改革发展,聚智献力,不断加强专题智库建设,凸显新时代民盟人的使命和担当。我们把智库建设作为探索民主党派充分履行参政议政职能的新模式,通过"45721"模式不但促进了参政议政质量的提升,而且促进了各项盟务工作的开展。

一、专题智库构建的4个思考

(一)指向明确。一个指向就是扩大民盟组织的社会影响力。从心理学的角度讲,影响力是指一个人在与他人的交往与活动中,影响与改变他人心理、观念与行为的力量。体现在威信、号召力和信用程度。因此我们的参政议政就要影响有影响的人,从深度、广度、高度、持久度多维度地使参政议政成果获得普遍认同和支持。

(二)定位准确。五个定位是"创新理论的思想库,支持决策的智囊团,服务实践的设计师,促进民生改善的助力器,繁荣经济发展的好帮手"。最终目标就是提高参政议政水平,为党和政府提供高质量的参政议政成果。

（三）定向发展。不断探索专题智库建设新模式，切实提升履职质量，使其成为"用得着、离不开、靠得住"的大平台，使参政议政工作实现螺旋式上升，促进各项盟务工作的开展。

（四）过程保障。科学设计智库构建和运行的全过程和各环节，有明确的目标和靶向，充分发挥民盟人才智力优势、加强联络合作获得一手数据资源，确保调研过程扎实稳步推进、参政议政成果真实准确有效。

二、专题智库构建的5个原则

（一）问题导向原则。专题智库模式包括发现问题—研究问题—解决问题的过程，因此必须强化问题意识、坚持问题导向，每个环节都要围绕我市发展面临的突出矛盾和问题开展，最终化解矛盾、解决问题，问题导向贯穿于智库运行的全过程。

（二）专业性原则。专业性，是指专题智库构成专家和成员所具有的专业性知识、方法、价值等，坚持专业性原则才能保证专题智库的知识性、智力性和智慧性，产生一般人所不能产生的谋略和方法。

（三）客观性原则。坚持客观性原则，实事求是、求真务实，面对重大的问题，要基于深入、扎实的研究，全面、客观的事实和证据进行系统分析，秉持科学的精神，探寻得到真实的研究结论，进而形成可供决策部门参考的思想观点、行动策略、执行方案以及风险预测等。

（四）可行性原则。专题智库不仅要努力拿出战略性、专业性和客观性的研究成果，还要具有可行性，努力推动成果转化和落实，让智库的"谋划"转化为党委政府决策，让智库的"方案"转化为实际行动，让智库的"言论"转化为社会共识。

（五）前瞻性原则。当今世界正在经历百年未有之大变局，经济、政治、社会、文化安全等都面临新的发展形势，城市改革发展未来的前景也是专题智库研究的一部分,要努力促进现实的政策更具有规划性、预测性和发展性,可持续地体现出专题智库的长远价值。

三、专题智库运行的 7 个环节

以智能制造智库为例,分为以下 7 个运行环节:

(一)选题环节。我们结合"双循环"新发展格局和数字化、信息化、智能化发展形势,围绕建设制造强市这一中心工作,结合哈尔滨市老工业基地、制造业基础优势,将推进智能制造发展确定为首选题目。

(二)选人环节。发挥骨干队伍作用,建立以人大代表、政协委员、专家学者为主体的参政议政人才库,分类建档、动态管理,逐步成立重点课题的专业"智库"。盟市委领导班子带头,从盟内制造业专家、科技类专家、热心盟务、善于研究的骨干盟员中,筛选组建了智能制造专家库。

(三)专题培训环节。我们邀请黑龙江省智能制造研究所专家、哈尔滨电气集团智能制造研究所专家对智库成员系统地进行了理论与实践专题培训。

(四)专题调研环节。民盟哈尔滨市委会智能制造专题智库成员先后到哈尔滨电机厂、齐齐哈尔三一重工集团进行实地考察调研,与哈尔滨市工信局、科技局积极协商研讨,掌握了我市智能制造发展方面的重要数据,梳理了我市智能制造发展现状和存在的问题。

(五)专题研究环节。通过讨论、分析提出符合我市实际情况的对策和建议,以实现重点课题研究有突破,树立参政议政品牌,打造调研精品。在专题培训和调研过程中,智能制造专题智库成员与省智能制造研究所专家、哈尔滨电机厂、齐齐哈尔三一重工集团工作人员围绕智能制造发展现状及未来发展方向和建议开展了座谈讨论,针对推进智能制造发展课题提出对策和建议。智库成员内部再次开展座谈讨论,对有关问题和建议进行了系统性梳理。

（六）成果库形成环节。经过反复研讨和修改，完成《在"双循环"背景下推进我市智能制造高质量发展》调研报告，并作为建议、提案报送给有关部门，同时入选哈尔滨市政协十三届五次会议仅四篇大会发言中的一篇。

（七）发布转化环节。在不同平台进行发布，通过多渠道、多层次、多载体的报送和宣传，扩大智库成果的影响力。

四、专题智库的 2 个库——专家库和成果库的形成

（一）搭建高素质的专家库。民盟哈尔滨市委会有盟员 2000 多名，分散于各个行业、各个领域，传统的管理和履职模式，即是参加民盟调研、会议等，这是绝大多数党派基层的现状，致使盟员作用没有得到充分发挥，能量没有得到充分释放，更谈不上能够交上一份合格的"盟员作业"。民盟哈尔滨市委会以习近平新时代中国特色社会主义思想为指导，围绕市委、市政府中心工作深入调研，坚持"内脑"与"外脑"并用，致力于发挥盟员个体优势，科学建立专题"智库"，打造盟员智慧"孵化器"。

一是按界别"建库"。结合盟员的专业性、代表性等界别特点，分门别类建立委员智库。针对全市经济社会发展的重点、难点、热点问题，大胆创新、深化改革，改变过去集中式、"一窝蜂"式的调研视察方式，由智库专家成员组织有针对性的专题调研、专题视察、专题协商、专题议政，提出专业性、针对性的意见建议，有力助推党委政府解决问题、促进工作。我们先后组建了智能制造专题智库、数字经济专题智库、优化营商环境专题智库、学前教育专题智库、乡村振兴专题智库等。

二是按参政方向"建库"。紧密结合委员的知识结构、资源优势和参政议政能力的实际情况，坚持"内脑"与"外脑"相结合，既注重遴选专家委员，又注重从高校、企业、机关单位遴选专家学者加强智库建设。比如，在组建智能制造专题智库时，不但组织盟内制造业、科技界的专家，还邀请省智能制造研究所等专家参与调研和座谈，既进一步扩大有序参与，增强了建言的代表性、前瞻性、针对性和操作性，又进一步激发了盟员开展调研工作的主动性、积极性，使盟员更加有"用武之地"。

（二）不断丰富高层次成果库。经过不断的探索与实践，智能制造、数字经济、优化营商环境、学前教育等几个专题智库都取得了丰硕成果。《在"双循环"背景下推进我市智能制造高质量发展》除被列为政协会议大会发言外，还在《团结报》刊登、被中共市委采用；民盟中央《关于推动数字经济与实体经济融合，促进经济高质量发展的建议》获得习近平总书记、李克强总理等中央领导同志的重要批示，民盟哈尔滨市委会为此提供了重要素材，民盟黑龙江省委会向民盟哈尔滨市委会专门发来了感谢信；成立学前教育专题智库，形成《关于完善幼儿园收费定价机制的对策建议》等5篇调研成果，作为市政协常委会发言材料，哈尔滨日报等媒体连续进行刊发；组织部分盟内企业家、参政议政骨干盟员召开优化营商环境座谈会，成立优化营商环境专题智库，专题智库成员共提交关于优化营商环境的14份意见建议，其中2篇被市政府研究室刊物刊载、1篇被市政协社情民意信息采用，为响应市委市政府"我为冰城高质量发展建言献策活动"做出了积极贡献。

五、用活1个平台——发布与转化平台

民盟哈尔滨市委会注重成果发布与转化，不断扩大民盟组织影响力。紧紧围绕民盟中央、民盟黑龙江省委会的工作部署和市委、市政府的中心工作，充分发挥智库作用，形成了诸多参政议政成果后，我们分门别类进行整理完善，在不同平台进行发布。多篇调研成果在《团结报》《调研通讯》《哈尔滨政协》《哈尔滨统一战线》《哈尔滨日报》等各类刊物上发表。多次接受哈尔滨电视台《都市零距离》政协视点栏

目采访并播出专题节目。2020年，1篇建议被中共中央办公厅综合采用；2篇建议被全国政协采用；11篇建议被民盟中央采用；2篇调研成果获第八届民盟教育论坛优秀论文；4篇建议在《团结报》刊登；4篇建议被省政协采用；109篇建议被民盟省委会采用；此外，还有多篇意见建议被中共市委、市政府、市政协采用，为党委政府决策提供了重要依据，得到了有关领导的重视。

除了传统平台外，我们还注重利用民盟哈尔滨市委会微信公众号等新媒体发布调研成果，盟员可以第一时间看到最新的参政议政进展情况，调研成果实现了共享。通过多渠道、多层次、多载体的报送和宣传，使成果真正发挥作用，促进了地方经济发展和民生的改善，有效地扩大了民盟组织的影响力。

民盟哈尔滨市委会通过不断探索和实践"45721"专题智库模式，打造参政议政"升级版"，实现参政议政水平"螺旋式"上升，参政议政成果不断取得新突破，为党委政府决策贡献民盟力量。

不忘初心　坚守信念
让公益组织镌刻上浓重的民盟印记

民盟杭州市委会

2021年6月2日，中国民主同盟成立80周年纪念大会在全国政协礼堂隆重举行，民盟杭州市委会常委、公益组织公羊会创始人何军，身佩大红花，作为纪念中国民主同盟成立80周年杰出盟员代表受到表彰，其事迹在会议宣传纪录片中向全体与会人员播放。

杭州公益领域的金名片

新的社会阶层群体的形成是改革开放40年的产物，更是未来改革开放继续深化下去的重要社会力量。2013年，习近平总书记就指出，一切非公有制经济人士和其他新的社会阶层人士，要发扬劳动创造精神和创业精神，回馈社会，造福人民，做合格的中国特色社会主义事业的建设者。党的十九大报告也指出：加强党外知识分子工作，做好新的社会阶层人士工作，发挥他们在中国特色社会主义事业中的重要作用。

据不完全统计，杭州新的社会阶层人士总数超过100万人，是全国新的社会阶层人士最为密集、发展最快的地区之一。2017年2月，杭州被中央统战部确定为全国新的社会阶层人士统战工作实践创新基地。作为全国新的社会阶层人士统战工作实践创新重点项目，盟员何军发起成立的枢纽型、平台型社会组织"公羊会"，杭州地区会员达2000余名，80% 以上为新的社会阶层人士，主要由热心公益事业的企业家和科技、教育、文化、艺术、医卫和媒体领域专业人士组成。"公羊会"正是把这些新阶层人士"碎片化"的个人力量汇集起来，作为政府的补充力量去开展公益项目，为杭州精神文明建设出力，成为社会正能量的一个缩影。仅 2016 年，"公羊会"下属的公羊救援队全年累计开展 145 次公益活动：执行厄瓜多尔、意大利、印度尼西亚、中国台湾地震等救援任务，执行杭州 G20 峰会、上海马拉松、杭州毅行大会等赛事活动保障任务，开展公益进社区、进校园、进企业等安全知识宣导讲座，开展大型公益服务活动……

十余年来，"公羊会"也获得了各级政府、组织的褒奖：浙江省人民政府颁发的"里东救援集体二等功"，浙江省十大骄傲人物（群体）、省市人民政府、省军区等机构颁发的"G20 服务先进志愿者集体"，第四届全国 119 消防奖先进集体，中央统战部全国首个"新阶层人士社会组织创新示范基地"，中联部认可的"一带一路走出去"的首批中国社会组织成员单位……"公羊会"联席会议主席何军被评为杭州市十大道德模范（平民英雄）、最美人大代表，荣获浙江省劳动模范、浙江省助残先进、全国归侨侨眷杰出人物、"全国非公有制经济人士优秀中国特色社会主义事业建设者"等称号。

作为一个训练有素的民间公益组织，何军的"公羊会"也常活跃在普通家庭的身边。"公羊会"和民盟杭州市委会联合面向杭州社区残疾人和空巢老人开设公益大学，民盟杭州市委会原主委、中国文联副主席陈振濂担任公益大学名誉校长，聘请盟员书画家担任教师。还有杭州起步向全国推广的"99 智寻"公益寻人平台，它的指向性非常明确，就是针对老年化社会中越来越多的"失智症"造成的老人意外走失事件。同时，通过公益让更多外国人了解杭州，了解中国，讲述更多杭州好故事、中国好故事。还有龙舟学院，"公羊会"在教授龙舟的同时，推广中国的传统文化。2016 年，何军带领"公羊会"让杭州蒋村传统龙舟漂洋过海来到美国达拉斯，携手美国马可波罗基金会共同举办"2016年美国达拉斯国际龙舟大赛"，让东方"龙"的精神，传统龙舟文化在美国流传。

"哪里有危险、有灾难、有困难，你们就在哪里，体现了中国特色社会主义大家庭的温暖，彰显了崇善向上的精神风貌，为我市精神文明建设打造了一张金名片。"2018年，时任杭州市委书记的赵一德赴"公羊会"调研，也为"公羊会"在抗震救灾、应急救援、扶老助残、阳光助学、平安护航G20杭州峰会等方面所做的公益点赞。

中国社会救援的排头兵

近年来，我国自然灾害频发，国家防灾救灾任务十分繁重。民间救援队的身影频频活跃在各个救援现场，"公羊会"下属的一支执行灾害应急救援任务的专业志愿者队伍——浙江省公羊队作为社会救援力量的突出代表，从成立至今已经承担国际国内救援任务255次、志愿服务2097次、成功救援生命6754人。凭借其民间组织的特点和特殊救援上的专业优势，"公羊会"在款物捐赠、物资发放、心理抚慰、灾后恢复重建等方面发挥了重要作用。

2003年，何军和十几位志同道合的朋友以"智趣人生、公益帮扶"为宗旨，建立了"公羊会"，开始公益之路。2008年5月，何军认识到组建专业救援队伍的必要性和迫切性，立志做最职业的救援者。"公羊会"严格挑选海内外600多名志愿者，经过培训考核，组建了一支具有扎实救援知识及实战经验的应急救援队伍。此后，"公羊会"在杭州、成都、新疆以及国外的美国达拉斯、意大利等地成立了救援总队，购置如应急救援专用车、冲锋艇、充气船、无人机等众多山地和水上救援器材与救援装备公羊队以应对各种因地震、台风以及各种次生灾害造成的突发性城市应急状况，已具备符合国际搜索与救援咨询团（INSARAG）中型救援队能力。

以"一个口号、一个目标、统一协调、属地管理"为行动指南并同时拥有华东、华北、西北、西南、华南、我国台湾,以及意大利、东非、美国9支直属力量的"公羊救援队",也是中国社会救援力量的主力军代表。建队以来参与了自汶川地震救援以后的所有国内重大救援行动以及14次出国出境救援任务。何军认为,每一次跨国救援行动都书写着国家形象,"公羊会"的每一名志愿者都传递着中国好声音,无论是国内还是国外重大灾害救援现场,都能看到黄色救援服上标着五星红旗的中国"公羊会"志愿者,看到何军冲锋陷阵的身影。

除灾害救援外,"公羊队"还执行山林走失驴友救援任务30余次,执行24小时公益急寻任务70余次,参加了洪涝灾害救灾行动、G20军民救援安保联动行动,共救助2000多条生命。2019年5月,在国家应急管理部组织的首届全国社会力量救援技能竞赛中,"公羊救援队"凭借扎实的救援技能和稳定的临场发挥,获得"水域救援"项目的团体和个人两项冠军、"破拆救援"项目的全国团体第五名、"绳索救援项目"的全国团体第四名和四个个人前十名的战绩。这也是全国唯一一个在三大项目都进入全国前五,并被国家应急管理部纳入国家储备力量的社会组织。

民盟精神的弘扬者、践行者

1995年,25岁的何军在身为盟员的母亲耳濡目染下,了解、向往并加入了民盟组织。在民盟杭州市委会的支持和政策倾斜下,何军积极在"公羊会"会员中发展优秀人才入盟,2016年,民盟杭州市公羊会支部成立,何军担任支部主委,这是全国首个建立在民间公益组织中的党派基层支部,也是杭州民盟基层组织建设的一个创新之举。民盟省市委会领导参加支部成立仪式,并对支部成立后积极发挥作用树立民盟基层组织形象给予殷切期望。民盟杭州市委会还推荐机关年轻干部加入"公羊会",以强化民盟组织在公羊会中的影响力,让公益组织镌刻上民盟的印记。

何军和公羊会支部不负重托，勇担社会责任，投身助困、助学、抗疫等社会服务活动，协调组织会员在新疆巴音郭楞蒙古自治州先后捐建了"爱心诊所""牙科诊所"及"孤寡老人疗养院"；为西藏阿里地区札达县达巴乡两所小学的穷苦孩子"圆梦"；开展社区服务为金婚老人拍婚纱照；连续5年为甘南藏区学校师生送去过冬煤炭等物资；筹集资金为200余名贫困学子发放110万元助学金……忠实践行"立盟为公，以天下为己任"的民盟精神，成为杭州民盟社会服务的一面旗帜。

2017年7月，民盟全国首个学习实践基地落户公羊会支部，授牌仪式上，民盟中央副主席张平勉励盟员："希望公羊会不忘初心，永远把社会公益放在首位！"民盟中央主席丁仲礼、副主席曹卫星等考察"公羊会"发展及支部民盟学习实践基地建设工作时，也肯定了"公羊会"作为民间公益组织在讲好中国故事、传播好中国声音中的有益作用，鼓励他们更好地发挥专业领域的突出作用，继续为国家建设和参与海外国际人道主义援助做出自己应有的贡献。2019年12月，民盟中央"不忘合作初心，继续携手前进"主题教育活动"典型在身边"上海站宣讲会在上海戏剧学院端钧剧场举行，何军为近300名沪浙两地盟员讲述榜样的故事，弘扬新时期民盟精神，传播向上向善的力量。公羊会支部获民盟2019年思想政治和宣传工作先进集体称号。

2020年，新冠肺炎疫情袭来，"公羊会"第一时间响应各级组织号召，投身抗疫工作。2月5日，应湖北省疾控中心的支援请求，何军带领公羊队动用直升机，紧急运送一批由民盟中央、民盟上海市委会等援助的医疗物资，从杭州起飞运抵湖北黄冈、武汉、孝感三市，民盟中央宣传报道：完成了一次"硬核"驰援；而何军及"公羊会"对湖北医疗物资的援助早在1月28日便开始了。2月24日、3月1日，民盟中央援鄂的第二、第三批医疗物资再次由何军带领"公羊队"空运到武汉，为湖北抗疫发挥民盟组织和盟员作用。3月10日，"公羊会"从北京空运抗疫物资到武汉……在这场没有硝烟的战役中,"公羊会"还累计捐赠2008.86万元的防疫物资,持续8个月出动上万人,在湖北、浙江等地12个城市开展志愿消杀服务,消耗医用消毒水240余吨,消杀面积达9300平方公里。民盟杭州市委会开展"培英公益·新冠防控进百校"专项行动,捐赠给杭州市教育局20万元病毒消杀物资,公羊队及公羊会支部配合民盟杭州市委会专项行动,为近百所学校开展消杀培训、进行现场消杀服务。

何军和公羊会支部在抗疫中的贡献获得各级组织的肯定,何军获得中国民主同盟抗击新冠肺炎疫情先进个人称号,公羊会支部获得民盟杭州市委会抗疫特别贡献奖,民盟浙江省委会抗疫先进组织、中国民主同盟抗疫先进组织称号。"公羊会"获得共青团中央、中国青年志愿者协会授予的抗击疫情青年志愿服务先进集体称号。

始终与城市发展同行

——泉城济南城市发展中的民盟印记

民盟济南市委会

2021年是民盟成立80周年，济南民盟成立73周年，在这个特别的日子里，让我们一起庆祝，一起回顾民盟济南市委会与中国共产党密切合作，团结带领全市盟员围绕中心服务大局，积极参政议政，在传统问题上深耕细作、久久为功，敏锐地捕捉经济社会发展中的新趋势、新问题，找准参政议政的着力点，形成了系列参政议政"精品"和"品牌"。73年来，民盟济南市委会始终与城市发展一路同行，在泉城济南的建设发展的各个阶段都烙下深深的民盟印记。

围绕大学城发展
为打造济南人才建设新高地建言献策

大学城可以直接为城市发展提供人才支持和智力支撑，对一个城市发展具有直接的推动作用。教育是民盟的主界别，民盟济南市委会一直关注长清大学城建设，为长清大学城由一纸规划变成拥有十几万大学生的国际化一流大学城积极奔走、建言献策。

2017年，民盟济南市委会在调研长清大学城高等教育时了解到，大学城已拥有高校11所，省部级实验室28个，博士后流动站46个，博士点46个，国家级有突出贡献的专家、高级人才约2500人，已逐步成为济南市高等教育资源的重要聚集地。但随着大量高校教师和科创人员的聚集，长清大学城正面临着诸多问题。一是入驻高校均为省市属地方院校，且偏重文商、艺术或职业教育，直接服务于济南市科技创新工作的能力有限。二是大学城属多头管理，一些保障性建设项目一拖再拖，难以落地。三是基础设施建设严重滞后，大学城内尚无一所大型医院和社区卫生设施，远远无法满足日常医疗需求；通往主城区的公交线路有限，大学城人员出行困难；文娱、休闲配套设施缺乏，难以满足大学城师生文化生活需求。四是创新谷等科技配套孵化平台，尚未与大学城的高校开展实质性合作，严重阻碍了教育和科创人才的进入和常驻，造成了巨大的人力、物力、财力的浪费。为此，民盟济南市委会通过深入细致地调研后提出：通过增设分校、联合办学等模式引进优质高等教育资源进驻大学城、独立长清大学城的管理运营部门、增加基础教育、医疗等基础设施投入、突出创新谷产业孵化和培育基地作用等建议，通过政协大会提案、议政建言专报等形式，持续呼吁。经过多年的持续呼吁，终得到市政府的高度重视，逐年加大资金投入，建成多所基础教育配套设施、多家三甲医院进驻、地铁1号线开通、创新谷高新代管等措施，制约大学城发展的制约因素逐步得到解决，大学城的各项建设步入快车道，多年过去，长清大学城已由一纸规划，变成拥有十几万大学生的国际化一流大学城。

关注交通安全
为平安济南建设献计出力

交通安全不仅关乎每一个人的生命财产安全，交通安全同时也是一个城市文明建设的重要体现。济南民盟一直关注济南市的交通发展、关注交通安全，积极为平安济南建设献计出力。

2014年，民盟济南市委会调研中了解到，位于济南市经十路以南腊山分洪河北岸的安澜北路，周边分布着济南市水文局、腊山分洪管理站、物流大道桥、玉清水厂、7路公交车停车场、玉周景园等多家单位，随着入住该区域的居民快速增加和人车流量的日益增多，交通安全事故频发，通车三年来共发生交通事故近百起，造成伤亡人数30多人，仅2014年上半年，造成交通事故30余起，死伤10余人，给家庭和社会造成惨重损失。民盟济南市委会通过深入调研，该路段存在较多安全缺陷：一是安澜路最宽处只有4至5米，司机会车时很困难；二是路面东高西低，车速判断容易产生误差，发生刮擦事故；三是路边便是分洪道，且没有安全防护设施，人车易滑入河内；四是没有设置路灯，晚间人车交通安全隐患很大。为此，民盟济南市委会通过集体提案等形式提出设置安全防护网或防护栏、加强路边绿化带建设等意见建议，提交政府相关部门后，得到市交通、园林、城建等部门的积极回应，2014年年底，相关安全措施全部整改到位，安装了总长5.2公里的防护栏，全路段加装了路灯，沿河种植了绿化带，交通安全问题得到了有效解决，该路段交通事故发生率大幅下降。整改后至今7年来，该路段未发生一起重大交通安全事故，轻微交通事故发生数量亦大幅下降，使得安澜北路成为一条造福周边的安全路。

聚焦营商环境
为让企业和企业家更有获得感贡献力量

营商环境就是生产力，良好的营商环境是城市竞争力的重要方面。民盟济南市委会持续关注济南的营商环境改善、增强城市竞争力方面建言献策，推进经济提质增效升级，在城市营商环境逐步改善进程中贡献民盟力量。

2019年5月，民盟济南市委会主委崔大庸带队到济南药谷产业园区就改善营商环境开展调研。在调研中发现，该园区存在经常性的停水，给园区企业造成了不小的损失，甚至部分企业家因此萌生"退意"。崔主委高度重视，民盟济南市委会联合城乡水务局组成联合调研组，仔细梳理药谷产业园供水保障的难点问题，深入一线走访有关部门和企业，找出造成经常性停水的深层次原因，一是园区管线由管委会自行建设，非专业设计、施工，造成供水管网经常性损坏，且修复时间较长；二是供水企业高新控股集团东泉供水公司规模小、专业人员严重不足，供水设施运行管理、抢修服务等各项工作人员配备严重不足；三是附近唯一供水水源为地下水，没有可利用的地表水源，供水水源单一。为此，撰写议政建言专报《加强济南药谷产业园供水保障工作，以优良营商环境让企业家心更安》，提出三点建议：一是建议生命科学城发展中心尽快对自来水管网进行改造，消除安全隐患，保障企业用水安全；二是建议政府有关职能部门安排专业人员，提供技术指导，积极主动的帮助药谷生命科学城发展中心做好园区内管线改造、巡视、管理工作；三是按照全市一张网的供水格局，将其整合到济南水务集团，其供水区域的企业和居民用水问题由新建的旅游路水厂和东湖水厂两座地表水源水厂保障，待时机成熟关停东泉供水公司所属地下水水源，减少地下水开采，在保障企业供水安全的同时，也为保持泉水持续喷涌提供保障。该件得到了市委副书记、市长孙述涛的批示后，民盟济南市委会主动与市城乡水务局对接，全程跟进、积极督促。市城乡水务局十分重视民盟的意见建议，积极协调有关部门、企业解决相关问题。截至目前，议政建言专报中的相关建议被市城乡水务局和高新区管委会全部采纳，药谷产业园区供水设施改造工程已经完工，50余家落户企业供水安全得到有效保障，厘清了责任机制，东部城区供水企业整合工作正在有序推进，打破了制约济南东部企业发展多年的供水难僵局，打通了制约东部城区供水企业整合的"最后一道关卡"，受到驻园企业的一致好评，也扩大了民盟的影响力。

突出新能源产业发展

为打造国家级氢能示范城市贡献智慧

中国提出"碳达峰、碳中和"时间表的大背景下，新能源特别是氢能源发展对济南从城市发展中突出重围，推动智能装备、新材料、新能源等先进制造业的发展，具有十分重要的意义和作用。民盟济南市委会及时捕捉新能源发展热点，为济南争取国家氢能发展试点城市积极呼吁，相关意见建议得到国家部委和省市主要领导的高度重视，为济南争取省级支持，高标准打造中国"氢谷"注入一针强心剂。

2020年，民盟济南市委会得知由财政部牵头的国家氢能示范城市申报工作正在进行中，申报国家氢能示范城市，对未来济南市从城市间氢能产业的竞争中突出重围，推动智能装备、新材料、新能源等先进制造业的发展，具有十分重要的意义和作用。经过多方了解和调研得知，国家氢能示范城市申报工作的相关征求意见稿4月份下发到了8省市，但并未发至山东省，国家氢能示范城市也仅有8至10个名额。如以单一城市申报，我市与北京、上海、武汉、成都、广州等中心城市，以及太原、佛山、南通、嘉兴等产业先发城市相比，均存在较大劣势，成功难度极大。如果能以城市群的名义，联合省内其他城市一起申报，必将增强实力，大大提高成功率。因此，我们提出：一是打破常规，提请省政府委托济南市牵头组织，潍坊、淄博、济宁、泰安、聊城、滨州、东营等市共同参与，整合各地各领域氢能产业链优势资源，以济南城市群名义进行国家氢能示范城市申报工作；二是以本次申报国家氢能示范城市为契机，将做大做强我市氢能产业列入"黄河流域高质量发展""省市一体化"等发展目标统筹考虑，带动我市氢能产业发展，助推我市实现新旧动能转换。该建议得到省市主要领导的签批，得到国家发改委等部门的采纳，促成山东省以济南为主体，向国家申报氢能发展示范城市群的建议，得到国家部委的采纳，国家层面规划也由原来的单个城市申报转变为以城市群的名义进行申报，为济南市的清洁能源发展争取到国家部委和省里的支持，高标准打造中国"氢谷"贡献民盟智慧。

73年来，民盟济南市委会始终与城市发展同行，特别是近年来，得益于党委政府高度重视民主党派议政建言工作的良好环境，民盟济南市委会参与议政建言的渠道越来越多，多项调研成果得到省市主要领导的签批，被党委政府采纳，进入到党委政府决策之中，为城市发展做出了卓越贡献，为泉城济南各项建设贡献民盟智慧，在济南发展的各个历史时期都深深地烙下了民盟印记。

久久为功持续建言 提案建议展现实效

——民盟建议极大促进宁波游艇产业发展的实例

民盟宁波市委会

宁波位于东海之滨，我国长三角的金南翼。宁波不同于大连、青岛、厦门、深圳等城市，由于市中心不近海，经常被人笑言是见不到海的海滨城市。宁波港是货运大港，相比一些沿海城市，宁波很少能看到游艇、帆船等海洋元素，缺少海洋气息。游艇、帆船、海钓等涉海旅游产品是地区新的经济增长点，也能为城市赋予更多的生活休闲魅力，宁波发展游艇产业条件得天独厚，但由于重视度不够、政策限制、基础设施差等问题，一直难有起色。民盟宁波市委会关注到了该产业的困境，积极进行调研，通过市政协大会提案、政党协商等途径出谋划策、奔走呼吁，取得了诸多实效。

在 2019 年宁波市政协十五届三次会议上，民盟宁波市委会提交了《关于加强我市游艇旅游业发展的建议》提案。提案提出：游艇旅游业在我国尚处于起步阶段，但产业本身极具前景，有关专家预测，未来十年我国游艇市场将由目前 100 亿元规模过渡到 500 亿—1000 亿元阶段。旅游业是宁波经济发展的薄弱点，且市民有对新业态消费的需求，高端人才有对生活方式的追求，宁波发展游艇旅游业具有不少优势，具备较大发展空间。但目前宁波发展游艇产业存在制约因素。

一是码头等基础设施较差。内河方面，仅有江北老外滩莱悦游艇俱乐部可以停靠游艇，但受到众多因素影响，码头停靠能力十分有限。位于东钱湖上的游艇码头主要用于私人聚会，并不对外开放，其他湖泊难有真正的游艇码头。海岸线方面，尽管梅山万年基业一期码头已经建成，但总体来说，码头的布点数和泊位数仍然不能满足未来发展需求。布点不足直接影响了游艇点到点的行驶停靠，更影响了游客上岸消费，十分不利于产业链的延长。

二是缺乏专门规划与牵头部门及游艇办证难、航行难。宁波目前还没有针对游艇产业的专项规划，对游艇制造及包括游艇旅游业在内的服务业进行布局发展。政府对产业发展的关切程度较低，游艇旅游业涉及海事、旅游等部门，但目前尚无牵头部门综合解决行业面临的问题。根据交通运输部2008年颁布的《游艇安全管理规定》，游艇出海航行需要办齐船舶检验证书、所有权证书和国籍证书，目前宁波"三证"办理齐全较为困难，全市无一艘具有正规手续的处于运营状态游艇，近五十艘宁波籍游艇船主舍近求远注册及停靠舟山等港口，这在国内绝无仅有。游艇出海缺少专门航道，游艇租赁等经营尚无相关办法支持。

三是对行业协会发展支持弱和缺乏经营主体。宁波市游艇行业协会于2012年下半年开始筹备成立，但直到2017年3月才正式成立，此前国内11个沿海省份均已成立了与游艇相关的省、市级行业协会。游艇经营主体上，莱悦游艇俱乐部经营状况不佳，梅山湾游艇俱乐部目前主要进行驾驶培训，缺乏有实力、有成功运营经验的主体真正运作游艇旅游。

四是游艇旅游业推介的定位不准。游艇推介没有形成正确的导向，给受众造成奢侈消费的印象，与条件类似的珠海、厦门、青岛等城市形成鲜明反差。在"中国航海日"等重大活动中，缺少游艇旅游推广，与深圳、三亚等城市注重游艇旅游和当地生活方式及其他产业结合的推介方式相比，效果相差甚远。

为此提出以下几方面建议。

一是加强码头等基础设施建设。结合当前城市旅游品质升级与渔业结构调整转型机会，研究制订码头岸线、滨水陆域、优质公共水域的空间预留布局。研究推进我市现有 57 个渔港改造利用工作，拓展渔港功能多元化。提升江北老外滩游艇码头设施，选择在其他内河及东钱湖等湖泊合适地点建设码头，加快梅山万年基业游艇码头后续工程建设，考虑在三门湾、象山等区域兴建或是改造码头。

二是确定牵头部门、编制游艇发展规划和简化各类手续办理。确定游艇旅游业发展的牵头部门，建立联席会议制度，部门联合解决行业问题。由市发改委牵头组织、市游艇行业协会协助编制全市游艇产业规划，正确定位及大力推动游艇旅游发展，结合本地特色合理布局，形成沿海沿（江）湖为主线的游艇生活推介产业带，建设运动休闲、游钓体验、游艇滨水度假等游艇旅游基地。结合"最多跑一次"改革契机，出台《宁波市休闲船艇管理暂行办法》，完善和简化海事及港航管理部门游艇登记、航行、安全监管等流程，解决游艇办证难问题，开辟一定数量游艇航道，让合规合法的游艇能正常在宁波停靠、出海，借鉴深圳、厦门等地经验，允许游艇租赁等经营开展。

三是更好发挥行业协会作用和引入优质经营主体。支持游艇协会更好发挥作用，让协会聘任的专家参与政府机构的产业决策咨询服务；对协会正常运作给予经费、场地及人力支持；支持协会组建质量认证及培训认证等第三方机构，为持续运作提供保障。支持莱悦游艇俱乐部、梅山湾游艇俱乐部等更好对接市场，运作游艇旅游；引入国内外实力雄厚、经验丰富的运营主体，通过与本地企业合资共同开展经营。

四是加强与优化游艇旅游推介。以生活化、大众化的定位推介游艇旅游；结合宁波其他旅游优势，融入游艇旅游元素，打造综合旅游产品进行推介。支持承办"亚太游钓艇展及高峰论坛"，积极申请 2020 年度"国际游艇行业年会"申办城市。在各城市"宁波周"等由宁波举办的各类重大活动中体现游艇旅游元素，支持在"中国航海日"等重大活动中推介宁波游艇旅游。

提案提交后引起有关部门高度重视,为做好提案办理工作,宁波市文广旅游局专门召开邮轮游艇旅游发展座谈会,邀请宁波市发改委、宁波市交通局、宁波市港口管理局、宁波海事局及涉海区县(市)等参加,共同谋划游艇产业发展,相关建议为宁波编制邮轮游艇规划提供了重要参考。

"十四五"规划编制对一个产业发展极其重要,规划如何定位、如何支持以及"着墨"多少等很大程度影响着该产业兴衰。2020年下半年,在中共宁波市委召开的"十四五"规划《建议》意见征求会上,民盟宁波市委会提出:《建议(征求意见稿)》中将游艇定位为高端旅游产品不利于产业推广与发展,国外游艇产业中既包含了狭义概念的游艇,也包含帆船、海钓船等,其中游艇约占有关消费市场的30%,帆船占30%,海钓及其他船类占40%,大部分产品面向普通大众,如冠之以"高端",会让老百姓产生距离感,不利于市场拓展,建议将产业定位在大众化消费上。中共宁波市委充分采纳了民盟宁波市委会的建议,在"十四五"规划《建议》正式文件中没有将游艇冠之以"高端",而定位为旅游产品。2021年1月,在宁波市政府召开"十四五"规划《纲要》意见征求会上,民盟宁波市委会进一步提出:《纲要》应更多体现游艇产业发展有关内容,特别是在宁波建设海洋中心城市中需列入游艇产业发展,使得海洋产业体系更为完备并对海洋中心城市建设形成有力支撑。宁波市政府领导充分肯定了民盟宁波市委会的建议,"十四五"规划《纲要(征求意见稿)》海洋中心城市一段中原本并没有列入游艇产业,而正式文件在该段中添加了"大力发展游艇邮轮、休闲渔业、滨海度假"等涉海旅游业相关内容,整个《纲要》文件中共有三处内容与游艇产业相关,在全国各沿海城市"十四五"规划《纲要》中,宁波对游艇产业的"着墨"量处于极其突出地位。

另外,民盟宁波市委会还通过其他途径为游艇产业"发声"。2022

年亚运会将在浙江杭州举办,而宁波承办了帆船(板)竞赛(2021年9月,全运会帆船项目也将在宁波举办),这为游艇产业发展带来了有利契机。民盟宁波市委会组织盟员、市政协委员调研浙江海洋运动中心(亚帆中心)项目建设,与当地亚筹办、宁波市游艇行业协会、克利伯中国等进行座谈,了解相关情况,发挥政协委员智力优势出谋划策,通过活动举办和委员之口积极开展宣传。浙江自贸区宁波片区获批后,民盟宁波市委会迅速发动盟员思考由此带来的机遇、可创新的政策等问题,在相关部门参加的会议上,提出探索平行进口游艇业务等建议,受到了宁波市领导关注。担任省政协委员的宁波盟员在今年浙江省政协十二届四次会上,提交了《关于抓好亚运机遇加强我省游艇产业发展的建议》,建议在省级层面上补齐游艇产业规划、基础设施等方面的短板。

民盟宁波市委会持续奔走呼吁,引起有关部门高度重视。宁波海事局积极开展研究,推动相关工作,于2019年12月实施游艇登记备案便利化措施,截至2020年11月底,宁波全市登记备案的游艇达到50艘,而该措施未实施前,宁波历年登记备案的游艇仅为16艘(一些游艇长期难以"上牌")。同时,宁波市海事局指导游艇俱乐部规范经营,在此基础上进行备案登记。2020年,宁波市梅山岛一家游艇俱乐部经核查后予以备案,成为全市首家备案的游艇俱乐部。

2021年,宁波民盟立项了《关于"十四五"时期加强我市游艇产业发展助力宁波建设现代化滨海大都市的建议》课题,计划通过细致地调研,形成可行性强的调研报告,为宁波"十四五"有关专项规划编制提供参考,为产业发展持续助力。

"奔走国是,关注民生"是民盟的优良传统。民盟中央主席丁仲礼曾说道:"进入新时代对民主党派提出了新的要求,既是'同事',又是'帮手',同时还有一个要求就是'参谋',也就是说要提出有价值、高质量的建议。实际上,做到'好同事''好帮手'相对比较容易,但

'好参谋'就很难了。"民盟宁波市委会正是践行着丁仲礼主席的有关要求,在当好"参谋"上苦下功夫,在提出有价值的建议上深入思考,对游艇产业持续呼吁、取得诸多实效是民盟宁波市委会参政议政工作的一个缩影,今后也将在多个领域继续建言献策,不断做出贡献。

牢记使命责任　助推文教领域改革发展

——全国政协委员、民盟宁波市委会原主委成岳冲履职琐记

民盟宁波市委会

成岳冲，全国政协委员，民盟中央委员，民盟浙江省委会主委，浙江省副省长。曾任宁波市人民政府副市长，第十四届宁波市人大常委会副主任；担任第十一届全国政协委员，第九届浙江省政协常委，第十、十一届宁波市政协委员。1990年加入中国民主同盟，历任第十、十一届民盟中央委员，第九至十一届民盟浙江省委会副主委，第十一至十三届民盟宁波市委会主委。

2008年1月，经组织推荐我担任了第十一届全国政协委员。在履职实践中，我深切体会到，政协委员不仅是一份荣誉，更是一份沉甸甸的责任。要把履行好委员参政建言的责任放在首位，把关系人民群众利益的大事放在心上，为党和政府建净言、献良策。因此，在担任第十一届全国政协委员的几年里，我从自己原先在政府分管领域所熟悉和掌握的情况入手，依托宁波民盟组织和政府有关部门的力量，在教育、文化、医药卫生以及其他经济社会发展等领域，提出了提案和建议，为推动有关方面的工作尽了应尽之力。

密切关注高等教育体制改革

民盟是以文化教育为主界别的参政党，我担任第十一届全国政协委员时是在教育界别组，文化和教育恰是我当时在市政府的分管领域。因此，无论是从工作角度还是委员界别、党派特色出发，关注教育事业，为教育改革建言献策，是自己义不容辞的职责。

2008年3月，我在全国政协十一届一次会议教育界别组的讨论会发言时讲，今年的政府工作报告对民生问题确实非常关注，也涉及高等教育体制改革方面的内容。但我在宁波分管教育这些年里，发现高校特别是地方高校与地方政府之间的相互契合愿望日渐强烈。一方面，地方高校基于务实发展的需要亟须立足地方、服务地方，从中获得更多的社会支持，实现自身的社会价值；另一方面，地方政府基于转变经济发展方式的迫切需要，亟须依托高校、携手高校，以提升劳动力素质和产业转型升级的水准。然而，现实的高校管理体制无形地隔断了校地的联系。事实上的三级办学（国家、省、地市政府）、两级管理（国家、省）的高校管理体制，使得校地相互契合的愿望终究难以落地。考虑到大规模、一揽子推进高等教育宏观管理体制改革的时机尚未十分成熟，但又要正视矛盾焦点、积极稳步推进。因此，我向大会提交了《关于设立"区域性高等教育综合改革试验区"的建议》，建议可选择一个省或有条件的城市开展高等教育宏观管理体制综合改革试点，试验的核心内容主要有两条：一是在现有的国家、省两级管理框架下，给试验区所在城市政府在专业设置布局、招生规模结构、教师人事管理、经费投入审核、教育教学改革等方面进行适度统筹协调的权限；二是依照《中华人民共和国高等教育法》的规定，给予试验区内的各级各类高等院校落实较为充分的办学自主权。不谋而合的是，时任全国人大代表、宁波市政协副主席范谊同志也向全国人大会议提交了类似建议案。我们的这些意见和建议，引起了媒体的关注，也引起了国家有关部门的重视。2010年10月起，国家先后在17个城市开展高等职业教育综合改革试验区，宁波也成为其中之一。

2012年，我在调研高职教育综合改革成效时，走访了一些试点城市后发现，这些城市的高职教育在体制机制创新、办学经费保障、人才培养模式改革、校企合作等方面都取得了新的进展，但问题仍然严峻：学校专业设置与产业转型升级的需求脱节；契合企业用人弹性需求的技能型人才培养模式还没有形成；高职生源依然处于人才链末端；学校与企业深度融合困难重重。究其原因，还是受管理体制权限制约，仅仅靠学校自身努力难以突破上述瓶颈，必须从国家政策层面赋予试点城市更大的先行先试权。为此，在同年3月召开的全国政协十一届五次会议上，我又提交了《关于赋予国家高职教育综合改革试点城市更大先行先试权限加快高职教育改革和发展的建议》。该提案的大致内容是：首先，授权试点城市自主设置、调整专业，要综合考虑地方经济社会发展需求和高职院校办学特色，并对照《普通高等学校高职高专教育指导性专业目录》来决定；其次，允许试点城市的高职院校试行弹性学制，选择区域经济发展急需的重点专业开展四年制或更长年限的职业人才培养试点；最后，授权试点城市开展高职院校招生改革，允许国家高职示范院校与普通本科院校同批次招生，探索实行单独招生、自主招生、注册招生等多种方式，并允许高职院校根据行业、企业或区域产业发展需求定向招生、定向培养，提高面向高素质产业工人的招生比例等。这份提案的主要内容刊发在2012年3月10日的《光明日报》上，引起了社会各界的广泛关注，部分建议随后也得以落实推行。

呼吁破解人才发展体制机制瓶颈

2009年下半年，各级组织部门分别召开座谈会，听取各界对《国家中长期人才发展规划纲要（2009—2020年）》（征求意见稿）的意见建议。我当时深深感觉到，宁波市作为我国长三角南翼经济中心和亚太国际门户，区位优势明显，市场机制完善，产业基础雄厚，民营经济发达，整体发展水平较高，城市综合竞争力连续三年跻身全国 10 强，经济社会发展在长三角乃至全国都有一定的带动力和影响力。但随着改革发展的不断深入，整个国家经济社会发展都面临着人才瓶颈制约。探索建立人才优先发展的新机制，对于破解人才发展难题，推动产业转型升级，建设创新型国家，均具有重大的战略意义。所以，经过深入调研和多方商讨，我向政协十一届三次会议提交了《关于将宁波列为国家人才发展改革试验区的建议》，以期推动宁波市国家人才发展改革试验区的设立，依此平台探索人才发展改革的体制机制创新，既促进地方经济社会发展，也为国家人才发展提供思路和经验。这个提案一经提出，即受到香港《大公报》等媒体的关注和报道。这一提案虽然尚未落地生根，但宁波在推进人才发展、建设人才强市方面的努力依然没有止步，无论是人才队伍建设，还是人才发展的体制机制探索，依然取得了较明显的进步。2012 年的全国两会上，《人民网》记者还专门找到我，进一步了解宁波市的人才发展问题。

推动"中国旅游日"的设立

旅游在促进经济发展、社会进步、文化繁荣中发挥着重要作用，这已成为世界各国的普遍共识。改革开放以来，我国的旅游事业飞速发展，已由一个旅游资源大国发展成为世界旅游大国。早在 2005 年，据联合国世界旅游组织统计，我国入境旅游过夜人数已达 4680.90 万人次，位居世界第四。然而，金融危机下我国旅游业受到影响，2008 年，入境旅游过夜人数下降 3.1%。2009 年，全球旅游业"总需求疲软"的态势日趋明显，我国旅游业也难免受到波及。如何创新发展思路，努力冲出"重围"，摆在了相关决策者的面前。2000 年，宁波市宁海县人民就已经在全国第一次以书面形式提出：将《徐霞客游记》开篇日"5·19"设为"中国旅游日"，而且一提数年。这个倡议对我启发很大，适时设立"中国旅游日",推出系列旅游项目,有利于刺激旅游消费。为此,我对全国运作相关项目的情况做了一定的调研,对于设立'中国旅游日',并且以徐霞客的文化符号意义为考量依据方面,大家基本上都能形成共识,争议主要在于时节日期问题。江苏江阴提出当以徐霞客的籍贯(江苏江阴人)和出行日为基准,宁波宁海则提出应以《徐霞客游记》开篇日以及第一篇游记所记地点为依据。我是学历史专业出身的,可能更倾向于实证考据。《徐霞客游记》集自然科学与人文科学于一体,被学术界列为中国最有影响力的20部著作之一。另外,现今在美国、日本、新加坡等国设有"徐霞客研究会",1613年5月19日,是明代著名的地理学家、旅行家、文学家徐霞客出游的日子,在我国旅游史上极具纪念意义。所以,我认为选择这个时间作为"中国旅游日",更能被世界认同。于是,2009年的全国两会期间,我向大会提交了《关于要求确定〈徐霞客游记〉开篇日(5·19)为中国旅游日的建议》。我认为,设立"中国旅游日",有利于提高国民的旅游意识,推动各级政府重视旅游和扶植旅游产业,吸引更多国内外游客,促进旅游事业的持续发展,也是增强当前旅游市场吸引力的亮点。而且,5月也是旅游黄金月,我国大部分地区春暖花开、气候适宜。5月19日,时值仲春或暮春,自古以来就是友人相约出游的好时机。对于我国大部分地区来说,春暖花开,气候条件适宜,正是一年之中旅游的黄金时节。

出乎我意料的是,事情进展很快。2009年12月1日,国务院即出台了《关于加快发展旅游业的意见》,正式确定要"设立中国旅游日"。随后,国家旅游局紧锣密鼓启动了设立"中国旅游日"的相关工作。2009年12月7日,中国旅游日征集策划专项工作委员会办公室就设立"中国旅游日"向社会公开征集具体日期方案,并委托新浪网就"中国旅游日"设立日期开展民意调查。2010年5月18日至22日,来自清华、北大、人大、复旦等全国100所高校的学生代表齐聚《徐霞客游记》开篇之地——宁海,参加"读万卷书、行万里路"宁海开游仪式。

他们沿着当年徐霞客从宁海开始出游的古道进行走访游览，并为"5·19"设立为中国旅游日助力。随后，"徐霞客旅行带"节点城市代表、西藏登山队、北京大学山鹰社等著名社团组织也纷纷倡议将5月19日确定为"中国旅游日"。2011年4月12日，国家旅游局举行新闻发布会，对外正式宣布每年的5月19日为中国旅游日。这个日子，就是《徐霞客游记》的开篇日，也是宁海县已连续数年举行"中国徐霞客开游节"的日子。至此，中国旅游日的诞生，终于开花结果。宁海历经十年的"申请旅游日之路"终于功德圆满。而我，也算为家乡旅游事业的繁荣发展，尽了一点义务。

在担任十一届全国政协委员期间，还有一个意料之外的经历，就是和万季飞、周汉民、杨澜一道担任了记者会上专题介绍上海世博会筹备情况的访谈嘉宾。2010年，上海世博会被誉为"是一次探讨新世纪人类城市生活的伟大盛会"，它以12项创世界之最的记录在人类博览会史上留下了令人深刻的记忆。根据有关方面的安排，在全国政协十一届二次会议期间，举办记者见面会，就上海世博会的举办进展情况，向海内外做一个宣传展示。在这次记者见面会上，我重点就"上海世博会将助推长三角融合发展"等有关问题，阐述了自己的观点并回答了记者的提问。应该说整场见面会上，顺利完成了相关任务，也为宁波市、为民盟组织无形中做了一次宣传。

数年的参政履职经历，让我深深体会到，政协委员不仅仅是一种身份和荣誉，更是一份责任和使命。

（作者：成岳冲口述、张冬青整理）

促成独生子女父母奖励金政策的落实

民盟南京市委会

20世纪70年代末，我国开始提倡"只生一个孩子好"。1982年，党的十二大把实行计划生育定为基本国策。2001年12月29日，全国人大常委会通过了《人口与计划生育法》。近30年来，我国坚持不懈地实行计划生育的基本国策，创造了人口有效控制和经济快速发展的"两大奇迹"，对建设中国特色社会主义、实现国富民强产生了巨大的影响。

计划生育基本国策对推动我国的经济建设和社会发展做出了巨大贡献，但这种在特殊历史条件下形成的大规模的独生子女群体也带来了一些负面的问题，其中主要是独生子女家庭与非独生子女家庭相比，面临着相当大的社会风险。最主要的风险包括：成长风险，大龄独生子女若发生生命风险（事故、灾难、战争等），对家庭将是毁灭性的打击；成才风险，独生子女没有伯、叔、姑、姨、舅、堂表兄弟、姊妹这些亲情关系，面临人伦缺陷，容易养成孩子唯我独尊的个性；养老风险，由于我国社会保障制度尚不完善，经济困难老人、孤寡老人以及因独生子女在异地工作而出现的"空巢"老人晚景尤其惨淡。

独生子女家庭响应国家号召，为我国社会经济和资源环境的可持续发展尽了义务，做出了积极的贡献，独生子女家庭理应享受一定的优惠、补偿和保障，帮助他们规避家庭风险，分享到他们自己创造的

"人口红利"。这不仅体现以人为本、实现社会公平的理念,也是构建和谐社会的需要。

在关注到这一问题后,民盟南京市委会走访市、区相关部门进行调研,开展了一系列座谈讨论,对当时南京市独生子女奖励相关政策进行更加深入的研究,对有关政策落实的情况也进行了全面的了解,在此过程中,发现了诸多问题。

1. 独生子女父母奖励金标准不符合实际需求

20世纪70年代末,在职的独生子女父母,每人每年都能享受到20元的奖励金。根据最新政策,凡持有效《独生子女父母光荣证》者,自领证之日起至子女满14周岁止,按每人每年20元至60元的标准领取独生子女父母奖励金。据调查凡是在机关、事业单位和国企工作的持证家长都能享受到奖励金。自2002年,各区计生局先后建立了计划生育利益导向机制,规定了城镇居民持有《就业登记证》的失业人员,独生子女父母奖励金由各区财政发放;农村计生户由镇、街道发放。但是,相当多的改制后的非公企业职工却无处领取。

与此同时,随着工资水平提高、物价的上涨,奖励金的标准却没有随之提高,绝大多数单位执行的仍然是30年前的标准,无法起到很大的奖励作用。

2. 独生子女父母退休增发5%退休金未全面普及

在当时最新的人口政策中规定,持《独生子女父母光荣证》的职工,在办理退休手续后,可以按照其退休前月工资的5%每月增发退休金,也可以由所在单位给予一次性奖励或者为其办理补充养老保险,具体办法由省人民政府另行规定。由于当时机关、事业单位的退休人员领取退休金,所以这些单位能够落实此项规定。但是对于企业来说,2002年,全国企业进行了退休金改革,将退休金改为养老金。养老金的发放强调的是权利和义务的对等,养老金的多少是根据缴费基数和缴费年限来定,与退休金的构成不一样。从2005年7月1日开始,所有参加社会统筹的退休职工，其退休金都不含应当增加的5%奖励。独生子女父母退休增发5%退休金未全面普及，未能保障大部分企业员工的利益。

3. 独生子女医疗费用报销存在缺口

南京市人口与计划生育对独生子女的医疗费用报销也有规定，独生子女的医疗费用，按不低于其父母单位职工的医疗标准享受至18周岁，其中参加医疗保险单位职工独生子女的医疗费标准，不低于单位为职工交纳的医保费。在机关、事业单位和国企工作的持证家长能享受到这一规定，而相当多的改制后的非公企业职工中的独生子女家庭，却无法享受。

针对上述问题，民盟南京市委会向南京市政协十二届一次全会提交了《切实贯彻执行独生子女家庭奖励政策，推进和谐社会发展》的大会发言，提出以下四个建议。

1. 强化企业法人对计划生育奖励政策的落实

由于市场机制的趋利性，企业法人对计划生育基本国策的认识普遍不足，一方面一些企业成为违反计划生育的"避风港"，另一方面企业对职工应享有的计划生育奖励政策不能兑现，政府对企业法人的行为也没有相应的制约措施。政府部门应督促企业落实计划生育奖励政策，对企业法人或主要负责人违反计划生育规定的，其企业不得评为先进、模范企业；企业职工发生违反计划生育情况的，企业应对其职工给予处分；企业应建立健全计划生育有奖举报制度，将企业法人违反计划生育法规和不落实计划生育奖励政策的情况纳入银行诚信系统。

2. 增加独生子女父母奖励金

在经济快速增长，平均工资水平翻番，需求不断增加的现实背景下，建议按照社会最低月工资标准850元计算，持证家长每人每年应享受400至600元的独生子女父母奖励金。

3. 建立健全独生子女家庭的社会医疗保障体系

鉴于改制后的非公企业职工中的独生子女家庭，无法享受到独生子女医疗费用报销，在"城镇居民基本医疗保险"和"新型农村合作医疗制度"的基础上，应提高独生子女父母和独生子女门诊、住院费用的报销额度，同时报销额度还应随着国民经济的发展而同步增长。

4. 切实贯彻执行独生子女父母5%的奖励金

为维持政策的稳定性和连续性，也为维护政府的诚信，建议继续执行持证职工退休时增发5%奖励金的政策，并且由国家财政来承担这项奖励金，以保证这项政策得以真正的落实。

此提案得到了相关部门的高度重视，但在提案的办理和政策的具体落实过程中，办理部门也坦承在执行中存在诸多的困境。

鉴于企业退休职工的奖励政策无法落实的一系列问题，民盟南京市委会又以社情民意信息的形式，撰写了《对落实〈关于对持独生子女父母光荣证退休的企业职工实行一次性奖励的实施意见〉的建议》提交市政府。建议中提出：

1. 尽快落实江苏省政府《关于对持独生子女父母光荣证退休的企业职工实行一次性奖励的实施意见》

建议里提到对于省政府下发的该意见，全省中已有其他市贯彻落实到位，结合当地发展情况，制订了相应的奖励标准，然而作为省会的南京却相对滞后。计划生育是基本国策，它的严肃性和连续性是政府职能的体现。为避免职工上访等现象，市政府应加快落实相关政策，切实保障独生子女家庭权益。

2. 南京市应采取政府支付或垫资的方式落实省政府的实施意见

在省政府下发的相关实施意见中，规定一次性奖金主要由职工退休单位支付，兼并、转让、改制后支付有困难的企业由财政支付。然而，计划生育是一项公共政策，公共政策的制订要有相应的配套措施来保证，政府的职业不能转嫁给企业。同时，相当一部分已经兼并、改制和转让的企业，作为独立法人，它要向国家缴纳税金，它的经营要自负盈亏，再让它承担原企业的退休人员一次性奖励，这是非常不合理的。而且，企业退休人员目前已与企业脱钩，由社会管理；省文件规定的兼并、转让、改制后支付有困难企业由财政支付，困难企业的标准，也不易分清，会造成扯皮现象。按照省政府下发的《关于对持独生子女父母光荣证退休的企业职工实行一次性奖励的实施意见》，1996—2007年，南京市企业持独生子女父母光荣证退休职工约有15万人，按每人3600元计算，需要5亿元左右的资金。考虑到政府负担能力，作为经济大省省会的南京应有能力承担。

该信息很快得到市政府主要领导的重视，时任市长蒋宏坤在该建议上批示：已组织落实中，因情况复杂，数字较大，将分年分批解决。

随后，市政府成立了以分管副市长为组长的南京市对持独生子女父母光荣证退休的企业职工实行一次性奖励工作领导小组，进一步加强对该项工作的组织领导。

2008年12月，市政府出台了《市政府关于对持独生子女父母光荣证退休的企业职工实行一次性奖励的实施意见》，采纳了民盟所提的建议，对持独生子女证的退休职工，一次性奖励每人3600元。

聚焦社区治理　加强资源整合
不断提升社会服务工作实效

民盟青岛市委会

社区治理是社会治理的重心，是国家治理体系和治理能力现代化建设的"基石"。为深入贯彻习近平总书记关于"社会治理的重心必须落实到城乡社区"重要指示精神，民盟青岛市委会充分发挥自身在公益服务、矛盾调解、法律援助等方面的资源优势，实实在在融入社会、服务社会、参与社会治理，并主动将社会服务工作的触角延伸至社区，探索社会服务的新途径，为服务全市改革发展大局进行了有益探索。

一、牵头成立"同心社区服务站"，并打造成全国首个社会服务示范点

2012年6月，民盟青岛市委会与市北区延安路街道结对共建，成立"同心社区服务站"，积极探索民主党派参与社会管理创新、多方位服务社区新模式。

服务站以"同心同行聚合力，服务社区惠民生"为理念，根据社区实际需求，设立"社区学校""社区书画社""社区健康驿站"，将教育、医疗、文化、科技等民主党派传统社会服务项目"做长""做透"。先后组织各类讲座、义诊活动百余次；联系盟员企业参加"百千岗位进社区"招聘会，提供就业岗位近百个；协调"天行健公益行"

项目，向社区医院捐赠价值78万元的全时互联网便携彩超和脑卒中三维治疗仪，累计服务群众2000余人。

建立"社区咨询会""社情民意工作室"和"社区调解工作室"，发挥民主党派地位超脱、渠道畅通、联系广泛的优势，以民主监督、参政议政、咨询对话等形式，服务于社区治理。每年两会前，组织盟内人大代表、政协委员到社区征集社情民意，形成调研报告和政协提案。先后争取资金400余万元，促成黄山路1—15号旧城改造；组织盟内专家就基础设施配套、环境美化、建立社区协同管理机制等，提出建设性意见、工作优化方案40余个，帮助成功化解各类上访隐患30多起。特别是"三江综合治理"项目中，从物质层面到精神层面、从一般性服务向系列化服务，直接服务于社区治理的全部过程。通过"专家咨询会""社区民主日"，基层组织、盟员参加社区民主日7次，专题座谈会5次，征集社情民意信息500余条，作为街区文化设计的主策划提出打造建议近50条，并以调研报告的形式呈报区委、区政府主要领导，最后促成市北区筹资6000余万元完成"三江整治"项目。整个项目将广泛而深入的协商民主机制渗透到城市治理之中，把"百姓街区"作为设计理念，充分尊重居民的主体性，探索"政社互动、多元共治"的社会治理新途径。

二、引导盟员社会组织积极参与社区治理，营造全市盟员关心、支持、参与社区治理的良好氛围

近年来，民盟青岛市委会在牵头做好社区治理的同时，还注重引导盟员社会组织根据自身优势和特点参与社区治理，快速回应社会治理中的难题、顽症，有效化解社会矛盾，最大效能发挥在社会治理中的作用。

姜东调解工作室——斗室里的和事佬。姜东同志是青岛市人民调解员协会会长、民盟青岛市社会组织委员会主任。近些年，他紧紧围绕党

委政府中心工作,针对社会治理的难点重点,以维护稳定为己任,以化解矛盾为主线,组建调解委员会,成立经济纠纷、民事纠纷、道路交通事故纠纷、消费纠纷等多个专门调解工作室,主动融入社会治理。同时,坚持线上调解和线下调解相结合,建立了人民调解服务网站,开通了便民法律咨询微信公众号等。坚持调防结合,利用"互联网+"和大数据分析,及时预测预警预防矛盾纠纷。2016年,他从微信咨询中发现某企业因改制有可能引发群访群诉后第一时间约见当事人,了解情况,及时向有关部门汇报。后政府牵头,与企业和当事人进行调解,避免了矛盾纠纷激化。2016年,参与一起涉及1600余户的棚户区改造项目矛盾化解工作,利用40天时间有效化解了165起产权继承等方面的矛盾纠纷,中央电视台新闻频道专题报道姜东调解工作室服务青岛市和谐拆迁工作的创新做法。截至目前,成功调解各种矛盾纠纷5000余起,直接服务上万人,无一发生诉讼,为促进社会和谐稳定做出了积极贡献,中央电视台专门以"斗室里的和事佬"为题进行宣传报道。2015年以来,时任中央政治局委员、中央统战部部长孙春兰,中央政法委副秘书长、中央综合办主任陈训秋等10余位中央、省、市领导视察调研调解组织,给予充分肯定。他本人先后荣获"全国第三批岗位学雷锋标兵"、山东省最美志愿者、山东省敬老模范、感动青岛道德模范等荣誉称号。2012年,中央电视台新闻频道在《新闻直播间》栏目中以"凡人善举"为题,报道了姜东同志的事迹。

海洋天堂自闭症家庭支持中心——为自闭症家庭撑起一片天。青岛海洋天堂是由青岛盟员、中国海洋大学教授、青岛市特教研究会的副理事长盛红同志于2014年发起成立的一个自闭症家长互助组织。该中心以服务自闭症家庭为宗旨,通过开展家长联谊、组织自闭症患儿社会融合活动、开办公益讲座、线上咨询等活动,给予自闭症家庭帮助,同时为他们打造一个良好的交流平台。中心成立后,培训了一批家长志愿者和大学生志愿者,组织开展了风筝彩绘与放飞、樱花行及樱花摄影大赛、夏日的星星聚会等自闭症社会融合和聚会活动，带领自闭症等残障儿童少年进入社会生活；举办《情绪管理与适当行为》《家庭干预干点啥》等系列专业公益讲座60余场，向家长和老师们传播最新自闭症干预理念和方法；开展用音乐、艺术点亮星星天堂等工作坊活动数十场，形成自闭症儿童少年社交小团体，帮助他们养成良好的社会生活规范，并学会简单的劳动技能；对参与项目的自闭症孩子，评估制订个性化语言教学计划、行为管理计划和独立生活能力发展计划，帮助他们管理行为与情绪，发展其独立生活能力。中心的成立有助于促成自闭症孩子们有尊严地生活，同时也使得家长和爱心人士在帮助自闭症人士事业中实现自己的人生价值。

爱慈心公益援助中心——心理改变人生。爱慈心公益援助中心是由青岛盟员姜倩莉发起成立的一家心理服务及心理援助组织。姜倩莉是北京大学应用心理学硕士研究生、国家二级心理咨询师，从事心理健康服务工作16年，具有丰富的心理咨询经验。2013年，本着发挥优势开展对社会弱势群体心理疏导及帮扶工作的目的成立了爱慈心公益援助中心，为社会各界人士提供心理训练、心理辅导、心理咨询等服务。中心自成立以来，先后在多所学校、老年公寓、助学中心等地建立起心理志愿者服务基地，定期开展心理关爱帮扶工作；助力乡村振兴，积极参与"美丽乡村美丽行"公益活动，每季度一次走进偏远山村，为村民进行心理健康教育宣传、心理咨询服务；发挥专业所长，深入社区等地开展心理健康义诊、心理科普宣传、心理咨询服务等工作，累计服务超过万人。该中心连续多年被评为"青岛市崂山区优秀志愿服务组织""青岛市红十字会优秀志愿服务组织"等称号。

民盟青岛市委会引导全市盟员参与社区治理方面的探索得到人民网、新华社、中央人民广播电台、《人民政协报》等近40家媒体给予关注和报道。人民网刊文表示"同心社区服务站成为全国率先探索民主党派多方位服务社区建设的新模式"。2013年，时任民盟中央主席张宝文做出重要批示："民盟青岛市委会开展的'同心社区服务站'活动内容丰富，形式新颖，为民盟组织参与城市社区建设进行了有益探索，积累了宝贵经验，树立了民盟良好的社会形象。望继续努力创新。"2015年4月，中共中央政治局委员、时任中央统战部部长孙春兰到服务站调研视察，给予充分肯定。同心社区服务站被民盟中央授予全国首个"社会服务示范点"称号。近年来，民盟青岛市委会也多次被民盟中央授予"社会服务工作先进集体"。

大力发展机器人产业 推动制造业转型升级

民盟沈阳市委会

民盟沈阳市委会成立70年以来，始终把"奔走国是，关注民生"作为参政议政工作的出发点和立足点，遵循费孝通先生倡导的"出主意、想办法、做好事、做实事"的理念，始终致力于沈阳市经济社会民生领域的全面发展，深入调查研究，积极建言献策，认真履行参政议政、民主监督职责。

辽宁省沈阳市曾经作为中国重工业发展的中心，承载了太多责任和担当。1949年，沈阳低压开关厂诞生新中国第一块电磁铁，1950年，第三橡胶厂诞生新中国第一批飞机轮胎，1955年，桥梁厂诞生新中国第一台250吨塔式起重机。1950年，沈阳第一机床厂接到铸造国徽的任务，经过全厂上下的艰苦努力，于当年10月铸造出67枚国徽，其中最大的一枚国徽悬挂在天安门城楼上，历经70余年风雨沧桑，依然熠熠闪光。当国家建设需要支援的时候，老沈阳人又毫无怨言、毫无保留地带着技术与设备前往祖国各地。

然而，进入21世纪以来，世界范围内随着先进制造业和智能制造产业的蓬勃发展，沈阳的传统制造业产业发展遇到了诸多问题，越来越跟不上发展潮流。机器人产业作为高端智能制造的代表，在新一轮工业革命中将成为制造模式变革的核心和推进制造业产业升级的发动机。沈阳在工业机器人产业发展方面起步较早，涌现出新松机器人、中科院自动化研究所、沈阳机床等一批行业龙头企业,但仍存在品牌认知度低,大核心关键部件仍依赖进口等明显短板。

沈阳民盟人始终以振兴沈阳经济为己任,积极为沈阳发展先进制造业特别是机器人产业出主意、想办法,深入调查研究,积极献计献策,先后在全国、辽宁省、沈阳市各级平台提出了一系列意见建议,得到相关部委和时任领导的高度重视。2013年,时任民盟沈阳市委会主委,在担任全国政协委员期间组织专题调研组多次深入国内多家工业机器人企业开展调研,形成了《大力发展机器人产业 推动制造业转型升级》提案。于当年3月提交到全国政协十二届一次会议审议,受到国家有关部委的重视,相关建议被采纳。

《大力发展机器人产业推动制造业转型升级》提案在分析我国机器人产业发展存在的诸多问题基础上,精准提出了6条意见建议,可以说为国家机器人产业发展特别是沈阳市机器人产业发展前景指明了道路。得到时任沈阳市委市政府领导高度重视,就提案中的建议如何在沈阳落实与民盟有关专家学者进行多次协商研讨,为下一步沈阳机器人产业相关政策的落实指明了方向。

建议一是建立机器人产业发展联盟。2013年,国内机器人企业规模普遍较小,整体实力与国外主要机器人公司相比差距较大,没有龙头企业带动作用,很难形成我国机器人产业优势。面对这种情况,沈阳率先垂范经过充分论证,2016年4月7日,由沈阳新松机器人自动化股份有限公司牵头,联合东北大学、中国科学院沈阳自动化研究所、沈阳机床(集团)设计研究院有限公司、沈阳高精数控技术有限公司等38家企业、高校、科研院所、金融机构等组建了"沈阳市机器人产业联盟"。时任沈阳市市长潘利国在联盟成立仪式上表示,做大做强沈阳机器人产业,旨在围绕沈阳市产业转型重大需求,以工业机器人、智能服务机器人和特种机器人为突破口,通过联盟合作攻关,突破机器人共性核心技术,研发机器人系列产品,形成机器人研发、技术研究、零部件配套供应、机器人工程应用等完整的产业群体，促进沈阳市机器人整体技术水平的提高，把沈阳打造成为世界机器人生产基地。沈阳新松机器人自动化股份有限公司总裁曲道奎表示，新松将充分利用开放式的平台，把沈阳的各种资源进行有效的利用，促进新松机器人的产品研制和应用推广，有效促进科研成果转化机制，打造创新平台，为老工业基地的振兴和沈阳市经济发展做出贡献。

建议二是培育国内机器人龙头企业，形成自主产品和品牌。重点支持中国机器人龙头企业做大做强，通过兼并、重组、收购、控股等方式，组建机器人大型企业集团，形成规模优势和成本优势。落实支持龙头企业发展的各项税收优惠政策，提炼、归并、整理和制订行业标准，并向国际标准进军。提高机器人产品质量，形成自主产品和品牌，提高品牌的美誉度，增强企业的创新竞争力和市场竞争力。针对此条建议，沈阳市历任领导持续优化营商环境，抓好国家营商环境试评价试点，突出整治政府失信问题。2020年，沈阳成功跻身《中国营商环境报告2020》示范引领标杆城市，为企业发展提供了良好的土壤环境。逐年加大对本市机器人生产研发企业投资力度，在做大做强沈阳新松机器人品牌同时逐步打造出了如沈阳大族赛特维机器人、沈阳维顶机器人等一批新兴机器人企业品牌。

建议三是鼓励零部件企业针对机器人整机企业开发配套关键零部件。国内长期面临机器人产品规格多、批量小、零部件通用化程度低，很难建立机器人零部件配套体系，零部件厂家也没有生产的积极性，不利于形成完整的产业链的现实情况。工业机器人的四大核心关键部件（机器人本体、控制器、伺服电机和精密减速器）大部分仍依赖进口。面对现实情况，沈阳市精准发力，引进国外先进制造业平台，统一零部件规格，2016年，中瑞福宁机器人（沈阳）有限公司落户沈阳市铁西区中德高端装备制造产业园，这是一家专业从事高端机器人（人工智能产品）研发、制造、测试和销售的高科技企业，其研发生产的高精密减速器、高性能机器人专用伺服电机和驱动器、高速高性能控制器、传感器、末端执行器等设备在行业内处于领先水平,标志着机器人部分零部件逐步实现了国产化和本地化。

建议四是给予机器人产业资金支持。目前国内设立了"国家机器人产业基金",从国家战略角度对本土机器人生产给予资金支持。并制定税收优惠政策,使国内机器人产业群体得到国家实质性的支持。沈阳市在此基础上出台相关政策加大扶持力度,为机器人企业发展助力。2014年,沈阳市出台《沈阳市信息化和工业化融合专项资金管理实施细则》,对战略新兴产业和信息化技术产业相关企业申请扶持资金方式方法和申请条件进行了标准化和规范化;2017年,沈阳专门设立了"机器人未来城专项资金",采取按年度滚动支持的方式,大力推动沈阳市机器人产业的创新发展,同年设立每年不低于5000万元的人才专项资金,实行以增加知识价值为导向的激励政策,用于人才引进和培养。

建议五是建立"国家智能制造试验示范基地"。目前,以中科院沈阳自动化所和沈阳新松机器人公司为技术依托,倚靠沈阳经济区雄厚的装备制造业,在沈阳建立了"国家智能制造试验示范基地"。基地主要包括机器人智能制造体验中心和试验示范项目。机器人智能制造体验中心集展示、体验、培训、科普基地及工业旅游于一身,实现"五位一体",完整呈现智能化、信息化的制造装备对传统制造业带来的实质性改变,从根本上提高用户对智能制造的认识水平。试验示范项目主要是在沈阳经济区分层次地推进工业机器人、大型自动化成套装备及数字驱动级控制系统在汽车、机床、能源开采等装备制造业中的应用,带动老工业基地装备制造业转型升级,最终提升我国装备制造业在全球产业链中的竞争力。2018年10月16日,投资逾50亿元、占地面积600余亩的机器人未来城建成,标志着沈阳机器人产业新的引擎已经形成。

建议六是大力发展相关生产性服务业。新兴产业链的形成,有助于扩大就业空间。沈阳市围绕机器人生产，发展相应的职业培训、人才培养、系统管理和生产服务等多种业态，缓解就业矛盾，促进生产性服务业的发展。相继发布了《沈阳市国家大数据综合试验区建设三年行动计划（2018—2020年)》健全人才激励机制与培养模式。目前已经建成专职培训机构，搭建齐了智能制造人才服务平台，细化不同层次智能制造人才的基本要求和评价标准，设立专项基金深入落实"高层次创新人才计划"，通过多种激励手段吸引复合型人才落户。加强技能培训的补贴力度，支持有条件的企业设立"工匠"培训中心。

同心同行三十载　咨政建言再出发
——深圳发展中的民盟印记

民盟深圳市委会

2020年是深圳经济特区成立40周年。40年来，深圳由一个昔日的边陲小镇逐步发展成为一座现代化国际化大都市，成为我国最早实施改革开放、影响最大、建设最好的经济特区，向世界展示了我国改革开放的磅礴伟力，展示了中国特色社会主义的光明前景。作为这段波澜壮阔历史的见证者、参与者与践行者，民盟深圳市委会一直与这座新兴的城市同呼吸，共成长。从最初的1个支部发展到92个支部，从141名盟员发展到2757名盟员的新时代中国特色社会主义参政党地方组织。深圳这座城给予了深圳民盟诞生、发展的滋养，深圳民盟人也围绕中心、服务大局，反哺给这座城源源不断地智力支持。30多年来，在民盟上级组织和中共深圳市委坚强领导下，民盟深圳市委会积极践行"立盟为公，参政为民"参政议政宗旨，敢闯敢试，奋发有为，深入一线调查研究，积极参政履职，将触角延伸至民生热点方方面面，提交了"促进高等教育发展系列提案"等一批站位高、质量优，且接地气、贴民情的精品提案建议，促成了"器官捐献""好人法""垃圾分类"等立法，为深圳经济社会发展做出了特区民盟人积极的贡献。

一、20世纪90年代——敢闯敢试、敢为天下先

京九铁路是我国20世纪90年代最伟大的工程之一。京九铁路建成

通车，对加快实现我国现代化战略目标，促进沿线广大地区发展，调整地区产业布局，确保香港的繁荣稳定具有重要的现实意义和深远的历史意义。在"大京九"这条"南北经济长弓"上，深圳作为改革开放前沿城市，作为连接内地与港澳台地区的"窗口"，承担着国家寄予的殷切希望。民盟深圳市委会第一任主委胡政光敏锐地把握到这一时代脉搏，积极响应国家、中共市委关于发挥敢闯敢试、敢为天下先的有关精神，深刻认识到民盟深圳市委会作为特区参政党组织应该承担的责任与使命，把"促进京九铁路沿线经济合作与发展"定为深圳民盟重点调研课题，第一时间成立由当时民盟深圳市委会经科委正副主任苏东斌、魏达志、王庆国等专家组成的京九沿线专家调查小组，深入江西、安徽、河南三省省会及赣州、九江、阜阳、商丘四市进行调研，掌握了丰富的第一手资料，形成了《把握京九机遇促进二次创业——开展深圳与京九沿线地区经济合作的建议》等一系列调研成果。1997年4月，在民盟深圳市委会的积极努力下，"京九铁路沿线经济合作与社会发展研讨会"在深圳成功召开，时任民盟中央名誉主席的费孝通、钱伟长，时任民盟中央主席丁石孙出席会议，时任中共深圳市委书记厉有为与专家一行亲切见面。"研讨会"由民盟中央和中共深圳市委市政府联合举办，来自全国各地的专家学者齐聚深圳，就京九铁路沿线的建设、特区的进一步发展等积极建言献策，副主席冯之浚代表民盟中央做了题为《对大京九发展战略的几点思考》的书面发言，调研成果受到了中共中央和国务院的高度重视。

20世纪90年代中后期，费孝通先生在对京九铁路沿线地区进行实地调查的基础上，代表民盟中央向党中央、国务院提出了许多既符合当地实际，又具有全局意义的重要发展思路与具体建议，包括"京九铁路沿线地区"调研成果在内的学术总结，结集出版在《费孝通文集》里，为改善我国的生产力布局、形成全国一盘棋的协调发展提供了智力支持，为"大京九"沿线、为全国改革开放提供了可复制的经验，也为民盟深圳市委会参与改革开放进程、围绕改革发展大局、积极履职留下了浓墨重彩的一笔。

二、新世纪——久久为功，咬定青山不放松

（一）促进高等教育发展系列提案

高等教育是科技第一生产力和人才第一资源的重要结合点，一流的城市需要一流的高等教育。深圳高等教育从零起步，实现了跨越式发展，至今已开办高校 15 所，全日制在校生 11.32 万人。纵观深圳高等教育的发展史，就是发展新模式、新路径的探索史，充分体现了高等教育的"深圳速度"和"深圳创新"。而这一路走来，民盟深圳市委会作为主要由文教科技界高、中级知识分子组成的参政党地方组织，长期关注我市高等教育事业发展，孜孜建言，久久为功，提出了一系列具有科学性、建设性和可操作性的高质量提案。

2006 年，面对深圳高等教育发展明显滞后于深圳经济发展，特别在创建国内一流大学方面远远落后于其他城市的现实情况，时任民盟深圳市委会主委陈观光同志代表民盟向市政协四届二次会议做了《认真落实科学发展观努力创建国内一流大学》大会发言，提出创建国内一流大学，事关深圳能否全面、协调、可持续发展，能否实现建设和谐深圳效益深圳、国际化城市以及国家创新型城市的战略目标。提案得到了市委市政府和教育部门的高度重视。

2011 年，在前期调研基础上，民盟深圳市委会集结盟内高校专家，经过实地调研、多方收集素材和事例，形成《深圳高等教育改革发展十建言》作为民盟在市政协五届二次会议上的大会发言，从十个方面，对发展高等教育、创办一流大学提出了新思路和系统建议。该提案被市政协列为主席重点督办提案。

2013 年，民盟深圳市委会向市政协五届四次会议提交《设立市级"高等教育教学成果奖"推进深圳高等教育发展》集体提案，建议深圳

积极响应国家和广东省高等教育改革，配套实施"深圳市高校教学质量与教学改革工程"，并获"深圳市高等教育教学成果奖"。

2015年，鉴于深圳职业教育办学规模与广州、宁波、青岛等同类城市相比存在一定差距的情况，民盟深圳市委会提出，全面构建深圳现代职业教育体系已成为当务之急，并形成《关于建设深圳应用技术大学构建深圳现代职业教育体系的建议》，作为市政协六届一次会议大会书面发言兼集体提案。同年，深圳市委市政府开始筹建深圳技术大学，2018年，经教育部批准正式设立深圳技术大学。该建议的提出，为如何提升职业教育层次、如何打开技能型人才上升空间，提供了及时而具有建设性的建议。

2016年，深圳经济社会快速发展，经济结构战略性调整实现重大突破，面对新形势下深圳高等学校的数量及其结构的完备性与深圳经济社会快速发展的需求相比尚有较大距离等问题，民盟深圳市委会将《在新常态下大力发展深圳高等教育的建议》作为市政协六届二次会议集体提案，为协调和共享高校各类资源、推动和引导各高校加强内涵建设，提升研究质量和人才培养质量等方面提供了有力参考。

（二）促进垃圾分类系列提案

"打好污染防治攻坚战""绿水青山就是金山银山"，习近平总书记掷地有声的话语，宣示了建设美丽中国的坚定决心。为建设"绿色深圳"，2012年，深圳第一份关于垃圾分类的集体提案——《关于科学处理我市垃圾的建议》通过民盟深圳市委会提交市政协五届三次会议，提案牵头人为全国政协委员、民盟中央常委、广东省委会副主委、深圳市委主委吴以环同志。作为农业经济管理学科班博士，吴以环主委对环境、生物、经济、管理等方面问题尤为关注，加上身处深圳这座人口持续大幅度增长、垃圾排放逐年膨胀的城市，加强垃圾分类，推动居民形成绿色生活方式的议题早早进入了她的眼帘。在吴以环主委的组织下，该提案在深入多方调研，汇集盟内专家意见的基础上形成，建议不仅提议对垃圾进行科学分类管理，更是创造性地提出以"环境园"的模式规划、建造城市垃圾处理设施，实现综合成本最低化、环保效益最大化，在当年的两会上引起了强烈反响。

2012年首份提案打响了"垃圾分类"的开山炮，自此连续6年，吴以环主委带领民盟深圳市委会多角度切入，持续围绕垃圾减量分类立法积极撰写提案。多年的建议与国家、省、市的方针政策交织在一起，让垃圾分类这项关系到千万市民生活的政策"航母"缓缓落地。

2013年，民盟深圳市委会向市政协五届四次会议再次提交集体提案《关于四招组合拳，推动垃圾减量化的提案》，建议尽快启动《深圳市垃圾减量分类管理条例》立法工作，积极探索垃圾按量收费办法。

2015年，随着《深圳市垃圾分类和减量管理办法》的出台，继续向市政协六届一次会议提交集体提案《关于规范垃圾回收的提案》，从建筑垃圾、电子垃圾、厨余垃圾等多个方面对构建垃圾减量体系提出建议。

2016年，向市政协六届二次会议提交集体提案《关于深圳市垃圾分类立法的提案》，建议完善垃圾分类法律体系。同年12月，习近平总书记强调，要加快建立垃圾分类处理系统，形成以法治为基础、政府推动、全民参与、城乡统筹、因地制宜的垃圾分类制度。

2017年1月，向市政协六届三次会议提交《关于为垃圾减量、分类处理立法的建议》，提议深圳利用特区立法和较大市立法的优势，进行制度和机制创新，在全国范围内率先完善垃圾减量、分类处理方面的立法，充分利用法制的手段解决"垃圾围城"难题。同年3月，国务院办公厅印发《生活垃圾分类制度实施方案》，将深圳市列为先行实施生活垃圾强制分类的46个重点城市之一。同年12月，住建部印发《关于加快推进部分重点城市生活垃圾分类工作的通知》，要求2020年年底前，46个重点城市基本建成生活垃圾分类处理系统，基本形成相应的法律法规和标准体系。自此，踏着提案的阶梯，"垃圾分类"全面进入立法轨道。

2019年12月，《深圳市生活垃圾分类管理条例》经深圳市第六届人民代表大会常务委员会第三十七次会议通过，广东省第十三届人民代表大会常务委员会第二十一次会议批准，自2020年9月1日起施行。深圳的垃圾分类由此步入法治时代。

三、新时代——聚焦"双区"，描绘宏伟蓝图

多年前，突如其来的"非典"疫情，让人们对突发性传染病有了"切肤之感"，也正是从这一标志性事件起，我国的传染病防治和应急体系不断完善。近年来，随着"一带一路""粤港澳大湾区"建设的深入发展，粤港澳三地之间以及与世界的贸易往来越来越频繁，防范传染病的威胁成为三地需要共同面对的公共卫生问题。

2019年，民盟深圳市委会委员、医卫委主任武肇玲，医卫委委员钟慧君牵头组织调研组，经过深入调查研究，形成了《关于建立粤港澳大湾区传染性疾病一体化防控体系的建议》，对标国际大湾区，深入分析了粤港澳地区传染性疾病防控工作存在的地域性、制度性障碍，从五个方面，系统提出了建立粤港澳大湾区传染性疾病一体化防控体系的意见建议。在当年的市政协六届五次会议上，民盟深圳市委会副主委黄险峰代表市委会做了《关于建立粤港澳大湾区传染性疾病一体化防控体系的建议》的大会发言，此建议引起了政府相关部门的高度重视。由于该建议具有重大的现实意义和深远的战略意义，且需上级部门的统一部署和宏观调控，民盟深圳市委会及时将该建议作为重点课题研究成果报送民盟广东省委会，民盟广东省委会将其转为集体提案，报送当年的省政协会议，并获得了2019年广东省政协优秀提案奖。民盟广东省委会持续发力，将提案上报至民盟中央，经进一步调研完善后，形成了民盟中央书面提案向全国政协提交。经过市、省、中央三级盟组织的层层接力、绵绵用力，深圳盟员对传染病防控的咨政建言，引起了国家层

面的关注和重视。

2020年以来，面对新型冠状病毒的肆虐，全国上下众志成城，齐心协力抗击疫情，竭尽全力遏制疾病的传播。传染性疾病防控体系的建立，被提升到了前所未有的重视高度。民盟深圳市委会这篇具有前瞻性、科学性和可操作性的提案，为党委政府开展我市以及粤港澳大湾区的传染性疾病防控和公共卫生体系建设工作，提供了及时而有力的借鉴，这正是参政党成员参政参到要点上，议政议到关键处的生动体现。

凡是过往，皆为序章。行进在改革开放再出发新征程上，光荣与梦想激励着我们，责任与使命鞭策着我们。民盟深圳市委会将更加紧密团结在以习近平同志为核心的党中央周围，高举中国特色社会主义伟大旗帜，切实担负起历史和时代赋予的使命，围绕中共深圳市委绘就的新发展蓝图，聚焦"双区建设"和综合改革试点，深入开展调查研究，形成高质量、高水平的意见建议，在推进粤港澳大湾区建设、深圳中国特色社会主义先行示范区建设的新征程中，留下更多鲜明的民盟印记，在更高起点、更高层次、更高目标上为全面建设社会主义现代化国家、实现第二个百年奋斗目标做出更大贡献！

一份提案引发的一场钢铁保卫战

民盟武汉市委会

1995年，全国政协委员、民盟武钢总支主委童君美经过一个多月的调查和40多次取证，在全国政协八届三次会议上提交了《武钢周边治安问题亟待解决》的提案，提案受到时任全国政协主席李瑞环的重视，亲笔批示派人调查，公安部、冶金部及武汉市有关部门综合治理，使武钢周边环境得到改善，为国家一年挽回经济损失3000万元。

从20世纪80年代开始，十多年来武钢被偷盗哄抢的物资令人惊心。曾来实地调查的《瞭望》杂志的记者写道："在这座拥有14万多人的钢城里，每个月都有20到30起集体案件发生，最多时一个月竟发生150多起，有时一个晚上或节假日里，厂区几处同时发生哄抢。哄抢时，连武钢养的狼狗都吓得不敢出来。"武钢周边长42.5公里，花1600万元修过一段14公里长的永久性围墙，但还是被炸开三个几十米长的口子，几年都堵不住。

1995年，童君美在调查中，发现武钢周边聚集的农民、无业人员偷盗、哄抢武钢的资财，已成为长期困扰武钢生产和经营的难题，成为职工十分关注、领导十分着急的焦点之一。她决心冒风险挺身而出，利用政协的渠道，积极向上反映情况。她用了一个多月的时间，走访了十几个单位，与几十位同志研究解决问题的办法。在全国政协八届三次会议期间，她将自己撰写的提案《武钢周边治安问题亟待解决》交给了大会提案组，后又作为委员信息报送全国政协信息中心，受到了全国政协的高度重视。

1995年4月，根据全国政协信息中心的要求，童君美又补送了《武钢物资被哄抢造成的经济损失》《被抓获的偷盗哄抢的流窜农民所在省、县一览表》两份材料，并提供了一些与此事相关的人和单位。她不可避免地遇到了麻烦和威胁，有人提醒她小心杀身之祸，她毫不畏惧，继续调查，掌握了更多的情况。

据武汉市社会治安综合治理办公室核查，由于哄抢、偷盗，平均每年给武钢造成的直接经济损失至少有3000多万元。如果容忍其继续下去，像武钢这样的大型国有企业非被搞垮不可，无论谁看了童君美的材料，都会感到无比愤慨。

全国政协信息中心将童君美反映的材料作为专题信息上报到李瑞环主席办公室。1995年7月1日，李瑞环同志出访回国，次日就做了批示。同年7月14日，政协信息中心派人专程来汉，就如何解决武钢周边治安问题与湖北省、武汉市和武钢的领导进行了协商，并见到了童君美委员。回京后，他们向李主席做了书面汇报，李瑞环同志又在书面报告上做了批示，从而进一步引起各级领导的重视。武汉市成立了以副市长任组长的"武钢周边地区社会治安综合治理"领导小组，公安部陶驷驹部长从公安部抽调力量到武汉指导。

9月中旬，由公安部、湖北省公安厅、武汉市公安局组成的联合工作组进驻武钢，帮助武钢和地方公安机关统一认识，排除阻力，采取果断措施，清除武钢周边的非法废旧物资收购点。首次对5个二级分厂的治安责任人进行通报批评，并下浮一级工资半年，拆除厂区728间临时住房，让1171名外来人口迁出，净化了厂区环境。

武钢的第一阶段综合治理工作，于1995年12月5日结束，共投入警力4000余人，组织集中清查行动69次，破获盗窃武钢物资的案件132起，其中大案77起，逮捕犯罪嫌疑人51人，打掉犯罪团伙19个，追缴哄抢物资165.9吨，折合人民币40余万元，取缔无证经营收购点35家，缴销、吊销特种行业许可证13家，基本堵住了销赃渠道。召开了3场宣判大会，公开惩处了3名罪犯，判处死缓2人，收容盲流人员731名，拆除违章、废弃房屋，使哄抢案件较整治前的3个月下降了88.6%。

第二阶段整治，从1996年2月到4月底，这个阶段过后，武钢周边问题得到了应有的基本保护，其社会影响和政治意义难以估量。

童君美委员的提案终于得到全面落实，可惜她在1996年3月28日倒在了工作岗位上，与世长辞了，年仅58岁。在她排得满满的日程表上，记载着向省、市、公司领导的汇报提纲；在家中的办公桌上，堆放着各种文件和资料，桌下，是她从北京带回的尚未来得及分发的几十本1996年第一期《中央盟讯》。在她逝世前几天，她天天加班到深夜。

童君美委员的一纸提案在武钢掀起了巨大的冲击波，一年减少被盗抢物资3000万的损失，放在今天也不是一个小数字，它体现的是一位新中国培养的高级知识分子的拳拳报国之心，留给我们许多教益和启迪。

附：

尽快整治武钢周边治安问题案

1995年4月

武钢位于武汉市东部，主体厂区占地面积16.5平方公里，与青山、洪山两区接壤，城郊乡村对厂区形成包围之势，周边治安环境十分复杂。近年来，由于受周边环境的影响，厂区外来人员群体盗、哄抢活动成为困扰武钢的突出治安问题。尽管地方政府多次组织公安等部门进行专项治理，武钢立足于内部也做了大量而艰苦的工作，但这一问题始终未得以有效遏制，而且日趋猖獗。群体偷盗、哄抢是冶金企业治安方面的共性问题，但这一问题在武钢尤为严重。近年来，盲流农民蜂拥而至，滞留于周边地区，随时伺机潜入厂区偷盗、哄抢原材料和生产设备，成为一股难以遏制的"淘金"狂潮，严重危害厂区治安秩序。在武钢，群体偷盗、哄抢活动有以下特点：

一、同籍贯、同地区者纠合成组织严密的盗抢行帮，带有明显的黑社会性质。许多盗抢行帮备有猎枪、土枪等武器和炸药，危险性极大。

二、以工业原材料为主要攫取目标，非盗即抢，气焰嚣张至极。

三、明火执仗，公然以暴力对抗执勤人员。1991年以来，盗抢不法之徒冲击执勤点、袭击值勤人员事件屡屡发生。仅1994年武钢及厂区外来施工单位就有22名公安干警、武警战士、经警和联防人员不同程度被盗抢人员打伤。

群体偷盗、哄抢频繁发生，不仅使武钢蒙受了巨大的经济损失，而且给武钢正常的生产建设和经营活动造成严重威胁。1992、1993、1994三年平均每年发生10人以上群体偷盗、哄抢案件150余起。其发案频率之高、作案人数之多、造成损失之大，令人咋舌。不仅露天库存的废钢铁和施工现场的建筑材料经常大量遭到盗抢，更有甚者，有时整车皮的铁路运输物资一夜之间被盗抢殆尽。如今年元月18日凌晨，杨明怀、丁启东等10余名流窜农民动用小型拖拉机，在武车站货场车皮上盗窃硅铝钡铁10余吨，价值10多万元。

厂区群体偷盗、哄抢活动之所以滋生、蔓延、日趋猖獗，其根本原因是：

一、周边地区暂住人口管理严重失控。厂区周边盲流人口密集，公安部门收容遣送一批，又来一批，像滚雪球一样越来越大。1993、1994两年，武钢通过巡逻布控、拉网清查现行抓获和破案追捕的盲流不法农民就有4500余人，涉及10多个省，40多个县（市）。

二、周边地区销赃渠道畅通。近年来，地方有关部门年年整顿收购行业，然而武钢周边地区的收购站却有增无减，且离厂区越来越近。目前，64家收购站（不包括一站多点经营和流动经营）对厂区形成包围态势。几乎所有的收购站（点）都置国家法律、法规于不顾，违章、违法经营。收购行业见利忘义，对厂区群体偷盗、哄抢活动起了推波助澜的作用。盗销相连，恶性循环，危害越来越大。

鉴于上述情况，我们要求中央责成地方政府尽快整治武钢周边治安问题。

一、加强暂住人口管理。严格办证制度。将私房出租户和暂住人口控制在适当的限度内，使无正当暂住理由的盲流人员在武钢周边地区无落脚之处。对滞留人员，一经发现，要坚决收容遣送。

二、加强特业管理。必须按国家有关文件精神，严格审批制度，限制收购站的数量，合理设点，对其经营活动依法监督。坚决砍掉一批违法经营、威胁厂区治安的收购站（点）。为维护厂区治安，保证国家财产不受损失，建议能否将收购站设在距厂区围墙5000米外。

三、加强道路治安检查。地方公安部门在通往武钢厂区的主要道路设立治安检查站，严格检查可疑车辆，拦截武钢非法外流物质。

只有正本清源，堵死销赃渠道，不让盲流农民在周边地区形成"气候"，厂区群体偷盗、哄抢问题才能从根本上得到控制。

湖北省人民政府推荐意见：

该提案所提问题重要，内容翔实，数据准确，得到了中央领导和地方主管部门的高度重视。经过两个阶段的整治工作，武钢的周边问题已得到基本解决，国家的财产将得到应有的保护。其社会影响和政治意义是难以估量的。

凝心聚力推动西安"博物馆之城"建设

民盟西安市委会

民主党派肩负着参政议政、民主监督和参加中国共产党领导的政治协商三大职能。近年来，民盟西安市委会始终坚持发挥自身优势，为党和政府分忧，在善履职中显初心。本文以推动西安博物馆之城建设为例，展现西安民盟在助力城市经济社会发展中的积极作为。

党的十九大报告明确指出：文化是一个国家、一个民族的灵魂。博物馆本身就是文化传播的殿堂，是历史文化的保存者和记录者，是一个国家和民族文明记忆、传承、创新的重要场所，也是公共文化服务的重要组成部分，在提升城市文化软实力、增强城市竞争力、扩大城市影响力、满足人民日益增长的美好生活需要方面发挥着重要作用。近年来，我国博物馆事业发展迅速，不仅让人们感受到中华民族传统文化的深厚和博大，也让大家看到了改革开放以来国家发生的巨大变化，增强我们的社会责任感和文化自信。

西安市文物多，博物馆也多，2018年，西安市已有各级各类博物馆131座，大约每6万人拥有一个博物馆，国博34个，行博47个（隶属于高校），民博50个，在全国名列前茅。虽然西安市的博物馆比较多，但存在博物馆质量参差不齐、博物馆作用有待提高，部分博物馆在基础设施、展馆内容、讲解服务方面落后老化等问题。

2018年，中共西安市委、市政府从提升城市品牌，增加古城文化的含金量等方面提出建设《西安博物馆之城总体建设方案》，以打造博物馆之城为引领，充分挖掘、有效整合各类历史文化遗产资源，加快建设各类国有和民间博物馆，打造丝路文化高地，建设中华文明精神标识地。

民盟西安市委会紧紧围绕中共西安市委市政府中心工作，充分发挥自身优势，调动各方力量，紧扣"博物馆之城"建设开展了系列调研工作。组织专家组通过走访、问卷和外出考察等形式开展调研，相继提出《关于推进西安"博物馆之城"建设的建议》《关于建设"博物馆之城"要在做精做强上下功夫的建议》《政府部门应一视同仁 落实相关政策 切实鼓励支持非国有博物馆健康发展》《整合（提升）特色文化街区促进文旅融合发展》等调研报告，努力推动"博物馆之城"建设。

存在问题及现象

1. 部分博物馆存在多头管理

例如西安特有的"西安事变旧址群"，是国务院 1982 年公布的全国重点文物保护单位，由 7 处 8 点旧址组成，但专门管理的西安事变纪念馆，只辖张学良公馆和杨虎城止园别墅，另外西京招待所、新城黄楼、高桂滋公馆、西安事变指挥部、华清池五间厅和骊山兵谏亭，分属不同单位管理。国民党抗日将军张灵甫故居等红色资源也缺乏整合，由于多头管理，资源分散，未能形成西安特有的旅游资源。

2. 政府扶持资金不足

博物馆是为社会服务非营利性常设机构，普遍存在资金不足现象。西安市财政每年安排 1000 万元专项资金用于扶持奖励民营和行业博物馆的发展，随着民营和行业博物馆的快速发展，从 2009 年的 39 座发展到 2018 年的 131 座，非国有博物馆从无增加至 50 座，1000 万元扶持资金效能明显不足，出现博物馆数量逐年增加、社会服务能力逐年增强，但奖补资金逐年减少的倒挂现象，政府扶持资金效能不足。

3. 政策存在不平等现象

民博已经成为西安市博物馆的重要力量，但国博和民博存在政策不平等现象。例如，2018年，西安有文博专业技术人员286名，而50家民博有专业技术人员不到20人。民博普遍"招人难"，现有政策没有给民博人才进行职称评定，应聘者没有职业上升通道，人才难引进、难留下。还有博物馆奖励政策，虽规定一视同仁，但实践中民博获得表彰与奖励的数量较少。此外，在博物馆税收、政府资金扶持等方面，都存在政策不平等现象。

4. 宣传不到位

西安"博物馆之城"缺乏整体宣传。2018年，西安131座博物馆，除了兵马俑、陕博、碑林等几个博物馆声名远扬外，其他博物馆似乎默默无闻，因为缺乏对西安"博物馆之城"的整体宣传，没有充分展示西安的文化旅游资源，游客逛完几个知名景点就走，而其他博物馆的价值没有被公众认识。

5. 公共文化服务功能不足

西安博物馆在教育普及化、大众化程度方面还不够。这有学校出于安全责任、学习压力考虑等因素，少有组织到博物馆参观学习，校馆合作缺乏长效机制；博物馆的公众教育项目，形式不够新颖、没有特色，造成博物馆的公共文化服务功能大打折扣。

6. 博物馆发展布局有待优化

目前西安市历史类博物馆数量较多，但反映行业特点、地域特色、时代记忆的专题性博物馆发展不足。整体上，民办博物馆、高校博物馆等发展较为落后。

结合调研和讨论，提出以下几点建议。

1. 加快政策的整合力度，让政策快速落地执行

让已有的利好政策尽快落地执行，提高政府效能，是快速推动西安

博物馆之城建设的有力抓手。如西安市人民政府印发的市政发（2016）58号《西安市促进非国有和行业博物馆发展实施办法》提到的，给予非国有博物馆和行业博物馆在职称评定、税费减免、建设优惠等方面更多政策公平，推动非国有、行业博物馆的快速发展。

2. 加强政府分类管理的科学性、精确性

对国有博物馆和非国有博物馆实行分类管理，确保两类博物馆协同发展。对博物馆的考核标准，一是根据博物馆类别区分强制性、建议性指标，适当放宽监管。二是加强博物馆的综合考评，实行"四个挂钩"：综合考评结果与博物馆评级挂钩；综合考评结果与博物馆免费开放补助标准挂钩；综合考评结果与博物馆借展国有文物档次挂钩；综合考评结果与博物馆出境办展许可挂钩。

3. 整合博物馆资源，提高资源利用效率

一是组建博物馆联盟。通过组建西安市的博物馆联盟，加强行业内部的充分沟通交流，让行业内的资源互补，强强联合。二是博物馆资源整合，淘汰资源利用效率不高的博物馆。三是加强宣传推广及资源整合。

4. 引入民间资本，开发博物馆的文化、旅游、教育功能

博物馆可以开发茶座、小型电影放映室等配套服务设施，提升博物馆的服务功能。开创市场化定点教育基地，建议制订中小学参观博物馆的游学计划，提高博物馆的教育资源利用率。

5. 完善博物馆公共基础设施

逐步完善各类、各级博物馆的基础设施建设，不断满足人们便捷享受博物馆服务的需求。加强新技术支持，推进智慧博物馆建设，通过信息技术，开发线上博物馆、云展览，更好发挥博物馆功能。

6. 尽快解决民办博物馆"民办非企业"的财政税收困境

建议尽快通过政策方式，给非国有博物馆一定的政策和税务优惠，促进其自身的发展，保障国有与非国有博物馆两条腿走路。

在民盟西安市委会和社会各界对于"博物馆之城"建设的关注和推动下，近年来，西安市各类博物馆在场馆设施建设等多方面有了很大提升，进一步满足了人民群众精神文化生活需求，西安"博物馆之城"建设越来越充满活力。

一是数量不断增加。2018年，调研时西安市有131座博物馆，目前西安市共有各类博物馆150座。西安还围绕建设"天然历史博物馆之城"建设，对现有博物馆片区进行升级改造；二是通过文化惠民工程等，开展"博物馆进学校、进社区、进农村、进企业、进军营"等各类社会服务活动；三是将非国有博物馆人才培养纳入政府人才培训计划，鼓励原文博行业退休专业技术人员到非国有博物馆工作，政府给予一定补贴，允许文博行业现职专业技术人员到非国有博物馆兼职或任职；四是筹建设立"西安博物馆事业发展服务中心"，为非国有博物馆在文物保护修复、陈列展览策划、社会教育推广、文创产品研发等业务领域提供一个专业化、随机性、低成本有偿服务的机构；五是修订完善了新建非国有博物馆备案工作流程，严格执行非国有博物馆备案审核工作程序，从源头上抓好非国有博物馆建设质量关；六是建立了以非国有博物馆为重点的西安博物馆行业分级分类管理机制，完善了考核评估体系，落实了分级分类管理制度，为博物馆事业转型发展打下良好基础。

在调研和建议过程中，有以下几点体会。

一是重视发挥盟内专业人才作用。本次调研，都是由盟内专业人士牵头，理清思路，开展调研，深入分析行业问题。二是整合盟内外两种资源。调研组除了本行业的专业人才，还吸纳其他如金融、政府、律师等界别的盟员和专家参与，针对调研中发现的问题和现象，综合"会诊"。三是开阔眼界、拓宽思路。调研组除了加强对市内相关单位走访调研，还实地到其他地市了解情况，对接交流。四是利用多种参政议政平台。对于调研发现的问题和现象，有的是地方上能解决，有的则需要进一步向上级部门呼吁和反映。

推动西安"博物馆之城"建设是民盟西安市委会参政议政的一个缩影。近年来，民盟西安市委会通过实施"53111"工程，调动盟员参与的积极性，整合盟内外两种资源，无论提案数量还是质量都有一定的提高，也得到各方的肯定和好评。站在新的历史起点上，作为与中国共产党通力合作的参政党，民主党派具有更加广阔的舞台空间。民盟西安市委会始终坚持以习近平新时代中国特色社会主义思想为指导，按照习近平总书记提出的"四新""三好"要求，积极履职尽责，在助力城市经济社会发展中贡献民盟的智慧和力量。

文化塑盟　一路向海

——厦门民盟助推中马"送王船"联合申遗的回顾与总结

民盟厦门市委会

中马"送王船"联合申遗成功，是厦门城市发展中的文化盛事。申遗走过的路，留下了民盟深刻的印记。回顾过去，展望未来，"为文化发展建言献策、奔走推动"是民盟的责任和担当。

2020年12月17日，中国与马来西亚联合申报的"送王船——有关人与海洋可持续联系的仪式及相关实践"经评审通过，列入联合国教科文组织人类非物质文化遗产名录，这是中国第一次和"一带一路"沿线国家联合申遗成功。这个激动人心的消息，厦门民盟已经期盼并为之准备了5年。

紧接着，为了及时总结中马送王船联合申遗经验，进一步推动我国与"一带一路"沿线国家联合申报和保护文化遗产，2020年12月22日，由国家文化和旅游部指导，福建省文化和旅游厅、厦门市人民政府主办，民盟厦门市委会与厦门市文旅局、同安区政府联合承办"走向海洋——闽南海洋历史文化研讨会"，全国政协常委、民盟中央副主席张道宏应邀专程莅会并致辞，省政协副主席、民盟福建省委会主委阮诗玮，民盟福建省委会副主委刘泓参加会议。开幕式结合同安吕厝华藏庵第152届"送王船"文化节颂典仪式举行，马来西亚马六甲申遗方通过视频连线形式对"送王船"申遗成功表示祝贺,称将以此为契机,共同传承和发展中马两国的共同文化遗产。研讨会上,厦门民盟学者带来5篇主旨发言,从多角度深入探讨了申遗后保护与传承闽南海洋文化的路径,得到多家主流媒体的关注和报道。

民盟厦门市委会作为地方参政党,为何与"送王船"申遗有密切的渊源?对此,民盟厦门市委会副主委黄敏沁表示:文化是民盟的主界别,推动文化保护与发展,我们责无旁贷。助推"送王船"申遗成功,是民盟厦门市委会多年来关注地方历史文化的缩影。

一、助推"送王船"联合申遗的回顾

长期以来,民盟厦门市委会与市文旅局作为市政府部门与民主党派的对口联系单位,始终保持密切联系,良好互动。闽南文化生态保护实验区是于2007年6月经文化部批准设立的第一个国家级文化生态保护实验区,双方就如何推进文化生态保护区的建设工作,紧密合作,达成多方面共识。

2015年12月29日,时任市文化局局长林进川、闽南文化研究会会长陈耕一行走访我会,就《厦门市"十三五"文化改革发展规划(征求意见稿)》听取意见建议。双方对新常态下文化工作的开展进行了探讨,商定在多个领域联合推动保护与传承中华优秀传统文化,其中就包括合作推动中马"送王船"联合申遗。时任民盟厦门市委会副主委朱奖怀提出:由民盟中央牵头组织,邀请全国21个国家级文化生态保护区的相关人士和台湾地区、马来西亚的专家、学者及"送王船"宫庙负责人,共同举办推进国家级文化生态保护区建设的研讨会,并将开幕式放在同安吕厝,让大家领略十万民众送王船的盛典。这一建议得到文化部门的热烈响应和民盟中央、民盟福建省委会的大力支持。

2016年1月31日,厦门市政府和马六甲州政府约定联合推动中马联合申报"送王船"为人类口头与非物质文化遗产,中马联合申遗行

动正式开始。2016年年初，民盟厦门市委会将《关于传承送王船文化暨建设吕厝民俗村的建议》列为年度重点课题，派课题组成员参加了2月底陈耕会长率领的"送王船"宫庙赴马来西亚交流团，拜会马来西亚主要宫庙，重点是拜访马方国家级非遗传习单位马六甲勇全殿，取得了大量一手资料。课题组还先后赴同安吕厝、海沧钟山等地进行实地调研。特别是深入了解了吕厝社区居民对"送王船"习俗传承的强烈意愿和对社区进行整体改造的规划，在形成课题报告的基础上，向有关部门提交了呈阅件。

在充分准备的基础上，2016年11月26—27日，民盟厦门市委会与市文广新局联合主办"共同推进文化生态保护区建设研讨会"，开幕式结合同安吕厝华藏庵第151届"送王船"文化节颂典仪式举行，时任民盟中央宣传部部长曲伟受民盟中央副主席张平的委托专程莅会并致辞，厦门市政协副主席、民盟厦门市委会主委陈昌生代表主办方致辞，民盟福建省委会副主委刘泓出席了开幕式。来自马来西亚、台湾地区和全国12个国家级文化生态保护实验区的专家、学者对"国家级非遗送王船的文化生态保护"进行了专题研讨。对于这场盛会，马来西亚侨生（峇峇娘惹）公会总会长颜泳和先生在《海丝送王船》一书中这样写道："26日上午，我们很早就来到同安吕厝，那里早已经人山人海。村口彩楼的对联令人印象深刻，'民心相通，文化搭桥；一带一路，王船开路'。"这场全国性研讨会直接推动了中马"送王船"联合申遗进程。

2017年11月，吕厝华藏庵与马来西亚马六甲勇全殿签订友好兄弟宫庙协议书，之后的交往一直没有中断，民盟厦门市委会也一直关注中马联合申遗的进程。经过多方努力，2019年4月1日，中马"送王船"联合申遗文本送到联合国教科文组织。

2020年7月23日，厦门市闽南文化研究会会长叶细致和原会长陈耕一行走访民盟厦门市委会，告知联合申遗即将成功的消息，双方就申遗成功后举办研讨会事宜进行了探讨，并排出倒计时时间表和责任分工。经过 5 个月的筹备，研讨会得以圆满举办。

二、助推"送王船"联合申遗的思考

2020 年 12 月 22 日，"中马'送王船'联合申遗成功暨闽南海洋历史文化论坛"活动，是对中马联合申遗成功的总结，也意味着对"送王船"的保护与传承将进入新的阶段，民盟厦门市委会还将继续推动地方传统文化的保护与传承。回顾这段经历，有以下几点经验可以为将来所借鉴。

1. 认真做好对口联系，准确把握社会热点

多年来，民盟厦门市委会与对口联系的文化、教育、科技等部门和相关领域的专家学者密切保持互动，采取课题调研、专题座谈、联合办会等多种方式就我市的社会热点、群众关心的重大问题进行探讨。这样的合作交流使得我们的参政议政不是停留在纸面，而是有针对性地提出对策建议，实实在在推动问题的解决。例如，2018 年根据专家建议，对我市红砖建筑群保护现状进行调研，形成专题报告，引起市领导的重视。

2. 充分发挥界别优势，勇于承担文化责任

民盟厦门市委会始终将文化界别作为发展的主要阵地，先后成立了思明区文化支部、湖里区文创支部、集美区文化支部等基层组织和文化、文艺等专门委员会机构，汇集了我市知名文史专家、作家、书画家和文创产业精英，成为我们的文化专家智库。

依托文化界别优势，民盟厦门市委会勇于担当文化责任，在文化领域开展了参政议政、社会服务、盟务交流等工作，取得一批可喜的成果，主要有以下几方面。一是助推《厦门老字号保护发展办法》出台。针对我市文史专家反映厦门老字号生存的环境生态趋于恶化的状况，我们于 2014 年年初召开"老字号的传承与发展"专题研讨会，并经过 1 年的准备，助推"厦门老字号协会"于当年年底成立。接着，2015 年 2 月，时任市人大常委、民盟厦门市委会专职副主委朱奖怀领衔十位市人

大代表联名，提出《关于保护厦门老字号立法的议案》，推动了《厦门老字号保护发展办法》在 2016 年 12 月 2 日出台。这是我国第一部老字号保护的地方立法，为厦门"品牌立市""文化强市"提供了有力支撑。二是打造了一批有影响力的文化品牌活动。近年来，我们借助盟内专家学者的力量，推出了"诗词雅颂""旗袍秀""诗歌朗诵文化展演""送春联进社区"等多项活动，形成了民盟的特色文化品牌。三是长期关注地方传统文化，形成了主题调研品牌。2014 年以来，我们已连续 7 年对闽南文化生态保护、非物质文化遗产保护、厦门的老字号、老码头、海岸线生态环境等传统文化遗产课题开展调研，每年都有成果提交到市委、市政府。先后形成的《关于传承送王船文化暨建设吕厝民俗村的建议》（2016），《送王船"申遗"后海洋文化的保护与传承》（2020）等 10 余篇调研报告全部转化为议案、提案，打造了闽南文化主题调研品牌，对闽南文化保护和传承产生了积极推动作用。

3. 立足地方特色，以开放视角助推文化保护与传承

厦门以港立市，是我国建设 21 世纪海上丝绸之路的战略支点城市。这里是闽南文化重要的发源地和保存地，而闽南文化是厦漳泉地区与海上丝绸之路沿线国家和地区重要的文化纽带和历史链接。民盟厦门市委会立足我市城市定位和文化特色，积极参与文化保护与传承的社会事务，助推"送王船"联合申遗就是其中的范例。

"送王船"是闽南地区 600 年来代代传承的民俗，至今各传习点万人空巷、争先恐后地参与。这一民俗被部分文化学者解读为小众的民间信仰，仪式中"烧王船"环节的环保性也屡被质疑。因此，助推联合申遗是否有利于促进我市传统文化的发展，成为我们研究的第一个问题。在实地调研我市"送王船"传习点和研读历史文献的基础上，我们确定以开放的视角来解读民俗、助推联合申遗。

追溯历史，"送王船"产生自洪武到隆庆开海的海禁年代，这正是闽南民众走向海洋的悲壮时代。为了鼓舞自己走向海洋，他们借鉴北方

传来的送瘟船仪式，创造了"送王船"习俗，以此彰显自己的勇气、信心。"送王船"也因此成为闽南民众的一种精神寄托，支撑了闽南人与海洋千年不辍持续发展的历史。这项古老禳灾祈安的仪式，虽然有迷信色彩，但包含有大量积极意义的成分，可以通过"减少迷信色彩，增加文化内涵"，实现"科学阐释、扬弃传承、创新发展、服务时代"。

民盟前辈费孝通先生提到文化自觉的理念"各美其美，美人之美，美美与共，天下大同"，今天仍然适用于解读"送王船"这类俗文化的保护与发展。文化有雅俗之别，但没有高低之分，助推"送王船"联合申遗，是促进传统文化发展的重要工作。

从"一带一路"背景来看，"送王船"随着闽南民系的迁徙流传到我国台湾地区，以及东南亚一带，2011年、2013年分别成为中国、马来西亚的国家级非物质文化遗产代表性项目，实属系出一脉的文化习俗，联合申遗说明"民心相通"有历史的印记和文化的牵连可循。

三、我们，在路上……

非遗的核心要务不是申报而是传承，中马"送王船"联合申遗成功，只是保护与传承新篇章的开端，民盟厦门市委会关注传统文化、推动传统文化保护与传承的工作，也不会停下脚步。

对于申遗成功后如何保护和传承"送王船"这一世界级非遗项目以及宋江阵、拍胸舞、五祖拳等国家级非遗项目，我们进行了专题调研，提出建立"生态保护区"、实行整体性保护，规划"送王船"文化小镇等建议。

2021年1月7日，民盟厦门市委会课题组又来到了同安吕厝，听取居民对现行征拆方案的意见，探讨契合地方和族群特色需要来保护和传承"送王船"的方案，寻找文旅融合、活态保护的路径。

民盟厦门市委会以文化立盟，与文化结盟，一路向海，追寻不止……

其他城市

情系民生事　提办两担当

——集体提案助推民生事业发展实例

民盟长沙市委会

民盟是以教育界为主界别的参政党。民盟长沙市委会把关注教育改革发展作为参政履职的重要着力点之一，通过提出高质量提案践行"奔走国是、关注民生"的传统，服务长沙经济社会发展。

2016年1月1日，"全面二孩"政策正式实施。该政策背景下的民生保障成为社会焦点和群众关切，尤其是学前教育一马当先，万众瞩目。民盟长沙市委会于2017年1月在长沙市政协十二届一次会议上提交的集体提案《全面二孩政策背景下加大我市配套幼儿园建设与移交力度的建议》（以下简称《建议》），正是体察社情、顺应民意之举。该提案在市领导的高位领办和相关职能部门的积极作为下，发挥了重要作用，助推长沙市配套幼儿园专项整治工作取得显著成效。2019年11月14日，教育部召开"教育奋进看落实"新闻通气会，聚焦基础教育热点问题，长沙小区配套幼儿园治理经验作为唯一城市在全国推介。

我们认为，该提案之所以成效显著，得益于中共长沙市委、市政府、市政协的高度重视、高位推进和统筹协调，得益于各职能部门的协同配合，也与民盟长沙市委会体应民意、精准选题、扎实调研密不可分。主要体现在以下几个方面。

一、精准选题和深入调研是确保提案质量的先决条件

一是体察民意精准选题。2016年正值"全面二孩"政策放开，民众对"全面二孩"政策背景下的学前教育非常关切。民盟长沙市委会敏锐地体察到了民生所向，经前期调研，了解到长沙市学前教育存在诸多堵点和难点，遂经常委会研究决定，将完善长沙市学前教育确定为当年重点调研课题之一，成立调研组，与市教育局等相关职能部门通力合作，开展专题调研。

二是广泛调研精益求精。民盟长沙市委会借助教育界别优势，多次组织开展调研走访和座谈交流，收集省内外重点城市学前教育资料，邀请基层教育部门和幼教科教育专家座谈，现场走访部分公办、民办幼儿园等。同时，与市教育局合作向全市幼儿家长发放调查问卷，收回有效问卷2万余份，掌握一手资料，深入剖析问题。

三是转换思路精选角度。经过前期充分调研，掌握学前教育一手材料后，调研组发现我市在落实城镇小区配套幼儿园建设用地划拨即产权移交方面，困难重重，问题较多。根据市政府文件（长政办函〔2014〕167号）"城镇小区配套幼儿园原则上由开发建设单位配套建设，建设用地采取划拨方式提供，验收合格后无偿移交当地教育行政主管部门"，但实施过程中存在移交积极性不高、建设面积和质量大打折扣等较为突出的矛盾。调研组遂调整思路，转换角度，决定以小见大、以点带面，将着眼点调整为小区配套幼儿园的建设和移交，突出解决主要矛盾。

四是吸收并蓄精准施策。经过为期4个月的专题调研，在吸收借鉴其他城市的成功经验和先进做法的基础上，调研组执笔完成调研报告初

稿，从出台相关法规，为学前教育资源配置提供法律保障；调整建设配比规划，扩大在建小区配套园承载规模；出台补救措施，缓解已建小区学前教育设施不足；加大督查力度，确保政策落实到位四个方面提出建议，并再次上门征求相关职能部门和处室的意见、建议，反复修改完善，几易其稿，最终定稿，并转换成集体提案，在市政协十二届一次会议上提交。

二、高位领办和协同配合是提升办理质量的关键所在

一是市长领办压实部门责任。《建议》提交后，获得市政协高度重视，将其确定为重点督办提案，时任中共长沙市委副书记、市长、湖南湘江新区党工委书记陈文浩决定亲自领办。市长领衔督办为提案办理落实注入了一剂"强心针"。提案办理期间，陈文浩市长多次过问提案办理进展，率队实地走访岳麓区幼儿园现场办公，详细了解小区配套幼儿园建设移交情况，邀请调研组成员参与调研；和市政协主席文树勋一起召集相关部门召开重点提案办理协商会，要求相关职能部门坚持问题导向和系统思维的工作方向，制定详细工作方案和长远规划；在此后的学前教育改革攻坚中亲自挂帅，为提案落地落实和持续发力压实责任。

二是部门办理工作高效细致。该提案由市政府办公厅牵头，市教育局主办，市住建委、市财政局、市国土资源局、市规划局和市人大办公厅会办。市教育局在与其他会办单位充分会商的基础上，由分管副局长牵头，多次与民盟长沙市委会积极对接协商，交流在小区配套幼儿园建设与移交方面所做的努力和存在的问题，听取意见建议；在综合会办单位意见的基础上，出具了长达6000余字的提案答复，从基本情况、影响因素等层面做出详尽分析，充分吸收民盟长沙市委会提出的建议，并根据提案内容和市领导督办要求提出具体工作打算和规划。

三、持续推进和务实作为是提案办理取得实效的根本路径

一是全面调研制定工作方案。2017年,长沙市教育局深入各区县全面调查城镇小区配套幼儿园配建、移交和开办情况,出台《城镇小区配套幼儿园专项整治工作方案》,明确工作目标、整治范围、工作内容及任务、工作步骤和保障措施。

二是自上而下传导整治压力。中共长沙市委将学前教育普惠改革纳入市委重点攻坚事项,把推进小区配套幼儿园移交列为改革重点,启动专项整治,成立由市长挂帅、相关部门和各区县政府主要负责人为成员的整治工作领导小组,将移交工作纳入区县政府、相关职能部门年度绩效考核,实行季度排名通报,在全市范围形成整治高压态势。

三是深层改革构建长效机制。相关职能部门相继出台了《城镇住宅小区配套中小学幼儿园建设及产权移交暂行办法》等12份文件,重点疏通建设用地出让金扣除退还、移交涉税、部分幼儿园报建和验收手续不全等堵点,构建了配套幼儿园建设、移交、开发的长效机制。截至2019年年底,全市回收配套幼儿园306所,总体目标任务完成率达98.1%,全市增加普惠性学位60570个,普惠性幼儿园覆盖率达到85%,提前并超额完成国家对幼儿园普惠化规划目标,形成小区配套幼儿园治理的长沙经验,向全国推广。

我市小区配套幼儿园治理成果充分显示了提案办理的质量和水平,也更加鼓舞了我们履职的信心。我们相信,在中共长沙市委的坚强领导下,在长沙市政协的精心指导下,民盟长沙市委会将不断提升资政建言水平,拿出更多高质量的提案,积极参与高效能的提案办理,为全面建设现代化长沙、助推高质量发展做出新的更大的贡献。

提高参政议政前瞻性战略性的佛山案例

民盟佛山市委会

2008年2月,在佛山市政协十届二次会议上,民盟佛山市委会做了题为《科学谋划,务实推进,加快实施广佛同城化战略》的大会发言。2008年6月,时任省委书记汪洋同志指出"佛山要以同城化为目标,与广州一起努力,推进广佛都市圈建设要有实质性进展,力争为广东、为全国打造一个区域合作的样板"。同年12月,国务院《珠江三角洲地区改革发展规划纲要》提出"要以广佛都市圈先行发展携领珠江三角洲地区打造结构合理、功能完善、联系紧密的城市群"。广佛两市主要领导主持召开了十多次广佛同城化联席会议,编制实施了多个广佛同城化规划。

2009年2月13日,民盟佛山市委会在佛山市政协十届三次会议上做了题为《以民生项目为着力点,大力提升广佛同城化水平》的大会发言,该发言建议:

第一,建立广佛两市规划统筹协调机制。规划引领发展,发展惠及民生。从规划角度进行统筹协调,可以有效配置两地资源,为市民带来最大的福利。要加强两市规划管理部门的沟通协调,促进两地规划的全面衔接。要争取省赋予广佛两地规划建设更大的自主权,对一般性跨市建设发展项目的规划及建设能让双方协商决定。

第二,两市加快道路体系共建共享。广佛路网基础设施的对接与共享，将为两市经济、社会合作发展提供可靠载体。建议两市政府以道路全面衔接为先导，加快推进多元交通网络建设，包括两地轨道交通、高速公路、普通公路、水上交通等网络的对接，实现广佛交通一体化，方便两地市民往来。

第三，加快推进两地客运公交化。目前，佛山大部分地区处于广州日益扩大的"城市通勤区"范围内，日益公交化的广佛交通，每天最大的客流量已超过40万人次。建议加快推进广佛两地客运公交化。一是开放公交市场，鼓励两地公交企业包括出租车企业跨区域运营，互相持股。二是将新开通的公交线路面向两市公交企业招标。三是按照政府购买公共服务的理念，两市政府协作对跨区运营的公交企业给予补贴，促进两市城际公交票价逐步向城市公交票价靠拢。

第四，加快推进电讯同城。目前两地信息网络初步形成，佛山南海区的信息宽带网已与广州市区的信息宽带网联网，但是随着广佛都市圈交流合作的日益深入，城际通讯成为制约同城化发展的障碍。我们认为，降低或取消两地漫游、长途费才是推进广佛电讯同城化进程，让两地企业、百姓享受同城生活最实在的措施。广佛两市可以统一采用020电话区号，也可在保持两地区号不变的情况下，实现通信资费统一，变城际收费为市内收费。

第五，加快促进两市金融同城。建议两市敦请中国人民银行广州分行研究调研并采取措施，促使两市金融同城化的实现。一是将广佛两个票据交换中心合并，并适当增加交换场次，以减轻各商业银行处理银行票据压力，加快广佛票据的流转速度。二是与广州人行、广州银联商讨，将两地企业、个人跨行汇兑结算、柜台及自助渠道通存通取视作同城业务，降低结算成本。三是充分利用现代化支付系统，各金融机构积极开办银行存款通存通兑业务，实现两地内本系统存、取款业务的通存通兑，且免收手续费。四是放宽异地开户的条件，允许两市企业根据需要在注册地以外的城市开立和使用银行账户，办理资金结算业务。五是交叉贷款，为统一调度使用两市信贷资源，实现信贷资金利用的最大化。

第六，积极试点社保同城。建议两地根据养老保险和医疗保险的实施年限相对较短、差异性相对较小的特征，实施养老、医疗同城，做到便民利民。首先，两地社保部门就两地养老保险和医疗保险的投保费用的差异进行比较，找出可以"互保互支"的有效方法。其次，可在近地区域和广佛居民融合度较高的区镇，进行小范围内同城化"互保互支"试点。最后，在试点基础上，可将其扩大到具有同等"财政支付单位"的行政事业单位群体，完善两地"行政管理资源"的共管共支条例的建立，以保证日后推广实施的有效性和长久性。

第七，开放共享两市教育资源。建议对两市优质的基础教育资源实行开放共享，由两地教育部门共同就初中、高中教育资源进行优质评定，对两地满足同城化要求的教育资源率先实行开放，统一命题，统一考试，统一招生，两地学生可根据自身需要自主报考。广佛两市高等院校面向地方的招生计划，允许两市考生自主选择报考，择优录取。

第八，统筹开发旅游资源。建议两地旅游业对接，旅游同线，一体化发展。一是统一整合旅游景点，串联对接，使两市景区景点融为一体。二是统一开展宣传促销，共同编制旅游宣传品、旅游指南、招商推介，共同打造岭南文化旅游品牌。三是统一打造旅游线路，将两市历史、文化、生态、休闲等旅游资源串联起来，形成内容丰富、形态多样的区际和省际旅游观光点线路。四是推出广佛旅游年票，将广佛经典景点捆绑销售，合理确定年票价格，一年内可多次使用。

第九，推进同城环境保护。建议两地环保部门继续联手整治珠江等跨区域河流水系，彻底改善水环境。建立环保信息互通制度，推进环保信息资源共享，互通水、大气污染以及治理的有关信息，对重点污染企业实施联网监控。杜绝不符合国家第三阶段机动车排放标准的机动车在两市注册登记或从外地转入两市，进一步强化机动车排气污染防治工作，加强对在两市市区行驶机动车排气污染的监督管理。

第十，共搭广佛安全平台。建议两地加强合作，共同构建平安广佛。建立健全两地应急管理协调联动体系，预防重大突发事件。加强两市应急指挥平台的协调和联系，落实公共安全责任，建立突发公共事件的应急联动机制，切实提高处置突发公共事件的能力。

第十一，推行购房入户政策。建议两市放宽户籍管理，推行购房入户政策。佛山的房价比广州低很多，在交通条件不断改善的情况下，吸引广州人到佛山买房、置业有利于佛山发展，也有利于疏散广州老城区的人口。建议佛山可先行开放广州人在佛山购房入户，允许跨市购房的职工同样享受公积金贷款的优惠政策，并积极推行使用公积金购房跨市审批手续。

第十二，建立同城化人力资源市场。打破两市人才就业市场中存在的各种分隔现象，推进人才资源在两地合理有序地流动。一是加强两地人才服务机构的合作，着力推进人才政策、人才信息、人才服务等的一体化。二是共建网上人才招聘会，实现网络人才资源信息共享。在人才招聘、猎头服务等方面加强合作。三是消除人力资源自由流动的制度障碍，鼓励优秀人才以各种形式在两地服务，实现专业技术职务任职资格互认等。

第十三，广佛合力办好亚运会。目前，广州亚运会已明确花样游泳、拳击两个项目在佛山举办。建议佛山市政府设立专门的机构，负责与广州亚运会组委会衔接，积极落实亚运会关于交通组织、环境保护等方面的要求，同时争取更多的项目到佛山举办，让更多的佛山人享受亚运会的快乐。

该发言被列为当年书记督办案，由时任市委书记林元和亲自督办，意义深远，为实施广佛同城决策提供了强有力的参考。2020年6月16日，在佛山市政协十二届四次会议上，民盟佛山市委会又提交了《关于广佛同城立法协同的建议》，就广佛同城问题继续提出新的建议。

2021年4月22日，广佛两市人大常委会法制工作委员会在佛山签订《关于加强两市协同立法工作的合作协议》，探索整合广州和佛山两市立法资源，加快推进两地重点领域立法，提高立法的协调性和精准度，加强地方立法总体实效，为广州、佛山两市协同发展提供法治保障，共同打造粤港澳大湾区法治建设高地。

助力国家级科技资源落户佛山
新时代参政议政出新出彩

民盟佛山市委会

抓创新就是抓发展，谋创新就是谋未来。当前我们站在"十四五"规划启幕的历史新起点上，佛山作为全国乃至全球重要的制造业城市，已经开启经济总量突破万亿元的新篇章。科技实力正在从量的积累迈向质的飞跃，从点的工作迈向性能系统能力提升。当前，佛山经济社会发展、民生改善面临许多需要解决的现实问题，比过去任何时候都更加需要科学技术解决方案，都更加需要增强第一动力——创新，更加需要把创新摆在核心的位置。因此，佛山正以创新驱动为主动力，以智能制造为主攻方向，以绿色发展为根本遵循，以改革开放为主旋律，全面加快前沿科技与佛山制造的深度融合。着力完善科技创新体制机制，深入推进科技体制改革。牵线搭桥把国家级的宝贵资源引来佛山，是民盟佛山市委会近年来创新参政议政方式，为佛山链接全球创新资源和创新人才重要平台、实施创新驱动战略、打造国家制造业创新中心做出独特贡献的突出亮点。

引入全国发明展将参政议政落到实处

全国发明展览会落户佛山是民盟佛山市委会牵线搭桥向中共佛山市委资政建言的其中一项具体成果。2017年3月，在得知中国发明协会正在选择全国发明展举办城市后,民盟佛山市委会立即开展深入研究,赵新文主委直接向中共佛山市委书记鲁毅同志写信,提出承办全国发明展览会并深度开发其价值的建议,得到市委市政府的采纳。中共佛山市委常委、常务副市长蔡家华同志主动约见赵新文主委听取意见,朱伟市长邀请赵新文主委参加与中国发明协会的商谈,积极促成了项目落地。2017年11月23—25日,第二十二届全国发明展览会暨第二届世界发明创新论坛在佛山成功举办。民盟中央作为支持单位也亮相全国发明展,民盟中央副主席徐辉代表民盟中央在开幕式上发表了讲话。展览期间,中国发明协会与佛山市政府签订了战略合作协议,"中国发明成果转化研究院"在佛山挂牌成立。

发展是第一要务,人才是第一资源,创新是第一动力。自2017年至今,每年参加全国发明展的项目达到2000多项,参展企业达到500多家,涵盖高端装备制造、智能家居、生物医药、节能环保等多个专业领域,吸引了诺贝尔奖获得者和20多名院士等来自62个国家、地区的嘉宾到佛山对接交流,现场签约重大项目50多项,各类发明成果与佛山产业需求碰撞出了智慧的火花。佛山以发明展为平台累计引进省科技创新团队11个、市科技发明团队187个、引进各类高技术人才800名,其中院士19人、长江学者26人、国家杰青24人、国家重点实验室负责人24人,极大丰富了佛山重点扶持行业领域的人才支撑和制订准备,也为更多的创新人才、优质项目和金融资本搭建交流对接合作的广阔舞台。引进了佛山中国发明成果转化研究院和一大批国家级学会的资源,与中国电子学会、中国机械工程学会等组织达成战略合作,建设了陶瓷新材料及其应用产业技术创新联盟、珠三角智能制造培训中心等一批重点项目。除此以外,佛山还与5家国家级学会签订战略合作协议,争取更多的项目、更多的人才到佛山落户。可以说,全国发明展为佛山架起了连通世界创新要素的重要桥梁,不仅有利于释放我国科技发明市场蕴藏的巨大潜能,也为佛山产业转型升级插上了"发明创新"的翅膀。

自发明展落户佛山以来，佛山全市一般公共预算财政投入科技逐年提升，近年来已达到将近 100 亿元，占佛山一般公共预算支出的 10.4%，带动全社会安定投入超过 400 亿元，这些都创出了历史新高。发明展的引入，还帮助佛山完善金融支持创新体系，市创新创业引导基金，市场化子基金总规模超过 90 亿元，有力地促进新技术产业化、规模化运营。

凝聚盟内专家首办民盟科技论坛

尝试创办科技论坛，一直是民盟中央积极推动的重点工作。2018年9月，民盟佛山市委会联合民盟中央科技委、民盟中国科学院委员会举办了"2018民盟科技论坛"，既是民盟发挥界别优势、服务我国科技发展的实事好事，也是拓展参政理念、提升履职水平的重要举措。来自全国各地的 130 多位民盟科学家、科技工作者围绕"创新体系：主体功能定位"开展研讨，民盟中央副主席龙庄伟出席开幕式并讲话，大会收到论文 88 篇，组织了主题演讲和专题研讨，论坛成果丰硕，受到民盟中央科技委的肯定和表扬。

本次论坛中，盟内专家学者及参会代表解放思想、畅所欲言，使论坛充满了浓厚的研讨氛围。专家学者的学术报告，站位高、观点新，开拓了大家的视野；专家学者的分组发言有见解、有特色，丰富了大家的思想。本次论坛，对创新主体在创新链不同环节的功能定位进行了深入探讨，取得了不少新的研究成果，达到了预期的效果，是一次启迪智慧、增进友谊的思想盛会。

积极牵线搭桥将参政议政做实做深

2018年10月，中共佛山市委常委、顺德区委书记郭文海向赵新文同志提出，希望民盟发挥人才和智力优势，组织力量研究进一步提升广东工业设计城，把顺德打造成为工业设计高地。民盟佛山市委会随即组织专家深入调研，召开了三次论证会，形成了《关于进一步壮大顺德

"工业设计之都"的三个建议》，书面报送中共顺德区委提供决策参考。郭文海书记会见了三个项目团队，在北滘镇安排项目落地地块，并高度肯定了民盟的卓见和支持。同年12月，民盟佛山市委会组织了创新发展新动能调研，并向国际二维码标准化组织——统一二维码标识注册管理中心提出三项建议——在佛山召开国际二维码产业峰会、设立国际二维码产业研究院、建设国际二维码产业南方基地，并得到积极回复。2019年1月7日，民盟佛山市委会以书面形式向中共佛山市委上报了《推动二维码产业发展打造智能标识产业高地的建议》，1月9日，统一二维码标识注册管理中心执行主任张超等4人来佛山考察，1月17日，南海区顾耀辉区长率队到北京拜访统一二维码标识注册管理中心，双方商定于当年8月在南海区召开国际二维码产业峰会，并成立联合工作组抓紧开展其他项目研究。中共佛山市委书记鲁毅、市长朱伟等市领导对民盟的建议案进行批示，认为"建议很有针对性、建设性"。8月23日，经民盟佛山市委会牵线搭桥，2019国际二维码产业发展大会在南海千灯湖畔拉开序幕。民盟佛山市委会领导创新参政议政的途径和方式，善于精准抓住影响佛山经济社会发展的痛点，紧紧抓住影响佛山高质量发展的痛点开展调研，有针对性地做好参政议政工作，并善用直通车制度建言献策，这一创新做法得到中共佛山市委领导同志高度赞许。

积极链接高端数学科研人才资源

高技术的本质是数学技术。数学技术在现代产业尤其是智能制造和大数据产业发展中的作用越来越重要。积极链接高端数学科研和人才资源将对佛山打造国家制造业创新中心具有重要作用。2018年10月，赵新文主委邀请中国工业与应用数学学会闫桂英秘书长考察佛山，洽谈学术年会落户佛山事宜。2019年3月，民盟佛山市委会致函禅城区政府建议承办中国工业与应用数学学会第十七届学术年会，得到区政府采纳和支持。2019年9月，由民盟佛山市委会协办的中国工业与应用数学学会第十七届年会（CSIAM2019）在佛山召开，十名院士千名数学家在佛山共话新时代数学与产业发展。期间，民盟佛山市委会作为协办单位，邀请到中国工业与应用数学学会理事长张平文院士，中国科协副主席、中国数学会理事长、国际工业与应用数学学会当选主席袁亚湘院士，西安交通大学徐宗本院士走进佛山校园、企业，举办多场集知识与趣味于一体的科普盛宴，通过数学热点话题的演讲向不同方向数学爱好者传递数学智慧，数学与其他相关学科交叉融合所散发的学术魅力，感知应用数学在产业发展中的突出作用，丰富学术界对于数学这门基础学科实用价值的认知，推动全民科学素质稳步提升，进一步提高基础数学及应用数学在区域经济发展中的影响力。院士们还代表中国工业与应用数学学会向佛山市第三中学等五所学校授予"中国工业与应用数学学会应用数学科普教育基地"的牌匾。

链接国家高端科技资源助力打造标杆城市

2020年1月6日，经民盟佛山市委会牵线搭桥，北京大学公共卫生学院周晓华教授团队考察美的集团总部，并与南海区政府、佛山市卫健局、佛山科技学院、佛山市中医院等进行了座谈交流。5月12—16日，民盟中央副主席、中国科学院院士、中国数学会理事长、北京国际数学研究中心主任田刚教授带领周晓华教授团队再次访问佛山，分别与佛山市政府、南海区政府、佛山科学技术学院、佛山市卫生健康局、中国中药控股有限公司、美的集团、佛山市中医院进行了合作洽谈，并与美的集团中央研究院、佛山市中医院签署了合作协议。11月19—21日，第二十四届全国发明展览会在佛山召开，民盟中央副主席龙庄伟出席大会，3000多项发明成果参加了展览，30多个科研产业创新项目落地佛山。12月20日，民盟中央科技委在佛山成功举办了"健康码国际互认机制研讨会暨2020国际二维码产业发展大会"，这是响应11月21日习近平总书记在二十国集团领导人第十五次峰会上关于推动健康码国际互认的建议召开的，民盟佛山市委会联系南海区和佛科院对大会落地佛山给予支持，会议由民盟广东省委会协办，会议从策划到开幕仅15天，民盟中央副主席田刚、王光谦两位院士参加大会。大会的主要成果是成立了十多个国家代表组织参加的"健康码国际互认技术委员会"，启动制定国际通行二维码健康码的国际标准，中央电视台国际频道、人民日报海外版、新华社、中国新闻社、环球时报、凤凰网、南方网等30多家主流媒体进行了报道。佛科院还与二维码国际标准化组织签订合作协议，共同成立华南国际二维码技术研究院。本次会议影响大，产生了良好的国际国内影响，充分体现了民盟佛山市委会高度的政治敏感性和项目运作能力，得到中共佛山市委市政府主要领导的肯定和赞扬。

2021年是中国共产党成立100周年、中国民主同盟成立80周年，也是佛山民盟组织成立70周年。全面建设社会主义现代化国家新征程已经开启，民盟佛山市委会将继续深入强化履职能力建设，围绕佛山建设粤港澳大湾区极点城市、争当全省地级市高质量发展领头羊、面向全球的国家制造业创新中心的总目标，突出助力做好改革、开放、创新这三篇大文章，重点就实施"十四五"规划、加快构建新发展格局、制造业数字化转型、教育科技创新、建设高质量文化导向型城市、生态环境保护、民生保障发展、法治佛山建设、疫情防控等重大问题，进一步调动各级组织和广大盟员参政议政的积极性、创造性，充分发挥和提升民盟界别优势和整体优势，精心选题、立题，继续为高层协商提供高质量的意见建议，提升论坛研讨和成果转化水平，努力建设新时代高水平中国特色社会主义参政党，为佛山实现GDP两万亿的奋斗目标、为实现中华民族伟大复兴中国梦再立新功！

"三坊七巷"保护修复中的民盟印记

民盟福州市委会

福州是一座拥有 2200 多年历史的文化名城。对城市的历史文化怀揣敬畏之心，才能厚筑城市的文化基座。早在 1991 年，习近平同志在福州工作期间就召开文物工作现场办公会，推动制定福州历史文化名城保护管理条例和保护规划，有力促进了城市历史文化传承保护工作。2002 年，时任福建省省长习近平为《福州古厝》作序，提到"保护好古建筑、保护好文物就是保存历史，保存城市的文脉，保存历史文化名城无形的优良传统"。2021 年 3 月 24 日，习近平总书记到福州"三坊七巷"步行察看南后街、郎官巷，参观严复故居，再次强调保护好传统街区，保护好古建筑，保护好文物，就是保存了城市的历史和文脉。对待古建筑、老宅子、老街区要有珍爱之心、尊崇之心。

而对于生活在世界各处的人们来说，没有历史的城市，不能被称为故乡。我们只有沿着时间的河流蔓延回溯，才能触摸到自己与故土血脉相连的共同记忆。那些依然站立的老建筑，以及其间承载的老故事，让我们与故乡四目相对时充满亲切和温情，共鸣着它的沧桑与丰沛。

作为一座历史悠久的文化名城，"三坊七巷"是福州乡愁与记忆的重要载体。自晋、唐始，这里便是贵族、士大夫和大工商业主的聚居地。这片占地近 40 公顷的历史文化街区保留着唐宋遗留下来的坊巷格局和 100 多座明清古建筑，是中国都市仅存的一块"里坊制度活化石"，被誉为"明清古建筑博物馆"。街区内坊巷纵横，曲线山墙，白屋黛瓦，薄窗灵秀，极富福州古民居特色的建筑细节随处可见。这里更是藏龙卧虎的"闽都名人聚居地"。正如国家文物局原局长单霁翔所说"一片三坊七巷，半部中国近现代史"。他认为"三坊七巷"是中国留存最好的城市中心区历史文化街区，是文物古迹和名人故居最集中的地方，其最大价值表现在全国中心城区历史文化保护区中的"唯一性"。

但当城市建设与文物保护并不矛盾的观念还未深植人心时，要留住城市的记忆并非易事。改造修复前，"三坊七巷"已经名不副实萎缩成了二坊五巷，吉庇巷（今名吉庇路）、杨桥巷（今名杨桥路）和光禄坊改建为马路，剩余部分也年久失修，风雨飘摇。"三坊七巷"能经风沐雨从时间的尘堆中焕彩重生，成为福州的金字招牌，离不开那些为了文化遗产能长远流传而奔走呼吁、殚精竭虑的人，其中也渗透着民盟福州市委会的点点滴滴。

"三坊七巷"开始改造修复之前，民盟福州市委会就以高度的责任感进行了大量的调查研究，为修复保护"三坊七巷"持续奔走呼吁，除了在"两会"上为修复保护"三坊七巷"提案提供素材外，还始终关注"三坊七巷"修复保护进展情况，及时向有关部门反馈，提出许多切实细致的提案建议。《分二期加快修复保护"三坊七巷"的建议》《关于加快抢救、修复和保护"三坊七巷"的建议》《发挥信息"短平快"作用，持续关注"三坊七巷"》《文化视野下保护开发"三坊七巷"要做到三个着力》《关于"三坊七巷"历史名城卫生规划的几点建议》……当一叠厚重的调研报告和提案建议被一张张翻开，"三坊七巷"焕彩重生背后的民盟印记也被重拾与梳理。

当时片面强调招商引资，文化遗产的历史原状或环境风貌受到不同程度的威胁和破坏。改造前的"三坊七巷"一直处于弱保护状态，蜷缩在高楼林立、繁华时尚的东街口旁，显得古老而破败。从一条街巷走向另一条街巷，斑驳的危墙、老旧的陋巷不时与人迎面相逢，巷口牌坊上的巷名也残破难辨，有的巷子甚至连巷门也被拆毁。民盟福州市委会对"三坊七巷"保护措施不到位，建筑损坏日益加速的情况忧心如焚，经过多次实地考察调研提出《分二期加快修复保护"三坊七巷"的建议》。对当时修复保护"三坊七巷"的三大方案，提出应弃用"破坏'三坊七巷'原有布局，将名人故居、园林集中迁往一处建造人为景观"的方案；慎用"部分破坏'三坊七巷'原有布局，仅修复有价值的名人故居、园林、古建筑"的方案；而应当采用"在完整保留'三坊七巷'原有格局基础上的修复保护"的方案。当"三坊七巷"在"保护为主，抢救第一，合理利用"的总指导方针下进行第一期修复保护时，福州民盟提出：建议按照坊巷巷口名牌坊、黄巷小黄楼、安民巷新四军办事处旧址、光禄吟台、文儒坊"六子科甲宅第"、宫巷沈葆桢故居的先后顺序，对保存较完整的建筑略加修复，对外开放。对"三坊七巷"的第二期修复保护工程，民盟福州市委会提出有重点地先安排修复衣锦坊的欧阳宅院花厅、宫巷林聪彝故居、衣锦坊水榭戏台、塔巷"二梅书屋"、黄巷郭柏荫故居等建筑。并建议修复保护"三坊七巷"工程宜与棚屋区改造工程同步进行，以避免浪费棚屋区改造过程中产生的大量古建筑材料。

能否安全高效地迁离人口、解决居民搬迁安置的问题也是"三坊七巷"能否成功改造的关键。"三坊七巷"地处福州一级商业地段，原有住户3831户，约1.6万人。《福州市"三坊七巷"文化街区搬迁修复保护办法》规定，能保留下来的建筑是28座省级、国家级保护单位和131处古民居，其余的民居和古建筑内政府机关及企事业单位行政办公用房、厂房应当全部外迁。这是一项浩大的工程，最困难的是它需要上万人用迁离故土来理解和配合。每一个难以预料的冲突都可能酿成阻滞大局的障碍。当征迁工作紧锣密鼓、有条不紊地开展的时候，民盟福州市委会遇到工作中的一处难解的痛点，就是少数居住在名人故居中的后裔不顾危房隐患坚决不肯搬出，甚至不断上访，致使一些故居修复无法顺利开展。于是立刻提出建议,希望有关部门应注意化解矛盾,根据不同情况做好规划安排,先易后难,在要修复的名人故居中先妥善安排好少数后裔居住地,再分期分批进行修复。

2005年,福建省政府向全省征集为民办实事项目,民盟福州市委会马上向福建省政府办公厅提交了《将修复保护福州市"三坊七巷"列入为民办实事项目》的建议。

福建《东南快报》报道"三坊七巷"保护范围划定的同时,刊登了《八一七路年内改造》、专家导读《扩建工程往西偏移》,民盟福州市委会在高兴之余又产生新的担忧:扩建工程往西偏移必将影响"七巷"的长度,"三坊七巷"有可能因为八一七路改造再遭破坏。于是民盟福州市委会立刻提交了《"三坊七巷"不应以改造八一七路等新借口再被破坏》的建议向有关部门反映。建议改造八一七路南街段一定要考虑到这一路段的特殊情况——"东扩"会遇到"朱紫坊"和文庙,"西扩"则会碰到"三坊七巷"。因此在改造时应非常慎重,控制好范围,要在保护好国家级文物保护单位的情况下认真规划建设。

当得知"三坊七巷"等商标被一陈姓商人在香港等地抢注,民盟福州市委会针对知识产权保护意识薄弱的问题,立刻提交《修复"三坊七巷"期间应认真做好有关商标注册与保护工作》,建议有关部门要高度警惕有人坐享其成抢注商标的行为,提高知识产权保护意识,在"三坊七巷"修复期间及时认真做好相关商标的注册与商标保护工作,特别是要做好在国际上的商标注册与保护工作。该建议得到有关部门的高度关注。

当"三坊七巷"土地使用权由福州市政府从原开发商手中收回,民盟福州市委会热切关注即将全面启动的"三坊七巷"保护开发利用工程,建议应该在文化视野下进行保护开发。认为"三坊七巷"是极其宝贵的不可再生文化资源,一旦遭受破坏,损失将难以挽回、不可估量,建议政府要以强烈的文化意识来积极主导"三坊七巷"保护开发,特别是对建设控制地带范围内的一切建设活动都要严格做到经由规划、文物部门批准才可进行。并建议在保护的同时深入挖掘"三坊七巷"的历史文化内涵，充分展现"三坊七巷"的独特风貌，全力凸显"三坊七巷"的地域性、传统性、唯一性，把"三坊七巷"打造成福州永久性的"城市名片"。并建议将"三坊七巷"与周边的朱紫坊、于山、乌山、文庙、鳌峰书院、林则徐纪念馆等自然或历史文化遗产融为一体，形成福州核心人文旅游品牌。

有些建议甚为细致周详。比如从白蚁防治的角度建议古建筑在修复之前或修复之后都进行白蚁的密度监测和定期防治；从鼠类防治的角度建议每年进行两次灭鼠工作；从游客体验角度建议在一定的距离或人口集中的地方要有公厕和明显的公厕位置提示牌。比如考虑到南后街历史上曾是中医学家的重要活动点，建议在竣工后开辟中医诊所和中药铺，以恢复历史原貌和提升文化内涵……

"三坊七巷"保护修复的每一步都渗透着民盟福州市委会深思细致的建言。这些建议汇集在一起，呈现了"三坊七巷"保护修复历程中，从思想认识、制度设计到保护模式、格局体系各方面的民盟印记。伴随着这些点滴记忆，我们看到保护的步伐在不舍昼夜的坚定中稳步向前，保护的理念在气韵生动的修复中渐入人心。

坊巷口的名牌坊被修复了，宫巷的沈葆桢故居被修复了，水榭戏台被修复了，二梅书屋被修复了……"三坊七巷"在曲折起伏中脱颖新生，变成福州烫金的文化名片。安泰河的流水，从石造的古桥下穿过，映照着风中摇曳的烟柳翠树，默默向前流去。伴着十番伬的音乐，华美的夕阳映照着人们好奇兴奋的脸。福州的历史文脉流淌着璀璨绚丽的光芒，为烟云流润的榕城留住了乡愁和灵魂。而在蕴蓄精深的美丽背后，是高瞻远瞩的决策，是争分夺秒的奔忙，是精益求精的考证，也有民盟福州市委会持久审慎的关注和努力。

细读民盟福州市委会为"三坊七巷"改造修复献出殷勤关切的每

一句，这些珍贵的建议值得被及时记录和保存，他们的思考和经验值得被一读再读。重新梳理"三坊七巷"保护修复中的民盟记忆，对于历史文化名城的保护是一次深情回顾，一份认真的总结，一份诚挚的致敬，一首激荡的赞歌。它更会是一个火种——"历史文化是城市的灵魂，要像爱惜自己的生命一样保护好城市历史文化遗产"的理念应该星火燎原。

（作者：林丽钦）

突出地方特色文化　增加城市文化魅力

民盟广安市委会

2019年,民盟广安市委会根据中共广安市委、市政府的中心工作,围绕城市提质,以"突出地方特色文化,增加城市文化魅力"为题,针对广安主城区城市文化建设开展了专题调研,并形成调研报告。

一、广安城市文化建设基本情况

近年来,随着城市的发展,广安城市文化建设不断推进,尤其广安市委五届六次全会后,广安出台《关于深入学习贯彻省委十一届三次全会精神推进高质量发展建设美丽繁荣和谐广安的意见》,明确了"1234"工作思路,将城市文化建设融入"发挥小平故里优势""加快红色旅游胜地建设""实施城市提质工程"等各个具体要求中,城市文化建设推进明显。一是进一步挖掘提炼地方文化,宣传文化部门编印了《小平故里·广安百问》《广安概览》《广安市情》等一批宣传推介广安、展示广安地方特色文化的文化书籍,创作了《双枪》《大良城》《云童舞》《南海李准》等一批文艺演艺作品,形成了一批好的文化成果,川剧《南海李准》还获得了四川省"五个一工程"奖。二是大力实施城市提质工程,推进公园城市建设,滨江路、萃屏公园文化改造初见成效,广安文庙、白塔、奎阁、兴国寺大殿等历史建筑的保护修缮工作正在推进,思源广场提档升级、浓洄古街等历史街区的修复改造和白塔公园、奎阁公园等文化公园建设提上日程，城市雕塑、城市亮化工作正在进行，城市文化内涵逐步提升。三是用好"伟人故里、川东门户、滨江之城、红色旅游胜地"四张名片，推动文旅融合发展，协兴生态文化旅游园区成了广安文化主题旅游景区龙头，神龙山巴人石头城等旅游景区得到发展，影响广泛。四是推动场馆建设，会展中心、城市规划馆等文化场所建成并投入使用，广安市博物馆建设工作有新进展，邓小平图书馆、市文化馆、体育馆等在满足群众精神文化需求、丰富群众文化生活方面发挥了重要作用。

二、存在的主要问题

（一）文化自觉自知不够

一是地方特色文化融入城市规划建设不够。没有专门的城市文化建设规划，省政府批复的《广安市城市总体规划（2013—2030）》虽然对城市文化建设有所提及，但其中关于中心城区的城市风貌、历史文化保护等内容都太过笼统，对文化景观布局等未统筹规划，难以对城市文化建设起到具体指导作用。同时，文化部门、文化人士在城市建设规划、实施等过程中的参与度有待进一步提高，他们的专业建议难以完整有效转化。二是一些历史文化遗产在城市建设中保护不够。广安城区文物保护情况不佳，呈现给市民的文化古迹数量少、完整性低，使得广安整体的文化风貌体现不足，人文景象稀缺。三是城市文化宣传不到位，市民对本土文化自知不够。我市的文化研究和宣传基本局限在专业人士或小圈子中，市民对城市的人文古建、文化传承延续（红色文化、伟人文化、赉人文化、宋元文化）等情况缺乏更深更广的了解，在一定程度上导致公众对城市文化认识不足，进而尊重不够、自信不足，市民群众自发对外宣传广安地方特色文化不够。

（二）文化挖掘提炼不精

广安历史悠久，宕渠遗韵、赉州异彩、宋元文化在这里留下印记，巴蜀文化在这里交流融合。广安地杰人灵，除了世纪伟人邓小平，古有庞统、王平、李雄、安丙、李准等，近有何鲁、蒲殿俊、秦炳、杨森等，现当代有毕战云、胡伦、周稷等，都是广安宝贵的人文财富。广安红色资源富集，"小平故里"美名远播，"华蓥山游击队"广为传颂，以伟人文化为核心的红色文化是广安最具优势的文化名片。综上，广安在城市建设中彰显文化特色有着较好的资源和条件，但是目前这些丰富的文化资源未在城市建设中得到充分展示，其重要原因之一就是对文化资源的挖掘提炼不够，缺乏标志性文化作品，不利于传播展示。

（三）文化展示展演不力

一是伟人文化、红色文化不明显。广安最具影响力、最有知名度的名片就是"小平故里"，以伟人文化为核心、华蓥山游击队为延伸红色文化理应成为广安最醒目的文化特色。但目前广安这两种文化元素主要在协兴"小平故里"和华蓥山展示，在城区中只有思源广场有一些展示，在城市火车站、汽车站、进出口、主干道上、公园、街区、大型建筑物或建筑群的运用还不多，且没有形成一个整体规划，外来者到广安，不能直观感受到伟人文化、红色文化的氛围与特色。二是传统文化展示不够。比如，賨人文化、宋元战争等文化元素，历史名人留下的印迹、典故还未成为广安市文化符号中重要组成部分，城市建设中体现较少。尤其是枣山、协兴、东南片区等新建城区本应该在规划、道路命名、景观布置等方面充分考虑地方文化特色，避免千城一面，但目前这些新区建设都未注重文化建设。

（四）公共文化设施不足

根据省委省政府《关于大力发展文化旅游经济加快建设文化强省旅游强省意见》文件要求，市（州）要有"五馆一院"［文化馆、图书馆、博物馆、非物质文化遗产馆（中心）、美术馆、剧院（场）］。目前，除邓小平图书馆外，广安还没有标志性的体现特色的场馆建筑，广安"五馆一院"建设还存在较大差距。一是博物馆建设亟须加快进度。二是非物质遗产展示中心有名无实。三是文化馆、美术馆需要提档升级。四是其他场馆建设也应引起重视。比如广安还没有专业剧院、科技馆等，群众展演的公共文化场所也较少，难以满足群众的文化需求。

三、关于以文塑城的几点建议

（一）强化观念，完善机制，形成"文化先行"自觉

一是观念先行。特有的城市文化形象决定了城市的个性与灵性。在城市建设中要转变重实用性轻文化性、重外延扩张轻内涵提升的认识偏颇，牢固树立文化塑城、文化兴城观念，注重将广安特有的伟人文化、红色文化、贤人文化、宋元文化等地方文化特色融入城市建设中去，并系统、专业地进行规划，明确怎么布局文化景观、如何展示文化特色、怎样有序建设等问题。二是机制保障。建议增加广安市城乡规划管理委员会文化权重，让文化部门和文化专业人士在城市规划、城市建设中能发出声音，提出合理建议；借鉴外地城市建设的经验，成立广安市文化旅游咨询委员会，人员主要以我市文化界有权威、有影响的学者及城市规划建设专业人士为主，参与我市文化、旅游相关的规划和项目论证、审定工作，并对在建项目的文化建设提出意见建议。三是政府主导。从文庙、神龙山巴人石头城、杨森花园等出让给私人后保护发展不尽如人意的情况来看，社会资本的逐利性质会影响文化遗产的保护、开发和传承。因此，城市文化建设中政府应处于主导地位，确保城市文化发展在良性轨道上。

（二）强化保护，注重传承，夯实共同文化记忆

一座城市的文化积淀与深度，主要体现在城市文物古迹的数量及保存程度上。一要精确摸底，对城区及周边有价值的历史文物、古建筑、古街道进行摸底调查，并建立档案，厘清其基本现状、历史价值、周边

环境以及应采取的保护措施，为保护城市历史文明打好基础。二要明确标注，对市区及周边具有历史价值的建筑、遗迹、遗产（比如虎啸城、平桥牌坊、五福桥、老城古街等），制作标识牌和宣传牌，让群众了解其渊源和价值，这既是一种宣传，也能避免历史文化遗产不再遭到损坏。三要修复重现，对文庙、兴国寺、紫荇书院等已明确的修复重建项目应加快推进；对已消失的文化遗迹、文化标识，如五福桥头的清凉亭、蒲殿俊故居、原北门旁紫金山山坡上的广安抗日阵亡将士纪念碑、宋元战争遗迹大良城等广安珍贵的历史遗产，应以重建或其他形式在城区内加以恢复和重现。

（三）深入挖掘，精准提炼，增进地方文化共识

一是深入挖掘广安地方特色文化。组织专业人才深入挖掘小平文化、红色文化、赍人文化、宋元战争文化等地方特色文化，进一步挖掘广安的历史、遗址古建的文化内涵、人文典故以及习俗风情、民间文化等人文资源，确保对广安历史文化应知尽知。二是整理提炼广安地方特色文化。对挖掘出来的广安地方文化，要组织人员进行分类整理，要以简单明了、易展示、易传播为目的，提炼广安各类特色文化的核心内涵，便于宣传和展示。三是广泛宣传广安地方特色文化。通过广安地方特色文化进学校、进机关、上电视、上电台、上报纸、上网站，制作宣传片、宣传画、小册子等形式，加强对内宣传，向市民和学生宣传普及广安历史文化知识，增进广大群众对地方文化的自知和认同。通过系列专题、系列风光片等形式，进行详细介绍；通过文艺作品、文艺演出、文化宣传片、城市口号等形式，对外广泛宣传，提升广安人文色彩。包装"网红"文化景点，借助直播平台、网络宣传平台进行"网红打卡"宣传，让地方特色文化走出广安。

（四）突出内涵，打造中心，彰显特色城市文化

1. 突出伟人文化、红色文化，打造主城区核心文化区。伟人文化、

其他城市 ◆ 突出地方特色文化　增加城市文化魅力

红色文化是广安立市之魂。一是打造一个文化中心，除了"小平故里"，广安应在主城区的核心区规划打造一个以小平文化、红色文化元素为主的文化中心，通过集中展示把"小平故里""红色旅游胜地"这两张名片擦亮打响。二是改造升级思源大道，取消市建设银行外的转盘，连通思源大道，以邓小平理论（如改革开放等）、典故为元素，塑雕塑、立丰碑，展示小平文化，与思源广场相呼应。三是在处于核心区的金安大道上合理规划布置推介性雕塑，将思源酒店外云轨站台旁的"中国优秀旅游城市"标志性雕塑移至进出口显眼地段，将能提升广安知名度的金字招牌（如全国文明城市、国家森林城市等）以艺术形式布置在金安大道主干道周围或广安进出口位置，用推介性雕塑宣传广安、美化广安。

2. 突出地方传统文化、民俗文化，打造城市特色文化展示区。一是打造主题公园。以神龙山为载体，高品质打造广安赛人文化主题公园；以西溪峡为载体，打造宋元文化、川东民俗文化主题公园。把相关历史事件、名人典故、传统习俗等以雕塑、建筑、互动体验、现场展示等各种形式展现出来，并有效地将现代科技、灯光元素等运用进去，使之成为人们了解赛人文化、宋元文化、川东民俗文化的好去处。二是打造主题酒店。统筹布局，将传统文化、民俗文化融入我市酒店建设、装修中，打造独具一格的地方特色文化主题酒店。

3. 立足显眼位置，打造地方特色文化宣传高地。城市进出口是外来者了解广安的第一站，应成为地方文化宣传高地。一是高铁、机场新建区要融入伟人文化、红色文化、传统文化等地方文化元素，将其体现在项目整体规划、设计布局、景观环境、装饰装修中，实现功能性与文化传承性的有机统一。二是已建的动车站、汽车站及周边区域补充融入地方文化元素。三是在高速公路出入口景观提升工程中，加大伟人故里、红色旅游胜地等文化名片宣传力度，让高速公路出入口成为这些文化元素的重要展示区。

该调研专报，得到了中共广安市委书记李建勤，时任广安市委副书记、市长曾卿的重视，李建勤书记做出了"报告实，请志文，何雨、陈捷同志组织研究"的肯定性批示。曾卿市长指出，报告质量高，所提问题很精准，要高度重视解决，在今后城市规划建设中充分体现"以文塑城"的取向和要求，打造宜居宜业宜游美丽广安。《关于突出地方特色文化增加城市文化魅力调研的报告》被批转市住建局、市宣传部、市自然资源和规划局、市文广旅局、各区市县、园区阅研，并要求市住建局（市提质办）牵头吸纳转化到工作中去。目前，报告里面提出的一些具体建议已经被付诸实施并取得实效，广安文化保护工作得到进一步加强，历史文化遗迹得以加快修复，城市进出口、公园、街道等公共场所的地方特色文化符号、推介性雕塑正在逐渐增多，"中国优秀旅游城市"等雕塑迁移到了更显眼的位置，广安市政府办公室多次调研并印发了西溪河沿线环境改造提升工作方案，市文广旅局系统性编制了《西溪河沿线文化景观规划工作的建议》。《报告》起到了推进城市文化建设、提升城市人居环境的预期效果。

加快农村学校教育信息化建设
努力打造贵阳市教育发展升级版

民盟贵阳市委会

贵阳市农村中小学校教育信息化建设是实现城市农村中心校、学区、教育集团内的资源共享，解决城乡学校教育均衡化、优质化发展难题，办好人民满意教育的一个极其重要的途径，是推动农村教育跨越发展，扩大优质教育资源覆盖面，教育顺应信息时代的主动选择，实现教育现代化的必由之路。2014年出台的《中共贵阳市委、贵阳市人民政府关于实现教育立市暨加快教育改革和发展的意见》明确提出：强化信息技术教育，以教育信息化推动教育现代化，提高优质教育辐射面。

为了进一步推动我市农村中小学校教育事业可持续发展，促进城乡教育均衡，深入地研究分析我市农村中小学校教育信息化建设现状及存在的问题和困难，为打造贵阳教育发展升级版提出相应的对策和建议，民盟贵阳市委会由盟员专家组成专题调研组，先后走访了贵阳市教育局、贵阳市电教馆、南明区教育局、观山湖区教育局、花溪区教育局、清镇市教育局、修文县教育局等单位，并深入到农村学校，实地考察农村学校的信息化设施设备，与部分校领导、相关管理人员及师生进行座谈和交流。在充分了解基本情况的基础上，对贵阳市农村学校教育信息化建设进行了认真的分析研究。

一、我市农村学校教育信息化建设的现状

近年来，在各级党委和政府的大力支持和努力下，我市实施了一系列教育信息化工程和政策措施，为我市教育信息化发展奠定了坚实基础。面向全市的教育信息基础设施体系初步形成，城区和部分农村学校已不同程度地建有校园网并以多种方式接入互联网，信息终端正逐步进入农村学校；数字教育资源不断丰富，信息化教学的应用不断拓展和深入，教育管理信息化初见成效，网络远程教育稳步发展，对提高教育质量、推动城乡学校教育均衡化、促进教育公平、创新教育模式起到了积极的作用。

（一）教育信息化建设的基本情况

截至2019年年底，全市农村中学47所，专任教师1661人，学生数23848人；小学312所（不含97个农村小学教学点），专任教师4725人，学生数50930人。

1. 软硬件建设情况

目前，全市农村中学教学用计算机4144台，农村小学教学用计算机2742台。仅有36%的农村中学和23%的农村小学实现了"班班通"。100%的农村中学通过10M光纤或2—4MADSL接入了互联网，60%的农村小学通过2—4MADSL接入了互联网。97个农村小学教学点通过"教学点数字教育资源全覆盖项目"配备了数字教育资源接收和播放设备。各学校通过上级配发、学校自己收集、采购等形式，拥有一定的教育教学软件和数字教育教学资源。

2. 信息技术师资队伍建设及信息技术课程设置情况

我市农村中学均配有专职或兼职的信息技术课任教师，基本上能满足信息技术课程的需要，目前仍有部分农村小学信息技术课任课教师配备不足，一定程度上影响了信息技术课程的正常开设。大部分农村中小学和97个"教学点数字教育资源全覆盖项目"教学点均有设备管理人

员,但存在非计算机专业的其他学科老师兼任设备管理人员的情况。我市农村中学基本上开设了信息技术课程,但部分农村小学由于缺乏计算机教室和任课教师,还未开设信息技术课程。

3. 信息化建设管理机制

贵阳市教育局及下属各区市县教育局都建立了以主要领导为组长的信息化建设领导小组,负责推进本地区教育信息化工作。各学校也建立和完善了信息化建设领导机构,明确校长是学校教育信息化建设的第一责任人。

贵阳市教育局制订了教育信息化工作管理规章制度,要求各学校必须参考制度结合本校实际认真制订计算机教室、多媒体室、电子备课室等功能教室的各项规章制度,做到制度上墙,使用有记录,平时有检查,确保信息化设备为教学工作正常进行提供保障。市教育局结合平时常规工作检查,组织对各校教育信息化的管理工作进行检查指导,实行相应的考核和评估。

4. 技术支持及培训

贵阳市教育局组织专家提供技术指导,到各区县开展培训工作;依托区县教育局电教专干开展信息技术指导和应用培训工作;依托设备设施供应商开展技术指导和维护维修工作;落实学校技术骨干管理员和教师的职责,开展技术引领、维护保养、教学应用等工作。

(二)我市各级政府对教育信息化建设的经费投入

"十三五"期间,我市各区市县政府共投入教育信息化经费约15500万元,各地区经费投入和信息化建设情况如下表:

地区	经费投入(万元)	建设内容
南明	300	配齐永乐、小碧两个乡的网络教室、移动多媒体设备、"班班通"多媒体教室,实现光纤网络"校校通"
乌当	800	完成了乡镇以上中小学的"班班通"建设项目和计算机网络教室建设任务

续表

地区	经费投入（万元）	建设内容
花溪	300	配置了农村中小学"班班通"信息设备
白云	1500	建设了农村小学卫星地面接收站、"班班通"教学终端、教学质量监控系统中小学计算机教室、省"班班通"试点项目、白云区千兆教育城域网、互动"班班通"教学系统
观山湖	2000	为学校配备计算机、"班班通"设备、校园网等设施设备
修文	7500	为全县39所学校的教师配置办公电脑1250台（实现了全县中小学教师人手一台计算机），并配置了"班班通"终端设备654套，在乡镇以上中小学新增计算机教室32间
息烽	800	完成了13所中小学，共计292个教学班的"班班通"建设项目和4所学校的计算机网络教室建设任务，实现了乡镇中学以上学校教学资源的"班班通"
开阳	5000	为学校配备计算机、"班班通"设备、校园网等设施设备
清镇	5000	建设了32间计算机网络教室和1043间"班班通"教学终端

（三）取得的成绩及成功经验

1. 全面提升了全市农村学生的信息素养

通过不断规范农村学校信息技术课程的开设工作，全面开设信息技术必修课，把学生的信息技术教育列为素质教育的重要内容，把学校创设计算机环境、开设信息技术课程的情况，作为实施素质教育的评估依据，我市农村学生的信息素养得到了极大的提高。各农村学校已初步形成以坚持应用为中心，以"学会浏览、学会下载、学会收发电子邮件"为基本要求，以"培养学生运用信息技术正确获取有益知识的能力"为目标的信息技术教育教学模式，实现农村学生接受初级的信息技术课程教育，逐步提高了学生运用信息技术进行学习的能力和适应信息社会的素质。

2. 农村学校教育信息化建设稳步推进

目前，大部分学校教育信息化建设呈现设施管理规范，系统运转正常，资源有效利用的良好态势。通过开展"抓典型、树示范"活动，挖掘优秀案例，"以点带面、以面促点"，充分发挥辐射和示范作用，建立了信息技术与学科教学事例应用、学生电脑作品制作培训、学校门户网站建设、教学点数字教育资源应用和"班班通"运用等示范点。

3. 信息化教学初见成效

近几年来，通过现代信息技术的推广，广大教师能运用现代教育技术进行教育教学，初步树立了现代教育理念，把现代教育技术手段，充分运用到教育教学实践中，各学科教学效果有了明显的提高。

二、我市农村学校教育信息化建设存在的问题和面临的困难

在经费投入的倾斜政策下，我市农村学校的教育信息化建设取得了长足的进步，部分农村学校信息化设备档次或配置甚至超过南明、云岩两城区的一般学校。但处于发展中的我市农村学校教育信息化建设仍然存在着不少的问题，面临着很多困难。

（一）硬件资源建设仍然不足，难以满足教育信息化建设的需求

1. 网络带宽不足，严重制约了网络教学和数字资源共享

要实现正常的网络教学及资源共享，网络终端设备上网带宽必须在10M以上，但有70%左右的农村学校或教学点网络带宽仅有2—4M，而且还要教学与办公共用，甚至还有不少的村级小学未接入互联网，无法实现优质教学资源的共享，也不能充分保证一个学校实现与互联网络的互联互通。网络带宽问题已成为制约我市农村学校信息化建设的一个极其重要的因素。

2. 计算机数量存在缺口，影响了学校信息技术课程开设和教师信息技术应用

按《贵州省县域义务教育均衡发展督导评估实施办法（修订）》的

标准，初中每百名学生配备不低于 10 台教学用计算机，小学每百名学生不低于 6 台。但我市 47 所农村中学中尚有 14 所，约占 30% 的学校未达到这一标准，312 所农村小学（教学点）中尚有 139 所，约占 45% 的学校未达到该标准。在已达到标准的农村学校中，有一部分计算机是几年前购买，目前面临淘汰的产品。大部分农村教学点根本没有计算机教室，导致信息技术课无法正常开设。大部分农村学校教师未达到人手一台办公计算机的水平，部分教师除参加培训外从未使用过计算机。由于没有计算机，即使参加了计算机技能培训也难以得到巩固，不能很好地掌握所学信息技术知识，不可能进行网络集体备课，也不可能参加数字教育教学资源的共享与建设，更谈不上将数字教育教学资源与自己所担任课程进行整合。

3. 相关网络建设严重滞后，无法承载教育信息化建设的要求

教育信息化建设涵盖了教育工作的方方面面，包括教学、科研、办公、管理、服务等各方面的信息化建设，需要校园网作为支撑平台，目前我市仅有不到 40% 的农村学校不同程度建成了校园网。

我市教育城域网建设完成了贵阳市教育城域中心与 10 个区市县教育局汇聚层机房的硬件系统建设，通过租用 10M 点对点光纤链路，把设在 10 个区（县、市）教育局的汇聚层接入设在贵阳市教育信息中心的核心层，出口分别租用联通和电信的两条 100M 链路，构建了贵阳市教育城域骨干网络。但是由于经费有限，大量的学校（尤其是非农村学校）仍然游离于教育城域网之外，不能构建一个大的平台，无法实现全市教育资源的共享、整合和有效应用，教育集团的优势资源得不到充分利用。

4. 信息设备的升级换代和维护得不到保障

信息设备和设施的电子特征，决定其需要维护和不断地更新换代，同时也需要良好的维护。财政的专项投入只针对农村学校的硬件设施设备的购买作一次性的投入，而后期的维修维护和设备的升级换代将给农村学校带来沉重的经费负担。

(二) 数字教育教学资源建设与应用水平不高

受到教师教学水平和应用信息技术能力的限制，我市农村学校的数字教育教学资源的建设和应用水平远不如城区学校。主要体现在以下几个方面。

1. 数字教育教学资源投入不足，缺乏与教学相适应的优质教学资源

农村学校缺少与外界的交流和沟通，绝大部分农村学校的老师使用自己凭经验凭感觉制作的课件，或是一些从网上下载的课件和素材加以修改"拼凑"后形成的教学资源，可以一定程度上满足个别应用需要，但难以成规模。换句话说，数字教育教学资源的建设仍处于起步阶段。另一类教学资源由信息设备生产厂商批量提供，而厂商主要是通过各种途径收集资源，而非制作资源，收集的资源与新课程标准不符合新教材，也不符合当地学生认识特点，导致资源可用性比较差。农村学校所拥有的这两类资源均难以形成科学的、成体系的数字教育资源。同时，也不能成为适应我市农村学校广大师生需要的优质本土课程资源。

2. 教育资源有待整合和充实

目前我市网络教学资源的使用现状是各学校各自为政，部分学校校园网上仅存放本校教师自己制作或搜集的教学资源，但学校与学校之间开放共享性差，可选择的资源不多，不利于互相促进，取长补短，亟待引导教师共建共享，加以整合与充实。

3. 资源有效利用缺乏平台支撑

目前各农村学校教育教学资源建设主要追求数量，没有从使用者的角度去考虑如何利用，资源堆砌无法盘活，资源管理系统繁多，数据格式不统一，技术标准各异。

(三) 农村学校师资队伍建设水平难以达到教育信息化的要求

1. 部分教师的传统教学观念根深蒂固

有一部分教师认为应用信息技术手段上课会影响教学成绩，有的教

师对使用信息技术手段组织教学存在畏难情绪，对信息技术不学也不用。农村学校中还有一部分是"民师转正"的教师，他们一般年龄偏大，对传统的"黑板—粉笔"教学模式依赖性高，对配备的"班班通"设备使用不熟练，对信息技术的学习及应用能力不高。还有一部分教师，虽然也使用多媒体课件授课，但是对现代教育理念不甚了解或理解，也不过是将纸质讲义"电子化"，其教学模式和效果并无多大差别。还有一部分主课教师对信息技术课认识不到位，有占课现象：一些主课教师为了完成教学任务、为了提高学生对本课程的掌握程度、为了提高学生通考成绩提高学校排名等常常有占课现象，对于像信息技术课这样的"副课"是他们占课的主要对象。如此，导致学生对信息技术课掉以轻心，不能很好地达到教学目的，所以有的学校有很好的信息设备，但设备的使用率并不高。

2. 教师缺乏将信息技术与学科进行整合的能力

绝大多数教师对待教育信息化的态度很积极，都能够认识到教育信息化势在必行，并且能收到很好的教学效果，对于这方面的培训能够很好地支持并热情地参与，但是由于年龄、学历、职称、生活、网络学习条件等诸多方面的原因，再加上自身能力的原因，尚不具备将数字化教学资源和信息技术与课程整合所必需的技能。

3. 各农村中小学普遍紧缺信息技术类专业教师

由于缺乏专业师资，很多乡镇小学、村小或教学点的信息技术课只能由懂一点计算机知识的其他学科教师兼职上课，教学质量难以得到保证，甚至有的农村中小学干脆就放弃信息技术课的教学，这将对学生掌握信息技术的愿望和能力产生严重的影响。同时由于存在所学专业与所任课学科不对口会影响职称评定的情况，兼职上信息技术课的教师工作热情也不高，甚至产生了抵触情绪。

4. 缺乏专业的信息化设备管理和维护人员及相应编制

由于大部分农村学校的信息化设施设备的管理工作是由信息技术课

教师或其他学科懂一些信息技术知识的教师兼任，极大地增加了这部分教师的工作量和工作压力。有的学校没有配置维护人员，致使设备设施出现故障得不到及时排除，影响了教育教学工作的正常开展。甚至还有个别学校由于担心把信息设备搞坏无法维修，日常教学工作中尽可能不使用信息设备，信息设备的应用工作没有得到有效开展。同时受职称、待遇等因素影响，存在专业技术人员队伍不稳定的情况。

三、我市农村学校教育信息化建设进程中存在问题的成因分析

（一）经费投入不足是我市农村学校教育信息化发展的一大障碍

由于财政状况紧张，大部分区市县信息化建设经费投入严重不足，根本无财力去建设计算机教室，去开发和购买优质的数字教育资源，更无财力来完善校园网络建设，有的农村学校不得不挤用本就捉襟见肘的生均教育经费来支付网络带宽使用费及信息设备的维修维护费甚至电费，甚至出现像修文县的部分学校由于用电问题得不到解决导致计算机室不能正常使用的状况。

由于财政专项资金只针对学校的硬件设施设备购买作一次性的投入，而后期的维修维护和设备的升级换代给农村学校带来了沉重的经费负担，没有持续的财政经费有效投入，其信息化建设的发展将难以为继。同时，在经费的投入方向上，往往重视硬件建设，把相当大比例的资金投入到硬件设备，却忽视了软件和数字教育资源建设的需要。

（二）数字教育资源的建设和开发缺乏统一的规划，缺少相应的支撑平台

我市农村中小学数字教育资源的来源主要有自主开发、信息化设备提供商提供的资源库、远程教育资源、教育集团内部共享、网络下载、上级配发等方式。由于来源渠道较多，对资源的分类缺乏统一标准，不同来源、不同厂商资源库互不兼容，不利于资源的共享。

目前的教育资源库产品很多,但适合我市农村学校课程标准和教材的内容并不多,而且绝大多数内容是以教为主,为一线教师的学科教学提供素材、教案、试题、课件等等,而对学生自主学习基本没有支持,数字教育教学资源急需大量补充或自建,但由于农村学校教师的教学水平和信息化水平及客观条件的限制,很难二次开发或补充。

由于缺乏负责推进全市数字教育资源规划、引进和本土课程资源的开发的专门机构,无法实现对全市数字教育资源进行统一的征集、引进、开发、研究、评价、推荐、交流和共享。同时由于缺乏校园网络平台和教育城域网的有力支持,不仅农村学校内的教育资源无法整合,教育集团和片区联盟内的教育资源的有效整合也无法实现。

(三)教师信息化培训的内容和方式不能满足农村学校教育信息化建设的应用需求

在培训内容上,一是存在培训的知识不系统,整体观念不强的现象,二是单纯是技术层面的培训,没有将培训重点放在保证教师具备将信息技术与自己所担任课程进行整合所必需的技能上,没有将培训内容与教师的专业发展结合起来。再加上不少农村学校教师没有自己的计算机,即使参加了计算机技能培训也难以得到巩固,不能很好地掌握所学的知识,包括计算机系统操作、软件运用等。这样的培训方式和内容,不能从根本上改变教师的教育教学观念起到良好的推动效果,也不能提高教师参与教育信息化进程的热情。

在培训方式上有校本培训和上级部门组织的校外培训。校本培训涉及面广,针对性较强,培训比较到位,但基本上只能培训一些信息设备的基本操作和软件使用,很难上升一个专业层次,不能很好地满足一部分学习兴趣比较强的教师的学习要求。同时由于培训设备和培训教师的缺乏,因经费问题又不能外聘培训教师,部分农村学校根本无法开展校本培训。校外培训相对来说专业化程度较高,可以在理论和技术上对教师进行系统的培训,而且培训出来的教师又能回校组织校本培训。校外培训培训面小，只能涉及一部分专业化的、有一定基础的教师，部分教师很难吃透培训内容，难以将其巩固并用于教学中。

（四）技术支持的缺乏，是农村学校教育信息化建设的一个薄弱环节

技术支持是一个很重要的问题，一方面有设备管理和维修维护方面的问题，另一方面也有教师教学指导方面的问题，在很大程度上决定了信息化教育的发展速度。有一个很好的技术支持体系，一方面能够很好地维护好硬件设备，从而对经费问题有所缓解的同时也延长了信息设备的使用寿命；另一方面，给教师教学提供一个很好的技术支持也能够使信息设备最大限度地发挥其作用，以推动、促进信息化教育的发展。然而，通过此次调研，我们发现技术支持却是一大薄弱环节，需要大力完善。

根据以上出现的问题和成因分析，我们提出如下对策与建议。

四、推动我市农村学校教育信息化建设的对策和建议

（一）提高对我市教育均衡发展重要性的认识

将"教育云"的建设列入我市发展的优先战略中，通过"教育云"平台为资源提供者和资源使用者构建网络交流、共享和应用的环境。在"大数据"时代，"教育云"的建设将为解决我市教育事业发展，特别是农村教育事业发展的诸多问题提供一个高效的途径，为实现城乡义务教育的均衡发展奠定坚实的基础。制订我市农村教育信息化整体发展规划或框架，把农村学校教育信息化建设作为促进我市教育均衡的重点来抓。在推进目标上，从"为信息化而信息化"转变为"为教育现代化而信息化"，在推进方式上，从"教育部门自己推进"转变为"政府、学校、企业联合推进"，在推进导向上，从"硬件建设导向"转变为"数字资源的应用导向"。

（二）加大对农村学校教育信息化建设的财政支持力度

财政预算应通盘考虑农村学校信息化建设的整体需要：农村学校所需要的网络带宽费用，校园网络建设及维护费用，"班班通"设施设备的维修维护费用（包括电路改造费用和电费），为每一位教师配发一台台式计算机的费用，教师的信息化应用的培训费用，以及信息设备及软件系统升级换代的费用。特别是针对97个教学点，至少要保证每个教学点至少有一个10至20台计算机组成的计算机室。

（三）充分保证各农村学校接入互联网的网络带宽需求

由政府统筹协调解决各农村学校的网络带宽问题，保证各农村学校接入互联网的带宽不低于20M，而教学点应不低于8M。同时呼吁各电信运营商义不容辞地承担起社会责任，为解决农村学校接入互联网的带宽问题做出国企应有的贡献。

（四）加快教育城域网的建设速度

我市已基本形成农村中心校、学区化、集团化的分布格局，目前需要科学整合并充分共享优质教育资源。建议由市政府统筹协调，加快全市教育城域网的建设速度，将全市所有学校（包括教学点）连接进来，为全市网上教育教学资源提供一个统一、开放、易用的综合环境，达到共享优质教育教学资源的目的，以此来支持全市的协作式教与学、教研与培训，实现教育集团资源的辐射与带动效应，激发农村学校、薄弱学校的内生动力，实现区域内学校相互依存、相互影响、互动共生，形成一个开放互动的师生之间的学习共同体，迅速提升农村学校的办学水平，加快市（区、县）义务教育的均衡化进程。

（五）加大人才吸收和人事制度改革，为农村学校教育信息化提供技术支持和师资保证

吸纳一批高质量的技术支持人员，为农村学校的教育信息化建设提供有力的硬软件技术支持和理论技术支持。确保技术支持到位，能够很

好地、快速地解决实际中的问题。进一步提高现有技术支持人员的质量，培养技术支持人员的服务素质，适当加大技术人员数量。

建议市人事部门为我市农村学校引进信息技术老师和设备维护人员提供更大的支持力度，同时相关部门也要为其他学科转为信息技术课教师的职称评定提供政策支持，充分保证每一所农村学校（包括教学点）都能开足、开好信息技术课。

（六）对学校教师进行全面、高效的教育技术培训

立足于校本培训，适当进行校外集中培训，充分利用网络在线培训和农村远程教育环境。要达到课程整合，需要各科教师都有一个很好的信息技术能力，除了自己要有一个很强的获取与处理信息的能力之外，还要教会学生获取信息与处理信息，所以对教师进行全面的教育技术培训是一个很必要的环节。要真正地让教师积极主动地参与到培训中去，通过培训来改变教师的传统教学观念和传统教学模式，改进培训方式、培训内容。教师培训要从学校的实际出发，要在培训中加强创新能力的培养；从教师队伍的实际出发，按需施教、学用结合，切实加强培训工作的针对性、实效性和实践性。在培训过程中，强调针对性、开放性、情境性、协作性等原则，兼顾学科体系的不同和受训教师个性发展的需要，强调师生互动，自主操作和协作学习相结合，使教师树立基于信息技术的现代教育观念，并逐步提高教师的信息素养和获取、处理、应用信息的能力，转变教师的教学模式和学生的学习方式，由以教师讲授为中心向以学生学习为中心转变。建议由教育主管部门对教师需求进行调研，根据调研结果，科学、合理地安排具有实际运用价值的培训。

（七）加大引进省内外优质网络教育资源，特别是发达地区网络教育资源的力度

由政府牵头与省内外特别是发达地区优质网络教育资源拥有单位进行战略合作，我市各农村中小学通过网络直播、在线播放或网络下载等

方式长期免费或有偿使用（由政府财政统一支付）对方的学习资源、备课资源等。这样既提升了学生学习成绩，又向教师输送新的教学理念和方法，促进学校整体教学水平的提升。对由于网络带宽或接收播放设备达不到的条件的农村学校，可采用光盘或移动硬盘进行离线播放，使农村学校的原有的远程教育设备得到充分利用。

（八）成立针对课程的数字教育资源开发中心，加大全市数字教育教学资源的开发与整合力度

农村教育信息化的最终目的是通过各种信息化手段使农村孩子得到较好的教育，因此数字教育资源的开发尤为重要。建议成立市级数字教育资源开发中心，全面负责我市数字教育资源的规划、征集、引进、开发、研究、评价、推荐、交流等工作，重点推进数字教育资源的共享和本土课程资源的开发。其主要工作是组织学科教研员、信息专业教师、学科教师和学生来共同参与开发本土的数字课程资源，同时也承担区（县）级、镇级教研任务，研发经费由市财政统筹安排。同时，由市教育局来负责全市数字教育教学资源的整合，探索"政府引导，企业参与，学校应用，服务驱动"的路子。

（九）建立完善的教育信息化评价和考核体系

建议教育主管部门建立一个完善的教育信息化评价和考核体系，定期进行系统的教育信息化评价，并把评价结果纳入考核范围，促进农村教育信息化全面发展。评价体系可包括信息基础设施建设、教育教学资源建设、ICT（信息和通信技术）教学与管理中的应用、教师信息技术培训、学生信息技术课程开设效果、信息资源管理与维护以及信息化政策、标准等方面的内容，以应用驱动教学模式的创新，以应用驱动评价标准的变革。有了一个好的评价体系才能真实的反映一个学校或一个学区整个教育信息化建设的现状，以便提出比较好的改进措施和发展计划，通过实实在在的评估来促进建设和管理，促进教师整体素质的逐步

提高，更好地促进农村教育信息化建设的发展。

（十）我们既要盘活存量，又要提高增量，建议加快引入国内外名校到我市培育优质学校

着力提升学校内涵，促进多元、优质、特色发展，推进教育公共服务均等化。以教育资源整合为契机，统筹城乡、区域教育，关注重视农村教育，深化学区化改革、集团化办学，大力提高优质教育总量和优质教育的覆盖面。建立农村学校与城镇学校"专递课堂"，建立适合教师专业化发展的远程学习、培训、教研平台，开展网络互动教研，深入推进信息技术在学科教学中的应用。

以教育信息化推动教育现代化，提高优质教育辐射面，是我市教育事业发展的战略选择。我市农村学校教育信息化建设的落脚点是促进教育均衡发展，是为促进学生发展提供基础的、信息化的软硬件条件，办好老百姓家门口的学校，并致力于教师专业成长，优化师资结构，同时促进全市学校"共同发展、积极发展、特色发展"，发挥优质学校的辐射、拉动作用，共享办学理念、教育资源、管理机制，通过"名校带动、名师带动、全局支持"，更好地带动薄弱学校、农村学校，实现优势互补、特色发展，尽快缩小校际办学、城乡办学质量的差距，实现从"输血"到"造血"的功能转变，力争让每个学生都能享受优质的教育，对于促进我市教育公平、打造贵阳教育发展升级版、构建教育强市和人力资源强市具有重大意义。

引进优质教育资源
促进贵阳市教育高质量发展

民盟贵阳市委会

大力引进优质教育资源是贯彻落实"教育立市"战略,破解贵阳市教育优质不足难题,办好人民满意的教育的一个极其重要的途径。民盟贵阳市委会组成盟员专家组,于 2020 年 6 月至 9 月开展专题调研,通过走访贵阳市教育局、云岩区教育局、南明区教育局、观山湖区教育局、白云区教育局、花溪区教育局、清镇市教育局、修文县教育局等单位,深入部分引进的优质教育资源学校,实地考察学校教育教学等方面的情况,并专门邀请部分引进的省外优质学校负责人开展调研座谈,详细了解各校在学校制度建设、校园文化建设、教师交流培训、课堂教学和教育信息化建设等方面,以及合作办学过程中面临的问题和困难等情况。

一、贵阳市引进省外优质教育资源的基本情况

（一）现状

根据《中共贵阳市委贵阳市人民政府关于实现教育立市暨加快教育改革和发展的意见》,贵阳市教育局制定了《贵阳市引进优质教育资源促进教育开放合作实施方案》。市委、市政府领导多次率贵阳市教育考察团赴北京等地与当地政府、教育部门进行座谈,明确了贵阳市与北

京市建立"一委三区"(北京市教委、西城区、海淀区、朝阳区)的教育战略合作关系。在市委、市政府的关心和支持下,市教育局指导和帮助各区(市、县)、各市直属学校明确合作目标,寻找合作切入点,理清工作思路,以争取办学效益最大化为前提,按照"一校一案一策"结合各学校实际,制定出切实可行的三年合作规划和具体实施方案,有效地推动了引进省外优质教育资源工作的开展。

为确保我市引进的省外优质教育资源健康发展,贵阳市教育局制定了《贵阳市教育局关于引进北京优质教育资源北京派出教师补助方案》,明确了来筑开展合作办学学校中长驻教师的补助标准,同时加强经费支持力度,为省外优质教育资源来筑开办分校、联盟校、基地校等提供必要的资金保障,积极引导省外优质学校到贵阳办学并发展壮大,努力破解我市优质教育资源不足短板。

(二) 成果

截至2020年9月,全市共引进省外各级各类优质教育资源32所(其中幼儿园2所,小学12所,初中4所,普高9所,职高4所,社区学校1所),180余名干部教师先后赴北京市教委、学校挂职和交流培训。从北京市、山东省等地共引进的32所优质学校以挂牌办分校、组成联盟校、建立基地校、结成拉手校等多种方式开展深度教育合作。

从资源来源上,先后从北京市引进优质学校31所,山东省1所。

从合作方式上,挂牌办分校12所,组成联盟校2所,建立基地校4所,结成"友好姊妹学校"14所。

从学段和学校类别上,引进幼儿园2所,小学12所,初中4所,普高9所,职高4所,社区学校1所。

从地域分布上,云岩区8所,南明区9所,观山湖区、白云区各3所,花溪区、修文县、开阳县各2所,乌当区、清镇市、息烽县各1所。

2020年,贵阳市教育局还与北京教育科学研究院签订了优质教育资源服务合作协议，共引进40000个中小学课程学校网络账号，现已完成账号分配，使贵阳的学生坐在家中就可以接受京城名师授课。此外，2020年以前，各区（市、县）政府、学校和社会力量通过各种渠道引进并成立了北京师范大学贵阳附属中学、贵阳中天北京四中（合作期已满）、息烽县乌江复旦学校等多所学校，与省外开展了不同程度的教育合作。

特别值得一提的是，北京市、山东省等优质教育资源输出地政府、教育行政部门对我市引进优质教育资源开展合作办学给予了大力支持。如北京市各相关区免除了优质学校到我市挂牌办学的费用，派出了优秀的管理干部到贵阳分校担任执行校长，并派出骨干教师长驻贵阳分校指导教育教学工作等。

通过引进优质教育资源的工作，初步实现了四个目标。一是新增优质教育学位2.2万个，覆盖幼儿园、义务教育学校、高中阶段学校、职业学校等各个阶段。二是通过共享优质资源，搭建了教师培训的长效机制，引进先进的办学思路、办学理念和校园文化，有效地提高了全市教育整体质量，特别是在师资队伍的建设、管理队伍的建设、学校的课程体系建设包括校本课程建设，以及校园文化建设水平等方面得到了提升。三是依托优质职业教育资源，挂牌成立了贵阳市服务外包学院，开设一批大数据相关专业，建成一批呼叫服务外包实训中心，初步具备了为大数据产业发展大规模培养人才的能力，丰富了人才培养。四是通过京筑两地共享社区优质教育资源，有力推进了我市终身学习平台建设、社区教育网工作平台建设、社区教育课程体系建设和社区教育资源开发，夯实了我市学习型社会建设的基础。

通过一年多的大力引进省外优质教育资源，在一定程度上缓解了人民群众"上好学"的迫切需求问题，扩大了我市优质教育资源总量，提高了学校的管理水平，提升了群众的满意率和学校的办学效益，促进了与教育发达地区的教师交流和资源共享，为我市学生创造了更优质的教育环境。

二、问题和困难

随着贵阳市"教育立市"战略的推进，人民群众对优质教育资源的需求日益增强，我市引进省外优质教育资源也面临新的挑战。

(一) 引进机制有待进一步完善

目前，我市引进优质教育资源工作主要以项目形式推动（合同期限一般为三年），未建立长效机制，缺乏引进优质教育资源的中长期规划，亟须制定出台相关政策或指导性意见，使引进优质教育资源工作常态化、长期化，进一步强化引进优质教育资源的可持续性。

(二) 对教育经费的投入仍显不足

近年来，我市各级财政虽积极筹措资金，充分保证对教育经费的投入，但由于历史欠账较多，优质学校数量不足、硬件不足、学位不足，实质上就是教育事业的发展与人民群众需求之间的矛盾并未从根本上得到解决，引进优质资源合作办学学校及其他学校的办学条件还有较大的提升空间。譬如一些基础设施设备和学校的信息化建设水平与现代化学校的标准相去甚远，甚至部分新办学校出现开学很长一段时间后电话网络、宽带网络和办公设备均未解决的情况。同时，我市中小学教师的工资水平也与教育发达地区相比也有不小的差距，现有的绩效工资制和同工不同酬和状况对调动广大教师的工作积极性的作用也并不尽如人意，不同程度地影响了教师的工作积极性。

(三) 引进省外优质教育资源总量不大、覆盖面不广且不均衡

一是总量小。截至2020年年底，全市基础教育学校和中等职业学校共1478所，引进各级各类优质学校32所，引进学校仅占全市同类学校总数2.17%，距离《贵阳市引进优质教育资源促进教育开放合作实施方案》中"到2021年，全市引进优质学校总数达到100所以上，引

进全国知名校长、教师总数达到 100 人以上"的目标仍存在一定差距。

二是来源相对集中。2020 年,我市开展京筑教育合作,将引进优质教育资源工作重点放在北京市各区,共计引进北京市各级各类优质学校 31 所,占总引进数的 96.88%,虽然与全国其他地区开展了不同程度的教育交流,但除山东省外未实质性引入其他地区的优质教育资源。

三是区域差异明显。市域内,2020 年引进的 32 所优质学校按照我市区(市、县)经济发展水平和交通便利程度,总体上由城中心向四周逐渐减少,其中云岩、南明两区引进数量 17 所,占总引进数的 53.13%;区域内,引进的优质学校主要分布在城市和区(县)政府周边地带,农村学校无覆盖。

(四)与引进的优质教育资源合作模式不多

2020 年,引进的省外优质教育资源中,仅北京八中、北京一六一中学、北京黄城根小学、北京北海幼儿园派出管理干部和教学团队长驻贵阳负责学校管理和教育教学工作,其余学校多采用教师互派学习、短期跟岗培训等方式进行合作,由于学习培训时间较短,本地教师专业能力提升有限。2020 年以前,引进的学校中,有部分学校仅通过购买品牌的方式挂牌办学,缴纳了品牌使用费但未开展实质性合作。

(五)教师编制不足

现引进的 18 所挂牌学校中,部分学校为新建学校,教师编制不足成为制约学校发展的首要问题。譬如北师大附中贵阳分校教师缺编,虽经观山湖区教育局的大力支持,解决了部分编制,但截至目前,该校仍缺编 16 人,不得已只好部分并班,教师超工作量工作,家长亦有意见;北京八中贵阳分校由于学校为 2020 年 9 月正式开学,只招收了初一年级的学生,现有教师编制仅能满足学校运转和初一年级正常教学工作开展,随着学校的不断发展,教师编制不足的问题逐渐凸显,影响了学校的发展。

三、对策和建议

(一) 进一步提高对引进优质教育资源重要性的认识

引进优质教育资源,扩大优质教育资源总量,是我市教育事业发展满足人民群众对优质教育资源需求的重要手段,对"教育立市"战略的稳步实施有着巨大的推动作用。要把引进优质教育资源,扩大优质教育资源总量和覆盖面作为教育综合改革的重要抓手和重大民生工程,列为政府工作重要议事日程并纳入目标考核任务。要加强对教育和经济发展关系的理解,继续加大各级财政对教育的经费投入力度。现代经济社会中经济对教育的影响越来越主动,起到的作用也越来越大,教育也日益成为制约经济发展的关键因素,两者之间是双向的非均衡的互动关系。要鼓励和支持各区(市、县)加快区域经济发展,加大教育经费投入,形成"以经济推动教育,以教育促进经济"的良性循环,实现教育、经济双发展;各区(市、县)要为引进优质教育资源搭建经济平台,为大幅度的提升学校办学条件、提高教师工资水平和为教师及管理干部的跟岗培训提供经费保障,为全市优质教育科学均衡布局从而达到"教育立市"的战略目标提供物质基础。

(二) 为引进优势教育资源工作搭建平台

利用平台大力加强与全国教育发达地区的教育交流合作,扩大优质教育资源来源,同时加大统筹、规划、协调力度,优化引进优质教育资源的选点布局,研究引进过程中出现的新问题、新情况(如合作学校教师的岗位设置和职称配置系数等问题),有针对性地制定相关的配套政策,以优质、均衡、公平为标准,努力构建覆盖各区(市、县)、涵盖各学段、布局科学合理的省外优质教育资源网络,逐步满足人民群众对"上好学"的需求。市教育局及其他相关部门做好引进优质教育资源工作引入民间资本的政策研究,在开展实质性合作的前提下,鼓励和支持社会力量积极引入省外优质教育资源。

（三）制定和完善引进优质教育资源的规划，加强信息化建设

一方面要继续加大引进力度，扩大引进优质教育资源的来源，把教育发达地区的优质教育资源大量地"请进来"，另一方面也要坚持引进优质教育资源不流于形式，每引进一所优质学校都要将合作内容实质化、具体化，实现深度融合。市、县两级教育行政部门要加强对各学校开展合作的指导，为合作学校提供相关支持，要创新管理模式，改变工作方式，从全新的角度提供帮助和支持，促进优质教育资源更好地发展；各相关学校要加强与合作学校的交流沟通，充分借鉴吸收省外优质学校先进的办学理念、管理方法提高本校办学水平；要建立长期有效的教师交流培训机制，为本校教师创造更多的培训机会，提高教师的专业能力；以创新为突破，探索新的、有效的合作办学模式。

同时，要大力加强教育信息化建设。一方面，有教育信息化的支撑，引进优质教育资源会更便捷，会更容易实现优质学校和薄弱学校的均衡发展、公平发展，另一方面，也能够更好地利用大数据来提升教育的管理和服务水平，实现教育观念的转变。

（四）为教师的引进建立"绿色通道"

建议市、区（县）编办及人力资源和社会保障部门会同教育部门研究学校教师编制管理，完善学校编制管理办法，健全编制动态管理机制，逐步实现公办学校教师"局管校用"的弹性编制，优先满足学校教学一线的基本需求。要科学、合理核定学校教职工编制，对引进的优质学校在编制和职称评定等政策上进行倾斜，充分为引进优质教育资源提供人力保障。

（五）认真贯彻落实《贵阳市新建改建居住区教育配套设施建设管理规定（暂行）》要求，做好对新建改建居住区教育配套设施建设的监督管理

建议加大教育行政部门在居住区新建改建项目审批中行使职能的力

度，各相关部门要建立教育配套设施建设一票否决制，凡不符合规定的项目未建的不予审批，已建的一律限期整改，按照"同步规划、同步建设、同步交付使用"的原则对项目建设实行动态监督，为引进省外优质教育资源提供强有力的政策支持。

（六）加快实现"省外优质教育资源贵阳化，贵阳教育资源优质化"

引进的省外优质教育资源要在保留本校特色的基础上，与贵阳本土文化相融合，打造独具特色的校园文化；合作办学的学校要充分考虑到我市学生的特点，因材施教，不生搬硬套；在合作期内，要探索开展"学区化""集团化"办学，通过引进的优质学校的影响力，建立健全校长和教师流动机制，充分发挥优质教育资源的辐射和带动作用，引领薄弱学校向优质学校的转变。

加大培育本土学校向优质学校发展。市、区要制定和完善引领机制、导向机制、动力机制、保障机制和运行机制，积极引导我市学校向优质学校发展。建议市教育局研究并制定贵阳市优质学校办学标准，探索在合作办学中对于引进校长的标准和考察以及后期的跟踪监测建立第三方评价机构，通过进一步改善课程与教学，促进教师专业发展，提升学校领导能力，改进学校组织环境，获取外部支持等方式，促进我市学校向优质学校发展。

（七）对引进优质教育资源的学校进行必要的综合评估

对其引进前后的变化进行比较，包括教学效果、服务对象及服务质量、社会（家长）评价及建议等，对提升教育教学质量效果明显、社会反映良好的学校大张旗鼓的表彰，并推广好的做法。同时，也要对那些有名无实甚至社会反映很差的学校应予以整改，甚至于中止、取缔其办学资格等。通过这些举措，促进我市引进优质教育资源的工作良性发展。

打造"天使"品牌　守护百姓健康

民盟桂林市委会

2020年9月2日下午，荔浦市人民医院人声鼎沸，来自荔浦市各基层卫生医疗机构的医务人员和周边县区卫生医疗机构的相关负责人齐聚一堂，共同见证民盟"守护天使工程"示范基地暨西门子医疗医学影像示范中心揭牌成立。全国人大常委会委员、全国人大农业与农村委员会副主任、民盟中央副主席龙庄伟，民盟广西区委专职副主委黄世喆，中共桂林市委常委、副市长沈威虎，桂林市人大常委会副主任、民盟桂林市委会主委谭建国，中共荔浦市委书记陈代昌，中共桂林市委统战部副部长程海超等领导出席活动并为基地揭牌。

这是全国首批民盟"守护天使工程"示范基地，它的顺利揭牌，是民盟桂林市委会自项目在广西启动以来主动作为、大力推进的结果。民盟桂林市委会以此为平台，不断推动"守护天使工程"项目在桂林的实施和推广，为桂林基层医院医疗设备、临床专科能力和医疗服务能力的提升贡献力量。

一、主动作为，推动项目在桂林落地生根

（一）万事开头难，主要领导亲自协调推介

近年来，民盟中央秉持"奔走国是、关注民生"的优良传统，大力推进"健康扶贫"事业，开展了"微天使工程""超天使工程""守

护天使工程"等医疗帮扶活动。民盟桂林市委会积极响应民盟中央号召,发挥自身优势,利用盟内资源,2018年即开始着手在桂林推动"守护天使工程"项目。但是,项目之初困难重重,卫健部门不看好,基层医院存疑虑。针对这一问题,民盟桂林市委会主委多次亲自带队到桂林市卫健委力推此项目,并通过市卫健委向各县区卫健局及基层医院下发通知。经过政府层面不断沟通与推广,民盟"守护天使工程"这项以"健康扶贫"为初心的医疗帮扶项目逐渐得到了全市卫生系统的了解和认可。通过多方努力,2019年3月"守护天使工程"广西项目启动仪式在桂林顺利举行。全国政协常委会委员、广西政协副主席、民盟广西区委主委刘慕仁,民盟中央社会服务部部长刘圣宇,自治区党委统战部副部长李银霞,中共桂林市委常委、统战部部长王建毅出席了启动仪式。至此,"守护天使工程"项目正式在广西落地。

(二)披荆又斩棘,扫除项目推进中的拦路虎

"守护天使工程"项目在桂林刚启动,即面临着一个现实难题:配置许可证。近年来,为加强国家对医疗资源规划和配置管理职能,按医疗资源区域规划,实行阶梯配置,指导各级医疗机构配置不同层次的设备,广西壮族自治区卫健委对县级医院采购乙类大型医用设备的配置许可证实行较严管控,从2018年起所有县级医院取得的乙类大型医用设备配置许可证均标为国产品牌。而"守护天使工程"是民盟中央与西门子医疗合作推广的医疗扶贫项目,提供的均为西门子医疗公司的设备,如果因为配置许可证不符合,那已纳入"守护天使工程"的受助医院将无法采购西门子医疗的设备,也同样无法享受到项目帮扶。如平乐县中医医院和荔浦市人民医院两个"守护天使工程"受助医院,都申请购买了项目中的1.5T核磁共振,但两家医院的配置许可证均为国产品牌。眼看着因为配置证的原因,项目难以开展,医疗帮扶成为泡影。针对这个项目中的最大"拦路虎",民盟桂林市委会主动作为,以参政党的身份通过多种途径呼吁推动问题的解决。最后在民盟广西区委

与自治区卫健委领导的协调和沟通下，专门为民盟"守护天使工程"医疗帮扶项目开设绿色通道，对"国产品牌"进行了重新解释，明确了由于民盟"守护天使工程"项目中的设备是中国境内生产，同样符合国产品牌条件，允许县级医院采购项目中的乙类大型医用设备。

"拦路虎"解决了，项目的推动更顺畅了。在民盟桂林市委会持续努力下，桂林越来越多基层医院申请获得了民盟"守护天使工程"项目帮扶。

二、打造品牌，积极服务社会

（一）提升服务品质，助力健康扶贫

"守护天使工程"是民盟参与脱贫攻坚、助力健康中国的重要举措。民盟桂林市委会通过"守护天使工程"，助推优质医疗资源下沉，帮助桂林基层医院不断提高医疗设备和医师技术水平，提升医疗服务品质，助力实现"大病不出县"的目标。首先，在推进"守护天使工程"项目时，关注的重点不仅放在医疗设备的极低价格上，更放在设备的优质和高性能上，并且根据每个医院的实际需求和现实情况，联合天使项目的专业团队制订最佳解决方案。通过保证"守护天使工程"项目设备低价、优质、高性能，提高"守护天使工程"品牌影响力。如荔浦市人民医院，由于荔浦撤县立市，医院面临从二甲升三甲，急需快速提升医疗设备及诊断水平。如果简单从"守护天使工程"项目方案中为医院配置设备，则难以满足医院长期发展需要。因此，民盟桂林市委会主动与西门子专家团队对接研究，为荔浦市人民医院量身配置了最新人工智能的1.5TMR[①]、悬吊进口的DSA[②]，其余如CT、彩超等设备也都是西门子最新款。其次，依托"守护天使工程"项目优势，推进天使

---

① 1.5TMR 即1.5T 的磁共振MR 磁共振脑血管成像。
② DSA 即数字减影血管造影（Digital Subtraction Angiography）。

医院卒中、胸痛双中心建设，实现县域医疗水平硬件软件双提升。推进县域医院建设卒中、胸痛双中心，既能节约县域医疗资源，又能最大限度缩短救治时间，让更多基层心脑血管患者从中受益。但是双中心建设是一项系统工程，医院不仅在硬件设备上要具备"硬实力"，还要在救治流程、管理机制、技术能力等方面具备"软实力"。为推进平乐县中医医院、荔浦市人民医院的双中心建设，民盟桂林市委会通过"守护天使工程"，为两家医院积极争取针对双中心建设的免费管理和技术培训，以及在双中心建设上全方位的专业技术指导，使医院在硬件与软件上快速达到要求，促进基层医院临床专科能力和医疗服务能力提升。

（二）依托品牌优势，助力疫情防控

2020年年初，新冠肺炎疫情暴发以来，民盟桂林市委会积极参与疫情防控阻击战。除了在盟内动员盟员捐款捐物及参与一线防控外，还充分发挥民盟"守护天使工程"品牌优势，在全国医疗物资最为紧缺的时候，第一时间通过民盟中央和西门子医疗"守护天使工程"项目向桂林市新冠肺炎定点收治的自治区南溪山医院捐赠医用口罩10000个，向平乐中医院等县级医院捐赠医用口罩4500个，一定程度上缓解了抗疫一线医院口罩等医疗物资短缺的问题。同时，民盟桂林市委会还通过"守护天使工程"项目向恭城瑶族自治县莲花镇卫生院及荔浦市人民医院分别捐赠进口彩超各一台，价值100余万元，为增强基层医疗机构疫情防控能力做出贡献。

三、绵绵用力，久久为功，助力健康中国事业

没有全民健康，就没有全面小康。经过三年多的扎实推进，民盟"守护天使工程"项目逐步得到桂林市基层卫生健康主管部门及基层医院的肯定与支持，这项利民惠民的医疗帮扶项目正逐步改善桂林基层的医疗技术水平。经过不懈努力，民盟桂林市委会已成功推进恭城瑶族自治县人民医院、平乐县中医医院、平乐县人民医院、灵川县中医医院、

荔浦市人民医院、阳朔县兴坪卫生院、雁山区人民医院、雁山区人民医院良丰分院，8家医院成为天使项目帮扶医院，共为医院争取了7300多万元医疗设备采购资金支持和免费基层医生培训资格。截至目前，所有帮扶项目的医疗设备已全部装机完成并正常运行，共为基层地方群众完成近4万例次的影像检验，极大地缓解了基层百姓看病难、看病贵问题，也得到了基层医院和百姓的广泛好评。由于成效突出，项目得到了中共桂林市委的肯定，在去年桂林市卫生健康系统统战工作推进会上，中共桂林市委常委、统战部部长王建毅充分肯定了民盟"守护天使工程"项目，并向各市级医院推介。

下一步，民盟桂林市委会将充分发挥"守护天使工程"示范基地的带动作用，继续推动"守护天使工程"项目在桂林的实施和推广，让更多基层医院受益。重点是在5G超声远程规范平台建设、乡村医师能力提升等方面持续发力，助推优质医疗资源精准下沉，助力基层医疗卫生事业发展。同时，将积极推动日新书屋等配套项目建设，全方位打造"守护天使工程"品牌，让"守护天使工程"在桂林结出更硕大更香甜的果实，为项目在广西的进一步推广，助推"健康中国"事业蓬勃发展贡献力量。

（作者：张岳、奉高）

全面精准长效
合肥民盟"黄丝带帮教行动"显成效

民盟合肥市委会

"黄丝带"帮教计划是由民盟中央牵头，与司法部门合作，在全盟全面开展的一项帮教工作计划。活动旨在发挥民盟作为参政党的政治优势和教育、科技、文化、卫生、法律等方面的人才和资源优势，依托司法行政系统帮教工作平台，对安置帮教对象、社区矫正人员、吸毒人员、服刑人员等特殊人群开展关怀、帮扶、教育和救治，从而提高特殊人群帮教工作社会化水平，改善帮扶对象生活困局，彰显帮教工作社会效益，促进社会和谐稳定。

民盟合肥市委会积极响应民盟中央号召，充分发挥自身优势，根据特殊人群管理服务特点和合肥帮教工作现状，按照"重质量、讲实效"的要求，制订活动方案，建立长效机制，活动自2014年6月启动以来，坚持常态化、全覆盖、有针对性地开展活动，在全市9个县（市）区设了11个定点挂牌的帮教基地，累计开展活动100余次，帮教特殊人群近6千人，惠及人民群众4万余人，得到了社会的一致好评，为维护社会和谐稳定做出了积极的贡献。

一、整合资源发挥优势，专业帮教队伍逐步壮大

民盟合肥市委会积极宣传、广泛动员，全市广大盟员积极参与，组

建了一支涵盖教育、心理、法律、医疗、文艺和综合六大方向的高素质志愿者队伍，近300名盟员主动申请加入志愿者队伍。民盟合肥市委会定期组织志愿者参加培训，活动开展过程中，广大盟员志愿者不仅自身投入帮教工作，还介绍带动身边的专家学者广泛参与，为帮教工作提供了丰富的人才资源和保障，进一步扩大了合肥市"黄丝带帮教行动"品牌的影响力。

二、"四个走进"项目带动，帮教工作发挥实效

民盟合肥市委会根据帮教对象的特点和需求，制订并实施了"四个走进"项目，开展形式多样的帮教活动，进一步确保了帮教工作发挥实效。

（一）走进监狱，促进服刑人员教育改造。组织文艺骨干精心编排了一场高水准的综合性文艺汇演，送进合肥市义城监狱，舞蹈、歌唱、相声、小品等精彩纷呈、寓教于乐的节目，激发了服刑人员悔过自新、重新做人的勇气，这也是非司法系统单位首次为该监狱组织大型文艺汇演，得到近千名服刑人员和司法行政干警的热烈欢迎。开展"送电影进高墙"、推荐体育教师指导服刑人员体能锻炼、为女子监狱服刑人员联系对口企业提供就业岗位、向监狱图书室捐赠图书、对困难服刑人员未成年子女进行捐资助学等活动，多措并举，促进服刑人员教育改造。

（二）走进安置基地，推进安置帮教专业化。走进安置帮教基地放映主旋律励志电影，鼓励帮教对象自强自立，播放精心准备的法制宣传片，提高帮教对象法律意识，组织盟内医学专家为刑释人员义诊并提供心理辅导进行心理危机干预，具有针对性的帮扶措施提高了帮教对象的接受度和帮教工作的专业化程度，凸显了帮教工作的社会意义。

（三）走进社矫中心，提升教育矫正质量。组织心理咨询专家走进社区矫正中心，在社区服刑人员中开展心理健康教育，对于有需求的人员提供一对一心理咨询，组织专家教授开展国学和道德讲座，解读中国

传统文化,让教育社区服刑人员遵守社会公德、职业道德和家庭美德。专业的理念和针对性的辅导,提升了社区矫正的质量和水平。

(四)走进村居,延伸帮教触角。重视发挥村(居)组织的"第一道防线"作用,将特殊人群的帮教活动与法制宣传、社区矫正等业务同步推进。设立"黄丝带大讲堂",组织专家开展传统文化、道德、健康、法律、心理等专题讲座;开展送电影活动,选派专业盟员,为包河、庐阳、蜀山区等有条件的社区放映了近20场爱国主义电影进行普法宣传;组织"黄丝带帮教行动"志愿者和司法所工作人员走访刑释人员、社区服刑人员,每年在包河区、巢湖市、庐江县、肥东县等地的村居开展特殊困难家庭帮扶救助活动,为他们送上助学金和学习用品及图书,帮助他们走出生活困境。

三、特色活动深入人心,帮教行动亮点突出

民盟合肥市委会深入挖掘盟内资源优势,积极探索,大胆创新,一系列特色活动深入人心。

(一)新媒体界别盟员送电影普法。部分新媒体界别盟员发挥自身专业优势,通过购买正版电影版权,结合普法宣传片开展帮教送电影普法活动,持续为社矫中心、监狱、强制戒毒所和社区放映励志电影进行法制宣传,提升了帮教行动的实际效果。

(二)"困难家庭微心愿"活动暖人心。精心策划"困难家庭微心愿"认领活动,全市各基层组织积极参与,市司法局在全市特殊人群中认真摸排了52户贫困家庭,各基层支部自由认领困难家庭的小心愿,结合本支部实际制订认领方案,17个基层支部和盟市委机关认领了全部52个"微心愿",帮扶资金和物品总额达5万余元,许多得到帮助的家庭给我们写来了感谢信,感谢我们伸出援手,让他们感受到了来自民盟组织的温暖和关心。活动也得到了合肥市委领导的肯定和媒体的关注,市委常委、统战部部长陈晓波多次出席活动,多家媒体争相报道,

部分活动被《团结报》报道,引起社会强烈反响。

(三)原创节目独一无二。文艺支部盟员童立萍深入一线近距离走访服刑人员,创作了诗朗诵《请听,黄丝带在呼唤》。该节目首次参加义城监狱文艺汇演,就以真挚动人的内容和盟员催人泪下的演绎打动了所有在场的听众,唤起了无数服刑人员改过自新的决心。童老师根据不同帮教对象的特点又创作出《请听,黄丝带在呼唤》系列组诗的成人版、少儿版、女子版和强制戒毒所版,成为文艺汇演的保留节目和最大亮点。在"安徽省黄丝带帮教行动·十百千万项目推进仪式"上,该节目受到民盟中央副主席龙庄伟的高度赞扬。

(四)定人精准帮扶见成效。精心制订"五帮一"定人帮扶活动方案,分别在庐阳区、蜀山区和巢湖市成立了三支"五帮一"小组。包括心理、法律、教育方面的盟员和司法行政干警组成5人小组,定期对特定的社区服刑人员进行上门帮扶,从生活、工作、家庭、心理、健康等各方面帮助他们树立正确的世界观、价值观和人生观,重拾信心,早日回归社会。多名社区服刑人员都已在新的岗位和学校开始了崭新的生活。

(五)专题调研彰显参政议政水平。民盟合肥市委会根据合肥帮教工作的现状和"黄丝带帮教行动"开展以来的实际经验,成立专题调研组深入基层,充分调研,赴上海等地考察学习,形成的调研报告《推进社区法治建设,解决社区矫正问题》在市政协大会上作为口头发言材料,所提建议得到时任中共安徽省委常委、合肥市委书记宋国权的批示。

(六)多方宣传营造良好帮教氛围。为广泛宣传"黄丝带帮教行动"的意义及成效,营造良好社会舆论氛围,吸引更多社会组织和力量参与到行动中来,除利用微信、微博及以活动促宣传外,更积极借助网络平台、报社媒体等力量不断扩大帮教工作的影响力。在《合肥日报》开辟"黄丝带在行动"活动专栏,每月定期报道。合肥电视台

"政协论坛"栏目也专门制作了一期《黄丝带在行动》节目,集中报道合肥市黄丝带帮教工作。

2016年,在民盟中央社会服务工作会议上,民盟合肥市委会荣获"民盟社会服务工作先进集体"荣誉称号。奚芝英主委介绍了我市"黄丝带"工作的开展情况并做经验交流发言。近年来,我市4位盟员陆续荣获民盟中央"社会服务先进个人"称号,多个基层组织、10余位盟员被民盟安徽省委会评为"社会服务工作先进集体"和"社会服务先进个人"。

如今,"黄丝带帮教行动"已成为合肥市积极探索和创新特殊人群管理工作的一项重要举措,也是我市民主党派社会服务工作与司法行政对特殊人群管理的一张亮丽名片。

今后,民盟合肥市委会将继续贯彻落实中共中央、国务院关于加强和完善社区治理体系建设的决策部署,为构建"平安合肥"、维护社会和谐稳定做出更大的贡献。

秉承绿色发展理念　持续关注生态安全

——民盟人的绿色家国情怀

民盟呼和浩特市委会

人类历史积淀的文明在近2个世纪迸发了夺目的光彩，人类在战胜自然、改造自然的实践中取得了辉煌的业绩。然而人类的贪婪向大自然无节制的索取，最终使自然震怒，开始了对人类疯狂的报复，资源枯竭、能源危机、物种迅速消亡、荒漠化、赤潮、环境污染、生态失衡。一切一切，让人类思考，我们应该如何对待我们唯一的家园——地球，我们该如何处理人与自然的关系，实现天人合一，长期的和谐共存。

2003年9月，中共中央9号文件首次写入生态文明。中共十八大以来，围绕生态文明建设提出了一系列新理念、新思想、新战略，开展了一系列根本性、创新性、长远性工作，生态文明理念日益深入人心。中共十九大将生态文明建设提升到了全新的高度，对新时代中国特色社会主义生态文明建设做出了全面部署。习近平总书记在中共十八届五中全会上提出"创新、协调、绿色、开放、共享"五大发展理念，将绿色发展作为我国发展全局的一个重要理念，体现了走绿色低碳循环发展之路是突破资源环境瓶颈制约、消除人民群众"心头之患"的必然要求，是调整经济结构、转变发展方式、实现可持续发展的必然选择。

内蒙古自治区地处祖国北部边陲，是祖国首都的护城河和北大门，肩负着打造祖国北疆亮丽风景线、维护北方重要生态屏障的重任。内蒙古自治区又是一个资源型省区,全区大部分地区生态环境十分脆弱,草原退化、土地沙化、盐渍化、水土流失等问题十分严峻。建设资源节约、环境友好型社会又是面临的紧迫而又艰巨的任务。作为参政党的一个基层组织,民盟呼和浩特市委会自 2003 年起,持续关注北方生态,特别是内蒙古的生态环境建设和保护问题。2003 年 5 月,民盟北京市委会、民盟广州市委会和民盟南京市委会积极响应民盟呼和浩特市委会的倡议,在阴山山脉中段的呼和浩特市武川县,共同发起设立"民盟北方生态园"。同年 6 月,覆盖 6 个行政村、15 个自然村的生态园一期建设 12 个项目启动,通过生态建设与经济建设、社会事业协调发展,探索人与自然和谐,使这个地区的农牧民富裕起来。2004 年 9 月,民盟中央决定在内蒙古武川县建设"中国民主同盟北方生态园",2005 年 8 月 18 日,全国各地方盟组织的代表和有关专家在武川县参加了"中国民主同盟北方生态园"揭牌仪式,并在呼和浩特市参加了首届民盟北方生态论坛,至今已成功举办五期,成为民盟举办的有影响的全国会议品牌之一。十几年来,民盟内蒙古区委和民盟呼和浩特市委会在草原生态保护、湿地保护、饮用水安全、空气污染防治、太阳能利用、雾霾治理、风电研究、节能减排、低碳经济、碳汇研究等领域开展深入调查研究,撰写调研报告十余篇,在各级政协会议上每年都有民盟盟员提交有关环境问题的提案。这些行动,充分表达了民盟对北方生态问题的高度重视,并希望借此引起全社会对北方生态问题的关注的家国情怀。纵观这十几年的实践,总结主要有以下几方面经验。

一、立足当地经济、生态现状,有的放矢地提出建议

生态是一个大系统,各地区差异很大,而且涉及的问题很多,只有立足当地经济和生态现状,才能提出有价值的建议。我们始终坚持从内蒙古自治区的实际出发,找准优势,认清问题和发展方向,以改善当地生态发展现状为核心,力求带动全国乃至全球生态向好向优发展。草原

保护和利用，太阳能、风能、沙产业一直是我们的优势，而水资源匮乏又是我们的短板。如何充分地运用好太阳能、风能、草、沙为经济建设助力，如何遏止荒漠化趋势，减少水土流失，实现生态平衡，如何发挥草原碳汇优势，一直是我们关注的焦点，对此也提出了很多建设性的建议，得到民盟中央和自治区党委政府的高度肯定。

二、领导重视，是开展好工作的先决条件

领导是一个组织的核心和灵魂，一项工作的开展与领导的重视是分不开的。领导重视表现在三个方面。一是最大程度地争取上级有关部门的支持与配合。早在2004年进行北方生态园建设期间，我们就积极争取民盟中央和地方政府在政策及资金方面的支持，才使生态园项目从一个地方市委项目推进为一个全国性项目，参与的单位更多，影响力更大，效果更好。二是领导高度重视，才能组织有序，措施得力，落实到位。在领导的亲自督办下，每一个项目调研前，单选题就会召开几次座谈会，充分讨论酝酿，然后制订调研方案，确定调研的路径。调研报告形成阶段也会几经讨论，充分听取各方面意见，字斟句酌地对报告进行修改，对每一条建议都要认真推敲，保证调研报告的质量。三是领导率先垂范，带动效应强。早在2004年，董恒宇主委担任民盟呼和浩特市委会主委期间，因他对生态环境问题的高度关注和奔走呼吁，带领民盟呼和浩特市委会揭开了关注北方生态安全屏障建设的序幕。十几年来，董恒宇主委已由民盟呼和浩特市委会调任民盟内蒙古自治区委担任主委，但他对生态安全的关注丝毫未减，不仅每年至少提交一篇有关生态问题的调研报告或大会发言，而且带动更多的民盟地方组织，更多的盟员关注生态问题，参与到有关生态建设的调研中。

三、充分发挥专业人士的引领作用，增强工作的科学性

环境问题是一个十分复杂的问题，同时也是专业性极强的问题。民

盟是一个人才聚集的参政党，研究生态问题一定要充分发挥盟内专业人士的重要引领作用，才能使我们的建言献策具有科学性、专业性和更高的技术含量。民盟内蒙古自治区委和民盟呼和浩特市委会有许多专门研究环境问题的专家、生态学家、草原研究所进行草业研究的博士和气象局进行大气监测研究的博士，还有一批从事环保工作的盟员，他们的专业引领是我们持续关注生态问题的重要保障。他们能够较准确的把握调研的选题，对于所提的建议也能够给予更专业的指导。

四、深入开展调查研究，是我们建言的关键所在

民主党派的重要职责就是参政议政和社会服务。参政参在点子上，议政议在关键处。把握好点子，找准关键才能提出有价值的建议。这就要求我们做深入细致的调查研究，调查研究是科学决策的基础，也是我们议政建言的基础。只有深入到最基层，获得最准确的第一手资料，才能提出切实可行的意见和建议，才能真正为政府决策帮忙而不添乱。

民盟呼和浩特市委会重视调研工作，从选题立项，实施调研，到报告形成都有一整套制度。如申报表填写，评委会评审，立项后经费的支持，调研报告的最后审核等层层把关，严格保证调研的质量。

五、将生态安全与草原文化底蕴有机结合，使草原生态文明得到永续发展

生态建设不是一朝一夕、一蹴而就的事情，需要几代人的持续努力，才能恢复我们的绿水青山，蓝天白云。所以关注生态安全更要关注生态教育，要让我们的子孙后代从现在做起、从我做起，自觉自愿地做环境卫士。民盟内蒙古自治区委和民盟呼和浩特市委会充分发挥教育界盟员的作用，在可持续发展教育、绿色发展理念宣传、环境保护教育等方面做了许多有益的工作，撰写了相关提案建议。同时，我们努力挖掘草原文化中敬畏生命，人与自然和谐相处的博大、包容的精神内核开展宣传教育活动，帮助人们树立正确的宇宙观、生态观，从而规范人类自身行为，实现人与自然共同发展。

在总结经验的同时，我们也清楚地看到，我们在关注生态安全方面还存在着一些不足。一是我们的专业性引领人才还比较少，所涉及的领域有限。今后我们应在盟员发展中有意识地选择和接纳一些有影响的生态问题研究专家和学者，以使我们的工作更加科学和专业。二是盟员参与调研的范围还有待进一步扩大。调研既是获取资料的过程，也是对盟员进行教育的过程。由于资金等的制约，使我们在开展生态问题调研时，能够参与的盟员数量非常有限。今后，我们应该努力创造条件，争取更多经费支持，让更多的盟员参与到这项工作中来。三是生态教育还需进一步强化。生态教育意义重大。绿色发展理念要在普通群众和大中小学生心中生根，关键在于教育。这方面我们需要做和可以做的事情还有很多。今后，我们将充分发挥民盟教育界盟员的优势和力量，进一步创新生态教育模式，拓展生态教育渠道，加强与企事业单位、社区、大中小学的联系，使生态教育能够进社区、进学校、进机关、进厂房，为全民树立绿色发展理念，重视生态环境安全尽应尽之力。

最后，引用董恒宇先生在生态文明贵阳国际论坛2016年会"生态道德"论坛上的致辞中的一段话结束本文：

我们要弘扬全球伦理，倡导终极关怀，推动绿色发展，让我们的子子孙孙在绿色环境中诗意栖息，生生不息。让我们的国家绿水常在，青山永存！

积极探索脱贫攻坚民主监督新路子

民盟昆明市委会

"十三五"时期是全面建成小康社会的决胜阶段,要实现全面建成小康社会的奋斗目标,就要解决全国目前尚未脱贫的农村贫困人口的贫困问题。脱贫攻坚是习近平总书记最重要的牵挂,也是21世纪初叶中国对世界的一个最重要的承诺,任务之重、难度之大在世界扶贫史上前所未有。开展脱贫攻坚民主监督,是中共中央赋予各民主党派的一项新的政治任务和重要使命,也是各民主党派中央首次对国家重大战略决策进行专项监督,体现了中共中央对多党合作的高度重视和对各民主党派的充分信任。而各民主党派开展脱贫攻坚民主监督的探索实践则成为拓宽民主监督渠道、丰富民主监督内涵和提升民主监督实效的有益尝试,也成为各级民主党派协助中共各级党委和政府打赢打好脱贫攻坚战,决战决胜全面小康的重要形式。

民盟昆明市委会积极响应中共中央和民盟中央的号召,紧紧围绕中共昆明市委、市政府对脱贫攻坚的安排部署,结合新时代新阶段民主监督的特点,注重探索实践和主动创新作为。按照市委统战工作领导小组关于支持各民主党派脱贫攻坚民主监督工作的相关要求,贯彻落实昆明市政协发挥政协优势助力全市精准脱贫攻坚战动员部署会精神和《关于发挥政协优势助力全市打赢精准脱贫攻坚战实施方案》的具体要求,将脱贫攻坚民主监督纳入工作目标考核管理体系和创新工作之中,及时制订方案，组建队伍，注重发挥民盟界别特色和盟员专业优势，发挥盟组织平台保障作用，着力提升监督效能，有效发挥自身优势特色，创出一条党委支持、群众满意、相互融合、行之有效的民主监督新路子，探索具有昆明特色的民主监督新模式，展示民盟参政党良好形象。主要做法有以下几个方面。

一、将脱贫攻坚民主监督融入党委政府中心工作

开展脱贫攻坚民主监督，参与脱贫攻坚，服务精准扶贫，既是当前各民主党派的一项重要政治任务，更是重要职责和光荣使命。民盟昆明市委会紧紧围绕市委、市政府的中心工作履行民主监督职能，在市级民主党派当中率先制定出台《民盟昆明市委开展脱贫攻坚民主监督工作实施方案》，组建由民盟市委会领导、盟员人大代表、政协委员、参政议政骨干和机关工作人员参加和组成的民主监督工作队伍。主要领导亲自带队，多次赴禄劝、寻甸、东川等贫困地区开展脱贫攻坚民主监督和专项调研。调研监督掌握民意，走访农户倾听民情。3年来共组织40多名各级人大代表、政协委员开展14次专项监督和调研，实地走访贫困户30余户。紧扣脱贫攻坚重点难点任务形成《实施三大工程补齐扶贫短板》《推进乡风文明巩固脱贫攻坚实效》等40余条民主监督意见建议。把宣传党的政策、扶贫帮困和民主监督有机结合，用扶贫先进典型和实事案例引导群众，激发脱贫攻坚内生动力，协助党委政府推进脱贫攻坚工作。

二、将脱贫攻坚民主监督与参政议政社会服务职能有机整合

参政议政是民主党派的中心职能，与民主监督工作密不可分；社会服务是参政议政职能的延伸和载体，是服务地方经济建设和社会发展，参与社会治理的有效途径。民盟昆明市委会发扬民盟"不调研不发言"工作作风和"做好事做实事"的优良传统，创新工作思路和模式，在开展监督同时，积极了解对接贫困地区的需求，将民主监督、参政调研和社会服务工作紧密融合，结合民盟的界别特色和资源优势开展精准帮扶，形成帮扶合力。近年来，民盟昆明市委会聚焦深度贫困地区，加强扶贫同扶志扶智相结合，持续组织教育名师、法律人才和专业技术人员等盟员志愿者团队，开展"同心·烛光行动"教育扶贫工程、"同心·精准扶贫"工程，深入基层、深入一线，为贫困地区送教育、送医疗、送健康、送法律、送文明，扶持项目5个，受益村组12个，受益群众2000多人次，捐款捐物达8万余元，着力解决群众实际困难，取得了实效，赢得当地干部群众的赞誉和欢迎。官渡、西山、安宁等各基层组织也结合自身实际，在民盟昆明市委会组织开展"大调研"的活动中就脱贫攻坚进行民主监督，形成了有重点、有特色的工作成果。如五华基层委开展"烛光行动传大爱"活动；东川盟区委到阿旺镇长岭子村挂钩帮扶；西山基层委多次到寻甸开展"温暖在心间·寻甸爱心行"扶贫活动等等。民盟各级组织在监督调研中及时反馈各类监督意见和工作建议，为贫困地区脱贫摘帽积极想办法、出主意、献良策、做实事，得到了当地党政相关部门和广大群众的肯定和认可。

三、将脱贫攻坚民主监督与重点工作紧密结合

民盟昆明市委会将脱贫攻坚民主监督工作纳入参政议政议事日程，写进年度工作计划。秉承"深入调研精准建言"的优良传统，将推动脱贫攻坚、民主监督、专题调研和开展"大调研"等重点活动和工作有机结合，紧密融合。2019年，民盟昆明市委会针对薄弱县区教育扶贫短板问题开展《利用线上线下融合教育模式促进昆明薄弱县区教育质量提升》重点调研课题选题研究，精准聚焦薄弱县区教育质量提升的现状和问题，主要领导带队深入薄弱县区开展实地调研座谈，对薄弱县区开展线上线下融合教育的探索实践、存在的问题和困难进行了深入剖析，在向中共昆明市委协商汇报时从做好线上线下融合教育的顶层设

计、建设昆明市在线教育公共服务平台、扩大优质教育资源服务供给、推进线上线下教育高效融合互动、出台保障措施强化推动落实、打造具有昆明特色的在线教育"三名工程"等六个方面提出了意见建议，得到书记市长的充分肯定。这一具有前瞻性、高质量的专题调研成果转化为集体提案提交昆明市政协十三届四次会议，并在昆明市智慧教育平台建设中得到落实，意见建议提出和提案的办理直接促成了《昆明市智慧教育（一期）建设项目》的实施，目前已完成招标，进入建设阶段。调研和监督成果同时为昆明市薄弱县区教育质量提升和教育"三名工程"的推进实施提供有力参考和良好借鉴，有效助推了薄弱县区的教育精准扶贫。

四、脱贫攻坚民主监督注重突出重点取得实效

民盟昆明市委会坚持问题导向，注重实际，根据不同县区、不同的时间节点和不同的工作情况，聚焦脱贫攻坚的重点难点和政策落实中的关键问题及薄弱环节，助力地方党委和政府完成脱贫攻坚任务。在监督中坚持"不调研不发言"的工作作风，通过调研、考察、座谈等形式，发现脱贫攻坚中重点难点问题，与当地共同研究对策，提出解决措施，把开展民主监督过程变为发现问题、解决问题、推进政策落实的过程，履行好参政党职能。例如，在寻甸柯渡监督的过程中，工作组重点开展实地监督和巡查，听取当地党委政府脱贫工作情况汇报，仔细记录了解各村两房建设、国检台账的准备完成情况、农户入住率、农民收入、产业发展、村容村貌等情况，并深入到乐朗、猴街、磨腮、新庄等四个村委会随机进村入户查看。根据监督和实地调研发现的问题，提出了提升环境卫生、完善档案管理、着力宣传引导等建议。在对东川进行监督的过程中，工作组对照贫困户退出的六项指标要求、贫困村出列的十项指标和乡镇脱贫的六项指标达标情况进行监督检查，重点检查东川两房建设以及相关工作推进情况和经费使用等情况，实地调研东川绿茂中学情况，实地走访农户，与他们座谈谈心，询问收入情况和生产生活情况，帮农户算脱贫账、致富账，鼓励他们坚定信心，克服一切困难勤劳致富。

民盟昆明市委会以监督者、参与者、践行者的角度，深度参与脱贫攻坚和精准扶贫，帮助地方党委、政府出主意、想办法，共同研究应对之策，提出整改落实办法，提升脱贫实效，不断增强贫困群众的幸福感、获得感，将民主监督的过程变成共同发现问题、共同研究问题、共同解决问题的过程，变成推动政策落实的过程，变成推动贫困地区贯彻落实创新、协调、绿色、开放、共享发展理念，走出一条可持续的脱贫攻坚之路，探索了一条具有民盟特色的脱贫攻坚民主监督新路子。在未来工作中，盟市委还将继续围绕中共昆明市委、市政府的中心工作，在市政协和市委统战部等相关部门的指导支持下，选准切入点，抓住关键点，找到突破点，就脱贫攻坚成效巩固、乡村振兴战略实施等重大战略实施好民主监督，积极履职尽责，建言献策，为全市脱贫攻坚成效巩固和经济社会持续健康发展做出参政党应有的贡献。

烛光生辉初心不改　　教育扶贫聚力同行

——民盟昆明市委"烛光行动"助力教育精准扶贫成绩斐然

民盟昆明市委会

教育发展滞后是制约贫困地区经济社会发展的重大瓶颈，扶贫攻坚的关键在教育，把下一代的教育工作抓好，把贫困地区孩子培养出来，是扶贫根本之策。由民盟中央倡导的"烛光行动"，是一项旨在帮助加强农村教师队伍建设、推动中国城乡义务教育均衡发展和城乡教育公平的支教行动，由于成效显著，入选国务院扶贫办一百个社会扶贫创新案例。自2007年以来，民盟昆明市委会积极响应民盟中央开展"烛光行动"教育扶贫的号召，围绕党委政府的中心工作和贫困地区的教育需求，按照中共昆明市委、市政府、市政协和各部门脱贫攻坚部署，在中共昆明市委统战部的指导下，结合自身界别特色和优势，将"烛光行动"教育扶贫作为民盟社会服务工作着力点，作为展示和宣传民盟参政党形象的基础和亮点工程加以推进。历经十余年耕耘，建立"烛光行动"培训基地13个，服务民族及贫困地区师生4万多人次，教育扶贫成效显著。多次获盟省委会社会服务工作先进集体表彰，2018年、2020年荣获民盟中央社会服务先进集体表彰，多位盟员荣获先进个人表彰，"烛光行动"社会服务品牌效应得到充分彰显。

一、"请进来走出去",突出帮扶实效

自20世纪80年代以来,民盟昆明市委会就把教育扶贫作为长期坚持的一项社会服务活动。2007年以后,根据民盟中央和民盟省委会的要求,民盟昆明市委会确定了以推动民族地区和贫困地区教育发展为重点来定位选择"烛光行动"服务对象。积极"走出去",采取民盟省委、民盟市委和基层委上下联动、分级实施建设的方式,选择在昆明民族和贫困地区创建"烛光行动实践基地",组织教育名师志愿者团队通过中高考专题辅导、示范课、主题研讨、捐资助学等方式,传播先进教育理念,帮助改善办学条件。真心"请进来",在昆明市教育资源最丰富的五华区选择两所知名学校昆明八中、莲华小学建立"烛光行动"培训基地,通过与民盟云南省委会和民盟各地州合作等方式,把边远山区学校老师"请进来"跟班学习培训,更新教育观念,提高教育水平。

近年来,民盟昆明市委会在长期工作的基础上继续抓"烛光行动实践基地"载体建设,将基地建设作为教育帮扶的一项基础工程抓实抓好,走出一条既符合民盟中央的要求,又突出昆明特点的发展道路。2018年,民盟昆明市委会第13个"烛光行动"实践基地在东川绿茂中学顺利挂牌,民盟昆明市委会组织省、市级名师志愿者,专门针对绿茂中学初三年级师生进行中考考前辅导。当年促成东川一中、明月中学6名教师参与五华区开展的2018届高考备考冲刺研讨班跟班学习,获益良多。"烛光行动"载体和平台建设扎实推进,"走出去""请进来"双向同行的帮扶形式较好地提升了帮扶实效,"烛光行动"的服务面和受益面不断丰富拓展。

二、创新帮扶模式,彰显品牌作用

2017年以来,民盟昆明市委会积极响应各级党委政府打赢脱贫攻坚战部署和要求,进一步整合盟内外教育资源,不断创新帮扶模式,拓

展"烛光行动"教育扶贫渠道，民盟"烛光行动"品牌作用得到彰显。2017—2019年连续三年积极争取民盟中央社会服务部、民盟云南省委会以及市区两级教育部门的支持，联合民盟朝阳区委会、民盟黄冈市委会、新东方教育科技集团、云南长水教育集团等单位和机构，组织北京、上海、黄冈和昆明等地70余位教学名师，持续为寻甸、东川、禄劝贫困乡村一线教师、新任教师和骨干教师等开展全学科、中高考考前辅导及各类教育教学培训10余次，至今已有教师5000余人次，学生30000余人次从中受益。

2017年8月，民盟昆明市委会携手民盟朝阳区委与寻甸县政府三方签订《"烛光行动"助力脱贫攻坚暨教育帮扶战略合作协议书》并在当年启动实施，连续3年开展对寻甸进行教育帮扶，构建起教育帮扶的长效机制。2018年8月，根据东川柔性人才引进需求，民盟昆明市委会组织3个盟员教师名师工作室（坊）与东川拖布卡中学、绿茂中学、乌龙中心小学签订教育帮扶协议，助力东川推进名校、名师、名长"三名"工程，以"师带徒"持续帮扶方式，拓展"烛光行动"的帮扶渠道。2019年4月，由昆明民盟闻一多支部与黄冈民盟闻一多支部共同倡议发起，民盟昆明市委会联合民盟黄冈市委会，组织黄冈、昆明两地的10名名师志愿者和民盟界别市政协委员，赴寻甸开展"烛光行动"助力教育扶贫寻甸行暨2019年高考集中培训活动，为寻甸县即将参加高考的650多名学生和200多名一线教师开展12堂公开课讲授和10次教师座谈交流，提升寻甸县高考备考水平和质量，助力广大贫困地区学子圆梦高考。2019年8月，民盟昆明市委会携手民盟朝阳区委开展"烛光行动"寻甸行暨2019年暑假教师培训活动，为寻甸县475名一线教师开设高中语文、化学、地理、教研员课程等4个科目、36个课时的集中培训辅导，将发达地区先进的教育理念和优质科学的教育方法带到寻甸，助力寻甸教育扶贫工作。

2020年以来，为有效应对缓解新冠疫情对传统教育教学工作带来的影响，民盟昆明市委会与昆明市教育体育局通过加强对口联系，充分进行协商，积极回应禄劝、寻甸、东川三个薄弱县区教育部门中高考考前辅导的需求，精准对接受训教师需求和知识点，组织23名省内外、盟内外相关学科专家和名师开发录制23个专题讲座视频课程，涵盖中高考所有学科，发到三县区通过远程教学平台组织全体高中教师、初中教师和高三学生、初中九年级（初三）学生进行学习和辅导，探索建立线上"烛光行动"远程教育帮扶的新模式。在疫情防控形势好转后，民盟昆明市委会组织9位名师志愿者，在中考前期赴东川区和禄劝县开展"烛光行动"教育精准帮扶，对两地教师备考工作进行现场教学辅导和研修，以线上线下融合的方式提升教育教学水平，助力薄弱县区教育精准扶贫。

多年来，民盟昆明市委会通过"烛光行动"教育扶贫活动的开展，拓展了"烛光行动"的时代内涵，实现了优质教育资源的整合，收获到了感动，也赢得了尊重。在帮扶过程中，参训名师团队用真心、真情、真知传授教育理念，分享教学心得，帮助贫困地区教师队伍提高专业素养和教学方法，为扶贫攻坚目标的实现做出了积极贡献，以实际行动助力昆明市国家级贫困县区教育精准扶贫，阻断代际贫困，斩断贫困根源，进一步提升了"烛光行动"教育扶贫影响力，得到当地党委政府、参加单位、受训师生和社会各界的一致好评，树立了民盟参政党的良好形象。

三、服务中心大局，丰富时代内涵

打赢脱贫攻坚战以及成效巩固是各级党委政府工作的中心任务和重中之重，参与脱贫攻坚，服务精准扶贫是时代赋予民主党派的重要职责和光荣使命，民盟"烛光行动"也紧紧围绕脱贫攻坚任务开展和进行。在决战脱贫攻坚任务和决胜全面小康取得胜利之后，在推动乡村振兴战略实施和"十四五"开局关键时期，民盟昆明市委会结合各级党委政府的中心任务和重点工作，围绕改革发展的大局，按照政协和统战部门的安排部署，紧密对接薄弱县区在教育教学和实际生活中存在的各类需求和困难，动员全盟力量，整合盟内外资源助力教育精准帮扶，不断丰富"烛光行动"在新时代的新内涵。

一是号召动员和组织各级组织及广大盟员多次为有需求的贫困地区学校和学生捐赠配置电脑、冰箱、药品、被褥、衣物、床上用品、图书、"爱心书屋"、安全书包以及各类学习用品，近年来，累计协调和捐赠款项物资170多万元，有效解决贫困学生学习生活实际困难和贫困山区学校在"两基"迎"国检"中的现实困难。结合脱贫攻坚实施积极协调各类项目帮助山区学校安装太阳能路灯，改善学校食堂、体育场、文化墙等硬件设施，不断美化山区学校的环境。二是既注重对学生的智力和学习帮扶，更注重对学生健康的关心关注，促进学生德智体美劳全面发展。多年来，民盟昆明市委会积极协调组织昆明眼科医院和盟员医疗专家、法律工作者组成医疗队和宣讲团为贫困山区学校开展学生视力检查，进行义务诊疗和法治、文化宣讲，为全体学生体检建档，建立了视力健康档案，为学生开展心理健康辅导、预防校园欺凌、校园安全知识和有关法律、文化知识宣讲，促进学生身心健康发展，促进和谐校园建设。三是把议政调研、民主监督与开展"烛光行动"帮扶活动有机结合，在开展帮扶活动的同时组织各级人大代表、政协委员和参政议政骨干团队赴薄弱县区学校开展专题调研和监督，形成《利用线上线下融合教育模式促进昆明薄弱县区教育质量提升》重点调研协商建言，聚焦薄弱县区教育质量提升的现状和问题，对薄弱县区开展线上线下融合教育的问题和困难进行了深入剖析，在向昆明市委协商汇报时得到中共昆明市委、市政府主要领导高度肯定和重视，相关意见和建议得到时任省委副书记的两次批示，得到省市教育部门积极办理和推进落实，建议直接推动了昆明市智慧教育平台建设项目（一期）落实落地，助推昆明市"互联网＋教育"与"三名工程"实施，助力全市乃至全省的教育改革发展。

"十年树木，百年树人""百年大计，教育为本"，教育既是阻断代际贫困的重要手段，更是回应人民群众对美好生活追求的重大民生工程。教育改革发展永无止境，民盟"烛光行动"也将一直在路上。未来工作中民盟昆明市委会将进一步健全完善机制，与此次参会的民盟组织沟通协作，广泛联系，积极外引内联，多渠道多层面整合资源，充分发挥"烛光行动"品牌作用和民盟教育界别优势，突出帮扶重点和特色，将"烛光行动"作为社会服务亮点工程、特色工程和精品工程组织好、打造好、实施好，不断增强"烛光行动"影响力，扩大"烛光行动"的朋友圈，让更多的组织、机构和志愿者名师参与"烛光行动"，不忘初心，携手同行，共同为推进薄弱地区教育事业的发展贡献参政党智慧和力量。

兰州城市发展中的民盟记忆

民盟兰州市委会

2021年是民盟成立80周年，民盟兰州市委员会自1984年成立，特别是改革开放以来，经过几代兰州民盟人的努力，为兰州城市发展、黄河流域生态治理与高质量发展、改善交通教育等重点问题积极建言献策，特别是兰州新区、榆中生态创新城等区域功能规划，做了大量工作，取得了显著的成效，既有工作教训也有经验总结。至今回忆起来，在兰州不断发展壮大过程中，一些工作和往事仍历历在目，记忆犹新。

一、未能落实的建言献策

民盟兰州市委会历来关注城市发展过程当中呈现的突出问题，注重城市整体布局规划，对于城市发展的问题，注重抓早抓小，围绕建立完善城市管理工作机制和制度建设积极建言献策。但由于很多问题和矛盾尚未突出表现，未能引起社会各方面的重视，随着经济社会发展，问题矛盾不断深化，最终导致问题暴发，难以彻底解决。

1. 兰州市区最长的公路——南山路的规划建设

兰州是个东西走向的城市，所以城市主干道都是东西走向，在南山路建设之前，兰州东西向的大道有以西津路—庆阳路—东岗路为主要线路的主干道以及南北滨河路共三条。兰州南山路线路东起东岗立交桥，西至西固的西柳沟，为城市快速路，并配建有立交桥、高架桥和隧道等工程，是兰州市区内最长的公路，它的建成极大地改善了兰州城市出行情况。

南山路项目自规划以来，民盟兰州市委员会一直持续关注。围绕项目规划及征地拆迁向市委市政府多次提出意见建议，但是由于种种原因，造成征地拆迁工作未能尽早实施。后来，随着项目逐步落地实施，再加上项目前期用时过长，造成南山路工程拆迁成本太大，严重超过项目预算，工期进展缓慢，建设共耗时6年，并且建设的工程质量与预期也存在有一定差距。为此2014年，在中国共产党全党开展群众路线教育活动中，南山路项目作为典型案例，中共兰州市委作了深刻检讨，付出了巨大的成本和代价，也是我们应当汲取的城市发展的重大教训。

2. 兰州市饮水水源地保护

兰州是全国唯一的黄河穿城而过的省会城市，黄河因此也是兰州市人民群众饮水的生命之源。由于历史原因和沿黄河工业与城市结构等多种因素，自2000年以来，黄河水质污染日益加剧，居民饮用水安全开始受到威胁，民盟兰州市委会经过持续深入水源地开展实地勘察，2005年，《关于加强兰州市饮用水源地保护的调查报告》共梳理出企业废水排放等4点问题，并提出加大流域生态保护和建设力度等10条建议。遗憾的是，由于当时对于水源地保护工作的重视程度不够，部分工业企业环保责任落实不力，影响用水安全的风险隐患未能及时排除。导致2014年兰州市发生了引起全国舆论广泛关注的"黑天鹅"事件——兰州水污染事件，2014年4月10日，兰州市威立雅水务（集团）公司检测发现其出厂水苯含量超标。各大媒体争相报道，全市形成了用水恐慌，甚至发生市民抢水风波。影响了兰州市创建全国文明城市等多项工作开展，产生了很深远的不利影响，后来兰州市花大力气开辟了第二水源地，但是兰州市饮用水源地保护相关问题始终未能有效解决，给城市发展和人民群众正常生活带来不便。

3. 关于国家土地资料保护工作

自国家深化土地使用制度改革以来,民盟兰州市委会持续关注国有土地资产的交易市场规范情况,特别是针对兰州土地市场管理以及法律法规细则的不完善,造成了国有土地资产的大量流失的问题,作为专项问题进行了调研,并于2001年政协兰州市十届五次会议上提交了《关于建立土地储备制度规范土地交易案》的提案,并被市政协评选为优秀提案。但由于种种原因,提案建议未能得到真正有效落实,未能完善土地市场管理交易的法律规范,让不法房地产商钻了制度的空档,存在交易不规范、违规操作的状况未得到及时遏止,滋生了权钱交易和贪污腐败问题,最后市政府相关负责人受到了法律和党纪政纪的处理,也给我们敲响了制度建设的警钟。

二、兰州记忆中民盟的突出贡献

民盟兰州市委会近年来积极发扬"奔走国是,关注民生"优良传统,民盟兰州市委会以及兰州盟员积极关注兰州城市建设发展,提交了数量相当的关于城市发展建设的提案议案和社情民意信息,产生了难以估量的社会效果,城市当中融入了许多的民盟痕迹,把兰州民盟和兰州发展紧密地联系在一起。

1. 关注城市交通问题,解决交通堵点——建造小西湖立交桥

兰州市受南北两山地形影响,整个城市东西跨度大,分布成条状。小西湖作为连接城关区与七里河区连接点,又是兰州南和通向黄河北的交通枢纽,极易发生交通拥堵,造成东西车流长时间堵塞,通过效率极差,市民和司机们苦不堪言。为此,兰州民盟机关工作人员,在交通路口驻守,对高峰拥堵时间段车辆通过情况进行统计,掌握了准确的第一手资料,形成了准确翔实的调研报告。受到市委市政府高度重视,小西湖立交桥的建成,解决了哑腰葫芦状交通路线问题,打通了关键堵点,极大解决了当时交通问题,并且随着社会发展,发挥着越来越重要的

作用。

2. 臭水沟转为绿色公园——南河道治理

兰州市南河道是一条东西向的黄河自然泄洪河道，长8.24公里，将城关区的城区与雁滩分割两半。在很长的一段时间里，南河道一直是城市里的臭水沟，各种垃圾淤积不能及时清理，严重影响着城市形象，也是兰州城市治理的难题。自20世纪90年代，政府就开始对南河道进行改造，累计投入资金10多亿元，经过一系列工程，2010年完成了南河道整体初步改造。但随着时间推移，自2014年以来，由于管理维护跟不上，治理成果不断消减，南河道治理成果面临着前功尽弃的危险。

为此，民盟兰州市委会通过现场调研，在2016年召开的政协兰州市十三届五次会议上提交了《关于巩固南河道治理成果和提升南河道形象的建议》并做了大会发言，并作为市政协重点督办提案来落实，进行实地视察督办。建立了大格局管理协调机制，破解资金瓶颈，调动社会资本，不断完善污染治理和绿化工程，使全社会力量积极参与到南河道综合治理当中，推行精细化维护，提高了管理水平，最终使南河道治理成果得以巩固，日常管理步入正轨，使南河道从臭水沟转为绿色公园。目前，南河道两边绿树成荫，花木葱葱，交通便利，已是兰州一条靓丽的风景了，成了市民健身休闲之道。也是民盟参与城市治理的一张靓丽的名片。

3. 加大违法建筑治理，确保兰州新区规划建设

提前着手规划建议，助力新区规划建设。2012年8月，兰州新区被国家批复设立的全国第五个国家级新区，全面推进开发建设，项目建设遍地开花。由于开发建设步伐加快，土地价格上涨和发展潜力，新区核心区及周边各村群众乱搭乱建、乱垦乱挖现象越来越严重，极大地影响了新区整体形象和有序开发建设规划。民盟兰州市委会围绕市委市政府中心工作，在兰州新区规划有序建设上积极开设分析和调研，分析居民顶风违建的具体原因，提出七点治违拆违的意见建议，受到市委市政

府高度重视并被采纳，开展专项治理行动，形成长效联动机制，抓早抓小，有效制止了新区违法违规建筑蔓延态势，有效控制了新违规建筑产生，为兰州新区整体规划和有序项目落实创建了新局面。

三、近年来提出被采纳的意见建议

随着新经济时代的到来，城市之间更加注重内涵的竞争，更加注重传统文化的坚守和弘扬，也更加注重与外来文化的融合与提升。文化自信成为城市竞争力的重要标识。兰州作为唯一的黄河穿城而过的省会城市，具有独特的城市风情与魅力，近年来，民盟兰州市委会在打造城市标识，发展城市文化，展示城市魅力方面，推广城市知名度和形象方面聚力，建言献策，并被市委市政府采纳，精致兰州名片不断完善，并助力兰州市成功创建全国文明城市。

1. 民盟兰州市委会提出打造城市标识，构建五大工程十大项目

2019年8月21日，习近平总书记来到兰州黄河之滨，对兰州黄河之美给予了赞扬，这是对兰州人民的极大鼓舞，兰州要将更美的元素呈现给世界，为创立和塑造更多的城市标识迎来了前所未有的机遇。为此，民盟兰州市委会在2019年党派协调座谈会上以《打造城市标识，推动"精致兰州"建设》为题发言，建议打造以黄河楼、兰州中心等新的城市标识，进一步彰显"黄河之都"独特魅力，提升城市美誉度和竞争力，受到中共兰州市委书记充分肯定，并对具体工作进行讨论交流。2020年，民盟兰州市委会经过进一步调研，在政协兰州市第十四届委员会第四次会议上提交了《关于实施五大工程助推精致兰州建设的提案》，建议实施唤醒历史记忆工程、城市标识凝练工程、基础建设补漏工程、城市形象维护工程、集聚整合放大市场效应工程，受到了市委市政府高度重视，并列为2020年市政协重点督办提案。2020年6月，市政协领导带领由市级政协委员组成的提案督办小组，对照提案中建议实施的唤醒历史记忆工程等五大工程，查看了城关区道路整治工程、黄

河湿地修复和生态治理项目、白塔山段综合提升改造项目、兰州市博物馆、兰州老街、黄河楼项目、口袋公园、读者小站等工程项目，引导群众参与"精致兰州"建设，以"小改变"催生"大变样"，进一步打造城市特色标识，提升了兰州市民群众的获得感、幸福感。

2. 民盟兰州市委会为打造兰州旅游黄河风情线支招

兰州市拥有丰富的黄河旅游资源，但是受地形环境影响，黄河兰州城市段沿岸的河畔文化空间呈散点状零散分布，缺少一个能吸引游客的"龙头"景区，导致资源优势没能转化为旅游优势、经济优势。如何以黄河沿线的古遗址、遗迹、古渡口、码头、城市主题公园等滨水开敞空间为代表，形成延续兰州城市文脉、反映兰州城市性格、彰显兰州城市特色的载体，必须对散点状的河畔文化空间进行"织补缝合"，形成完整的城市文化空间网络，开发打造兰州黄河岸边旅游品牌就显得尤为重要。为此，在2015年2月召开的市政协十三届四次会议上，民盟兰州市委会提交了《关于将黄河兰州段大峡谷打造成兰州旅游龙头景区和黄河第一名片的提案》，为破解这一难题支招。受到有关部门高度重视，意见建议得到采纳，提案建议逐步落实，并与景区项目相结合，不断打造兰州黄河风情线旅游品牌，树立了兰州黄河旅游的新名片。

为南昌轨道交通鼓与呼

民盟南昌市委会

几度风雨几度春秋,不经意中我在省市人大代表、政协委员的平台上已走过了20个年头。20年来,我以代表、委员的视角,以参政议政的方式,通过代表建议、提案、大会发言等多种形式,先后提出了《科学建设南昌地铁》《打造中国法官教育基地》等100多个建议意见,参与了南昌的裂变建设,见证了南昌城市的历史演变,虔诚地践行了"为政府献智为人民代言""人大代表为人民"的诺言,实现了自己"位卑不敢忘国忧"的情怀和参政报国的理想!同时,履职之旅拓展了自己的"智慧园",填充了自己的"智慧库",锤炼了自己的坚韧与刚强。其实,委员建言被党委、政府采纳是一件很不容易的事,建言只有与政府的工作同频共振,有思想、有价值才被政府所采纳,建言只有与群众的呼声通源聚合,有见地、有意义才会深受群众的欢迎。不仅如此,还要有毅力、有斗志、有信心,并随之的执着与协调,否则会半途而废,不得而终。提案《科学建设南昌地铁》的10余年坚持才修成正果,是我记忆最深、挫折最多、收获最大、价值最高的参政议政成果。

想当年,早在2003年的一次香港考察活动中,让我第一次实质性地接触并乘坐了地铁,也就是这次考察在我的心里播种了一颗在南昌建设地铁的"种子",觉得香港地铁新鲜、便利、快速,也特别羡慕日本的"新干线",觉得日本"新干线"漂亮、迅速、便宜,但认为南昌当时的经济实力是难于支撑地铁建设的，条件不成熟便没有往深处想，也没有意识到后来地铁会与自己有如此紧密的联系。

在那时，南昌交通已经开始出现拥堵问题，除了市民的交通意识、政府的交通管理跟不上之外，重大的交通规划和交通设施建设也是重要的短板。出于职业敏感性，我开始思考南昌的城市高架建设、公交优先战略、一江两岸的隧道建设、地铁建设、道路规划、立体车库等立体交通体系建设领域的立言。早期的提案大都涉及了交通领域，如《关于公交优先战略的建议》（市政协第十二届一次会议第92号），《关于拓宽公交站台功能提升服务水平的建议》（区政协第七届一次会议第101号），《关于进一步完善我区快速交通干线系统提高现有道路通行能力的建议》（区政协第七届二次会议第116号）和《关于打造立体交通解决拥堵问题的建议》（发表于《南昌日报》），《关于科学设计交通道路标识的建议》（市政协第十二届四次会议第160号）等系列提案。

多年来，我始终关注着南昌的城市交通痛点堵点，埋藏在心底的"种子"慢慢复苏。那时我发现并预判到南昌城区的交通拥堵现象会愈演愈烈，同时在许多城市中调研发现地铁不仅能给市民带来更多便利，而且打通了地下大动脉，能为城市的发展提供更多的空间，也提高沿线的土地价值，招展新的经济业态。在经过大量调研论证，我于2006年向市政协郑重地提交了《科学规划和建设南昌地铁的建议》（南昌市政协第十一届六次会议第71号）。

没想到，2008年的一次市政协讨论会上，有领导对我的关于建设南昌地铁的提案进行了批评，认为南昌没有这个财力。可我是没心没肺的人，很快就忘记了当时的不愉快，马上又进入到另一个课题调研组。在后来的日子里，我又继续参与其他调研，地铁梦重新放进自己的心底等待机遇。

2009年7月，在一次外事接待中，我意外获知国务院批准《南昌市城市快速轨道交通1、2号线一期建设规划》，南昌地铁已获国家发改委立项。2011 年 1 月 1 日，秋水广场站正式开工，2013 年 12 月 12 日，"千里赣江第一隧"实现双向贯通，2015 年，南昌首条地铁线路 1 号线开通载客试运营，南昌终于迎来了"地铁时代"，我的建言目标终于初见曙光。

犹记得 2015 年 12 月 26 日，这是我毕生难忘的日子，正在武汉大学攻读博士学位的我接到市政协开全会的通知，立刻从武汉返回南昌。在高铁上，我看到委员朋友在朋友圈里发送的市人大代表、市政协委员试乘地铁的图片和信息，心里真是兴奋与失落，兴奋的是我的建议终于转化为成果落地了，实现了自己多年的地铁梦想；失落的是我还是赶不及和大家一起分享这种来之不易的幸福与快乐，错过了那种先睹为快的喜悦。

之后的日子，我的工作岗位和政治安排都调整了，离开了青云谱，离开了政协，转任到政府、人大岗位，再到现在这种政治学院属性的南昌社院，并进入民盟南昌市委会开始专业的参政议政工作，对地铁的关注只能从南昌城各个站点的建设中了解，我也从潜意识中期待自己有机会能真正全面地、系统地、客观地了解南昌地铁的成长与发展，我一直在等待着这种机遇。

终于在 2019 年 11 月 29 日这个平凡而又开心的日子里，我如约而至来到了期盼已久且挂念整整 13 年的地方——南昌地铁大厦总部调研，为的是在南昌市社会主义学院第二课堂中将地铁元素囊入其中，让党外人士在社院学习期间了解城市交通的现状及其贡献，让学员知市情、了民情、见实情，为南昌市经济社会事业发展与建言提供实践基石。

在南昌地铁总部，总部决策者们从建设框架层面对南昌地铁的规划、建设、运营、管理进行了全面的解读，为我们介绍了南昌"大手笔规划、大格局建设、大联合打造、大融资保障"的"地铁画卷"，为我们分享了建设者们在建设南昌地铁中取得的成就与欢乐；引领我们参观了具有总揽全局、综合指挥调度，多种应用系统集中接入与显示，超大面积显示同时满足多个子系统的高分辨率显示，大数据的极速显示等特点的南昌轨道控制中心和地铁大厦站控制站，也让我们体悟到建设地铁过程中的各种艰辛与挑战；陪同我们在南昌地铁的一次特殊旅行，浏览了独具鲜明特色、时代符号的"廉洁南昌"廉文化主题列车、"红色家书"主题的红色专列、"南昌宪法宣传号"地铁主题列车，让市民在乘坐地铁时感受廉文化魅力，体验理想信念教育"思想宝库"中的凝聚力和蓄积力，耳濡了宪法思维，目染了崇尚宪法、遵守宪法、维护宪法权威的浓厚氛围，了了我心底执念多年的地铁梦想。

在南昌地铁总部，我也自然而然地与大家一起分享了自己积压在心头多年的地铁梦想，真情袒露了自己对南昌地铁的一份情感故事，交流了自己与南昌地铁16年的那份难舍难分和履职建言那份耐人寻味的悲喜交织，也为南昌地铁取得的成绩无限自豪。2018年，南昌地铁年客运量达1.42亿人次。2019年6月，南昌地铁进入"换乘时代"，开通运营1号线和2号线两条线路，共设车站52座（含换乘站）、换乘站2座，运营线路总长60.35千米。2019年9月，南昌地铁日均客运量达54.43万人次，2019年9月30日，记录到线网最高客运量75.11万人次。2020年，地铁3号线通车，截至2021年年底，南昌将拥有地铁1号线、地铁2号线、地铁3号线、地铁4号线4条线，我的建言梦想和百姓的地铁梦终于得以实现。

南昌地铁从无到有，从少到多，悄悄地拉宽了城市的框架、改变了市民的出行方式、影响了群众的生活、提升了城市的文明程度、扩大了城市的影响力、密切了党群关系。当然，作为一名建言者，也满足了在我那心底最深处对地铁的价值认定与执念，更重要的是满足了群众对高质量城市生活水平的需求，展示南昌市委市政府高超的执政水平和治理能力。

（作者：郭翀）

积极建言助推"大学城"建设

民盟南充市委会

南充临江新区是四川省委、省政府规划设立的第三个省级新区，位于临江新区内的南充"大学城"是南充"100件大事"之一。南充"大学城"项目是省级临江新区建设的核心项目，是建成高品质宜居新城的关键之举，是"再造一个新南充"的引爆点，是近期"三片六点"的重要组成部分。它位于临江新区核心腹地——顺庆区北部新城荆溪——搬罾片区，拟在56平方公里范围内规划面积20平方公里，计划投资300亿元，用5—8年时间招引并建成8—10所高校。市委、市政府高度重视南充"大学城"建设，是一项重点工作、中心工作、民生工作。

民盟南充市委会始终以高度的政治责任感，紧紧围绕党政中心工作，服务南充发展大局，在助力南充跨域发展的伟大事业中书写答卷。2020年，《关于加快推进南充"大学城"项目建设的建议》被市委确定为统一战线建言献策选题之一，民盟南充市委会积极承担了此课题。坚持"不调研、不发言"，是民盟南充市委会一贯的工作态度。为推动"大学城"建设，民盟南充市委会专门成立了课题组，由民盟南充市委会主委、市政协副主席朱家媛带领课题组成员开展了民意调查，先后到川北医学院、南充"大学城"项目实地调研，并与项目实施相关的市级部门和属地顺庆区政府负责人进行座谈，副市长沈一凡出席座谈并为课题调研建议指点方向。通过走访调研，掌握了实情，找准了问题，抓住了重点。

在"大学城"建设的前期工作中,项目取得了一定的进展。一是组织框架初步搭建。为推动南充"大学城"建设,市区两级分别成立了组织领导机构。市区两级教育部门成立了工作专班,开展了方案制订、考察学习、学校招引、联络服务等工作。二是基础建设火热进行。规划区内三横两纵的交通骨架已初步形成。大学城的强电、弱电、排水、给水、燃气等配套设施正在推进完善。南充第二绕城高速通过大学城项目区附近,有助于完善项目区路网结构、加快区域一体化进程。三是土地报征部分完成。已经完成大学城内1600余平方公里高校用地报征工作。南充电影工业职业学院一期红线范围内房屋拆迁、杆管线改迁全部完成。四是招引院校陆续开建。招引的首家高校南充电影工业职业学院于2019年4月开工奠基,川北医学院与顺庆区已经初步形成大学城校区建设和老校区置换框架协议,市委决定市委党校新校区将在"十四五"规划内在大学城新建,西华师范大学扩建、南充职业技术学院迁建已纳入顺庆区2020年重点项目实施计划。

但是,"大学城"的建设依旧受到很多因素的制约,主要表现在以下几个方面。一是项目推进机制不完善。市级层面未建工作专班,市级各相关部门重视程度还不够。市区之间、市级部门之间缺乏定期沟通工作机制,信息联络渠道不畅通。二是项目规划方案未形成。受到上位规划和临江新区获批的影响,"成南达万高铁"线路要横穿"大学城",需要调整路网、用地,相关战略定位需要重新分析和统筹优化布局。三是用地保障难。"大学城"规划区域内2/3是基本农田,按照要建成8—10所大学的目标,约需用地1.5万平方公里,每年需报征土地2000平方公里左右。四是资金筹措难。"大学城"项目建设需要资金300亿元,公共基础设施配套需要资金150亿元,仅靠财政投资,压力巨大,难以承担。五是院校招引难。教育部对公办大学设立异地校区办学模式一直持审慎态度,招引民办大学又有一定的资金风险和运营风险。同时，招引与南充市产业发展联系紧密的院校难度更大。

2020年，国家启动成渝地区双城经济圈建设，南充市委、市政府提出了要将南充打造成成渝地区双城经济圈次极核的目标。民盟南充市委会立足国家重大战略部署，紧扣中共南充市委重要决策，结合"大学城"建设实际，围绕当前建设过程中的问题开展精准建言。

发展定位是关键。为对接成渝双城经济圈内中国西部（重庆）科学城、中国西部（成都）科学城战略规划，民盟南充市委会建议将南充"大学城"项目更名为中国西部（南充）科学城。这既顺应成渝双城经济圈建设的大势，建成成渝北翼科创中心，又能扩展项目建设内涵，更好地支撑和提升临江新区建设的科技含量，突出本项目的科创特色、产教城融合特点。同时，扩充"大学城"建设内容，根据大学城在临江新区中的功能定位和南充经济社会特点，合理确定招引对象，既招院校，也招院士工作站、研究生院、重点实验室、工程技术中心、工程实验室、博士后工作站、产业研究院和人文社科研究基地等科研机构。要走与省内其他大学城差异化发展的道路，既招应用技术型大学，又招高度契合南充"3+5"现代工业体系、"4+5"现代服务业体系、"5+5"现代农业体系的高等院校，增强大学城区域影响力和核心竞争力。

完善规划是基础。民盟南充市委会建议要凸显"大学城"引领新区建设作用，就必须要科学编制空间规划。一是要加快空间规划编制进度，以南充市第三次国土调查现状成果为基础，做好统一底图底数、开展"双评价"、重视"双评估"、重大专题研究、城市规划设计等基础工作，加快编制进度。二是要严控临江新区规划质量。比照雄安新区、天府新区和重庆两江新区等国家级新区的规划理念，高标准编制；要充分调研分析、公众参与多方协同论证，科学编制。三是要做好规划衔接。要对先前已经确定的规划主体内容进行适当调整，避免高铁线路穿过项目区，明确每所拟建高校在"大学城"56平方公里范围内点状分布的具体位置，充分对接南充市"十四五"规划、城市综合交通规划和国家森林城市建设总体规划等其他重要规划内容。

用好政策是关键。民盟南充市委会从打破土地瓶颈入手，给予了合理化建议。要积极利用省级新区重大项目用地保障政策红利，实行土地利用年度计划指标单列管理，在土地规划、计划、报批、供应等方面争取倾斜支持。要充分把握住"大学城"纳入全省重点项目的机会，争取获得70%省级用地指标支持，以解决大学城用地指标问题。要充分利用国家"扩大高校和科研院所科研相关自主权""国家职业教育改革实施方案"等高等教育政策红利，争取教育用地指标。要树立全市基本农田调整工作"一盘棋"思想，结合国土综合整治和调整基本农田相关政策，在市域范围内流转整治验收后腾退的建设用地指标。

资金保障是重点。为突破"大学城"建设资金瓶颈，民盟南充市委会认真研究，结合各地建设经验，提出了可操作性强的解决办法。一是建立多元投入机制。明确学校和市、区地方政府在大学建设增量投资中的投资比例、产权关系、收益分配，保护和调动各方投资积极性。二是成立新区建设集团公司。广泛吸引高校、企业、社会等各类资金参与建设。三是采取不同的投融资模式。大学城中基础设施建设项目，可积极争取进入国省发改委项目计划"笼子"，争取中省预算内基本建设投资资金；各院校建设中涉及的实验室、图书馆、体育场馆等设施也可争取相关财政专项补助；各类商业性项目，如影视中心、会展中心、文体中心等，可以以吸引社会资金为主来建设。

民盟南充市委会还围绕"大学城"建设中的院校招引、人才保障、建设管理等方面提出了中肯的建议，为"大学城"的高质量建设提供了有用遵循。调研结果以调研报告的形式专题报送中共南充市委，相关成果在南充市统一战线建言献策座谈会上由民盟南充市委会主委向市委建言，得到了中共南充市委书记宋朝华的高度肯定和批示，许多建议都得到了相关职能部门的采纳，有力推动了南充"大学城"的高质量建设。

  目前，南充"大学城"建设各项任务稳步推进，园区内路网、电网等基础设施得到进一步完善，园区规划真正体现出了"国家气场、巴蜀气派、山水气质"，成为临江新区的一个重要支撑点。首批入驻的南充电影工业职业学院已进入最后的收尾工程，川北医学院即将签订入驻建设协议，大学城片区正在加快推进高校招引工作，已对接市内外多所高校，部分学校正在进行入驻前期工作。民盟南充市委会通过"大学城"建设调研，递交了一份圆满的答卷，体现了民盟组织高度的政治责任，务实的工作作风，为民的高尚情怀。

（作者：覃发超、贾德灿、范虎）

为南宁城市治理建言献策

民盟南宁市委会

当今,世界百年未有之大变局加速演进,我国发展的内部条件和外部环境正在发生深刻复杂的变化。站在"两个一百年"奋斗目标的历史交汇点上,作为民盟盟员的我将胸怀"两个大局",找准人生定位与奋斗目标,把个人际遇融入时代发展大局,做新时代的奋进者、开拓者、建设者。

自加入中国民主同盟那一天起,我就深知作为一名民主党派人士,要鞠躬尽瘁,不辱使命。既要爱岗敬业,在本职岗位做出优异成绩;也要积极履职尽责,勇于担当,敢于直言,为经济社会发展建言献策;更要践行新时代发展的新要求,为"中国梦"尽自己的微薄之力。

有人问我加入中国民主同盟的初心是什么?很简单,我的初心就是:出主意、想办法,做实事、做好事!围绕这个初心,我积极参政议政,立足本行业,关注民生,为经济高质量发展、为社会和谐发展提供更多切实可行的建议;同时,多视角观察,看到问题、反映问题,更为解决问题提出思路和对策。

习近平总书记强调,推进国家治理体系和治理能力现代化,必须抓好城市治理体系和治理能力现代化。城市治理是国家治理体系和治理能力现代化的重要内容。一流城市要有一流治理,要注重在科学化、精细化、智能化上下功夫。既要善于运用现代科技手段实现智能化,又要通过绣花般的细心、耐心、巧心提高精细化水平，绣出城市的品质品牌。

新时代，我们正由粗放的城市管理向精细的城市治理转变。粗放的城市管理，是简单、统一地将城市中的人、事、物进行有序而标准化的管理。而城市发展到一定时期必然要提升治理水平，此时粗放的城市管理已经不能适应城市发展要求，不能满足人民对城市美好生活的需求，因此，城市管理也由粗放型转向精细化的城市治理。这当中，问需于民、问计于民、问政于民，是城市治理的最典型特征。

多年来，我持续对城市治理进行深入而细致的研究。作为民盟盟员我连续承担民盟南宁市委会年度课题，涉及海绵城市、家庭医生、粤港澳大湾区、大健康、乡村振兴、强首府战略、夜间经济、大数据、文旅融合、城市更新、网络统战、基层社会治理、民营经济、新基建等众多主题，形成近20项具有可操作性的课题报告。这些课题报告由民盟南宁市委会进行成果转化，部分作为民盟南宁市委会集体提案提交到南宁市政协，还有一些转化为南宁市政党协商座谈会、南宁市政协双月协商会等会议的发言材料；多次被民盟南宁市委会评为"年度先进个人"。同时，作为南宁市西乡塘区政协委员，我连续4年承担南宁市西乡塘区政协年度课题7项，提交个人提案17项，多次被西乡塘政协评为"优秀政协委员""提案工作先进个人""优秀民主监督员"。

2015年4月，南宁市被确定为全国首批海绵城市建设试点城市。2016年6月，南宁市顺利通过国家住建部等部委组织的海绵城市试点建设首年度绩效评价，获得海绵建设年度专项奖励。

但在南宁市推进海绵城市建设中，我发现存在资金筹措渠道单一、技术创新有待提升、相关政策有待完善等问题。于是，在民盟南宁市委会征集2016年课题时，我提出可以将"海绵城市"作为课题方向之一。

民盟南宁市委会经过研究，将"海绵城市"作为当年重点课题之一，并且由我承担课题撰写工作。通过实地调研提出，"南宁市在规划建设城市新区时，应该注意规划'街区公园'，面积不需要很大，但是可以承载休闲娱乐和城市海绵体的功能，以便容纳周边小区的雨水""过往在城市规划制定中，比较注重对规划参数如容积率、建筑密度、建筑高度等的控制，针对生态控制的指标并没有很好地融入规范当中。海绵城市建设要把雨水年径流总量控制率和建立区域雨水排放管理制度等生态控制指标嵌入进去""将民间资本和社会资金作为财政投入的重要补充形式纳入建设海绵城市的资金管理范畴。同时，鼓励技术企业与金融资本结合并采用总承包方式承接相关建设项目，打通全生命周期的产业链条，发挥'海绵产业'各个上下游环节优势互补，协同创新优势，发挥整体效益""在南宁市建设'海绵城市院士工作站''海绵城市资源数据库''海绵城市建设项目研发中心'等措施建议，最终形成《关于全面推进南宁市海绵城市建设的建议》"。

民盟南宁市委会将《关于全面推进南宁市海绵城市建设的建议》进行成果转化，作为集体提案提交到南宁市政协，被列为2017年南宁市领导督办重点提案，并被评为南宁市政协十一届二次会议优秀提案。

南宁市住房和城乡建设局等相关单位在承办这个重点提案时，一致认为提案所提建议具有可操作性，将在南宁市海绵城市建设中将这些建议逐一落实。

经过几年建设，如今南宁海绵城市建设已经取得更加显著的成效。"治水、建城、为民"的理念深刻贯穿在南宁的城市治理中，而我作为民盟盟员能为南宁的城市治理提供智力支持感到骄傲！

党的十九届五中全会审议通过的《中共中央关于制定国民经济和社会发展第十四个五年规划和二〇三五年远景目标的建议》提出，提高城市治理水平，人民城市人民建，人民城市为人民。城市治理始终要坚持以人民为中心，以人民利益为重、以人民期盼为念，多站在群众立场看问题、想办法，切实解决群众的操心事、烦心事、揪心事。

2017年，《南宁市推进家庭医生签约服务工作实施方案》出台，提出力争将签约服务由重点人群扩大到全人群，以健康为中心，形成长期稳定的契约服务关系，基本实现家庭医生服务制度全覆盖的目标。

但南宁市在"家庭医生"建设中遇到：家庭医生数量不足，服务团队不稳定；家庭医生签约难，签而不约现象普遍；家庭医生服务能力有待进一步提升；家庭医生激励与考核机制需完善等问题。

于是，我针对这些问题撰写了《关于加强南宁市"家庭医生"建设的建议》，提出：

一是加强以全科医生为重点的家庭医生队伍建设。制订家庭医生人才队伍建设规划；重点培养家庭医生成为全科医生，为家庭医生的招聘开通绿色通道；鼓励公立医院医生多点执业，鼓励公立医院退休临床医生到社区卫生服务机构担任家庭医生。

二是积极稳妥推进家庭医生签约服务工作。建立健全社区首诊、双向转诊制度，通过优先就诊、预约医院专家、优先安排住院等政策，吸引签约居民首诊在社区；加快实施医疗体系改革，组建医疗联合体，整合医疗资源，疏通上下转诊"绿色通道"，把优质资源直接与社区卫生服务机构挂钩，为家庭医生签约服务提供优质技术资源保证，以提升居民对签约服务的认同度；为在册规范管理的高血压、糖尿病人群，定期接受医疗保健服务的老龄、失独、贫困等特殊人群开展签约服务；通过家庭医生联系卡、健康积分服务等，提高居民对家庭医生服务的认可度与信任度。

三是加强培训，提升家庭医生服务能力。依托三甲医院建立家庭医生培训基地，推进家庭医生系统化、长期性临床技能培训，着力提升家庭医生业务能力水平；加强医疗联合体建设，推动优质医疗资源下沉。

四是完善家庭医生激励与考核机制。制订家庭医生年度签约服务费收费标准，探索从家庭医生年度签约服务收入中按规定提取一定比例统筹用于绩效工资分配；建立以签约服务对象数量与构成、健康管理效果、居民满意度等为核心的签约服务评价考核体系，做到可量化可核查的有效考核制度。

五是拓展家庭医生服务内容。除提供门诊服务、儿童保健、妇女保健、老年人保健外，家庭医生应拓展服务内容，如增加对高血压、高血糖、高血脂、糖尿病、结核病等慢性疾病和严重精神障碍等疾病的服务，将健康教育、饮食运动指导、社区康复等纳入服务范围；将家庭医生服务项目纳入医保报销范围，并拉大不同级别医疗机构间医保报销比例的差距，社区卫生服务机构门诊执行最低收费和最低医药费用自付比例。

六是构建家庭医生协同服务系统。推广"互联网＋医疗"服务系统，研究探索社保卡异地使用与结算方式，对社区卫生服务机构设备与服务进行升级，构建家庭医生协同服务系统。

民盟南宁市委会将《关于加强南宁市"家庭医生"建设的建议》进行成果转化，作为集体提案提交到南宁市政协，被列为2019年南宁市领导督办重点提案，并被评为南宁市政协十一届四次会议优秀提案。

南宁市卫生健康委员会等相关部门在承办这个提案时，一再询问撰写提案者是否是卫健系统的专业人士，因为提案所提问题正是当前"家庭医生"建设中遇到的实际困难，而提出的建议条条具有建设性、指导性。同时，这个提案摒弃了之前提案中的"政府要高度重视，组建工作领导组，财政给予充足经费支持"等老生常谈的建议，更多的是从实际问题入手，给出具有可操作性的建议。

近几年，我作为民盟盟员、南宁市西乡塘政协委员受邀担任南宁广播电视台《向人民承诺——电视问政》节目的"问政代表"，又从"问政代表"成长为"问政主嘉宾"，算起来参加了20多期问政直播。同时，还受邀担任南宁电视台《问政观察室》节目的"问政观察员"，算一算参加了近40期节目录制。

问政类节目涉及城市治理的内容很多，我作为"问政主嘉宾"深知肩负着深重的责任与期望。因此，我坚持从多个维度看待问题，对城市治理中出现的各种问题提出疑问和批评的同时,更是深入调查、深入思考出现这些问题的根源在哪里、阻力有哪些,结合实际情况提出切实可行的建议,坚持做到既要严厉问政更要重在提出解决之法,为经济社会高质量发展"出主意、想办法",为社会和谐安宁"做实事、做好事"。正因为如此,不管是被问政单位还是节目制作单位,都对我的点评给予高度肯定,认为我的点评中肯,对问题整改具有参考价值。

停骖问前路,路在秋云里。作为民盟盟员,我将继续担当实干,勇挑重担,为南宁城市治理建言献策。

(作者:郭敬锋)

脉脉水情绕通城　拳拳盟心献良策

——南通民盟助力水美南通建设纪实

民盟南通市委会

江苏南通地处长三角江海平原，滨长江临黄海，是万里长江奔流入海的最后一道生态屏障。南通下辖7个县市区，陆域面积8000平方公里，常住人口772万。南通城始建于后周时期，至今已有1000多年历史。清末状元、著名实业家、教育家张謇在家乡南通开展地方自治，推动我市成为近代民族工业的重要发祥地，造就了"中国近代第一城"的美誉。改革开放以来，南通作为全国首批对外开放的沿海港口城市，社会经济义化事业蓬勃发展，荣获全国文明城市、国家历史文化名城、国家生态园林城市、国家环保模范城市等十多个国字号荣誉，2020年，地区生产总值突破万亿。

2021年，中国共产党迎来百年华诞。100年来，中国共产党带领中国人民披荆斩棘砥砺前行，创造了一个又一个彪炳史册的人间奇迹。中国民主同盟作为中国共产党的亲密友党，与中国共产党同舟共济、携手奋进80载，共同谱写了国家富强、民族振兴和人民幸福的盛世华章。民盟南通市委会成立于1956年，是各民主党派在南通首批成立的地方组织，2016年11月，民盟南通市委会换届选举产生了第十届委员会。目前，民盟南通市委会下设11个工作委员会和两个盟内社团，拥有1个基层委员会和36个基层支部，盟员近千人。65年来，民盟南通市委会积极履行参政党职能，始终坚持把事关南通发展的全局性前瞻性问题和人民群众关心的热点难点问题作为调研参政方向，作为民主协商座谈的重要内容。一代代民盟人奋斗在城市建设的各行各业，提炼出一份份为百姓发声，为党政分忧的高质量建言成果，城市发展的时光轨道上镌刻着民盟印记，书写着民盟智慧。

南通伴水而生，缘水而兴，因水而美。2020年，习近平总书记来江苏考察，首站就来到长江南通段的五山滨江生态片区。"万里昆仑谁凿破，无边波浪拍天来"，南通不仅拥有依江傍海的自然资源禀赋，还保留着国内最为完整的古护城河，同时还有沟通连接中国大运河的古运盐河，境内更是河网水系纵横。可以说水韵文化是南通根植千年的命脉所在，也是南通人民包容通达、崇文厚德的精神气质的滋养源泉。民盟南通市委会的参政议政活动自然而然地和水环境水资源结下了不解之缘，用丰硕的建言成果擦亮了南通的水文化特色品牌，让江海明珠在城市发展中更加璀璨夺目。

一、奏响濠河时代最强音

千年濠河是南通的护城河、母亲河，"水抱城、城拥水、城水一体"的独特风格，承载着南通人最深的乡愁，被誉为"少女脖子上的翡翠项链"。然而，由于历史原因，濠河沿线在工业化、城市化进程中兴建了诸多企业、码头以及居民小区，工业污水、生活污水成为濠河主要的污染源，生态环境遭到严重破坏。濠河水质污染最顶峰时，沿河50多家污染大户和几十万居民每天向濠河排放4万吨的污水，河滨上有着十余个粪便中转站和垃圾堆场，乱填乱倒使千余亩的水面萎缩了1/4，另外还有每年8万立方米的泥沙淤积，枯水季节有1/3河床裸露，导致濠河一度成为主城区黑臭不堪的"龙须沟"。

20世纪90年代，面对日益严峻的濠河水污染形势，民盟南通市委会以强烈的参政党地方组织的使命感，充分发挥界别和环保人才资源优势，组织盟内专家开展调研，形成了"加快污染治理，改善濠河水"的调研报告，并由时任民盟南通市委会副主委杨展里在1996年市政协七届四次全会上做大会发言，引发社会各界的强烈共鸣。期间，民盟南通市委会还提交了"关于加强濠河历史文化保护区工作的建议""关于进一步改善濠河风景区人文环境的建议"等集体提案。市委市政府重视民盟的提案建议，迅速掀起濠河风景区污染整治的高潮，濠河周围污染企业、垃圾中转站和水运码头逐个落实限期整顿治理和整体搬迁计划，沿河的违法建筑逐步得到拆除，疏浚了数十万立方米淤泥，并铺设了环濠河20多公里长的排污管道进行污水截流。与此同时，濠河周边还打造了濠滨书苑、濠东绿苑、环西文化广场等城市风景线，环濠河建成各类博物馆20多座，改造了一批各具特色的桥梁和濠河景观交相辉映。2001年，濠河生态建设工程荣获江苏人居环境范例奖，2005年，濠河风景区又喜获全国城市建设与管理的最高奖——中国人居环境范例奖，2012年，被评为国家5A级旅游风景区，成为国内河道治理保护的成功典范。经过20多年的持续整治，如今的濠河宛如一条翠绿的缎带蜿蜒铺展于城市的中心地带，已然成为水清、流畅、岸绿、景美的"生态乐园"，成为融入老百姓日常生活、人人共享的城市大公园，受到国家领导和国内外游客嘉宾的普遍赞誉。民盟南通市委会始终关注着濠河的变迁，近年来，盟内政协委员葛红玲、赵明远等又就濠河风景区提档提升以及提升濠河风景区文化品质等提出提案，建议实施濠河景观改造升级和环濠河游步道贯通工程，打造濠河文旅融合发展样板区，再次受到市领导的高度重视，由市长亲自进行领办督办，为推动景区硬件配套和软件服务高质量发展贡献了自己的智慧。

二、开启运河时代新篇章

南通的运河是江苏境内大运河的重要支流，流经主城区及各县市，起始段从西汉吴王刘濞开凿邗沟算起已有2000多年历史。在漫长的历史过程中,南通的运河是沟通内外交通的重要水上交通线,留下了大量的考古遗迹、名人故居、历史城镇、文化街区、民族工商业旧址、水工设施等文化遗产,演绎出农耕文化、漕运文化、盐业文化、水工文化、民居文化、近现代工业文化等各具特色的文化形态,催生了诸多非遗技艺传习基地。

21世纪以来,随着南通经济迅猛发展,城市建设日新月异,局促的"六桥"内城已经容纳不下城市的扩张步伐。民盟南通市委会敏锐地觉察到城市发展和现有空间格局的矛盾,认为南通应逐渐从濠河小城时代走向运河大城时代。根据南通城市总体规划,同时策应原崇川和港闸区融合发展的趋势,2013年年初,民盟南通市委会在市政协十一届二次全会上率先提出"打造南通运河景观带,实施沿线企业搬迁转型的建议"的集体提案,得到辖区政府和建设部门的高度重视。经过数年的推进建设,我市市区段运河滨水区从过去的水运、仓储、工业功能逐渐向生态居住、休闲健身、旅游展览、商业服务等内容转变,实现了"生态航道和生态绿廊"无缝对接,最大限度地保护开发和利用沿河历史文化资源,并通过慢行步道系统加强了运河空间与城市腹地的有机联系,运河两岸绿化景观带已经打造成继濠河"第一生态圈"后的市区"第二生态圈"。现在,运河两岸已经建设水清、水灵、岸绿、景美的滨水风光带,成为南通的生态之河、活力之河、文化之河、体验之河,成为南通又一条靓丽的城市名片,为市民提供了多元化的滨水活动岸线和多功能的城市绿色舞台。

习近平总书记2017年做出保护好、传承好、利用好大运河文化遗产重要指示以来,民盟南通市委会迅速贯彻省市决策部署精神,发挥盟内文化人才资源优势,积极参与大运河南通段文化带建设保护传承利用规划的编制工作,并提供诸多有价值的意见建议。不仅如此,民盟南通市委会副主委赵明远还牵头担任市社科联"南通大运河文化带历史文化遗产保护利用研究"课题组组长,组织专家学者深入运河沿线调研考察，多次召开专题座谈会和课题推进会，推动资料收集汇总，交流阶段研究成果，历时一年多形成了 20 万字的学术研究成果，并于 2020 年 5 月由江苏人民出版社出版发行，成为我市历史上首部系统研究南通大运河历史遗产的学术著作，对南通"十四五"期间探索运河沿线区域经济水高质量发展，协调推进南通大运河历史文化遗产传承保护利用，打造南通大运河文化带靓丽城市名片，具有较好的指导应用价值。在此期间，民盟南通市委会机关干部朱建明同志还积极拓展调研研究成果的社会价值，撰写了"南通大运河文化带保护利用对策建议"发表在《社科专报》上供市领导参阅，并入选省水利厅和江苏炎黄文化研究会优秀论文，同时还在江苏民盟第四届江苏文化发展研讨会暨第八届江苏生态文明建设研讨会上荣获一等奖。

三、续写江海时代新辉煌

南通近代在张謇的主持下从原本默默无闻的偏僻小城一跃成为全国模范市，在诸多领域领时代风潮之先。中华人民共和国成立后以及改革开放初期，南通的经济总量长期国内名列前茅，被誉为全国明星城市。由于现代铁路、高速公路以及航空运输的兴起，南通的发展受制大自然长江天堑滔滔江水的阻隔，南通与上海以及江南的联系只能通过摆渡，"南不通"的交通劣势让南通丧失了 20 年的发展机遇，成为南通人心头的"痛"。

民盟南通市委会的有识之士在扼腕叹息之余，积极寻求着打破过江交通瓶颈的良策。1989 年，时任民盟南通市委会副主委的许云庆同志最早提出了"南通应尽早建立过江隧道"的建议，得到中共市委和市政府的高度重视。1996 年，时任民盟南通市委会主委沈启鹏又在省政协全会上提出"关于南通过江隧道尽快立项的建议"提案，成为省政协现场办理的重要提案。1998 年 3 月，时任民盟南通市委会主委的沈启鹏作为全国人大代表，在九届全国人大一次、二次会议上，联系 30

多位代表提出议案，再次建议国家尽早批准"南通长江过江公路通道"项目。经过包括民盟人在内的全市人民多年的不懈呼吁和艰苦努力，2002年10月，"苏通长江公路大桥"可行性报道正式获国务院批复，并于2008年6月竣工通车，成为世界上跨径最大的斜拉索大桥。苏通大桥建成后，改变了南通乃至整个江苏的过江交通格局，从根本上提升了南通的区位优势，突破了我市跨江融合的交通障碍，推动了我市全面融入上海一小时经济圈，奠定了我市成为长三角乃至我国东部沿海大通道的重要枢纽地位，深刻影响着南通城市发展空间的拓展及人们思想观念变革，南通经济迎来了新一轮的腾飞期。

党的十八大以来，党中央科学谋划部署长江经济带发展战略，"绿水青山就是金山银山"理念逐渐深入人心。随着多重国家战略在南通落地，我市新一轮城市空间规划明确了市区"一主三副"、滨江主城"一城三片"的城市发展格局，为打造长三角一体化沪苏通核心三角强支点城市和提升城市发展能级扩大了"城载力"，南通城市正阔步走向江海大城时代。为深入贯彻习近平总书记视察南通重要讲话精神，推动长江大保护形成南通样板，民盟南通市委会去年又开展了"江海联动发展中推进我市长江大保护对策建议"的课题调研，形成集体提案在2021年政协全会上提交，并在专题建言献策会上做口头发言，得到与会市领导的充分肯定。同时，2021年南通民盟还承担了"统筹打造我市沿江沿海生态景观带"的中共市委调研课题，力求大城时代为南通滨江沿海高质量绿色协同发展提供民盟方案。

民盟南通市委会立足水文章的参政建言事例还有很多很多，由民盟界政协委员、南通大学科技处副处长石健执笔，2014年，民盟南通市委会在市政协全会上提交了"关于我市农村水环境污染治理的对策建议"的集体提案，2016年和2019年又分别提交了"关于构建我市水源地防控预警体系的建议""关于长效落实我市河长制工作的对策建议"的集体提案，均获得主办部门的采纳落实，有的还得到市领导的批示。

在2021年政协会上，石健教授结合习近平总书记对弘扬张謇精神的要求，从水利角度提交了"挖掘张謇治水文化遗产，加快我市水文化保护"的提案。盟员政协委员、环境监测中心生态科科长朱正宏以及市人大代表、南通科技学院教授徐秀银等也曾分别在两会上提出了"全面提高我市主要河道水质""科学系统整治水环境"等对策建议。此外，还有诸多盟员反映河道整治和水环境治理的社情民意信息，为推动我市水生态持续改善做出了积极贡献，并取得了实实在在的效果。

一座南通城，半卷江海诗。南通的民盟人专注于对水资源、水环境、水文化的调查研究，衍生出对南通水情、水态、水韵的独特理解，用专业建言深刻影响着南通的水城风貌，助推南通2006年成功入选"全国水环境治理优秀范例城市"。作为新时代的参政党地方组织，民盟南通市委会将不忘合作初心，不断从百年党史学习中汲取智慧力量，在开启社会主义现代化建设新征程中，秉承民盟"奔走国是、关注民生"和"出主意、想办法、做实事、做好事"的优良传统，充分发挥盟内生态文明专委会人才智库作用，描绘"人在水中坐，人在画中游"的水美南通新画卷。

（作者：赵明远、朱建明）

关于做好泉州市小学和幼儿园课后延时服务工作的几点建议及采纳情况

民盟泉州市委会

长期以来,"放学早、下班迟、接送难"这对矛盾牵扯着万千个家庭。近日,厦门市印发了《厦门市推进小学和幼儿园开展课后延时服务工作实施意见(试行)》(厦教综〔2018〕3号),从2021年9月1日起,厦门市将先在部分公办小学和公办幼儿园试点开展课后延时服务,未来再逐步推广到普惠性小学和普惠性幼儿园。这一消息迅速引起我市社会各界的广泛关注。

教育是最大、最基本的民生,事关千家万户。为推进我市课后延时服务工作,进一步化解"放学早、下班迟、接送难"矛盾,中共泉州市委统战部和民盟泉州市委会组成联合调研组,先后赴厦门及石狮、安溪、丰泽等课后延时服务试点地区和我市有关部门深入开展调研,并形成本建议。

一、放学早、下班迟是开展课后延时服务的主要原因

放学早。根据《教育部关于当前加强中小学管理规范办学行为的指导意见》(教基一〔2009〕7号)和福建省教育厅《关于进一步规范中小学办学行为有关工作的意见》(闽政办〔2010〕8号)的规定,小学、初中和高中学生每天在校集中学习时间分别不得超过6小时、7小

时和8小时,并且多数学校实行放学后清校制度。因此,中学放学时间大约在下午5:30,小学放学时间大约在下午4:30,学前教育虽然不是义务教育,但是幼儿园的放学时间大多早于小学。

下班迟。泉州的企事业单位,夏令工作时间(6月1日—9月30日)下班时间为下午6:00,非夏令工作时间为下午5:30下班。

接送难。学校放学时间早,工作下班时间迟,再加上从单位到学校接孩子的路上时间,这就造成许多学生家长无法按时接管放学的孩子,尤其是留守儿童、进城务工随迁子女及在企事业单位上班的职工。

问题多。部分自行回家的小学生,经常三五成群地聚集在学校周边、回家路上及社区嬉戏、打闹,存在安全隐患。学校周边各种无证经营的托管机构、补习培训班良莠不齐,高收费、低效果,尤其是饮食安全无人监管。另外,不少小学生家长没时间督促孩子做作业,以致这部分孩子作业长期没有完成,尤其是留守儿童、进城务工人员随迁子女,加之小学没有升学压力,教师疏于引导、督促,导致小学教学水平不断下降,从而严重影响我市的初、高中教学质量。

为解决部分学生家长接送孩子时间与学校作息时间不协调,及学生放学后无人看护、课后放任等问题,教育部办公厅2017年2月印发了《关于做好中小学课后服务工作的指导意见》(教基一厅〔2017〕2号),福建省教育厅等五部门2018年3月印发了《关于做好中小学生课后服务工作的指导意见》(闽教基〔2018〕13号)。

二、我市开展课后延时服务的有关情况

目前,我市共有小学和幼儿园学生约112.4万人。其中,有小学1341所,2017—2018学年在校生约74万人,其中随迁子女27.52万人,占小学在校生总数的37.19%;有幼儿园1503所,在园人数约38.4万人,其中进城务工随迁子女11.83万人,占在园幼儿总数的30.78%。另外,我市现有职工200多万人,其中女职工近150万人,子女放学接送难成为广大职工遇到的突出问题。

近年来,我市在课后延时服务工作方面也进行了试点和探索,有结合工会推进的"四点半课堂",有依托文明办建设的"学校少年宫",有配合妇联成立的"儿童之家"。如2011年以来,全市已建成270所乡村(城市)"学校少年宫",并逐步向中心小学以外的基层校推广,有3800多名中小学教师担任辅导员,向社会招募校外辅导员700多名,"十三五"期间已实现城市"学校少年宫"全覆盖。

"四点钟学校""学校少年宫""儿童之家"等模式,一定程度上解决不少家长的后顾之忧,但是也存在覆盖面小、经费有限、二次接送、安全隐患、地区开展不平衡、可持续性不强等问题。因此,全面推进课后延时服务工作,切实帮助学生家长解决子女课后无人看管问题,还需各方认真对待、密切配合。

2021年,我市的安溪县和石狮市将率先试行课后延时服务。3月1日,安溪县教育局发布了《关于中小学课后服务工作指导意见的通知》(安教〔2018〕50号),6月5日,石狮市政府印发了《石狮市小学生课后服务工作实施方案的通知》(狮政办〔2018〕68号)。但因缺乏全市实施意见的有力指导,试行过程中受到各种限制,不能放开手脚,试行工作难以为继。

调研组在丰泽区调研期间,经过深入的交流和沟通,积极推动丰泽区在部分学校试点课后延时服务,为全市试行课后延时服务探索和积累经验。

三、开展课后服务存在的主要困难和问题

1. 学校和教师大多抵触

大部分家长对课后延时服务举双手赞成。但是,学校和教师大多抵触,并不认同和愿意支持课后延时服务工作。根据厦门市进行的问卷调查显示,68.89%的教师不支持因为部分家长接送孩子存在困难而由学

校来组织开展课后延时服务。原因是放学后，教师并没有闲着，更多的是在发送作业、批改作业、备课、家校沟通以及策划班级活动等，如果承担课后延时服务，这些工作就不得不带回家完成。另外，各地还面临着现有师资力量不足，尤其是小学教师缺编严重，面对需要工作和家庭双肩挑的女教师们，她们担心开展课后延时服务，将进一步增加学校和教师的工作量，在精神上和身体上都将带来更大的压力和负担，从而产生职业倦怠。

2. 学校教师安全责任压力巨大

《国务院办公厅关于加强中小学幼儿园安全风险防控体系建设的意见》（国办发〔2017〕35号）明确指出，学校要"切实承担起校内安全管理的主体责任，对校园安全实行校长（园长）负责制"。"主体责任"让学校和教师们的安全压力倍增，层层传导，进而不断强化校内日常安全管理。另外，校方责任险和学生自愿购买的意外伤害保险等，虽然一定程度上保障学生人身安全，但在"主体责任"的高压力下，课后延时服务以及后续带来了一系列安全责任问题，无疑增加了学校的责任和压力，让学校和教师们顾虑重重。

3. 财政补贴和收费的问题

教育部课后服务指导意见要求，各地通过"政府购买服务""财政补贴"等方式对参与课后服务的学校、单位和教师给予适当补助，严禁以课后服务名义乱收费。要确保课后延时服务可持续、全面开展，经费保障是一大问题。通过调研我们发现，各地均建议这块经费需要由政府、家长和社会共同分担。但是，无论是财政补贴还是面向家长收费，都面临一些问题。

在政府方面，我市有74万小学生，按2/3参与、生均每年补贴250元来计算，全市财政每年需补贴约1.2亿元。目前，各项惠民政策都需要财政按比例配套资金，我市一些县区属于一类发达区，配套比例高达80%，在经济整体下行情况下，有些地区财政已不堪重负，面对课后延时服务显得有心无力。在家长收费方面，根据规定，义务教育阶段凡是不在中央定价目录和福建省定价目录的项目，均属于违规乱收费。这从根本上限制了各地在义务教育阶段开展课后延时服务的收费，教育、物价、财政等部门也缺少相关政策和通道支持，群众对此也较为敏感。

4. 带来一系列的管理问题

开展课后延时服务，不论是引进第三方机构、外聘校外教师或者是各方单位和人员的参与，都将对学校原有的教学、交接班制度、资金、场地、安全应急措施等带去新的管理问题，尤其是在落实安全责任制度和保障学生人身安全问题上。

四、推进我市课后延时服务工作的几点建议

1. 抓紧出台全市课后延时服务工作实施意见

教育部门要抓紧研究制订全市课后延时服务工作实施意见，对全市开展课后延时服务工作的总体要求、基本原则、工作程序、管理办法等进行科学规划和指导。一是要明确参加课后延时服务的服务对象、实施范围、服务时段、服务内容等；二是要重点建立酬劳机制和成本分担机制；三是要把安全放在首位，建议把购买学生意外伤害保险作为参加课后延时服务的强制性条款；四是要整合现有的"四点钟学校""学校少年宫""儿童之家"等资源，纳入课后服务统一管理，或使之成为学校开展课后延时服务的有力补充。

2. 在公办小学和幼儿园率先试行

目前，我市小学和幼儿园开展课后延时服务的需求较为强烈，群众呼声也较大，初中、高中因为放学时间较晚，暂无强烈需求。全国各地开展课后服务的覆盖范围也各不一样，如厦门市包括小学和幼儿园、济南市包括中小学、石狮市仅在小学试行、安溪县包括中小学。

开展课后延时服务，是促进学生健康成长、帮助家长解决接送难的重要举措，因此，建议本着为民办实事、解难事的宗旨，实施范围暂定

为小学和幼儿园,并以托管服务为主要服务内容。同时,可借鉴厦门市做法,在部分公办小学和幼儿园试点,再逐步推广到普惠性小学和幼儿园,各地可根据实际情况自主确定试行学校。服务时段原则上夏令时间到18:00、非夏令时段到17:30。

3. 明确可发放劳务费及标准

按照福建省人社厅、财政厅、教育厅印发的《关于中小学校实施绩效工资有关问题的通知》（闽人发〔2009〕69号）规定,对承担学生课后服务工作的教职工可发放劳务费（不纳入绩效工资总量）,劳务费标准可参考当地编外合同制教师课时补助标准发放。结合我市情况测算,编外合同制教师课时补助标准石狮市为最高,可在60—90元。因此,建议泉州按人均每课时不超过60元的标准发放劳务费,具体办法由县市区自行制订。

4. 建立成本合理分担机制

课后延时服务成本包括：教职工劳务费、学校水电设施损耗、管理保障等。厦门市按每课时费60元补助标准和省教育厅课后服务人员配备标准,小学和幼儿园每生每月成本在150—180元。因此,在课后延时服务经费保障上,建议我市建立以"政府+家长+社会"的成本分担机制,坚持公益性和惠民性相结合的原则,从而确保服务的持续性和全面性。

以政府投入为主,各级财政部门对课后延时服务经费不足部分给予保障,不设置具体财政补助标准。向家长适当收费,小学和幼儿园家长收取托管服务费为每生每月50元,按学期结算,每学期按照4.5个月计算,对家庭经济困难的学生给以减免。鼓励社会参与,支持有资质、有条件的各级各类单位、机构和人员提供公益性的课后延时服务活动,包括经费、人员、项目等,严禁有不良记录的机构和人员参与。

5. 确保收费的合法合规合理

"严禁以课后服务名义乱收费"这是一条红线。对于如何确保向家长收费的合法合规合理,在此我们建议：一是我市要联合其他地市,共同推动课后延时服务收费项目纳入福建省定价目录,从根本上打通合法合规收费的渠道;二是以市政府的名义,出台全市课后延时服务工作实施意见,明确课后延时服务是一项以政府投入为主、适当收费、自愿参与的增值服务;三是收费主体为公办性质的各地青少年宫(团委主管)或青少年学生校外活动中心(教育局主管),走财政非税发票的渠道,同时委托或聘请学校人员代收,严禁以课后延时服务名义开展营利性活动;四是严格实施财务公示等程序,专款专户管理,严守财经纪律,定期开展监督检查。

采纳情况说明

2018年8月,民盟泉州市委会为做好《关于做好泉州市小学和幼儿园课后延时服务工作的几点建议》,与中共泉州市委统战部联合组成专题调研组,先后赴厦门、石狮、安溪、丰泽等地和教育、财政等部门深入开展系列调研。

该建议以政党协商专报件的形式上报市委统战部和市委后,第一时间得到了市委常委、统战部部长的批示,随后又得到市委书记、市长等5位市领导批示,泉州教育、财政等有关部门迅速研究,并吸收民盟泉州市委会提出的建议。2019年1月17日,泉州市教育局、泉州市总工会、泉州市财政局、泉州市人力资源和社会保障局、泉州市民政局联合印发《泉州市推进小学开展课后服务工作实施意见(试行)》通知,泉州开始在中心市区实施小学课后服务试点,随后在各级教育部门和财政的支持下全市推广,有效指导和推动了全市课后服务的开展,得到社会、家长的广泛认可。

2018年9月,针对开展课后服务存在的难点问题,民盟泉州市委会还结合建议转化形成《"课后服务"亟待列入〈福建省定价目录〉》和《"课后服务"亟待列入地方定价目录》2份社情民意信息,提交省委和民盟中央被福建省委专报件采用。

一件提案唤起越窑重生

民盟绍兴市委会

一、课题缘起

在2013年举行的绍兴市七届政协二次会议上,俞志宏市长参加了民革、民盟、民建、民进四界别的联组讨论,民盟绍兴市委会原主委李露儿就"振兴绍兴越窑青瓷产业"的发言得到俞市长的肯定和赞许。俞市长当场表态,希望民盟组织力量开展调研,以期提出越窑青瓷工艺恢复、品牌重塑和产业化发展的对策和思路。

根据俞市长的要求,2013年7月,民盟绍兴市委会拟定《关于开展"恢复和振兴越窑青瓷产业"课题调研的建议》(以下简称为《建议》),专报俞市长。《建议》阐述了越窑青瓷在中国瓷器史上的历史地位,分析了我市越窑青瓷工艺研究、产品开发、产业经营和市场营销的现状,同时指出越窑青瓷在工艺恢复和产品生产方面与国内其他历史名瓷产地相比存在较大差异。《建议》认为,无论是绍兴城市的历史定位、越窑青瓷的历史地位,还是绍兴文化的深厚积淀和绍兴经济的先行水平,在恢复和振兴越窑传统生产技艺方面,绍兴应该有所作为。但从过去几十年的经历来看,由于绍兴的历史人物资源和历史文物资源过多,在其他地方开展抢夺的时候,我们却过于大度,将一些历史资源拱手相让。绍兴周边某些县市不顾越窑的发展历史,甚至忘记"越窑"是姓"越"的,将越窑生产的中心附会到自己的区域内,比如,在全国颇具影响的越窑青瓷文化节就由省文化厅和某临近上虞的县级市共同主办，迄今已主办三届。其用意是显而易见的，就是要为当地的现代瓷器生产业服务。《建议》提出，对于越窑青瓷，我们应"寸土不让"，因为这不但关系到我们的历史文化，也关系到我们的现代产业。为此，民盟绍兴市委会希望在市政府的支持下开展系统调研，并通过调研，形成以下主要结论：一是越窑青瓷在中国瓷器发展史上的地位；二是越窑青瓷对于绍兴地域文化形成和发展的历史贡献；三是绍兴恢复和发展越窑青瓷产业的现实价值和未来意义；四是绍兴恢复和发展越窑青瓷产业的对策建议。

俞市长对民盟绍兴市委会的《建议》非常重视，迅速做出批示。经民盟绍兴市委会十届次主委会议研究，正式将《延续绍兴文化脉络，振兴越窑青瓷产业》列为民盟绍兴市委会2013年度重点调研课题。

二、调研实施

根据俞市长的批示精神，民盟绍兴市委会同绍兴市经济信息委员会、绍兴市二轻集团公司对越窑青瓷的传承发展情况开展了专题调研，并先后赴浙江龙泉、江西景德镇等地进行学习考察。同时，积极挖掘盟内资源优势，把上虞运发文化有限公司作为研究样本，集聚历史文化、产业经济、艺术鉴赏等方面的盟员，开展深入研究，在此基础上，形成了题为《延续绍兴文化脉络，振兴越窑青瓷产业》的调研报告。调研报告分析了越窑青瓷保护开发的现状，指出目前存在的主要问题有四个：一是规模小，分布散；二是投入大，产出小；三是人才缺，技工少；四是审美适应性差。但透过问题的分析，我们认为越窑青瓷恢复和开发的潜力极大，既有市场需求，又有转型需求，既有传承需求，又有发展优势。为此，提出五方面的对策建议：一是制订产业规划，加大扶持力度；二是整合现有资源，形成抱团优势；三是借助现代科技，实现提升创新；四是重视育才引才，坚持人才兴瓷；五是立足转型升级，引导企业投资。调研报告最后指出："目前中国经济和社会正进入到一个关键的转型时期，人们的生活方式、价值认同、消费观念也出现了一个很大的变化，振兴传统文化、延续祖宗产业是经济、文化发展的共同方向。我们完全有理由相信，恢复和振兴越窑青瓷产业符合市场规律，顺应时代要求，是一定能够实现的。"

2014年3月，民盟绍兴市委会将该课题成果转化为团体提案提交市政协七届三次全会。该提案由市人民政府办公室负责办理。

三、成果转化

市政府办公室对民盟绍兴市委会的提案十分重视，答复办理前双方充分沟通，就办理意见的拟定和落实达成了共识，市府办为此还专门牵头召开了提案办理面商会，请绍兴市经济信息委员会、绍兴市二轻集团公司的领导一同参加，就完善提案办理意见、提高提案办理质量当面征求民盟绍兴市委会相关同志的意见。会后，市府办就该提案的办理正式答复民盟绍兴市委会，答复件围绕振兴越窑青瓷产业提出四方面的对策措施：一是制订产业规划，明确发展思路；二是整合现有资源，拓宽发展空间；三是落实扶持政策，促进传承发展；四是加快人才引进，强化技术支撑。

历史上越窑青瓷的中心在上虞，恢复和振兴越窑青瓷离不开上虞区委、区政府的重视和支持。2014年，上虞区初步完成越窑遗址保护规划编制工作，与中国建筑设计研究院签订编制《上虞越窑青瓷遗址保护规划纲要》以及小仙坛、凤凰山、窑寺前窑址等4个规划。规划已完成初稿工作，将由省文物局组织专家论证，再次修改后经国家文物局审核公布。同时，越窑青瓷发展研究中心、上虞博物馆会同省文物考古研究所联合开展为期5年的古窑址调查工作。目前，已完成上浦镇东山村、夏家埠村、大善小坞村一带的调查。

2015年年初，上虞区把"传承发展青瓷文化，打造上虞新的城市名片"列为主要工作之一，并写入《上虞区政府工作报告》，要求着手完成越窑青瓷遗址公园一期规划，启动青瓷文化创意园和上虞博物馆建设，建立青瓷文化发展基金，建设"上虞青"现代国际陶艺中学，重塑青瓷之源品牌形象。2015年1月29日，上虞区政府与清华大学美术学院现代陶艺研究所签署战略合作协议，共建"上虞青"现代国际陶艺中心，聘请中国著名陶艺家白明先生担任中心主任，力争通过5至10年的努力，建成国内有影响力的现代陶艺基地。2015年4月10日，2014年全国十大考古新发现揭晓，浙江上虞禁山早期越窑遗址入围十强，进一步证实上虞在越窑青瓷发展史上的重要地位，进一步证实上虞曾是世界制瓷业中心。这一重大考古发现进一步增强了上虞区乃至绍兴市振兴越窑青瓷的信心和决心。

目前，投资1.28亿元，占地26公顷的凤凰山考古遗址公园已建成并对外开放，2020年，成功申报为省级考古遗址公园，并列入传承发展浙江优秀传统文化行动计划青瓷体验专线项目，开放至今已接待中外游客10余万人次。运用实物陈列、互动体验、场景还原、多媒体演绎、图文展示等多种展示手段、全方位多角度地展示上虞具有成熟瓷器发源地、早期越窑生产中心和制瓷技术传播源泉的三大价值的"瓷国之源"陈列馆也已于2020年布置完成并对外开放。

按照"文化新高地、产业新生地、旅游目的地"要求，投资33亿元，聚力建设瓷源文化小镇已初具规模，小镇规划面积3.2平方公里，设置艺术引领区等八大功能板块。古越轩收藏馆、顾氏越窑青瓷基地、越青堂总部已装修完成并投入运营。依托瓷源文化小镇，打造国家级研学实践教育营地和全国瓷文化研学目的地。2020年，研学旅行营地已通过绍兴市级研学营地验收，推出了青瓷文化主题多种课程套餐，暑期共接待中小学生研学游团队200余个1万余人次。

2017年9月，中国·上虞越窑青瓷国际学术研讨会召开，会议就瓷器的起源、制瓷技艺的传播、越窑与"一带一路"建设、提升发展青瓷产业等议题进行广泛讨论，为进一步做好越窑青瓷"传承·发展·创新"的文章提供智力支持。

上虞区政府每年安排800万元越窑青瓷文化传承发展专项资金用于青瓷文化产业的课题研究、宣传推广和培育发展。建立3500万元的龙盛青瓷文化发展基金，开展现代国际陶艺的交流创作。成立越窑青瓷研究所，开展传统越窑青瓷的研究传承工作。与清华大学美术学院合作共建上虞青·现代国际陶艺中心，从2015年12月开馆至今已接纳22个国家82位陶艺家入驻创作，收藏艺术作品1800余件，成为联合国教科文组织国际陶艺学会（IAC）最年轻团体会员。2019年4月，景德镇陶瓷大学上虞陶瓷高等研究院揭牌仪式在上虞科创中心举行，我们欣喜地看到，各相关地方和部门在办理民盟绍兴市委会提案的过程中，不但尽可能多地吸纳提案中的意见和建议，而且在许多方面已超越提案的建议范畴，显示了科学的前瞻意识和不凡的工作魄力。可以相信，越窑青瓷重放异彩、重现辉煌的日子已经不远了。

为了同一片蓝天

民盟石家庄市委会

"今年的1号提案是河北科技大学郭斌教授以省民盟界别提交的《科学治霾，改善大气环境质量》。"2014年3月11日，省政协召开新闻发布会，省政协秘书长郭大建在会上宣布。至此，2012—2014年省政协1号提案都由民盟河北省委会提交，从2012年《改善省会大气环境质量》破题，到2013年《标本兼治推进蓝天工程，改善我省大气环境质量》（2013年省政协1号提案采取打捆督办的形式，由10件提案组成，民盟河北省委会提交的《标本兼治推进蓝天工程，改善我省大气环境质量》仍被登记为2013年第1号），最终到2014年《科学治霾，改善大气环境质量》，民盟河北省委会实现了省政协1号提案的三连冠。由一个党派连续三年作为1号提案的提出单位，不仅创造了河北民盟的历史，在河北省政协的历史上也是绝无仅有的。这份闪光成绩单的背后是河北民盟人一次次深入实践的艰辛调研。

实地调研结硕果

2013年1月21日，一场冬雪刚刚过去，凛冽的西北风把石家庄阴霾的天气吹亮了几分。连日的雾霾也略有些消散的迹象。民盟河北省委会大气环境调研组一行踏雪前往石家庄车管所和鹿泉实地调研。

在石家庄车管所，调研组一行详细了解了石家庄市车辆尾气排放检验的全过程。调研材料主笔人郭斌还详细询问了近期省会大气的相关数据和石家庄市汽车尾气合格率等情况。

在鹿泉曲寨水泥厂，企业负责人介绍了水泥厂环保治理的举措。调研材料主笔人郭斌对省会的环境建设提出了建议。随后，在企业负责人和环保部门的陪同下，调研组考察了企业生产车间和环境治理设备运行情况。在参观调研中，调研组一行还详细询问了企业负责人企业生产废气排放和治理情况，查看了减排的相关数据并对企业日后环境治理提出了意见和建议。

这仅是河北民盟数次大气环境专题调研中的一次，2012年来，河北民盟大气环境调研组三次赴石家庄环保局了解情况，两次赴鹿泉分别在金隅水泥厂、曲寨水泥厂实地调研水泥厂开工情况和企业环保设施，谈固小区工地、十里铺小区的煤改气项目……一次次的实地调研使调研组掌握了大量的第一手资料。正是这些翔实的数据支撑，形成一篇篇高质量的1号提案。

其实，深入实际、实地调研不仅仅是河北民盟大气环境调研组的专利。近年来，民盟河北省委会高度重视参政议政工作，把参政议政作为各项工作的重中之重。2012年换届以来，民盟河北省委会把实地调研作为出精品提案、精品信息的必要条件。成立多个以主副委为组长的调研小组，赴我省沧州、廊坊、保定等地区生产生活一线进行实地调研。无论是渤海之滨的海港码头还是太行山区的农家小院，都印上了民盟人实地调研的足迹，正是这种"接地气"的调研方式，提升了参政议政工作水平。

如果说深入实际、脚踏实地的调研是民盟的优良传统，那么实事求是、敢讲真话则是民盟人骨子里的基因。

实事求是谏诤言

边发吉，民盟河北省委会主委、中国文联副主席、民盟河北省委会大气环境调研组组长。鲁平，民盟河北省委会副主委、民盟河北省委会大气环境调研组副组长。郭斌，民盟河北省委会副主委、石家庄市政协副主席、民盟石家庄市委会主委、河北大气污染治理首席专家、河北科技大学环境与资源学院副院长，2012—2014年省政协1号提案主要执笔人。每次调研和提案形成过程中，三位聚到一起说得最多的就是"敢讲实话，实事求是"！

民盟人讲实话，讲真话是有传统的。李公朴、闻一多面对白色恐怖，冲冠一怒，最终"我以我血荐轩辕"。马寅初在当时显得"不合时宜"的"人口膨胀论"；梁思成的"保护古都建言"……

曾任民盟中央主席张宝文也专门在民盟中央全会上强调："不说正确的废话。"这些在河北民盟的这三篇1号提案上都有体现：

从"十五"开始，石家庄市政府开始实施重污染企业"退二进三""退市进郊"战略，将市区内一些重污染企业逐步搬迁至市区外围的工业园区和周边县区，但由于市区内企业众多，而且随着市区的不断扩大，原来处于市区以外的工业企业又被包入市区，同时，规划的工业园区、经济技术开发区受各种因素影响，又陆续建设了很多居民住宅和居民小区，因此使石家庄市区呈现"厂宅交错"的城市圈层结构。另外，石家庄市周边县区的大气污染源对市区环境空气质量有很大影响。冬季位于上风向的西部山区现有大量污染严重的建材企业，如平山的冶炼业、鹿泉的水泥制造业和井陉的石灰开采与加工业。

——2012年省政协1号提案《关于改善和提高省会大气环境质量的建议》

2012年全省原煤消耗量已突破2亿吨，受技术和资金等多种因素的制约，仍有许多燃烧设备存在着燃烧效率低、除尘和脱硫效率低、管理水平比较落后，大气污染物排放量大等问题。

我省能源、原材料工业比重过大，技术与工艺落后、科技含量低、污染严重，存在着以破坏环境换取经济增长等问题。

——2013 年省政协 1 号提案《标本兼治推进蓝天工程，改善我省大气环境质量》

科学研究不足，缺乏科学有效的大气污染治理技术支持。目前重点行业的关键治理技术，如烧结机脱硫脱硝技术还不完全成熟，污染防治设施故障率高、运行不稳定的现象比较突出。对雾霾成因、机理、二次污染物的转化、重污染天气应急响应处置措施等还缺乏深入研究，重点行业污染物排放标准的制定也较为滞后，与国家新环境空气质量标准不相匹配。

——2014 年省政协 1 号提案《科学治霾，改善大气环境质量》

三篇提案，篇篇直指我省大气环境的关键问题，不回避问题，不粉饰太平。谈建议有理有据，正是体现了民盟人敢讲实话，实事求是的原则。

讲实话、讲真话不仅体现在提案里，在提案的办理上，河北民盟也坚持这一原则。2013 年，在省政协 2013 年 1 号提案办理工作会议上，边发吉主委虽然对当年 1 号提案的办理结果表示了满意，但同时在会上也坦言："虽然人人关注环保的燎原之势已经形成，但从目前来看，（改善空气质量）成效尚不明显。"

对此，省政协主席付志方在会上也说："我们在讨论取得成效的时候也认为没有取得明显成效，最后用了一个'取得初步成效'的词汇，边发吉同志说得更加直白，这就是实事求是。"

是的，实事求是，这就是河北民盟人的标签。实事求是、实地调研形成的成果必将引人关注。

全省上下引关注

从 2012 年到 2014 年，连续三年的河北省政协 1 号提案，得到了全省政协系统的高度重视。

谈到最初1号提案的初衷，1号提案主要撰写人郭斌教授回忆："2012年1月7日上午，在省政协十届五次会议科技组讨论时，我当时在发言时就改善石家庄的空气质量，提出要加强对雾霾污染源解析的科学研究，加大监测能力建设，继续实施蓝天工程，推进大气污染治理设施的升级改造，加强整体协调综合治理，加强资金和政策支持的建议。参加会议的时任省委书记张庆黎对此表示赞同，强调要推进'气化河北'工程，大力推广煤改气工作，下决心治理好石家庄的空气污染问题。"

但最终力主把《改善省会大气环境质量》定为当年1号提案的关键是省政协主席付志方。

2012年，华北地区严重雾霾还没有显现，PM2.5还只是作为一个空气质量指数的一个新指标，而且在当时还没有进入我国空气质量检测指数。省政协主席付志方敏锐地认识到省会空气质量的问题。超前的认识到空气环境问题将会影响到我省的发展环境。

正是省政协主席付志方超前的认识和民盟河北省委会超前的调研，最终形成了这篇在当时还显得超前的《改善省会大气环境质量》，但是在2012年供暖季开始，大范围、高频度的雾霾天气开始侵袭华北地区，人们才开始意识到2012年河北省政协1号提案的价值。

按照"打好组合拳、演好连续剧"的精神，2013年，省政协1号提案定为《推进节能减排，改善生态环境》，采取打捆督办的形式，由10件提案组成，涉及民盟等两个党派和7名省政协委员。虽然当年的1号提案由10件提案打捆而成，但在登记时，民盟河北省委会提交的《标本兼治推进蓝天工程改善我省大气环境质量》仍被登记为2013年第1号，是名副其实的1号提案。当年的1号提案的主办单位包括省发改委、省环保厅及省委宣传部等24个单位。除由省政协主席领衔、驻会副主席参与，组织驻冀全国政协委员、省政协委员持续督办外，省政协还将建议各设区市政协把"推进节能减排，改善生态环境"列为1号提案，由市政协主席率领驻地省政协委员、市政协委员进行督办。

2013年，可以说全省政协系统高度重视1号提案的办理工作，在全省范围内形成了省市齐联动，党派、委员、全省各地市政协一起发力，1号提案得到了空前的关注。

时间来到2014年，郭斌教授经过调研以河北民盟界别提出了《科学治霾，改善大气环境质量》。这篇提案最终被定为2014年的1号提案。虽然这篇提案的办理范围和关注程度可能赶不上2013年1号提案，但取得的效果却好于往年。

三载提案始见功

2012年的河北省政协1号提案使环保理念深入人心，让群众意识到因为我们"同呼吸"所以"共命运"，形成了环境保护事业人人参与，人人关心，全社会和衷共济的良好局面。

"改善不是那么明显，汽车增加太快了，石家庄市区2010年40万辆车，今年60万辆车了。"提案主要参与者、河北省民盟参政议政部副部长冯俊生说。在2012年1号提案的基础上，他们2013年继续提出了大气污染防治的提案，对象从石家庄扩展到了河北省。

这是在2013年年初《南方周末》以《两会政治季里的"空气"味道》为题报道了河北省政协2012年的1号提案，报道中冯俊生副部长坦承改善效果不明显。参政议政部部长刘莉多次请示民盟河北省委会领导并和郭斌教授积极沟通，根据省政协付志方主席的相关精神，2013年，把大气污染防治提案的对象扩展到全省。

虽然连续两年的1号提案督办得力，范围也由省会石家庄扩展到了全省，但雾霾并没有减轻。于是找准方向、科学治霾成为民盟河北省委会调研的主要方向并最终形成了2014年的《科学治霾，改善大气环境质量》。

2014年1号提案确定后,我省多地市陆续开展了大气污染物源解析的研究,如石家庄市、唐山市、衡水市已初步完成PM2.5和PM10的源解析工作,沧州、邢台等市正在开展类似研究。科学治霾取得了初步成效。

"木锯绳断、水滴石穿",三年的1号提案年年关注大气环境,全省政协系统连续不断的督办,河北省生态环境恶化的趋势得到了初步的遏制。2014年10月10日,河北省环境监测中心站发布了2014年1至9月(共计273天)全省空气质量情况。其中,全省11个设区市达标天数平均为113天,占41.4%,与2013年同期相比,增加了15天。省会石家庄达标天数为69天,同比增加了35天;重度以上污染天数为73天,同比减少了31天。

三年弹指一挥间,连续三年的1号提案办理、河北6643工程的持续推进使河北省环境恶化的趋势得到了初步的遏制,但治理大气污染工作仍然任重道远。河北民盟人关注民生,关注大气的调研脚步永远不会停歇。目前,民盟河北省委会大气环境调研组把京津冀区域大气环境联防联控列为下一步调研课题,为了让蓝天白云重新遍及华北大地,为了京津冀百姓共享同一片蓝天。

(作者:龚蕊)

建言献策为城市增添一抹绿色

民盟苏州市委会

公共自行车是苏州市公共交通体系中的重要一环。绿色的公共自行车被市民亲切地称为"小绿车",是城市中的一抹亮色。十年间,民盟苏州市委会在持续的议政建言中为这抹绿色增添光彩。

一、情系绿色出行

2009年年初,民盟苏州市委会原主委蔡镜浩在苏州市政协会议上提出《关于开设市区公交自行车的建议》,呼吁启动城市公共自行车交通系统建设,倡导绿色出行,缓解交通压力。同年3月,上办单位向市政府报送了关于建立"自行车免费租赁系统"的请示,分管市长做了批示,市区公共自行车系统开始启动规划布局。苏州公共自行车系统的建设与运营按照市场化的运作模式进行,努力实现"百姓满意、政府放心、企业赢利"的"三赢"成效。

2010年年初,民盟毛昌宁委员接力蔡主委的提案,作为发起人联名多位委员建议尽快推行公共自行车系统建设。

在市政府大力推行下,公共自行车系统在苏州有序推进。2010年8月30日,苏州市城市公共自行车系统正式启动,首批200辆公共自行车亮相街头,共设11个租赁点,分布在贯穿城市中心的主干道人民路上。同年,全市设立了50多个公共自行车租赁点,投放了1000辆自行车，覆盖城区 30 条道路和部分旅游景点。

相关提案正文节选：

为了能在一定程度上缓解上述矛盾和问题，建议苏州市区要在继续大力发展公共交通的同时，学习借鉴国外诸如伦敦、国内诸如杭州等城市的做法，设立带有公益性质、具有代步功能的公交自行车，以方便市民和游客出行，减少汽车行驶，减轻道路压力，实现节能减排。具体建议如下：

1. 组建苏州市公交自行车运营管理部门，置办一批专用自行车；在市区范围内的虎丘、留园、寒山寺、拙政园、网师园、盘门、金鸡湖、苏州乐园等主要旅游景点，观前街、石路、南门、狮山路等主要商业区及大型购物超市、公共文化场所、火车站、长途汽车站、公交换乘中心等主要交通集散点设立自行车租用处；市民和游客凭本人身份证（外籍人员凭护照）并交纳一定数量的押金（杭州市为 300 元）进行租借使用，1 小时之内免费，超过 1 小时后酌情收取费用（杭州市为每小时 1 元）；租用者使用完毕后可凭据在任一租用处归还并取回押金；租用处采用 pos 机实施租用登记、结算管理。

2. 为节省政府投入和开支，可对公交自行车实行市场化运作。具体方法为：设立专门的广告经营公司，利用租用处构筑物和自行车车身设置广告，以广告收入置办车辆、支付运行管理费用。还可以利用其公益性质的优势，吸收社会赞助。如资金仍不能平衡，则由财政予以补贴。

3. 为探索经验，建议先在工业园区环金鸡湖地区和主要旅游景点间试行，待条件成熟后再扩大网点。最终已形成 100 个站点、1 万辆自行车的规模，使其成为市区公共交通的重要组成部分。

二、持续关注议题

在其后的几年中，民盟苏州市委会还通过委员个人提案和社情民意信息等多种方式，对公共自行车体系提出了多项建议，如建议公共自行车网络尽快实现全覆盖、增加办卡网点、实现多卡合一等等，旨在方便市民使用，助力古城交通优化。

随着公共自行车的逐步普及，公共自行车系统在运营和服务方面也出现了一些新问题。2015年，民盟苏州市委会通过深入调研，形成了《关于进一步完善我市公共自行车系统的建议》的集体提案并提交市政协，分析当前公共自行车运营和服务方面存在的主要问题，就财政上大力支持，完善公共自行车规划，强化统一协调监控，纳入信用体系等方面提出诸多可行性建议。为进一步促进公共自行车运营和服务水平的提升出谋划策。

同年4月，市政协邱岭梅副主席对提案进行了督办。承办单位在提案答复中表示："您们在建议中提出4个方面的建议，我们认为都非常中肯……在今后的工作中，我们会认真落实邱主席的有关要求，逐步完善公共自行车管理服务功能。我们有信心也有决心，在市领导的关心和各部门的大力支持下，通过我们的不懈努力，苏州公共自行车系统的整体规模和服务水平将得到不断提高，更好地服务于广大市民。"

相关提案正文节选：

2010年8月公共自行车系统启动以来，城区已建立公共自行车停驻点1150个（除吴江区），投放自行车28900多辆，办卡和市民卡加载43万余张，平均周转率7.68次/日，日均借用超过15万人次。各项数据在全国各大城市中名列前茅。公共自行车出行方式越来越受到市民的欢迎。但是，在运营模式、监管机制和服务水平方面还存在制约公共自行车良性发展的诸多问题。

……

进一步完善我市公共自行车系统的建议

1. 要继续重视公共自行车发展，特别是财政上应该加大支持力度。

公共自行车交通其"低碳、环保、绿色"出行方式对于古城区交通发展意义深远。政府要加大对古城区公共自行车发展的资金支持力度，有必要尽快转变靠出让部分广告资源给运营公司予以补贴的运营模式，变广告资源补贴为政府购买服务，给古城区的绿色交通发展注入一定的血液以提高其发展活力，促使古城区公共自行车发展走出洼地，让古城区的公共自行车成为绿色古城的一道更加美丽的风景。

2. 以公共自行车规划的出台为契机，不断完善管理机制，强化统一协调监管。前不久，市政府批复同意《苏州市区公共自行车交通系统专项规划》，落实好规划，有效改变现有政策缺陷，重点在于明确政府和公共自行车运营企业的责权利。出台公共自行车服务和技术规范，制订对公共自行车运营企业考核标准和实施细则，尽快建设公共自行车运营监管平台，将政府服务经费的拨付与考核得分挂钩。考虑到我市公共自行车的发展实际，规划和监管应该在市级层面上统一协调，建设和管理的权限由各个区进行，以促进苏州市区公共自行车的协调发展。

3. 提升公共自行车维护管理水平，为市民提供更加优质的服务。

一是合理增加停驻点设置。驻点分布要科学化、均衡化。增加古城区、人口密集区、交通堵塞区驻点密度，重点区域专门设点，要强化大公交到社区、公司的衔接布点。另外，高新区、吴中区、相城区等区域也需要进一步增加停驻点设置，以满足市民绿色出行。

二是利用信息化技术手段解决管理维护难题。针对"受损车不能及时出桩维修、满桩与空桩不能及时响应、各停驻点信息不能共享"等公共自行车管理的软肋，可通过信息化技术的实施将逐步解决，如安装车辆车况监测显示系统、停驻点监控系统、车辆使用实时记录系统等。

三是不断提高自行车服务品质。在公共自行车信息服务网点建设上，全市可借助社区超市、邻里中心等店铺增加服务网点，特别是在车站、码头等交通枢纽地的信息中心或信息亭增加服务网点。在网点功能上，可逐步提供停驻点查阅和车锁、坐垫、雨披等租借服务。建议在交通路口或醒目位置增设网点方位、距离指示牌。

4. 普及宣传绿色出行理念，将公共自行车使用纳入信用体系。通过公益宣传，向广大市民不断普及公共自行车绿色出行的理念，政府部门、企事业单位、社会组织带头践行绿色出行理念；通过提升公共自行车服务质量，让市民体会服务带来的方便和实惠；通过主题活动，包括自行车比赛等扩大公共自行车的社会影响力。逐步推广园区公共自行车使用积分制，并将公共自行车使用通过信用积分的方式纳入信用体系，以进一步约束和减少对公共自行车的破坏行为。

经过十年的发展和完善，公共自行车"小绿车"已经在苏州市区遍地开花，居民小区、商业街区、公交线路、交通枢纽、旅游景点、高校校园处处可见"小绿车"的身影，公共自行车布局合理，实惠便利，成了苏城中一道靓丽的风景线。公共自行车出行作为绿色交通方式，灵活、方便、环保、节能、零污染，不仅较好地解决了短途出行难问题，更传递出健康环保和绿色出行观念，受到群众的普遍欢迎。

（作者：刘惟肖）

唱念做打尽显平日功夫
舞台上下弘扬传统文化
——太原民盟三代盟员艺术家的晋剧艺术传承

民盟太原市委会

山西是中国戏曲艺术的发祥地之一，晋剧是山西四大梆子剧种之一，由明代蒲州梆子发展而来，又名山西梆子，因产生于山西省中部，故又称中路梆子。其发展过程中吸收晋中地区民歌、秧歌等民间艺术韵调，风格特具，旋律婉转、流畅，曲调柔美、圆润、亲切，道白清晰，具有晋中地区浓郁的乡土气息和自己独特风格，深受晋中、晋北及陕北、蒙、冀部分地区群众喜爱。2006年5月20日，经国务院批准，晋剧列入第一批国家级非物质文化遗产名录。

民盟太原市委会多年来一直致力于文艺主体界别盟员的发展和培养，尤其注重晋剧这一山西优秀传统文化要素的继承和发扬。目前，已在太原市晋剧艺术研究院形成了以高翠英、武凌云、郝文龙三代盟员艺术家为代表的晋剧研究表演艺术盟员团体，他们在演好传统曲目的基础上，创作表演了《杜鹃山》《刘胡兰》《红色娘子军》《夺印》《汾水长流》《阳春姐妹》《白云道长》《关公》《续范亭》《高君宇与石评梅》等新编现代剧目，为传承弘扬晋剧艺术，讴歌中国共产党领导下的中国革命，繁荣中国特色社会主义文化贡献了民盟力量。

翠锦红服刀马旦英姿飒爽晋名家

高翠英,著名晋剧表演艺术家,国家一级演员,第五届梅花奖获得者,太原市实验晋剧院名誉院长,曾任山西省政协委员,山西省第九届人大代表,中国民主同盟第八届全国代表,民盟山西省委会委员,民盟太原市委会副主委,太原市第七、八、九、十届政协常委。她从事晋剧艺术事业60余年,10岁拜师学艺,主攻刀马旦,兼演花旦。她谦虚谨慎,精益求精,著名戏剧家曹禺看了她的演出后,评价道:"翩若惊鸿、婉若游龙。"著名导演李紫贵评价道:"高翠英已突破了师徒传授模式进入了真正的艺术独创境界。"她是国家级非物质文化遗产继承人,其独有的晋剧旦角表演艺术,既有尚派的飘逸、洒脱,雍容华贵,又有筱派的柔韧刚健,干净利落。

宁夏著名京剧刀马旦班世超为高翠英传授了《刘金定杀四门》;云南著名京剧表演艺术家关肃霜对她主演的《杨佘姻缘》进行了认真的指导。1961年,她拜尚小云为师,尚先生给她亲传了自己的拿手戏《汉明妃·昭君出塞》,使她领略了尚派艺术的美妙高深,为她后来在艺术上的腾飞奠定了坚实的基础。在唱功上,高翠英曾向山大艺术系声乐老师学习,掌握了"深气息、高位置"的科学发声方法,即歌唱时运用戏曲传统的"丹田"运气法,做到了字正腔圆,声情并茂。

1982年,她在《凤台关》中扮演张秀英获山西省中青年演员表演一等奖,在晋剧《大刀王怀女》担任主演,获太原市戏曲表演优秀演员奖;1983年,她在晋剧《三关点帅》中扮演的穆桂英,被搬上了银幕;1984年,在全省振兴晋剧表演中,她在新编历史剧《齐王拉马》中扮演钟无盐,获一等奖;1987年,在强手如林的情况下,高翠英在45岁时荣获中国戏剧第五届梅花奖;她是中国香港1998年"世界华人艺术大奖"得主,享有"世界杰出华人艺术家"的光荣称号,有着"三晋第一刀马"的美誉。

高翠英在她60多年的艺术人生中练功拼命、爱戏如命，在戏曲舞台上为广大人民群众塑造了众多古代和现代的巾帼英雄形象。虽然舞台角色性格迥异、身份殊同，但高翠英演来都能传人物之神，抒人物之情，绝无雷同之处，力求人物表演的生活化和性格化，不但刀枪剑戟娴熟，辗转腾挪功夫了得，而且扮相俊美、唱功深厚，是一个能舞善唱、全面发展的好演员。观众反映说："高翠英的演出，我们越看越想看，越听越爱听，真是百看不厌，百听不烦。"

如今，为培养造就晋剧后继人才，高翠英正在发挥园丁精神，悉心传艺，只要有年轻人愿意真心学艺，她都有求必应、倾囊相授。

凌霄忠义传千古　云说华夏活关公

武凌云，国家一级演员，中国戏曲表演学会常务理事，中国戏剧家协会会员，民盟太原市委会副主委，山西省人大代表，太原市政协常委，太原市晋剧艺术研究院副院长。曾获第十七届中国戏剧"梅花奖"、第五届中国"映山红"戏剧节表演一等奖、第八届全国戏剧"文化奖表演奖"、中国—东盟戏剧周"朱槿花"奖·优秀演员奖、"山西省跨世纪"杰出青年人才、山西省"跨世纪"戏剧新星。

从艺40多年，饰演关公30多年，武凌云将关公的忠勇、诚信、仁义，在舞台上挥洒得淋漓尽致，演活了中国民众心目中的"关老爷"，赢得"中国晋剧活关公"的美称。他演老臣徐策，能够潜心研究与锐意创新，在继承父亲帽翅功的基础上又创新了帽翅双前搅、双后搅、阴阳搅、单后搅等技法，这在戏剧界尚属首创。他演《续范亭》，颇具爱国赤诚，儒雅风度与侠骨血性拿捏自如、相得益彰。他兴趣广泛，能歌善舞，山西民歌演唱具有鲜明特色。曾参与山西省歌舞剧院音乐剧《天水》排演和山西省话剧院《立春》原生态伴唱，开创了晋剧声韵与现代音乐剧的合作先河，被观众称为三晋戏曲舞台上的多面手。多年的舞台实践，使武凌云树立了坚定的文化自信，演关公戏，学关公品行，做一个真正让老百姓满意的文艺工作者。《高君宇与石评梅》是一曲歌唱祖国，礼赞英雄，坚定文化自信，振奋民族精神优秀作品，是一部充满着诗意美的红色经典，它激励着我们不忘初心，永葆本色。坚定理想信念，这对于今天我们实现中华民族的伟大复兴，有着重要的现实意义。

习近平总书记在文艺工作座谈会上的重要讲话强调："广大文艺工作者要高扬社会主义核心价值观的旗帜，充分认识肩上的责任，把社会主义核心价值观生动活泼、活灵活现地体现在文艺创作之中，用栩栩如生的作品形象告诉人们什么是应该肯定和赞扬的，什么是必须反对和否定的，做到春风化雨、润物无声。"武凌云出生晋剧世家，12岁开始正式登台表演，从艺40多年，倾心钻研晋剧表演艺术，在丁派表演艺术的基础上，吸收河北梆子、蒙古调等其他剧种的行腔优点，博采众长，兼容百家，形成了自己深厚舒展、优雅婉转、韵味绵醇的演唱风格。作为民盟太原市委会副主委、市政协常委，他频繁参加各种社会公益活动，不计报酬，不辞辛劳。贫困山区、劳教所、戒毒所、部队、工地、厂矿、乡村、学校，无论严寒酷暑，风霜雨雪都有他活跃的身影。多年来，他跟随文艺团体走遍祖国大江南北，甚至赴东南亚国家访问演出，为传承优秀传统文化，弘扬时代精神做出了应有贡献。

近年来他积极投身太原市优秀文化进校园"双百工程"，走进太原市几十所中小学校，为广大师生带来晋剧饕餮盛宴，向大家讲述优秀传统文化，讲解戏曲知识，讲授历史人物故事。《关公》《续范亭》《高君宇与石评梅》这些武凌云参与创作并主演的优秀晋剧剧目，传承忠义诚信精神，歌颂革命理想、高尚情操，弘扬舍身报国的革命英雄主义精神。在校园中起到了唱响爱国主义主旋律，传承弘扬中华优秀传统文化，提高青少年学生审美能力和人文素养，陶冶高尚道德情操，培育深厚民族情感的作用，得到了广大师生的一致好评。

文艺传承有新秀　龙城戏苑绽春枝

郝文龙是土生土长的山西祁县人，1989年出生的他，是年轻一代里为数不多的致力于晋剧艺术传承的优秀青年晋剧演员。2001年，考入太原市艺校学习晋剧表演，2006年，到太原市晋剧艺术研究院工作，2009年，拜著名晋剧表演艺术家武忠为师主攻老生，成为一名地地道道的晋剧定派传人，期间又到中国戏曲学院戏曲表演专业深造学习。刚刚32岁的他，已经是太原市戏剧家协会副主席，在自己学习晋剧艺术、传承优秀传统文化的道路上留下了一连串闪亮的足迹。2007年，获得太原市首届新秀杯大赛一等奖；2009年，获得太原市第二届新秀杯大赛一等奖，山西省青年演员大奖赛二等奖；2013年，荣获太原市第三届新秀杯大赛一等奖；2015年，获得山西《走进大戏台》全国青年演员擂台赛总冠军；2017年，获得中国戏曲（黄河流域）红梅大赛山西选拔赛金奖，参加全国戏曲名家巅峰会《伶人王中王》第三季演出录制；2018年，获得太原市第四届新秀杯一等奖；2019年，荣获山西卫视"十大棒子青年领军"称号；2020年，荣获湖北卫视《戏码头》全国青年戏曲挑战赛金奖。

郝文龙擅长表演剧目有《徐策跑城》《杨门女将》《卖画劈门》《空城计》等。他的扮相漂亮大方，颇有丁派老生的气质，他的唱腔中有武忠特有的艺术特点，他继承和发扬了丁派名家武忠的艺术风格，台风端正，做派干净利落，表演满台生辉，是一位晋剧舞台上的闪耀"小明星"。俗话说"台上一分钟，台下十年功"，20年学艺的酸甜苦辣郝文龙深得其味。82岁高龄的当今晋剧老生掌门人武忠手把手教授郝文龙晋剧传统剧目《徐策跑城》，师父从没有夸过他，每次他演出结束师父总会细致指出不足，仅从师徒两人的教学互动就能体现戏曲学习的不易与艰辛。

郝文龙说得到观众的喜爱和认可是激励他前进的最大动力。作为一名青年演员,他 20 年如一日沉心晋剧表演艺术,不被五光十色的外界环境所打扰,在有限的经济收入条件下,对戏曲艺术精髓孜孜不倦的学习研究,在传承晋剧艺术的道路上奋力拼搏、不懈追求,践行着他"艺无止境,心怀敬畏"的人生格言。我们为传统晋剧艺术有这样的优秀传承人感到欣慰,也祝福郝文龙在晋剧艺术的人生舞台上不忘初心、再创辉煌,为传承与发扬祖国优秀文化,为中华民族伟大复兴贡献民盟力量。

三代盟员艺术家就是这样,在他们艺术人生的舞台上,始终如一、初心不改,用他们的辛劳和汗水,诠释着对晋剧艺术和祖国优秀传统文化的无比热爱,践行着他们爱党、爱祖国、爱人民、爱民盟的赤子情怀。

关于各民族群众共享古尔邦节、肉孜节完整假期的建议

民盟乌鲁木齐市委会

新疆是多民族聚居的区域，各民族共同创造了新疆丰富多彩的文化、历史，"三个离不开"已深入到各族人民的思想中，新疆的发展、进步也体现出各民族之间互相融合、借鉴的特征，加强民族团结，维护社会稳定已成为新疆的主旋律。

在新疆，穆斯林群众有不少节日，其中较为隆重的有古尔邦节、肉孜节等。节日期间，各民族同胞相互走访、交流和参加各项庆祝活动已成为新疆各族群众的习惯，各族群众早已把春节、古尔邦节、肉孜节当成共同的节日。但是一直以来，新疆在穆斯林群众传统节日肉孜节和古尔邦节期间，对穆斯林群众和非穆斯林群众放假的天数是不一致的。在肉孜节期间，对穆斯林群众放假一天，对非穆斯林群众是不放假的；在古尔邦节期间，对穆斯林群众放假三天，对非穆斯林群众放假一天，从而造成穆斯林群众过节，而非穆斯林群众上班的现象，易形成一种各过各的节、其他民族的节日与我无关的错误认识。这样会导致：一是在有穆斯林工作人员的国家机关和企事业单位在穆斯林节日期间需临时调整工作，对一些岗位不便调整的，只能将工作停下，或者少数穆斯林同胞在此节日期间就得不到放假休息；二是在穆斯林群众节日期间，由于放假时间不一致，不少同志只能利用上班时间给民族同志拜年，同样占用

了大量工作时间，工作效率和成效往往不高；三是在古尔邦节、肉孜节期间，由于学校仍然正常上课，很多中小学民族学生的学习成绩因为节后没有专人补课受到了较大的影响，民族教师节后还得抽时间补上节日期间所缺授的课程。这些客观存在的情况，在一定程度上冲淡了浓郁的节日气氛和各民族间感情交流的氛围。

作为民族自治区，我们认为，应让非穆斯林群众和穆斯林群众享受同样的节日待遇，创造各民族共同欢度节日的喜庆氛围，促进各民族之间的感情交流、文化交流和和睦相处，这对于维护各民族大团结和社会稳定和谐发展是十分必要的。

早在几年前宁夏回族自治区就实现了各民族群众平等享受各类节假日的优惠，除享受与全国同步的假日外，从 2010 年开始，还增加肉孜节和古尔邦节的放假天数，即在原来放假 1 天的基础上再增加 1 天，分别放假 2 天，穆斯林和非穆斯林群众都可以享受，而宁夏 2009 年少数民族人口仅占 36%。西藏自治区规定在执行全国性法定节假日的基础上，将"藏历新年""雪顿节"等藏族传统节日列为西藏自治区的法定节假日，"藏历新年"和"雪顿节"各放 7 天长假，如当年"藏历新年"和春节长假不重合，西藏的各族干部职工就能比其他省区市干部职工每年多享受 14 天的假。云南省德宏傣族景颇族自治州规定自治州内各民族的传统节日都应当受到尊重，傣族、德昂族的泼水节，景颇族的目瑙纵歌节，全州各族群众放假 2 天。阿昌族的阿露窝罗节，傈僳族的阔时节，本民族及其聚居区干部群众均放假 2 天。云南省禄劝彝族苗族自治县自治条例（2006 年修正本）规定每年彝族火把节、苗族花山节，全县各族群众各放假 3 天。目前，新疆少数民族的人口占到全疆人口总数的 61%，由此可见，新疆更应该实行全体群众平等享受假期的权利。实践证明，民族区域自治地区各民族群众平等享受假期，可以增强各民族间的沟通和交流，增进各民族之间的了解和友谊，为广泛开展各民族间的文化交流，增进各民族之间相互认同，创设一个有利条件，同时有助于通过拉动当地消费带动经济增长。

为此建议：古尔邦节各民族群众放假 3 天，肉孜节放假 1 天，各族人民均应享受相同假期。这样能充分发挥民族区域自治法的作用，充分体现党委、政府对各民族群众的关心和爱护，体现民族自治区域内各民族利益一致性的原则，增进各民族之间感情交流，对增强民族团结，促进各民族文化的共同繁荣，拉动当地消费，带动经济增长，建立和谐社会有着非常重要的现实意义。

办理情况：自治区政府高度重视和落实，自治区政府召开主席会议研究通过该项提案的建议并正式发布 174 号政府令，从 2012 年 1 月 1 日起，古尔邦节、肉孜节各族人民享受相同假期，建议得到了落实。

不信清泉唤不回

——民盟无锡市委会助推水体治理系列履职活动纪实

民盟无锡市委会

江南无锡，因"充满温情和水"享誉中外

"我们调研了解到，当前治水实践中还存在很多短板，基层河长责权不一致，难以协调解决治水资金、跨行政区河道治理等问题。"2017年10月18日，无锡市政协常委、民盟无锡市委会副主委皮何总在专题民主协商会上如是说。

2018年5月，市政协根据市委有关意见，制订污染防治监督系列活动，主要内容是至2020年年底前的三年时间内，组织全体市政协委员，联合各区政协，重点对"市区38个黑臭水体整治任务"推进时序和完成情况进行民主监督，助力打好黑臭水体歼灭战，促进河道水质一年比一年好。作为议题的发起者，民盟无锡市委会积极参与到监督活动中。在民盟政协委员的基础上，动员热心盟员参与其中，成立专门监督小组，积极投身污染防治行动，开展城市黑臭河道治理专项民主监督。

在市政协领导的支持下，无锡民盟专项监督小组积极行动，按照"就地就近就便"的原则和"多暗访少明察，多服务少打扰"的要求，通过与基层河长联系、与河道周边百姓座谈、自行暗访巡查等方式，深入基层调研、广泛征求意见、找准问题症结、提出意见建议。

为了更加高效的开展监督，民盟无锡市委会动员监督区域附近的民

盟基层组织参与其中，通过制订细化责任计划，安排民盟支部和民盟政协委员结对共建等形式，让广大普通盟员参与到民主监督活动中。与此同时，无锡市政协各委员联系小组自专项民主监督活动启动以来，已开展集体现场督查10余场，个人监督行动超百次，走访群众300余人，形成一批调研报告、提案和社情民意。

经过现场走访、调研座谈、综合情况，专项监督小组认识到，基层河长一般由乡镇（街道）负责人担任，负责河道治理的具体落实工作，但影响河道治理的因素很多，如果河道治理成效不显，问责却在基层河长身上。上有任务压身，下有工作落实，基层河长"只能做，不能说，无处说"。

为了帮基层河长治河多做些工作，经皮何总倡议，在对口任务区勤新社区设立"河长治水同心工作站"，积极为基层河长治水凝聚各界共识、团结各方力量。民盟无锡市委会动员大家捐赠树木、花苗，与社区共建乌泾桥花园，不断增强基层河长治水的信心。组织政协委员高温慰问基层河长和清洁工，捐赠书画作品，献演文艺节目，大力鼓舞基层河长撸起袖子加油干！

通过各种途径，专门监督小组还了解到，当时无锡市仅市区每年需处置的淤泥和泥浆高达500万立方米，按每亩平均堆放2500立方米测算，每年需占用2000亩土地。如果不能科学地处理好水底的淤泥，治水就只会是治标不治本，从而陷入"治理—反弹—再治理"的怪圈。

对此，民盟无锡市委会通过民主协商平台提出建议：无锡市作为全国首个生态城市群和江苏省唯一的全国生态保护与建设示范区，要发挥好无锡市宛山荡水生态科技园作为全国唯一国家级水生态科技园的优势和作用，加快建立区域性泥处理中心，对面广量大的河道进行常态化清淤，推进实现泥"收集、分选、处理、利用"完整的产业化流程，既解决各种淤泥、建筑泥浆等泥废弃物的出路，又实现泥废弃物的专业化处理、资源化利用、产业化发展。

开展了一系列监督活动后,参与的同志形成一个共识:政协民主监督是柔性的,要想污染治理取得实际成效,还要发挥政协的组织优势和职能优势,协力各方,在党委政府重大决策部署中,对发现的新情况新问题及时建言献策,共同推动党委政府决策部署更好落实落细落地。

在民盟成员的热心推动下,无锡市政协把收集到的各委员联系小组提出的意见和建议归并成136条,并针对雨污分流不到位、河网不贯通、水体生态缺失等基层和群众反响强烈的问题,掷出坚定治水信心、加强河道治理规划、深化河长制、推进雨污分流、完善长效管理机制、强化人才科技支撑六点建议,形成专项民主监督报告报送市委、市政府主要领导。江苏省委常委、无锡市委书记李小敏,无锡市代市长黄钦就分别做出批示,认为市政协的报告很具体、翔实,分析问题原因透彻,所提建议很有针对性、很有参考价值,要求分管副市长牵头认真研究、采纳落实。

市政协反馈,为坚定治水决心、扩大治水成效,无锡市已自我加压,新增3条河道,把黑臭水体整治任务增至41条。已投入河道整治经费1.5亿元,深化排水达标区建设资金4.87亿元。预计2018年内全面完成38条黑臭河道的整治任务,新增的3条黑臭河道治理计划2019年上半年全面完成。对黑臭水体的治理意见,从设想到实际推动,再到引发全市合力治理,不仅产生了广泛的社会影响,还初步形成了一系列建设成果。

此后,民盟无锡市委会将相应的思想转化到对太湖的治理中。充分发挥盟内专家、政协委员的优势,对无锡水环境进行多方面调研和考察,从不同的角度掷出多条意见建议。

2019年,根据民盟江苏省委会部署,在河长制调研的基础上,民盟无锡市委会重点聚焦无锡市的湖长制建设,组建专题调研组全面开展调研。相继赴市水利局等单位,了解无锡市湖长制建设情况;赴中国科学院太湖湖泊生态系统研究站,向专家求教治理太湖关键点;赴江苏金鹏环境科技集团有限公司、深圳中证安康检测技术有限公司，向技术人员讨教实战经验，在入盟积极分子朱海的帮助下，调研组对无锡市的水循环处理、太湖清淤等问题有了更深的了解。

在持续3个月调研的基础上，调研组认为太湖治理在全省乃至全国生态文明建设中地位重要、意义重大，其关键点在于太湖水体外部污染物排放和水体内部底泥内源释放的污染防治。建议确立河湖一体、河湖同治的治太理念，河湖长制双向发力，河长主抓入湖河道外源综合整治、湖长主管太湖生态内源清淤修复，内外结合，用四大战略赢得太湖治理攻坚战：河长助推湖长制，打好河湖同治持久战；打造河长升级版，打好控源截污阻击战；夯实压紧湖长制，打好清淤修复歼灭战；强化配套支撑力，打好政策引擎保卫战。在民盟江苏省委会的生态文明建设研讨会上，民盟无锡市委会的调研报告《河长助推湖长河湖聚焦同治高质量打好打赢太湖治理攻坚战》荣获特等奖。

参政履职重心由河长制延伸到湖长制，既体现了民盟参政议政的担当，也体现了民盟参政议政的韧性。民盟无锡市委会还利用研讨会交流，在湖长制的基础上摸清了江苏省水环境保护中存在的问题，梳理全省水生态环境的建设情况，为更大范围的水环境科学利用保护提出针对性的建议。

无锡市政协主席周敏炜在相关工作总结时说，民主党派要积极主动地开展民主监督活动，发挥政协协商式监督的重要作用，真监督、敢监督、善监督，持续发力，久久为功，助力党委政府打好城市水体治理歼灭战，还广大百姓一片清河净水，为无锡当好江苏省高质量发展的标杆、示范和领跑者做出应有贡献。

发挥民盟智力优势助推宜宾大学城发展

民盟宜宾市委会

一、起步

1996年10月5日,《国务院关于同意四川省撤销宜宾地区设立地级宜宾市的批复》中提到:同意撤销宜宾地区和县级宜宾市,设立地级宜宾市。宜宾市辖原宜宾地区的宜宾县、南溪县、江安县、长宁县、高县、珙县、筠连县、兴文县、屏山县和新设立的翠屏区。1997年2月28日,地级宜宾市正式挂牌成立。

在撤地设市的政协宜宾市第一届一次大会召开前夕,时任民盟宜宾市委会主委、宜宾师专副校长的赵抚民召集陈明本等同志,对宜宾城区大中小学教育现状进行了调研,由陈明本同志起草,经集体讨论,民盟宜宾市委会向政协宜宾市第一届一次大会提出了《关于撤地设市后我市大中小学布局和发展的提案》,其中与大学教育有关的是宜宾师专升本科和宜宾农校升专科两个问题。陈明本代表民盟在政协宜宾市第一届一次大会上作了15分钟的大会发言。

宜宾师专前身是四川师大的"社来社去高师试点班"和"宜宾地区共产主义劳动大学",校址在原南溪县李庄一乡村,地处偏僻,交通不便,信息不灵,办学条件十分困难,1978年,经国务院批准新建为全日制普通高校。1987年,宜宾师专从李庄乡下迁至宜宾市江北桥湾溪新址,1993年,经国家教委批准更名为宜宾师范高等专科学校。

针对宜宾师专专升本硬件条件之一，校园面积不足 200 平方公里的现状，民盟宜宾市委会的提案提出撤地设市后，应该增加宜宾师专的用地，而且按国家有关教育用地的法律、法规，宜宾师专办学扩张所需用地，应该由地方政府划拨。

经民盟宜宾市委会多次呼吁，宜宾师专用地问题终于得到解决。2000 年，宜宾市人民政府向四川省教育厅报送《宜宾市人民政府关于撤销宜宾师范学校建制，将宜宾师范学校并入宜宾教育学院的请示》（批复同意）。2001 年，经教育部批准由原宜宾师范高等专科学校和四川教育学院宜宾分院（1984 年建立）合并组建省属全日制综合性普通本科院校。2010 年，宜宾学院成为四川省省、市共建的第一所本科院校。

民盟宜宾市委会的提案提出撤地设市后，由原宜宾农业学校牵头，组建宜宾农业高等专科学校。得到撤地设市后的中共宜宾市委、宜宾市人民政府采纳。2002 年，由原宜宾农业学校、宜宾工业学校（宜宾农机校）和宜宾成人中等专业学校三所国、省重点中专合并组建宜宾职业技术学院，这是一所由宜宾市人民政府举办的全日制综合性普通高等职业院校。目前学院占地面积 829 平方公里，教职员工 700 余人，在校生规模 13000 多人。

在中共宜宾市委领导下，撤地设市后的民盟宜宾市委会发挥智力优势，得到宜宾市政府的大力支持和采纳，宜宾市在较短的时间里，建起了一所全日制综合性普通本科院校和一所全日制综合性普通高等职业院校。

二、推进

民盟宜宾市委会不忘初心，继续推进宜宾市高等教育发展。近年，中共宜宾市委提出"教育兴市"，宜宾市高等教育发展势头强劲，从 2016 年到 2019 年，宜宾市高校由原宜宾学院、宜宾职业学院两所上升到 7 所，在校生人数由 2.5 万人上升到 5.7 万人，一座充满生机和活力的大学城在宜宾市三江新区拔地而起。

形势喜人，形势也逼人。民盟宜宾市委会将在调研中了解到宜宾教育兴市存在的主要问题通过市政协会议，市委统战部双月座谈会，市委、市政府决策咨询委员会等途径及时向中共宜宾市委、市政府做了反映。这些问题主要是：

（一）高等教育硬件供给依然不足

宜宾市引进一批高校后，学校内部基础设施建设尚未完全跟上，理、化、生、机械、电子实验室、仪器室等的配置有待完善，学生的实验实训器材还不能充分满足需要。

（二）教师队伍建设任重道远

宜宾学院在未来的发展中，提出要申办宜宾大学和申报硕士招生点，面临博士引进难，师资力量不足的问题。其他来宜办学高校，引进博士以上师资的吸引力也不够大。

（三）教育服务地方经济发展的能力有待提高

宜宾特色产业与高校的专业和课程设置互相融合不深；大学城内的高等院校与宜宾市政府的战略合作缺乏系统、周密的规划，来宜高等院校和各县（区）地方政府的战略合作尚未起步；大学城内的高校与高校之间的战略合作，来宜高校与宜宾本地原有高校之间的战略合作有待加强；在宜高校与宜宾基础教育学校的战略合作的广阔空间尚未完全开辟。

（四）校企合作不够

职业教育潜力挖掘不够，缺乏政府、学校、行业、企业联动机制，学校和企业信息缺乏有效沟通机制，校企合作推动难度较大；职业教育培训经费由农业、人社等分散投入，影响了发展职业教育合力的形成，职业学校设备设施陈旧，对学生吸引力不强；职业教育无论是学校所数还是学生人数，都与国家要求和宜宾市经济社会发展的需求不相适应，服务宜宾地方经济建设的能力有待提高。

在指出问题的同时，民盟宜宾市委会也积极提出了解决问题的点子，在人才引进奖励、高校服务地方发展、职业教育潜力挖掘等方面的建言献策得到了中共宜宾市委、市人民政府采纳。

目前，宜宾市已经与国内18所高校签署战略合作协议，其中15所高校签署项目落地协议。四川轻化工大学宜宾校区入驻管理、经济、法学、生物工程等11个学院；西华大学宜宾校区入驻计算机、外语、材料、电气、汽车等16个学院；成都电子科技大学宜宾研究生院已入驻电子与通信工程、软件工程、控制工程、计算机技术和项目管理等5个方向研究生院；四川大学宜宾研究院，川外成都学院宜宾校区，宜宾学院临港校区一期等已经建成使用。另外还有中国人民大学、同济大学、哈工大、吉林大学、西南财大、西华大学等大学的部分产研院落地宜宾临港大学城。

三、思考

面对宜宾大学城的崛起，民盟宜宾市委会在思考，如何建言献策，进一步助推宜宾教育兴市。

已经退休的民盟宜宾市委会原主委张乃富（宜宾市人大常委会原副主任）和民盟宜宾市委原副主委陈明本（宜宾县人大常委会原副主任）等同志，利用在中共宜宾市委、市人民政府决策咨询委员会发挥余热的机会，通过调研，以市决策咨询委员会正式报告的形式向市委、市政府提出了《进一步推进我市教育兴市战略的对策与建议》：

（一）补齐短板，发展宜宾高等医学教育

建议提出，要加大规划引领力度，做好宜宾高等教育"十四五"期间设置规划。从高等教育的专业设置看，宜宾的高等医学教育一直是空白，攀枝花、自贡、内江、乐山都已经走在了宜宾的前面。宜宾市卫校创办于1917年，至今已有104年的历史，却还是中专，至今已经不适应经济社会发展的需求。

建议由宜宾卫校与宜宾市第一人民医院、宜宾学院和四川省人民医院共同组建宜宾学院的二级学院——宜宾学院医学院，迅速补齐宜宾高等医学教育的短板。这一建议已经得到中共宜宾市委、市人民政府主要领导的肯定性批示，正在逐步推进中。

（二）加强产教战略融合

宜宾引进高校是政府交钥匙工程，重点要引进与本市产业发展高度关联的公办高校来宜办学。深化产教融合创新实验，探索高校对接宜宾产业发展的新路子。

白酒学院是产教融合的成功之作。产教融合的链条还可以延伸，宜宾的资源优势，竹业、林业、茶叶、油樟、页岩气、水资源、旅游资源、文化资源等等，来宜高校都可以进军。政府要引导，在宜高校和科研院所也要主动联系，对接宜宾经济社会发展目标，使产教在更深更广的层面上融合，满足科教兴市战略需求。

（三）加强校地战略合作

要推进高校、科研院所与政府的深度合作，提升人才、学科、科研三位一体的创新能力。支持高校、科研院所与企业联合开展项目攻关，定期举办高校、科研院所"宜宾名企行"活动，搭建校企合作平台。围绕新能源车、智能制造、轨道交通、新材料等产业发展，加快推动同济、哈工大、吉林大学、电子科大等科研院所的相关成果转化。

市级各部门要紧紧围绕全市高等教育发展目标，在高校用地、财政、税收、金融、能源、通讯、编制、人才、教育、医疗等方面给予政策支持和保障。解决好高校教师家属随调、子女入学等具体问题。积极争取省委编办根据在宜高校发展需要增加教师编制，满足宜宾国家级学教研产城一体化改革试验区对人才的需求。

(四) 加强高校与高校之间的战略合作

随着市委、市政府大学城科技城城"双城建设"的推进，宜宾大学城十所大学、十万大学生的"双十目标"将很快实现。市委、市政府要引导高校互相之间树立共享理念，搞好共享规划，健全共享机制。不仅要在教师、教室、实验室、计算机房、图书馆、学生寝室、教师公寓、游泳池、体育场馆等硬件设施方面实现共享，还要在课程设置、师资、教学管理、选修课互认、学分互换等软件方面积极探索共享互认。支持在宜高校改革教学模式，教学方法，实现专业集群式发展。

(五) 加强高校与基础教育的战略合作

宜宾学院要加强师范专业的打造，突出师范教育特色。要实现把宜宾建成四川省经济副中心的战略目标，关键在人才，基础在教育，根本在教师。面对大学教育综合化与师范性的矛盾，要在学院办学综合化、大学生培养多元化的背景下，坚守师范教育的传统使命，彰显教师教育的新特色，防止教师教育被边缘化。

要从学生入口、课程设置、就业引导入手，以自身的"大学性""师范性""宜宾地方性"三大属性为起点，紧扣新机遇与新挑战，以一流学生、一流学科、一流服务为使命，进行师范教育战略发展的整体设计与制度安排。要加强教师教育学科群建设，夯实教师教育的学术性；构建一体化教师素养培育模式，增进教师教育的师范内涵；彰显教师教育的区域风格，为我市教育兴市不断补充基础教育优质师资。

培养高素质教师队伍，健全以宜宾学院师范专业为主体、其他高校高水平非师范专业参与、优质中小学（幼儿园）为实践基地的开放、协同、联动的宜宾特色的教师教育体系，强化职前教师培养和职后教师发展的有机衔接，夯实教师专业发展体系，推动教师终身学习。

上述建议已经得到中共宜宾市委、市人民政府主要领导肯定性批示，要求相关部门抓紧落实。今后，民盟宜宾市委会将继续助推宜宾大学城的发展，为中共宜宾市委、市人民政府提出的"教育兴市"目标贡献民盟的力量。

（作者：陈明本）

爱的力量 盟的感召
——民盟珠海市委会社会服务工作掠影

民盟珠海市委会

拿起粉笔，跋山涉水进深山，点燃边远地区孩子求知的"烛光"；俯下身子，夜以继日深入农民工群体，凝聚名师盟员托起城市边缘的教育初阳；风雨兼程，清障建立临时停机坪，抢修设备，盟员们站立在最强台风"天鸽"灾后复产的第一线……下基层，进学校，到社区，30多年来，民盟珠海市委会秉承"奔走国是，关注民生"的优良传统，从政党属性出发，立足于知民情、惠民生、增活力、扩影响的职能特点，充分发挥盟内优质资源，在智力扶贫、教育扶贫等社会服务领域不断探索和创新，以实际行动践行社会主义核心价值体系，现已成为珠海民盟面向社会、面向基层、面向群众开展相应服务，展示自我形象的窗口。珠海民盟深刻认识到，民主党派的社会服务工作既是履行参政党职能的需要，也是社会责任的体现……

"烛光行动"用爱照亮深山孩子的心灵

2007年，民盟珠海市委会积极响应民盟中央"农村教育烛光行动"号召，选派民盟珠海市委会第四、五届委员黄黔丰加入了民盟广东省委会、民盟甘肃省委会共同组织的"农村教育烛光行动"，并组织盟内专家20人远赴甘肃举办了系列培训班，并为当地100名中学校长讲授现代教育理念和办学思路,受到当地校长的一致好评。

当时,民盟珠海市委会的"烛光行动"得到《珠海特区报》的关注,特区报以"同在蓝天下"为题,整版报道了民盟珠海市委会在甘肃、广西的支教行动,还图文并茂地登载了支教盟员在此期间的所做所想。同时,珠海市电视台也做了宣传和报道。

像黄黔丰这样投身支教事业的盟员还有许多,他们正是珠海民盟积极投身"烛光行动",帮助加强农村教师队伍建设,推动城乡义务教育均衡发展和城乡教育公平的一个缩影和写照。

民盟珠海市委会以"温暖工程"和"烛光行动"的名义,连续多年对云南怒江、甘肃定西、天祝两个县和广西环江县等地进行教育扶贫。据不完全统计,自2007年以来,民盟珠海市委会共培训两省三县的农村中小学校长及一线骨干教师10000余人次;通过向盟员发出倡议、向社会各界广泛动员,累计筹集善款近700万元。我们用捐助的资金,为当地职业学校建了学生宿舍,为崇山峻岭里的山寨建了小学校;我们把钢琴送到山顶上的小学教室,让孩子们亲手敲出美妙的音符;我们把购买的图书赠送给山里的小学校,让孩子们了解外面的广阔天地;我们还持续多年帮助环江县职业学校的毕业生在珠三角就业,为当地壮族和苗族小学校的学生寄去学杂费。多年的联系,使两地人民因为"烛光行动"建立起了长久而深厚的情谊,产生了良好的社会影响。

"教育帮扶"用爱托起冉冉上升的初阳

如果说,"烛光行动"在大山深处点起了一盏教育帮扶的"明灯",那么,以民盟珠海市委会高教基层委员会(原高教支部)和香洲总支为代表的一群名师,则用爱和温暖,托起城市边缘的孩子们获取知识的力量和希望。

从2011年成立伊始,高教基层委员会在主委朱梅林教授的带领下,把目光聚焦在城市打工者和低收入家庭学生的身上,并以帮扶中小学教育作为凝聚基层委团结的重要途径。

近10年来，高教基层委员会对口帮扶了珠海四所农民工子弟集中的学校。针对这些学校和民工家庭的实际需求，高教基层委推出了兴趣课堂、家长课堂、第二课堂等一系列活动项目累计达200场，教育帮扶的中小学教师、学生及家长超过13000人。

在珠海民盟教育帮扶的队伍里，有年过七旬的老教授，有正值壮年的教研骨干，也有初入高校的年轻教师。他们有的是盟员，有的因为参与教育帮扶成为盟员，更多的是在同一个目标感召下，参与进来的其他高校教师们。日积月累，高教基层委教育帮扶活动以爱托起出生骄阳们的希望。

以民盟珠海市委会高教基层委员会（原高教支部）为代表的一群名师，则用爱和温暖，托起城市边缘的孩子们获取知识的力量和希望。

随着珠海的发展，越来越多的外来务工人员融入这座城市，如候鸟般的他们，背井离乡来到陌生的环境，跟随身后的是他们辛勤养育的孩子，我们称这些孩子为"小雁子"。自2017年开始，香洲总支关心关注"小雁子"们的成长，由总支温育钊主委牵头，积极整合各方资源，联合民盟珠海市委会、市关工委、市教育局等多家单位指导，香洲区团委、区文联等多家单位联合承办了"珠海小雁子文化艺术节"。目前，艺术节已成功举办四届，共有来自21所民办学校的7000多名学生报名参加，参与人数比首届增长6倍多，各项活动丰富多彩，已经成为民办学校在美育发展中不可或缺的一部分，活动广受社会各界的一致好评，在2021年的评选中，民办学校启明小学选送的《鼓悦童欢》舞蹈在中央电视台《非常6+1》小雁子文化艺术节专场活动中脱颖而出，将作为民办学校代表前往《非常6+1》节目的表演录制。

多年来的努力，香洲总支荣获被民盟中央授予"盟务工作先进基层组织"荣誉称号；高教基层委荣获民盟广东省委会授予的"坚持和发展中国特色社会主义学习实践活动先进集体"和"先进基层组织"

称号。

"抗击台风"用爱扫却台风"天鸽"的阴霾

狂风中,盟员詹津原带领员工冒雨搬移物料,为救灾直升机腾出临时停机坪;暴雨下,盟员黄耀辉指挥个人公司吊车等救灾车辆10台开展救援;台风后的酷暑天,盟员孙浩、郑忆兰、徐新东等人与义工汗流浃背努力清障;武警战士辛劳救灾,盟员袁广见经营餐厅保障餐饮,分文不取,面对超强台风"天鸽",民盟珠海市委会的盟员们用自己的行动塑造了一个又一个救灾复产的典范。

紧急关头,在救灾复产第一现场,民盟珠海市委会号召盟员投身抗击"天鸽"第一线,持续半个多月全天候奋战,以救灾抢险的实际行动,发挥民盟优势,再度拓宽民主党派社会服务活动的内涵,与珠海市民同命运、共担当。

据统计,在台风"天鸽"灾后复产过程中,民盟珠海市委会组织盟员义务清运灾后垃圾5000多车次,累计投入1000余人次人力。这期间,从珠海主城区到金湾、斗门、高栏港,随处可见悬挂着"珠海民盟"条幅的卡车运载着满满的树枝和垃圾,这背后彰显的是民盟珠海市委会的爱心、责任和担当。

"同心抗疫"用爱筑起疫情防控的坚强堡垒

庚子春节,一场没有硝烟的"战疫"在全国打响,汹涌而至的疫情牵动着每个人的心。为深入贯彻落实习近平总书记关于坚决打赢疫情防控阻击战的重要指示精神,全面落实党中央、国务院和市委市政府疫情防控的决策部署,响应民盟中央、民盟省委会和市委会的号召,民盟珠海市委会迅速反应、积极行动,彭洪主委全面部署、全面动员,要求把疫情防控作为当前首要任务,组织力量积极参与新冠肺炎疫情基层防控工作,为坚决打赢疫情防控的人民战争、总体战、阻击战提供广泛的力量支持。

越是困难时刻，越能见证守望相助的真情；越是紧要关头，越要凝聚同舟共济的力量。珠海民盟于 2020 年 1 月 27 日迅速转发民盟中央《在新型冠状病毒肺炎疫情防控战中致全体盟员的一封信》，1 月 30 日率先向全体民盟员发起《民盟珠海市委关于助力打赢"新冠"病毒防疫战的倡议书》。疫情发生以来，共有 319 名盟员踊跃捐款捐物，捐款总额达 1449342.66 元，捐赠口罩 83400 个、医用防护鞋套 5850 个、药品 20 箱、蛋卷 840 罐等物资，价值 904500 元；32 名盟员日夜奋战在医卫抗疫一线，20 名盟员长时间参加基层抗疫工作；征集建言献策 6 条，创作抗疫文艺作品 29 件；微信公众号发布 49 篇抗疫相关文章，19 篇专题宣传抗击疫情好人好事文章。盟员的爱心汇聚形成暖流，他们用自己的力量在各行各业筑牢"责任防线"。

一串串看似平凡的数字，背后却是一个个感人的故事、一次次暖心的行动。

盟员邓星明，80 岁高龄仍心系疫情，第一时间通过手机转账进行捐款："我是一名老盟员，这笔钱我交给盟组织，希望能为疫情防控做点贡献。"

盟员薛青，在所负责的全科医学科率先开辟"新冠"病区，是珠海最早参与疫情防控者之一，也是中大五院疫情工作突击队中唯一的党外成员。

盟员王志海、杨焕津、孙浩等人多方筹集医疗物资、生活用品寄往黄冈市，物资箱上印有"爱逾山海，赤忱信义"的标语，传递着全体珠海盟员与黄冈人民同心抗疫的决心和力量。

盟员何绍军慷慨解囊，先后通过武汉大学校友会、民盟珠海市委会、"珞珈白衣天使基金"捐款，金额达 110 万元，为抗击疫情奉献爱心。

盟员郑忆兰，自大年初二起便组织召集志愿者 56 人，累计复工约

其他城市 ◆ 爱的力量　盟的感召

192人次，协助医护口罩企业、防护服装企业提前复工复产，将紧缺的防疫物资送到珠海抗疫第一线，得到市委书记郭永航同志的高度肯定。

盟员李春英，积极响应香洲区卫生健康局号召，迅速展开"抗击疫情心理援助公益行动"，开通心理援助热线，累计咨询人数93人次；通过3个微信群开展微课，集体干预严重精神障碍患者及其监护人30人次，受益社区居民626人次。

盟员杨永清，免费为珠海主城区学校开设"空中课堂"提供直播推流服务，打造12间高质量的直播课堂，为100位在线辅导教师提供软件和硬件设备，为200位教师提供在线培训服务。不仅如此，在疫情暴发，学生停课不停学的时候，杨永清还为湖北、广东、甘肃、黑龙江四省的小学生举办在线诗歌唱诵会，活动在线人数达250万人次。

盟员朱梅林、叶翔翔等多位教师，通过专业教育平台，推出《新冠病毒下，如何进行心理状态的调整》《健康通识与营养生活》等针对病毒的科普系列免费课程。

盟员雷震，作为珠海纳金科技有限公司创始人，带领团队研发了"纳米银消毒抗菌膜"，该产品可直接贴附于家庭、小区、写字楼、科技园区、机关单位、商场酒店内电梯按钮、门把手、桌面等日常公众接触较多的位置，起到抗菌消毒作用，为复工复学提供更贴心的防护保障。同时，他还向珠海市教育系统、医疗系统捐赠纳米银消毒抗菌产品总价值达20万元。

盟员郑雁，作为长扬科技有限公司项目总监，带头研发视觉AI（人工智能）防疫监测系统，实现非接触检查，智能化管理，为企业疫情防护、安全生产作业保驾护航。

盟员谢锋，作为珠海市无人系统协会执行会长，组建会员企业无人机操控技术队驰援武汉，加入武汉"战疫"第一线。

盟员刘联发表《珠海医护人员除夕夜坚守一线同心协力做好新型冠状病毒感染肺炎疫情防控工作》《吹响疫情防控集结号珠海新老党员

冲在最前面》《第一个出车转运疑似病例，他"什么也没想，只是往前冲"》……等一篇篇讲述珠海一线工作者抗击疫情的报道。

盟员夏恩余、黄耀辉、王坤等始终关注疫情发展，结合自身专业，积极提交社情民意信息，在社会救援物资管理、大中专院校疫情防控、企业复工复产等方面建言献策。

……

还有许许多多坚守在各自岗位上，奋战在抗击疫情第一线的盟员，在无私地奉献着，在默默地努力着。一封封请愿书、一个个汇款记录、一张张坚毅的面孔，让我们感动，让我们敬佩，正是他们的勇往直前、勇于担当的精神，激励着全市 800 位盟员共同战胜疫情的斗志。

多年来，民盟珠海市委会在社会服务工作中积极探索、不断进步，通过社会服务进一步提升了民盟珠海市委会的凝聚力和影响力，同时也树立了良好的参政党形象。盟员们自始至终默默奉献、不求回报的行动，体现了一代代珠海盟员热爱民盟、服务社会、无私奉献、薪火相传的优秀品质。2009 年，民盟珠海市委会获民盟中央"农村教育烛光行动"先进集体表彰；2018 年，荣获民盟中央社会服务工作先进集体奖；2020 年，荣获"中国民主同盟抗击新冠肺炎疫情先进集体"荣誉称号；2021 年，荣获"民盟脱贫攻坚先进集体"。

路漫漫其修远兮，吾将上下而求索。民盟珠海市委会定将不忘合作初心，继续携手前进，继续以服务社会为己任，鼓励盟员立足本职工作，发挥优势。以思想大解放重振特区精神，重整行装再出发，奋力当好新时代改革开放的"尖兵"和"闯将"。以作风大转变强化特区担当，勇于接受严峻考验和挑战，在关键时刻豁得出来、冲得上去。以效率大提升开拓新局面、实现新作为，展现新时代奋斗者的姿态，做新时代奋斗者的表率。旗帜鲜明为担当者担当、为负责者负责、为干事者撑腰，激励更多盟员积极投身珠海建设新时代中国特色社会主义现代化、国际化经济特区贡献力量。

后　　记

《民盟历史中的城市记忆》由2021年7月在成都举办的民盟全国副省级城市第十七次盟务工作会议，组织文集汇编而来，民盟成都市委以"学盟史、读城市、看未来"为主题向全盟征稿，得到了全国40多个城市的热烈响应，最终集众城市民盟组织之力形成了这部文集。

会议文集编印后，获得民盟中央领导、各城市民盟组织、各地盟员的好评。他们认为，以城市民盟盟史和民盟城市作为各美其美，串珠成线，全景展示了中国民主同盟成立80年来的历史进程。

此次文集由民盟成都市委和群言出版社共同策划，集合全国42个城市投稿，在此向所有兄弟城市盟组织和文章作者表示衷心感谢。

本书内容集众人之长，征稿和编辑时间紧张，错漏之处在所难免，敬请各位盟友和读者批评指正。

民盟成都市委会